LEXIKON DER HEILIGEN UND PÄPSTE

CHRISTIAN FICHTINGER

LEXIKON der Heiligen und Päpste

Prisma Verlag GmbH
Gütersloh

BILDNACHWEIS: *Katholische Nachrichten-Agentur Pressebild GmbH:* 33, 127, 203, 207, 208, 221, 231, 233, 294, 306 (oben), 314, 315, 368; *Österreichische Nationalbibliothek:* 27, 30, 39, 43, 47, 49, 51, 55, 57, 65, 67, 73, 80, 83, 85, 89, 106, 113, 128, 129, 132, 133, 134, 139, 147, 156 (unten), 165, 171, 173, 185, 189, 190, 192, 214/215, 228, 229, 237, 239, 241 (oben), 245, 246, 251, 254 (oben), 256, 257, 262, 265, 267 (2), 271, 273, 280 (oben), 284, 287, 309, 313, 316 (unten), 319, 332 (unten), 345, 350, 359, 362, 364, 367, 371, 375, 378/379, 385, 387. Alle übrigen Bilder aus dem Archiv des Verlags.

Schutzumschlaggestaltung: Herbert Schiefer

Gesamtherstellung Druck- und Verlagshaus R. Kiesel, Salzburg
ISBN 3-570-08596-1

INHALTSVERZEICHNIS

VORWORT

Beim Betrachten eines Kunstwerkes, beim Lesen eines Buches oder einfach auch beim Durchblättern eines Kalenders stößt man auf Namen und Darstellungen von Heiligen und Päpsten. Oft möchte man gerne mehr über diese Personen erfahren, die hier gezeigt sind oder erwähnt werden. Dieses »Lexikon der Heiligen und Päpste« soll eine kurze, allgemeinverständliche Auskunft über die bedeutendsten Persönlichkeiten der Kirchengeschichte geben. Darüber hinaus erklärt es in knapper Form wichtige Begriffe des kirchlichen Lebens und theologische Ausdrücke. Ein Pfeil vor einem Wort → weist auf ein eigenes Stichwort hin. Dem Namen der Päpste ist eine Zahl nachgestellt, die angibt, der wievielte Papst der Geschichte der Genannte ist, wobei Petrus als erster Papst gezählt wird. Die Gegenpäpste sind als solche ausgewiesen, doch erhielten sie keine Zahl. Steht eine Zahl hinter einer anderen in Klammern (), so gibt es beide Schreibweisen, z. B. Felix II. (III.), bzw. bei Jahreszahlen ist das genaue Datum nicht feststellbar. Die Heiligen und Päpste sind unter ihrem Vornamen eingereiht.
Da die Kirche eine überaus große Zahl an Heiligen kennt, wurden in diesem Buche hauptsächlich jene genannt, die die katholische Kirche in ihrem offiziellen Meßkalender anführt.

Folgende Abkürzungen werden verwendet:

d. Ä.	= der od. die Ältere	ital.	= italienisch
d. Gr.	= der Große	lat.	= lateinisch
d. h.	= das heißt	pers.	= persisch
griech.	= griechisch	sel.	= selige(r)
hl.	= heilige(r)	syr.	= syrisch

KIRCHENGESCHICHTLICHER ÜBERBLICK

Päpste und Heilige sahen sich immer schon im Dienste einer höheren Macht und fühlten sich einer kirchlichen Hierarchie verbunden. Ihre Stellung in der Kirche war von Anfang an nicht klar vorgegeben, und erst im Laufe der Zeit bildete sich heraus, was wir heute unter diesen beiden Begriffen – Päpste und Heilige – verstehen.

Von einem gewissen Zeitpunkt an beanspruchten die Bischöfe von Rom Führungsgewalt und Vorrang in der Gesamtkirche. Da Rom nicht nur die Hauptstadt eines riesigen Imperiums war, sondern zugleich Zentrum der damals bekannten Welt (vergleichbar heute etwa mit New York oder Moskau), kam notwendigerweise auch der Christengemeinde von Rom weltweite und besondere Bedeutung zu.
Die römisch-katholische Kirche stützt ihre Lehre vom Primat des Papstes auf die nicht in allen Quellen vorhandene Schriftstelle bei Matthäus 16,18: »Du bist Petrus und auf diesen Felsen will ich meine Kirche bauen.« Die erste Primatsforderung erhob der römische Bischof Viktor I. (189–198). Er verlangte, daß der Zeitpunkt des Osterfestes in der ganzen Welt nach dem römischen Termin festzusetzen sei. Calixtus I. (221–227) ließ sich bereits »episcopus episcoporum« – d. h. Bischof der Bischöfe – nennen, und Stephan I. (254–257) bestimmte, daß der römische Brauch, die von Ketzern gespendete Taufe anzuerkennen, von der Gesamtkirche übernommen werden müsse.

Bei Leo I., dem Großen, ist die Papstkirche bereits voll ausgeprägt. Er sah sich als Nachfolger Petri, dem die Schlüsselgewalt übertragen, d. h. die höchste Verwaltung der Kirche und das höchste Lehramt anvertraut waren. Die Privilegien, die der Apostel Petrus erhalten hatte, nämlich princeps apostolorum – d. h. Führer der Apostel – und vicarius Christi – d. h. Stellvertreter Christi – zu sein, gelten nach Meinung Leo I. auch für dessen Nachfolger, da nach antikem Erbrecht rechtliche Identität zwischen der

Person des Erblassers und des Erben bestand. Heftig protestierte daher Leo I. gegen den Beschluß des Konzils von Chalcedon (451), wo im Kanon 28 die Gleichrangigkeit der Bischöfe von Rom und Byzanz betont wurde. Es konnte sich also nur sehr langsam die Primatsidee des Papsttums in der Gesamtkirche durchsetzen.

Bei den Heiligen und ihrer Verehrung war es ähnlich. Die Urkirche bezeichnete sich selbst ursprünglich als Gemeinschaft der Heiligen. Bis in die Zeit der Merowinger wurde das Wort »heilig« noch auf Lebende angewandt. Bereits um 190 rühmten sich aber kleinasiatische Gemeinden, die Gräber der Apostel Johannes und Philippus, und um 200 die Gemeinde von Rom, die Gedächtnisstätten des Petrus am Vatikanhügel und des Paulus an der Straße nach Ostia zu besitzen. Anfänglich wurden nur Märtyrer (Blutzeugen) als Heilige verehrt, ab dem 5. Jahrhundert folgten auch jene Heiligen, die nicht ihr Blut für Christus vergossen hatten. Die Kirche nannte sie Confessores – Bekenner. Mit der Zeit wurde die Heiligenverehrung zu einem der wichtigsten Bestandteile des christlichen Kultes. Man erbaute Kapellen zu Ehren von Aposteln, Märtyrern und Erzengeln und verdrängte dadurch die heidnischen Götter und Heroen. Den lokalen Kult und den Jahresfesttag behielt man jedoch vielerorts bei.
Ursprünglich hatte die Verehrung der Heiligen nur lokalen Charakter, da in einem Ort nur jene Heiligen verehrt wurden, die aus ihm hervorgegangen waren oder zu ihm in Beziehung standen. Später erfolgte dann ein Austausch, meist durch Reliquienübertragung. Durch die allgemeine Verwendung der römischen Meßbücher und infolge der Pilgerzüge ins Heilige Land wurde der Heiligenkult mehr und mehr vereinheitlicht. Dadurch, daß die heidnischen Elemente der Reliquienverehrung, die Wundersucht und das Tragen von Amuletten in der Kirche immer mehr überhand nahm, war gleichsam die Vorbedingung für den Siegeszug der Kirche im 4. Jahrhundert gegeben, da sie alle anziehungskräftigen Elemente aus den heidnischen Religionen übernahm und sich einverleibte.
Seit Alexander III. (1159–1181) beanspruchten die Päpste das Recht der Heiligsprechung (Kanonisation) für sich allein und setzten damit Schranken in der Ausdehnung des Heiligenkultes. Die Heiligen wurden nicht als Helden der Vergangenheit verehrt, sondern als im Paradies Lebende, die man um Fürsprache bei Gott bitten konnte. Man beneidete sie und nannte ihren Todestag ihren Geburtstag für den Himmel.

In den ersten drei Jahrhunderten der Verfolgung gab es auch eine Anzahl bedeutender Schriftsteller, die die Reinheit des Evangeliums gegen Irrlehren zu verteidigen suchten. Irenäus von Lyon, Origenes, einer der größten christlichen Denker jener Zeit, Tertullian und Cyprian von Karthago gehören zu den wichtigsten Apologeten, die um das Jahr 200 wirkten.

Das wohl einschneidendste Ereignis der Kirchengeschichte ist das Mailänder Toleranzedikt (313) und die Taufe des römischen Kaisers Konstantin I. Dadurch wurde die Kirche eng mit dem römischen Weltreich verknüpft und das Christentum schon bald darauf (391) zur Staatsreligion erhoben. Aus der Kirche der Verfolgten und Unterdrückten entwickelte sich allmählich ein immer mächtigerer Verwaltungsapparat, dessen politischer Einfluß stärker und stärker wurde und schließlich selbst die Kaiser von sich abhängig machte. Prachtvolle Kirchen wurden gebaut, und die Liturgie übernahm Zeremonien des Kaiserhofes. Die Kirchenväter, Gelehrte und meist Leiter großer Gemeinden, gaben der Kirche die geistige Stütze. Ihr Leben und ihre Lehre standen so im Einklang miteinander, daß die Kirche sie als Heilige verehrte. In wichtigen Glaubensfragen wurden Konzilien einberufen, wobei man mit dem Meinungsgegner nicht zimperlich umging und in den Entscheidungen oft nationale Gegensätze und menschliche Schwäche mitentscheidend wurden. Vielfach führten die Gegensätze zu Glaubensspaltungen (Schismen), die oft Jahrhunderte bestehen blieben. Kaiser mischten sich in die Auseinandersetzungen ein und versuchten die Kirche in ihrem Sinne zu beeinflussen. Wurden in der Urkirche Kriegsdienstverweigerer um des Glaubens willen als Heroen und Heilige verehrt, führte man nun im Namen Christi Kriege und rief zum bewaffneten Kampf gegen »Glaubensfeinde« auf.

Entstehung des Kirchenstaates

Nach dem Niedergang des Römischen Reiches übernahmen die Franken dessen Rolle und verbanden sich mit dem Papsttum.
In diese Zeit fallen auch die Anfänge des Kirchenstaates. Durch die sogenannte Pippinische Schenkung (754) bekam der Papst die Stadt Rom und ihre Umgebung übereignet. Er war jedoch als Herr des Kirchenstaates nicht souverän: aus einem Untertan des byzantinischen Kaisers wurde er zum

Untertan des fränkischen Herrschers. Der Kirchenstaat war somit eine mit umfassenden Hoheits- und Immunitätsrechten ausgestattete geistliche Herrschaft, welche innerhalb des fränkischen Reiches lag. Auch nach der Kaiserkrönung Karls des Großen (800) blieb das Verhältnis zwischen Papst und fränkischem Reich im wesentlichen gleich. Allmählich büßten jedoch die kaiserlichen Rechte an Bedeutung ein, so daß der Papst im Kirchenstaate selbständiger wurde: Seinem Recht, die Kaiserkrönung zu vollziehen, entsprach die Pflicht des Kaisers, die römische Kirche und ihre Besitztümer zu schützen. Gemeinsames Ziel von Papst und Kaiser war es, das Reich Gottes auf Erden zu errichten. Dabei kam es auch häufig zu Zwangsbekehrungen. Eine vollständige Identifikation von Kirche und Reich wurde dadurch verhindert, daß das Kirchenreich größer war als das Frankenreich: Das schon früh bekehrte Irland, England, Spanien, Süditalien und der ganze christliche Osten lagen nicht im Einflußbereich der Franken.
Ein Merkmal der fränkischen Zeit ist das Eigenkirchenwesen. Laikale Grundherren errichteten auf ihrem Grund und Boden kirchliche Gebäude und beanspruchten die Einsetzung der dort wirkenden Geistlichen und deren Dienst an den Kirchen als ihr Recht. In der Folge trat neben das Recht des Bischofs innerhalb einer Diözese immer mehr das der mit ihm konkurrierenden Grundherrschaft. Grundherren waren vornehmlich der König, die weltlichen Größen, aber auch kirchliche Anstalten wie Stifte und Klöster. Schließlich galten selbst Bistümer als Eigenkirchen des Reiches, Bischöfe wurden zugleich Reichsfürsten, und der König beanspruchte das Recht der Besetzung der Bistümer. Dies führte zum Investiturstreit zwischen Papst und Kaiser.

Die Zahl der Klöster nahm ab dem 5. Jahrhundert ständig zu, zumal die Anlage von Klöstern in den deutschen Gebieten ein Mittel zur Urbarmachung und Christianisierung des Landes war.
Die Heimat des Mönchtums ist Ägypten, wo seit dem 3. Jahrhundert eine stets steigende Anzahl von Gläubigen in selbstgewollter Ausschließung von jedem menschlichen Verkehr, in Selbstkasteiung, Beschaulichkeit, Arbeit und Gebet das Ideal des vollkommenen Christentums zu verwirklichen suchte. Die Asketen wurden Anachoreten (Mönche), später Eremiten (Einsiedler) genannt. Der bekannteste Eremit ist der hl. Antonius der Einsiedler († 356). Neben dem Einsiedlertum trat bald das gemeinsame Leben von Mönchen unter einem Dach (coenobium oder monasterium) in den

Vordergrund. Der hl. Pachomius gründete um 320 das erste Kloster in Thebais in Oberägypten und gab seinen Mönchen eine gemeinsame Regel. An die Spitze einer solchen Vereinigung wurde ein Abt (abba) gestellt, dem die Mönche, die auf ihr Eigentum verzichtet hatten, unbedingten Gehorsam schuldeten.
Das Mönchtum breitete sich rasch im Orient aus und wurde auch im Westen besonders durch den hl. Athanasius († 373) und den hl. Martin von Tours († 397) gefördert. Der hl. Benedikt († 543), der 529 das berühmte Kloster Montecassino gründete, gestaltete das Ordenswesen im Westen neu und gilt als »Patriarch des abendländischen Mönchtums«. Der Benediktinerorden wurde zum Träger der abendländischen Kultur und Verbreiter des Christentums.
Im Osten stieß die Verkündigung des Christentums auf Grenzen. Das Römische Reich bestand als Byzantinisches Reich fort, doch trat der Islam, von Mohammed um 600 gegründet, als monotheistische Religion dem Christentum immer schärfer entgegen. Ganze christliche Gebiete gingen zur neuen Religion über, so der Norden Afrikas, und die byzantinische Kirche konnte nur in Rußland neue Gebiete dazugewinnen.

Nach Karl dem Großen geriet das Papsttum unter die Herrschaft italienischer Adelshäuser, die sich befehdeten und keine Anstrengung scheuten, um sich des Stuhles Petri zu bemächtigen. Die Zeit von 900 bis 1000 ging als das »Dunkle Jahrhundert« in die Geschichte ein. In jener Zeit begann in Frankreich ein Licht dieses Dunkel zu erhellen. Das Reformkloster der Benediktiner von Cluny, 910 gegründet, versuchte die Einmengung der weltlichen Macht auf geistlichem Gebiet zurückzudrängen. Die Kongregation von Cluny strebte ein vorbildliches geistliches Klosterleben an und stellte sich direkt unter die unmittelbare Schutzherrschaft des Papstes. Mitte des 11. Jahrhunderts zählte die Reformbewegung bereits an die 2000 Klöster in ganz Europa, und es gelang ihr, die Papstwahl aus der Verfügungsmacht des Kaisers und des italienischen Adels zu befreien. In der Frage der Ernennung und Einkleidung (Investitur) der Bischöfe kam es aber zum Konflikt zwischen Papsttum und weltlicher Macht, der erst durch das Wormser Konkordat (1122) beigelegt wurde.

Für die Kirche von weitreichender Bedeutung war das Jahr 1054, als es zum Bruch zwischen Ost- und Westkirche kam und das Morgenländische

Schisma seinen Anfang nahm. Schon in den vorhergehenden Jahrhunderten war das Verhältnis zwischen Rom und Byzanz oft gespannt gewesen. Uneinigkeit bestand in den Fragen über den Hervorgang des Heiligen Geistes aus dem Sohn, in Fragen des päpstlichen Primates und auf dem Gebiete der Liturgie, ob gesäuertes oder ungesäuertes Brot für die Eucharistie verwendet werden sollte. Erst 1965 hoben beide Kirchen die gegenseitige Exkommunikation auf.

Die Zeit des Hochmittelalters (1054–1300) brachte einen gewaltigen geistigen und kulturellen Aufschwung. Mächtige Kathedralen und Klosterkirchen entstanden im gedrungenen romanischen Stil, der immer mehr verfeinert wurde und sich schließlich, zuerst in Frankreich, zur leichten, himmelwärtsstrebenden Gotik entwickelte. Durch die Entdeckung antiker Schriften, besonders des griechischen Denkers Aristoteles, floß antikes Gedankengut in die christliche Philosophie, die besonders bei den Scholastikern wie Albertus Magnus, Thomas von Aquin, Bonaventura und Duns Scotus Früchte trug. Dom- und Klosterschulen sowie Universitäten wurden überall im Lande gegründet, und das christliche Abendland war geprägt von einer einheitlichen, universalen klerikalen Kultur.
Neue Orden entstanden und beeinflußten das Gesellschaftsleben maßgeblich. Neben den Reformen des Benediktinerordens durch Cluny und den hl. Bernhard von Clairvaux – 1098 gründete er den Zisterzienserorden – entstanden am Beginn des 13. Jahrhunderts die Mendikanten- oder Bettelorden der Franziskaner und Dominikaner, die sich in den ihnen als Tertiaren angegliederten Bußbruderschaften im Volke einen starken Rückhalt schufen.

Das Hochmittelalter war aber auch die Zeit falsch verstandenen Glaubenseifers, der sich in den Kreuzzügen (1096–1270) verheerend auswirkte. Neben fehlgeleiteter Frömmigkeit war oft Beutegier, Abenteuerlust und Eroberungssucht Motiv dieser unchristlichen Aktionen, zu denen zahlreiche Päpste und auch Heilige aufriefen. Eine Begleiterscheinung der Kreuzzüge war die Gründung von Ritterorden (wie des Templer-, Johanniter- und Deutschen Ordens).

Principatus super omnem terram

Das Papsttum gelangte unter Innozenz III. (1198–1216) auf den Höhepunkt seiner Machtentfaltung im Mittelalter. Innozenz glaubte der »principatus super omnem terram« – der Herr über die ganze Welt – zu sein und beanspruchte die »plenitudo potestatis« – die ganze Fülle der Macht – für sich. Welch ein Gegensatz zur Armut Christi, über die uns die Evangelisten berichten! – Ausgehend von der Lehre der Einheit und unmittelbaren Gottgewolltheit der Kirche kam bald die Theorie auf, daß die Kirche dem Staat übergeordnet sei, daß ihr sichtbares Haupt, der Papst, die beiden Schwerter – das geistliche und weltliche – besitze; jenes, um es selbst zu üben, dieses, um es weiterzugeben. Das Kaisertum ist nach dieser Anschauung ein Geschenk des Papstes auf Widerruf, die weltliche Gewalt schuldet dem Papst Gehorsam, andernfalls kann der Papst den Herrscher durch Absetzung oder Lösung seiner Untertanen vom Eid bestrafen. Weltliche Herrscher waren demnach Vasallen des Papstes, der ihnen ihre Reiche als Lehen überwies und von ihnen Lehenssteuern empfing. Die Kirche fühlte sich als Nachfolgerin des römischen Kaiserreiches. Aber gerade diese Überspannung der päpstlichen Allmacht wurde ihr zum Verderbnis. Sie hatte die Verweltlichung der kirchlichen Verfassungsorgane zur Folge und zerstörte damit ihr Ansehen.

Verständlich, daß sich verschiedene Reformgruppen bildeten, die die Reinheit des Evangeliums wiederherstellen wollten. Die Albigenser (Katharer) und Waldenser waren die bedeutendsten jener Zeit. Sie lehnten kirchliche Würden und Ämter, die Festtage, den Bau von Kirchen, die Sakramente und den Eid ab. Sie stellten dem Guten (reine Seelen) das Böse (alles übrige in der Welt) schroff gegenüber. Dies führte zur Leibfeindlichkeit, zur Ablehnung alles Geschlechtlichen und schließlich sogar der Ehe. Weltliche und geistliche Obrigkeiten sahen sich durch die Reformgruppen bedroht und suchten sie zu vernichten. Man predigte den Kreuzzug gegen sie und ging (nach 1200) mit grausamen und unrechten Mitteln gegen sie vor. Der Bischof oder der päpstliche Richter führte die Untersuchung (seit 1179 gab es ja die Inquisition) und fällte das Urteil über die Unglückseligen. Die weltliche Macht hatte danach die Verurteilung und Bestrafung, meist durch Verbrennung, zu besorgen. Kaum ein Heiliger erhob seine Stimme dagegen, und selbst gelehrte Männer wie Thomas von Aquin billigten die Inquisition. Welch ein Lichtblick, daß in solcher Zeit die Idee der Gewaltlosigkeit des hl. Franz von Assisi den Mitgliedern des Dritten Ordens, also Laien, verbot, Waffen zu tragen und Kriegsdienst zu leisten. Damals bedeutete dies ein großes Opfer für einen Mann.

Als der Papst 1309 nach Avignon zog, um den zerrütteten römischen Zuständen zu entfliehen, geriet das Papsttum in den Einflußbereich Frankreichs, von dem es sich schwer wieder lösen konnte. Während des Exils in Avignon (auch Babylonische Gefangenschaft der Päpste genannt) gab es zeitweise auch einen Papst in Rom, und die Verwirrung, welcher von beiden nun der rechtmäßige Papst wäre, war so groß, daß selbst Heilige auf beiden Seiten zu finden waren. Erst das Konzil von Konstanz (1417) machte diesem Abendländischen Schisma ein Ende. Das gleiche Konzil verurteilte aber auch den Reformator Hus zum Tode, der sich entschieden gegen die Mißstände in der katholischen Kirche gewandt hatte.

Im 14. und 15. Jahrhundert gab es große Mystiker, wie Meister Eckhart († 1327), Heinrich Suso († 1366), Katharina von Siena († 1377), Nicolaus von Cues († 1464) oder Thomas von Kempen († 1471), der die berühmte »Nachfolge Christi« schrieb. Doch auch das religiöse Brauchtum wurde stark übersteigert; Wallfahrten, Reliquienkult und Ablässe nahmen immer groteskere Formen an. Die Renaissancepäpste führten eine sittenlose Hofhaltung, und die Kirche hatte Macht und Reichtümer angehäuft. Der Ruf nach Reform wurde daher immer lauter. Martin Luther löste 1517 mit dem Anschlag seiner Thesen an die Schloßkirche von Wittenberg eine Bewegung aus, die das Gefüge der katholischen Kirche bis auf den Grund erschüttern sollte. In der Schweiz trat Zwingli, in Frankreich Calvin gegen die Mißstände auf. Doch im Kampf um den »wahren« Glauben vergaß man allzu leicht das fundamentale Gebot der christlichen Religion – die Liebe. Schreckliche Blutbäder wurden im Namen Christi angerichtet, ganze Länder durch Religionskriege (Dreißigjähriger Krieg von 1618 bis 1648) verwüstet.

Mit Ignatius von Loyola und seiner »Gesellschaft Jesu« bekam die katholische Gegenreformation starke Vorkämpfer, doch ließ sich die Entkirchlichung und Säkularisierung des Abendlandes, auf lange Zeit hin gesehen, nicht mehr aufhalten. Im Barock demonstrierte die katholische Kirche

zwar noch einmal ihre Macht, und der Zeitraum von der Mitte des 16. Jahrhunderts bis zur Mitte des 17. Jahrhunderts wird auch oft das Jahrhundert der Heiligen bezeichnet: Die großen Heiligen wie Franz Xaver († 1552), Ignatius († 1556), Theresia von Avila († 1582), Karl Borromäus († 1584), Johannes vom Kreuz († 1591) und Petrus Kanisius († 1597) wirkten in dieser Zeit und beeinflußten maßgebend das religiöse Leben.
In Glaubensfragen steckte das Konzil von Trient (1545 – 1563) die Grenze zu den Reformatoren und ihrer Lehre scharf ab. Sein Einfluß wirkte bis in unsere Tage bestimmend auf die katholische Lehre.
Auch im Kirchenbau drückte sich die Verweltlichung der Kirche aus. Die Gotteshäuser glichen in der Renaissance prunkvollen Palästen, im Barock nahmen sie verspielte Formen an. Oft gleichen die Innenräume Theaterkulissen, mit Wolkenhimmel, schwebenden Engels- und Heiligengestalten und figuralen Allegorien, die dem Auge viel bieten, aber der schlichten, einfachen Lehre Christi entgegenstehen und allzu leicht dem Menschen Ersatzbefriedigung für seine religiösen Ansprüche gewähren.

Der Humanismus, dessen hervorragender Vertreter Erasmus von Rotterdam († 1536) war, hatte nur wenig Einfluß auf das Papsttum und die Kirche genommen. Inquisition, Hexenwahn, Wundersucht und Aberglaube trieben weiterhin ihr Unwesen bis hinein ins 18. Jahrhundert. Kein Wunder, daß die Ideen der Aufklärung, die die Vernunft in den Mittelpunkt ihrer Überlegungen stellten, großen Anhang fanden und zu antipäpstlichen, nationalkirchlichen und sogar atheistischen Aktionen führten. Durch die Französische Revolution im Jahre 1789 wurden Kirche und Staat in Frankreich gewaltsam getrennt, was später auch in anderen Ländern Schule machte. Die Aufklärung brachte der Menschheit unter anderem die Beseitigung des Hexenwahns und der abergläubischen Gebräuche, die Aufhebung der Leibeigenschaft und Milderung in der Rechtspflege. Durch die Überbewertung der menschlichen Vernunft goß man jedoch vielfach das Kind mit dem Bade aus, indem man das Unerklärbare als nicht existent betrachtete. Wissenschaft und Forschung jedoch wurden präziser und rationaler, was ihren großen Aufstieg bewirkte. Selbst die katholischen Theologen waren nun gezwungen, ihre Forschungen kritischer zu betreiben und sie mit rationalen Methoden zu untermauern. Deutsche katholische Theologen stellten in jener Zeit Zölibat, Mönchtum und lateinische Liturgie in Frage und forderten die Hl. Schrift als Grundlage der Theologie und der Predigt.

Das Papsttum, ohne politische Macht, verlor immer mehr an Bedeutung. Als unter Pius IX. der Kirchenstaat verlorenging, suchte er mit allen Mitteln seine kirchliche Macht aufrechtzuerhalten. Zu diesem Zwecke verkündete er im Ersten Vatikanischen Konzil das Dogma von der Unfehlbarkeit des Papstes in Glaubensfragen. Damit wurde nicht nur die theologische Lehre einseitig festgelegt, sondern auch die Kirche gespalten (Altkatholiken), nachdem das Dogma nach heftigem Einspruch vor allem der deutschen Bischöfe zustande gekommen war. Mit der Durchsetzung des Machtwillens wurde die katholische Kirche intolerant gegenüber Andersdenkenden in ihren eigenen Reihen und behielt diese Haltung bis in die heutige Zeit bei. Es gibt nach wie vor eine Indexabteilung des Sanctum Officium, der früheren »Heiligen Inquisition«.

Mit Papst Johannes XXIII. übernahm ein Papst die Leitung der katholischen Kirche, der für alle rechtgläubigen Christen die größte Hoffnung erweckte. Nach dem reaktionären Pius XII. schien nun durch Johannes und das von ihm einberufene Zweite Vatikanische Konzil die Weichen für die Kirche in Richtung Toleranz und brüderlicher Liebe neu gestellt, was sich nach außen durch die liturgische Erneuerung und die Hinwendung zu den Andersgläubigen unter Papst Paul VI. manifestierte.

Johannes Paul II., ebenso konservativ wie reisefreudig, setzte dem römischen Papsttum neue Akzente: die Welt blickt wieder nach Rom und stellt sich die Frage: »Quo vadis«, Johannes Paul II.?

A

Ablaß, in der katholischen Kirche der Nachlaß zeitlicher Strafen vor Gott für Sünden. Dabei wurde ein Werk der → Buße gefordert, das im Mittelalter häufig in Form von Geldbußen geleistet wurde. Ablaßprediger trieben im Spätmittelalter auf diese Weise Geld für die Kirche ein. Berüchtigt war der → Dominikanermönch Johannes Tetzel, der zur Zeit → Luthers für den Bau der Peterskirche in Rom den Ablaß predigte.

Ablaßhandel. Nach Hans Holbein d. J.

Ablaßhandel → Ablaß.

Absolution (lat.), Freisprechung von Sünden durch den katholischen Priester. Meist ist die Absolution an die → Beichte gebunden.

Abstinenz (lat.), Enthaltsamkeit. Viele Heilige enthielten sich der Fleischspeisen, des Alkohols oder anderer Genüsse.

Abt (syr. abba = Vater), wird der Vorsteher eines Männerklosters der älteren Orden genannt. Die → Insignien des Abtes sind wie beim → Bischof die → Mitra, das Brustkreuz, Ring und Stab. In Frauenklöstern bezeichnet man die Vorsteherin Äbtissin.

Achatius hl. → Vierzehn Nothelfer.

Acta Sanctorum (lat.), »Heiligenakten« ist nicht nur die Benennung für die Sammlungen älterer Nachrichten über die → Märtyrer und Heiligen der griechischen und lateinischen Kirche, sondern auch der Titel eines alle jene Nachrichten umfassenden Werkes, welches auf Betreiben des Jesuitenordens 1643 von Bolland begonnen und nach dessen Tod von anderen Mitgliedern des → Ordens fortgesetzt wurde.

Adalbert hl., der → Apostel der Preußen, wurde im Jahre 956 bei Pardubitz geboren. Seine Eltern gehörten dem böhmischen Adelsgeschlecht der Slavnik an und bestimmten ihren Sohn Adalbert für den priesterlichen Dienst. In der Magdeburger Domschule erhielt er seine Ausbildung und wurde 983 in

Die Vertreibung aus dem Paradies. Fresko v. Michelangelo in der Sixtinischen Kapelle.

Prag zum → Priester geweiht. Trotz seiner Jugend empfing Adalbert bald darauf die Bischofsweihe. Mit großer Mühe versuchte der junge Geistliche das böhmische Volk von heidnischen Bräuchen abzubringen. Das offiziell zwar christliche, doch innerlich noch dem Heidentum zugewandte Volk setzte dem → Bischof großen Widerstand entgegen, so daß Adalbert schließlich um die Enthebung aus seinem Amt bat. Der Papst gewährte ihm die Bitte, in einem römischen Kloster zu leben, doch sandte er Adalbert 992 erneut als Bischof nach Prag zurück. Da dieser jedoch wieder keinen Erfolg verzeichnen konnte, ging er als Missionar nach Ungarn und schließlich nach Preußen, wohin noch kein Missionar vorgedrungen war. Er kam bis in die Gegend von Danzig. Bei Tenkitten am Frischen Haff von Preußen erstachen ihn am 23. April 997 sieben Preußen mit ihren Spießen. Seine → Heiligsprechung erfolgte bereits zwei Jahre später. 1039 wurden seine sterblichen Überreste im Prager Veitsdom beigesetzt. Das Fest des ersten preußischen Märtyrers, der Gutes und Großes anstrebte, doch wenig erreicht hatte, wird am 23. April gefeiert. Darstellungen zeigen ihn als Bischof mit seinem eigenen Haupt in den Händen, mit Stab, Ruder und Spießen.

Adamspforte, Portale an manchen mittelalterlichen Kathedralen, die mit Skulpturen der ersten Menschen, → Adam und Eva, geschmückt sind. Durch diese Tore wurden die Büßer am Aschermittwoch aus der Kirche getrieben. Am Gründonnerstag durften sie durch die Gnadenpforte wieder in die Kirche ziehen. Besonders berühmt ist die Adamspforte des Doms zu Bamberg.

Adam und Eva hl., am sechsten Schöpfungstag, so berichtet die Bibel, von Gott nach »seinem Ebenbild« erschaffen. Der Name Adam kommt aus dem Hebräischen und bedeutet »der aus Erde gemachte Mensch«, d. h. der aus der Erde hervorgegangene Mensch. Nach der Lehre der Kirche ist Adam der Stammvater der Sünde. Christus, der »zweite Adam«, hat durch seinen Tod am Kreuz die Menschheit gereinigt und das Tor zum Himmel wiedergeöffnet. Nicht zufällig feiert die Kirche Adam und Eva am 24. Dezember, dem Vortag der Geburt Christi. Nach dem Sündenfall und der Vertreibung aus dem Paradies sollen Adam und Eva ein hohes Alter erreicht haben. Adam soll 930 Jahre alt geworden sein. Die moderne Theologie sieht in Adam und Eva nicht mehr historische Personen, sondern Symbolgestalten für die Menschheit schlechthin. Die → Legende berichtet, daß sich sein Grab auf dem Kalvarienberg befände, genau dort, wo Jahrtausende später Christus gekreuzigt wurde. Auf Darstellungen sehen wir Adam und Eva meist nackt, nur mit einem Feigenblatt bedeckt. Oft wird die Schlange, der Baum mit den verbotenen Früchten oder der Engel mit dem Feuerschwert, der die Stammeltern aus dem Paradies vertrieb, abgebildet. Berühmt sind u. a. die Darstellungen Adams und Evas auf dem Genter Altar der Brüder von Eyck (1432), die → Adamspforte des Bamberger Doms (1230), Dürers Tafelbilder und Michelangelos Fresken in der Sixtinischen Kapelle. Adam und Eva gelten als Patrone der Gärtner und Schneider.

Adeodatus I. → Deusdedit I.

Adeodatus II., 77. Papst. In Rom geboren, trat er zunächst in den → Benediktinerorden ein und wurde Mönch im römischen Erasmuskloster (→ Erasmus). Als Papst regierte er vom 11. April 672 bis zum 17. Juni 676. Der Zweite wird er genannt, da Papst → Deusdedit auch als → Adeodatus I. bezeichnet wurde. Adeodatus II. soll freigiebig, gütig, volksverbunden und ein Förderer des Mönchtums gewesen sein. Wie sein Vorgänger → Vitalian bekämpfte er den → Monotheletismus. Der Papst gab Venedig das Recht, selbst → Dogen zu wählen. Sonst verlief sein → Pontifikat ohne besondere Vorkommnisse.

Adler, das Zeichen der Kraft und Stärke, Jugend und Schnelligkeit. Er ist → Symbol des → Evangelisten → Johannes. Mehrere Heilige haben ihn als → Attribut, so Adalbert, Modestus, Servatius, → Vitus und → Wenzel.

Adoptianismus (lat.), Hauptvertreter dieser Lehre war → Paul von Samosata, → Bischof von Antiochien (Mitte 3. Jahrhundert). Er lehrte, daß der Mensch Jesus bei der Taufe von Gott adoptiert wurde und sich schließlich durch sittliche Vervollkommnung zu Christus entwickelt habe.

Adoration (lat.), Anbetung oder Verehrung. Als Adoration bezeichnet man auch die Huldigung eines neugewählten Papstes durch die → Kardinäle.

Advocatus Diaboli (lat.), »Anwalt des Teufels«, bei einem → Heiligsprechungsprozeß der Geistliche, der die Gegengründe vorbringt.

Agapet I. hl., 57. Papst. Als Sohn des vornehmen → Priesters Gordianus in Rom geboren, wurde er → Archidiakon bei Papst → Johannes II. und bestieg nach dessen Tod am 13. Mai 535 den päpstlichen Thron. Um die Gefahr einer byzantinischen Eroberung Italiens abzuwehren, ging er im Auftrag des Ostgotenkönigs Theodahads nach Konstantinopel an den Hof Kaiser Justinians. Obwohl mit großen Ehren empfangen, blieben seine Verhandlungen erfolglos. Agapet konnte nur auf kirchlichem Gebiet Erfolge erzielen. Es gelang ihm, den monophysitischen (→ Monophysiten) Patriarchen von Konstantinopel, Anthimos, der von Kaiserin Theodora lange unterstützt wurde, absetzen zu lassen. Persönlich konsekrierte (→ Konsekration) der Papst seinen Nachfolger Menas. Agapet förderte zusammen mit dem gelehrten Mönch Cassiodor die Bibelwissenschaften, doch konnte beider Wunsch, eine theologische Hochschule in Rom zu gründen, wegen der Gotenkriege nicht verwirklicht werden. Der Papst starb am 22. April 536 in Konstantinopel, doch wurde sein Leib nach Rom in die Peterskirche übergeführt. Sein Fest wird am 20. September (in Byzanz am 17. April) gefeiert.

Agapet II., 130. Papst. Auf dem Papstthron vom 10. Mai 946 bis Dezember 955 machte er sich gemeinsam mit Alberich II. um die Klosterreform verdient. Unter seinem → Pontifikat spielte sich der langjährige Kampf zwischen dem deutschen König Otto I. und den Fürsten der italienischen Einzelstaaten ab. Agapet verweigerte im Jahre 952, unter dem Druck Alberichs, Otto I. die Kaiserkrone, teilte ihm aber große Vollmachten bei der kirchlichen Organisation der Ostgebiete zu. Alberich, der eigentliche Herr Roms, ließ vor seinem Tod (954) den Papst und die römischen Adeligen schwören, seinen Sohn Oktavian, den Grafen von Tusculum, nach dem Tod Agapets zum nächsten Papst zu machen, was auch geschah. Als Papst → Johannes XII. war Oktavian einer der unwürdigsten Nachfolger Petri in der Geschichte.

Agatha hl. (griech., »die Gute«, die »Sanfte«), aus Catania in Sizilien, starb als Märtyrerin, wahrscheinlich während der Christenverfolgung unter Kaiser Decius (249–251). Es sind uns nur → Legenden über das Leben dieser Heiligen erhalten. Danach soll sie als Tochter vornehmer Eltern vom Statthalter Quintian begehrt worden sein, der sie mit Anträgen überschüttete. Doch Agatha lehnte als Christin den Heiden Quintian ab. Er ließ sie verhaften und bestellte eine Kupplerin, die Agatha seinen Wünschen gefügig machen sollte. Als dies nicht gelang, befahl Quintian, die Brüste des Mädchens mit Zangen zu zerfleischen und schließlich abzuschneiden. Der hl. → Petrus, in Gestalt eines alten Mannes, soll die schwer Verwundete im Gefängnis durch ein Wunder geheilt haben. Am nächsten Tag aber ließ sie der Statthalter nackt über Glasscherben und glühende Kohlen wälzen, bis sie starb. Die hl. Agatha gilt als Schutzpatronin gegen Feuer und Blitzschlag und soll die Stadt Catania schon mehrmals vor dem Ausbruch des Vulkans Ätna bewahrt haben. Auch ist sie die Patronin der Glockengießer und schützt vor Brustleiden und Erdbeben. Dargestellt wird die → Märtyrerin mit den beiden abgeschnittenen Brüsten auf einer Schüssel und einem Einhorn, dem Zeichen der Jungfräulichkeit. Ihr Fest feiert die Kirche am 5. Februar.

Agatho hl., 79. Papst. Sizilianer griechischer Abstammung. Am 22. Juni 678 bestieg er den päpstlichen Thron und tat sich wie seine Vorgänger im Kampf gegen den → Monotheletismus hervor. Bei einer zu Ostern 680 zahlreich besuchten → Lateran→ synode wurden päpstliche Legaten bestimmt, die ein Lehrschreiben über die zwei Willensformen und die zwei Wirkungsweisen in Christus nach Konstantinopel überbringen sollten. Beim sechsten allgemeinen Konzil von Konstantinopel 680–681 wurden unter Zustimmung Kaiser Konstantins IV. der → Monotheletismus verurteilt und das Lehrschreiben der Lateransynode angenommen. Als daraufhin der englische → Bischof Wilfrith von York an Agatho appellierte, unterstützte er ihn gegen den → Metropoliten von England. Es kam zur Ausbreitung der römischen → Liturgie in England. Papst Agatho starb am 10. Jänner 681. Sein Fest wird am 10. Jänner gefeiert.

Ägidius hl. → Vierzehn Nothelfer.

Aggiornamento (ital.), ein Ausdruck, den Papst → Johannes XXIII. beim Zweiten Vatikanischen → Konzil prägte. Er meinte damit die Anpassung der katholischen Kirche an die Erfordernisse der modernen Zeit.

Agnes hl., seit dem vierten Jahrhundert in Rom verehrt, doch wir wissen nur wenig aus ihrem Leben. Die → Märtyrerin und Jungfrau Agnes soll einem vornehmen, christlichen Haus entstammt haben und mit dreizehn Jahren als Märtyrerin gestorben sein. Die Legende erzählt, daß der Sohn eines römischen Präfekten sich in das Mädchen verliebt hatte und, als Agnes ihn abwies, sie als Christin angezeigt haben soll. Ob das junge Mädchen unter Kaiser Valerian oder unter Kaiser Diokletian (um 300) verbrannt oder enthauptet wurde, ist ungewiß. Auf der Piazza Navona in Rom, wo sich einst das Stadion des Domitian befand, dürfte ihre Hinrichtungsstätte gewesen sein, denn dort erhebt sich heute die Kirche Sant'Agnese in Agone. Die Gebeine der Heiligen wurden in der Kirche Sant'Agnese fuorile mura an der Via Nomentana beigesetzt. Dargestellt wird Agnes – der Name bedeutet soviel wie »die Reine« – mit dem Lamm, dem Symbol der Reinheit, und der Siegespalme des Martyriums in Händen. Das Fest der Schutzpatronin der jungen Mädchen wird am 21. Jänner gefeiert.

geweiht. Sie galten als Schutz gegen Feuer, Blitzschlag, Seuchen, Überschwemmungen, den Teufel und böse Geister. In Feldkapellen aufbewahrt, sollten sie eine gute Ernte bringen. Um den Hals, in einer Kapsel getragen, schützten sie den Besitzer vor Unheil.

Zwei Päpste mit dem Pallium und die hl. Agnes. Mosaik in der Basilika Sant'Agnese.

Agnostizismus (griech.), eine Lehre, die ein sicheres Erkennen jenseits der unmittelbaren, sinnlichen Wahrnehmung für unmöglich und daher auch die Wahrheit und Wirklichkeit für nicht erkennbar hält.

Agnus Dei (lat., »Lamm Gottes«), im → Johannes→ evangelium Bezeichnung für Christus. Im Anschluß daran wird auch ein Teil der katholischen Messe so benannt. Doch auch kleine Votivtäfelchen nennt man Agnus Dei. Seit Papst → Martin V. wurden am Karsamstag jedes ersten und später jedes siebenten → Pontifikatsjahrs diese ovalen Wachstäfelchen mit dem Bild eines Lammes

Bei Hexenprozessen hing man sie den bedauernswerten Angeklagten um, um die Verbindung mit dem Teufel zu unterbrechen.

Albe (lat. alba, »weiß«), das weiße liturgische (→ Liturgie) Untergewand der katholischen Geistlichen. Die Albe geht auf die antike Tunika zurück, die im frühen Mittelalter als Kleidung der Kleriker beibehalten wurde.

Albert (→ Gegenpapst), ein von den Anhängern des Kaisers aufgestellter Gegenpapst zur Zeit des → Investiturstreites unter Papst → Paschalis II. Er regierte nur wenige Wochen, von Februar bis März 1102.

Albert der Große hl., Albertus Magnus, 1193 (1206?) als Sohn eines Ritters von Bollstadt bei Lauingen an der Donau geboren. Nach Beendigung der Studien in Padua trat er 1223 auf Zureden des Dominikaners Jordanus in den → Orden der → Dominikaner ein, lehrte in den Schulen zu Hildesheim, Regensburg und Köln, wo → Thomas von Aquin sein Schüler wurde. Um 1230 ging er nach Paris, wo er gegen das Gebot der Kirche öffentlich die Werke Aristoteles' erklärte. 1249 wurde Albertus Rektor der Schule zu Köln und 1254 Provinzial seines Ordens. Papst → Alexander IV. erhob ihn 1260 zum → Bischof von Regensburg. Schon 1262 ging er wieder in sein Kloster nach Köln zurück, wo er ganz den Wissenschaften zugeneigt lebte und sehr viele Schriften, namentlich Erklärungen zu Werken Aristoteles', ausarbeitete, wobei er auch arabische Quellen benutzte. Albertus Magnus starb nach Jahren geistiger Umnachtung am 15. November 1280 in Köln. Seine für die damalige Zeit großen chemischen und physikalischen Kenntnisse brachten ihn in den Verdacht der Zauberei; sonderbare Dinge erzählte man von seiner schwarzen Kunst, weshalb er auch in den deutschen Sagen sehr zweideutig erwähnt wird. So soll er im Winter 1240 zu Köln den römischen König Wilhelm von Holland in seinen bei dem Predigerkloster gelegenen Garten zu Gast geladen und durch seine Kunst bewirkt haben, daß während des Mahles alles ringsum wie im Frühling erblühte. Man schließt aus dieser Sage auf ein von Albert unterhaltenes Gewächshaus. Erst 1931 erhob ihn Papst → Pius XI. zum Heiligen und Kirchenlehrer. Der »doctor universalis« wurde 1942 zum Patron der Naturforscher ernannt. Dargestellt wird er als Dominikaner, aber auch als Bischof mit Stab, Mitra und Buch oder Schreibfeder in Händen. Sein Fest feiert die Kirche am 15. November.

Albigenser, eine nach der Stadt Albi benannte südfranzösische → Sekte im 12. und 13. Jahrhundert. Sie sind mit den → Katharern verwandt und wurden von → Bernhard von Clairvaux bekämpft. Um 1330 vernichtete die → Inquisition diese radikale Bewegung.

Alexander I. hl., 6. Papst. Über sein Leben sind keine sicheren Angaben bekannt. Im berühmten → »Papstkatalog« des hl. → Irenäus wird Alexander zwischen den Päpsten → Evaristus und → Xystus I. angeführt. Eine Berechnung aus dem 4. Jahrhundert legte seine Regierungszeit von 107 bis 116 fest. Andere Datierungen setzen seine Amtszeit zwischen den Jahren 105 und 115 fest. Sein Gedenktag wird am 3. Mai gefeiert.

Alexander II., 157. Papst, eigentlich Anselmo da Baggio, war in seiner Jugend Mitbegründer und zeitweiliger Führer der Pataria, einer mailändischen Volksbewegung (patta »Lumpen« bzw. pattari »Trödler«), die sich gegen den reichen Adel und den mit ihm verwandten, hohen → Klerus richtete. Mehr als

Papst Alexander II.

um soziale und demokratische Ziele ging es der Bewegung um die Durchführung der vom Klerus mißachteten Kirchengesetze gegen → Simonie (Verkauf und Kauf geistlicher Ämter) und Priesterehe (→ Priester). 1057 wurde Anselmo → Bischof von Lucca. Mit Hilfe Hildebrands und der kirchlichen Reformpartei, unter Ausschaltung des deutschen Königs, bestieg Anselmo am 1. Oktober 1061 als Alexander II. den päpstlichen Thron. 27 Tage später erhob man auf Betreiben des römischen Adels und lombardischer Bischöfe in Basel den Bischof Cadalus von Parma unter dem Namen → Honorius II. zum Gegenpapst, der bis 1072 regierte. Wegen seiner Klugheit und Frömmigkeit wurde Alexander II. bald auch von Erzbischof Hanno von Köln, der die Regierungsgeschäfte Heinrichs IV.

Münzen des Papstes Alexander II.

führte, anerkannt. Bei der → Synode von Mantua 1064 geschah dies auch durch das Reichs→ episkopat. Alexanders Reformwille wurde von Hildebrand und der Pataria unterstützt, wobei sich das Verhältnis zum jungen Heinrich IV. jedoch mehr und mehr verschlechterte. In den anderen Ländern wuchs aber der Einfluß Roms. Bevor es zum unvermeidlichen Kampf zwischen dem deutschen König und dem Papst kam (→ Investiturstreit), starb Alexander II. am 24. April 1073.

Alexander III., 171. Papst, eigentlich Orlando (Roland) Bandinelli aus Siena, war Lehrer der Rechte in Bologna, wurde 1153 zum → Kardinal ernannt und drei Jahre später zum Kanzler der römischen Kirche. Als solcher war er ein einflußreicher Berater Papst → Hadrians IV. Nach dessen Tod konnte sich das Kardinalskollegium bei der Wahl des Nachfolgers nicht einigen. Die kaiserfeindliche Mehrheit wählte Orlando, der als Alexander III. am 7. 9. 1159 nicht ohne Schwierigkeiten sein Amt antrat, denn die kaisertreue Minderheit erwählte Oktavian, der als → Viktor IV. bis 1164 Gegenpapst war. Das → Schisma wurde mit den Gegenpäpsten → Paschalis III., → Calixtus III. und → Innozenz III. bis 1180 fortgesetzt. Alexanders Regierungszeit war daher durch sein Ringen mit den ihm von Kaiser Friedrich Barbarossa gegenübergestellten drei Gegenpäpsten bestimmt. Erst nachdem Alexander den Kaiser mit Hilfe des Lombardischen Städtebundes 1176 in der Schlacht von Legnano besiegte, ging Friedrich Barbarossa auf Verhandlungen ein und ließ Calixtus III. fallen. Verdis Oper »La Battaglia di Legnano« verherrlicht diese Begebenheit. Vasari hielt auf einem

Papst Alexander III.

Fresko in der Sala regia des Vatikans die Szene fest, bei der Kaiser Friedrich vor Alexander kniete und dieser ihm den Friedenskuß entbot. Im Frieden von Venedig 1177 verzichtete der Kaiser auf die Kirchengüter. 1179 berief Alexander das 3. → Lateran→ konzil ein, bei dem bestimmt wurde, daß für die Gültigkeit einer Papstwahl eine Zweidrittelmehrheit notwendig wäre. Weiters wurden die Lehren der → Waldenser, → Katharer und → Albigenser verurteilt und die → Heiligsprechung allein dem römischen Stuhl vorbehalten. In die Regierungszeit Alexanders fällt auch die schwere Auseinandersetzung mit dem englischen Nationalkirchentum. → Thomas Becket, der Erzbischof von Canterbury, der 1170 in seiner Kathedrale ermordet wurde, wurde vom Papst unterstützt. Drei Jahre später sprach ihn Alexander heilig, König Heinrich II. belegte er mit dem Bann. Am 30. August 1181 starb Alexander III. Er war einer der machtvollsten Päpste des Mittelalters.

Friedrich I., Barbarossa, trifft 1177 in Venedig mit Papst Alexander III. zusammen. Stich und Karton von Julius Schnorr v. Carolsfeld.

Alexander IV., 182. Papst, eigentlich Rinaldo, Graf von Segni, ist der dritte Papst aus diesem Herrscherhaus. Er war ein Neffe → Gregors IX. und ein Verwandter → Innozenz' III. 1227 ernannte ihn sein Onkel zum → Kardinal→ diakon, 1231 zum Kardinal→bischof von

Papst Alexander IV.

Ostia. Am 12. Dezember 1254 wurde Alexander unter starkem Einfluß von Kardinal Ubaldini zum Nachfolger → Innozenz' IV. gewählt. Er versuchte die antistaufische Politik seines Onkels fortzusetzen, war aber zu unselbständig und zu wenig energisch. Große Teile des Kirchenstaates gingen verloren, da der von ihm gebannte Manfred, der Sohn Friedrichs II., immer mehr Macht in Italien und Sizilien gewann. Während des deutschen Interregnums förderte er Wilhelm von Holland und trat gegen die Wahl Konradins, des letzten Staufers, ein. Innerlich religiös und milde, war Alexander ein Freund der → Orden, blieb jedoch bei kirchlichen Reformbemühungen erfolglos. Da während seines → Pontifikates ständig heftige Kämpfe unter den Adelsgeschlechtern in Rom tobten, residierte Alexander meist in Anagni und Viterbo, wo er auch am 25. Mai 1261 starb.

Alexander V. (→ Gegenpapst), eigentlich Petros Philargis, wurde auf Kreta geboren. Er trat in den → Orden des hl. → Franz von Assisi ein, studierte in Padua und Oxford und war einer der bedeutendsten Gelehrten seiner Zeit. Als → Kardinalerz→ bischof von Mailand wurde er am 22. Juni 1409 beim → Konzil von Pisa zum Papst gewählt. Dies geschah jedoch noch während der Regierungszeit → Gregors XII. (1406 bis 1415) und des in Avignon gewählten Papstes → Benedikt XIII. (1394 – 1424). Es war die Zeit des großen Abendländischen → Schismas. Spanien, Portugal und Schottland hielten zu Benedikt. Rom, Neapel, weite Teile Italiens und ein Teil der deutschen Fürsten blieben → Gregor XII. treu, die übrige Christenheit, vor allem Frankreich und England, schlossen sich dem vom Konzil gewählten Alexander V. an. Mit Hilfe Ludwigs II. von Anjou, den Alexander

Papstwappen Alexanders V.

Alexander VI. Aus dem Fresko »Die Auferstehung Christi« von Pinturicchio.

mit Sizilien belehnte, gelang es ihm, sich Roms und des Kirchenstaates zu bemächtigen. Am 3. Mai 1410 starb Alexander V. in Bologna, wo er auch in der Kirche San Francesco beigesetzt wurde.

Alexander VI., 215. Papst, war einer der unwürdigsten Päpste auf dem Stuhl Petri. Er wurde als Rodrigo de Borja (später Borgia) etwa 1430 in Jativa bei Valencia geboren und war Neffe → Calixtus III., der ihn 26jährig zum → Kardinal→ diakon und → Bischof von Valencia ernannte. 1456 erhob er ihn zum Vizekanzler der Kirche. 1460 begann Rodrigo ein Verhältnis mit Vanozza Catanei. Seine berühmt-berüchtigten Kinder aus dieser Verbindung waren der verbrecherische Sohn Cesare und seine Tochter Lucrezia. Gewandt im Auftreten und von außerordentlicher Klugheit, sammelte Rodrigo fünf → Pontifikate hindurch Erfahrung und Reichtümer. Durch Bestechung von 15 Kardinälen setzte er seine Wahl zum Nachfolger → Innozenz' VIII. durch und begann am 10. August 1492 sein

Papstwappen Alexanders VI.

Karikatur auf den Papst Alexander VI.

→ Pontifikat als Alexander VI. Seine Bastarde erkannte er öffentlich als seine Kinder an. Sein ältester Sohn wurde Herzog von Gandia, seinen jüngsten, Gottfried, vermählte er mit der Prinzessin von Neapel. Er erhielt das Fürstentum Squillace. Seinem nicht vor Verwandtenmord zurückschreckenden Sohn gelang es, mit Geldern der Apostolischen Kammer und des Jubiläumsjahres die Romagna und die Marke zu erobern. Nach der Entdeckung Amerikas durch Kolumbus (1492), legte Alex-

Alexander VII. Ölgemälde von Giovanni Battista Gaulli.

ander die kolonialen Hoheitsbereiche für Spanien und Portugal mit einer Demarkationslinie für beide Länder fest. In seine Regierungszeit fällt die Verurteilung des Bußpredigers und → Dominikaners Girolamo Savonarola, der 1498 in Florenz den Ketzertod starb. Am 18. August 1503 starb Papst Alexander. Ob durch Malaria oder durch eine versehentliche Vergiftung mit Arsen ist nicht gewiß. Bis zuletzt blieb er ein Sklave seiner Sinnenlust. Unter anderem ließ der Papst die Engelsburg umbauen und von dort aus einen Fluchtweg zum Vatikan errichten. Unter seinem → Pontifikat schuf Michelangelo für die Peterskirche zum → Jubeljahr 1500 seine berühmte Pietà.

Alexander VII., 238. Papst, eigentlich Fabio Chigi, als Sohn einer reichen Bankiersfamilie im Februar 1599 in Siena geboren. Nach Absolvierung seiner

Papstwappen Alexanders VII.

philosophisch-theologischen Studien trat er 1628 in den päpstlichen Dienst. Er erlangte 1635 das Amt eines Inquisitors auf Malta und wurde von → Urban VIII. 1639 als Nuntius nach Köln gesandt. Beim Zustandekommen des Westfälischen Friedens vertrat er erfolgreich die Interessen Roms. Die Führung der politischen Geschäfte überließ Alexander erstmals in größerem Umfang dem von Urban VIII. eingerichteten päpstlichen Staatssekretariat. Von persönlicher Frömmigkeit und Tugend, trat er anfangs entschieden gegen den → Nepotismus auf, verfiel jedoch später selbst diesem Fehler. Ludwig XIV. besetzte das päpstliche → Avignon und zwang dem Papst den »Frieden von Pisa« 1664 auf, der Eingriffe in den Kirchenstaat festlegte. Alexander, der ein Bewunderer Berninis war, förderte die schönen Künste. Von den Werken dieses Meisters besonders hervorzuheben sind die prachtvollen Kolonnade des Petersplatzes, die eindrucksvolle Scala regia im Vatikan und die → Cathedra Petri im Petersdom. Alexander verurteilte die Grundsätze des → Laxismus und den → Jansenismus. Stets befanden sich ein Sarg und ein Totenkopf in seinem Zimmer, um die Vergänglichkeit alles Irdischen jederzeit vor Augen zu haben. Alexander VII. starb am 22. Mai 1667 und erhielt sein Grabmal in St. Peter.

Alexander VIII., 242. Papst, eigentlich Pietro Ottoboni, wurde am 22. April 1610 in Venedig geboren und absolvierte sein Jurastudium in Padua. Unter → Urban VIII. war er zunächst Sekretär des Rota-Dekans und später Auditor. → Innozenz X. erhob ihn zum → Kardinal und 1654 zum → Bischof von Brescia. Liebenswürdig, arbeitsam und klug wurde er als einer der unabhängigen Kandidaten am 6. Oktober 1689 zum Papst gewählt. Er verfiel jedoch dem → Nepotismus und überhäufte seine Verwandtschaft mit Reichtümern und Ämtern. Ludwig XIV. zeigte sich → Alexander VIII. gegenüber nachgiebig und räumte Avignon. Den → Gallikanismus verurteilte der Papst ebenso wie den → Jansenismus. Für die vatikanische Bibliothek erwarb Alexander

Gesamtübersicht der Cathedra Petri von Gianlorenzo Bernini.

Papstwappen Alexanders VIII.

große Teile des Nachlasses der konvertierten Königin Christine von Schweden. Das pompöse Grabmonument des am 1. Februar 1691 verstorbenen Papstes befindet sich in St. Peter.

Alexandrinische Schule, eine vom jüdischen Philosophen Philo beeinflußte, um 180 n. Chr. in Alexandrien auftretende theologische Schule, die sich denkerisch in das Geheimnis des menschgewordenen Gottes vertiefte. Sie betonte vor allem die Göttlichkeit Christi, während die → Antiochenische Schule die personhafte Ganzheit des Menschen Jesu hervorhob. Hauptvertreter der Alexandrinischen Schule waren → Origenes und → Clemens.

Alfons Maria von Liguori hl., aus einer alten Adelsfamilie in Neapel. Er wurde als ältester Sohn des Edelmannes de Liguori am 27. September 1696 geboren. Mit sechzehn Jahren promovierte Alfons bereits zum Doktor der Rechte und war schon zwei Jahre später ein sehr begehrter Rechtsanwalt. Es fiel ihm jedoch bald schwer, das Unrecht zu verteidigen, und so beschloß er, → Priester zu werden. 1726 empfing der Dreißigjährige die → Priesterweihe. Mit der Gründung der »→ Kongregation des allerheiligsten Erlösers« (Redemptoristen) stieß er zuerst auch in kirchlichen Kreisen auf große Schwierigkeiten, doch bestätigte Papst → Benedikt XIV. 1749 seine Regeln. 1762 wurde Alfons zum → Bischof von S. Agata de' Goti im Königreich Neapel ernannt, doch blieb er der schlichte Ordensmann und Seelsorger. Alfons übte strenge → Askese und verbrachte viele Stunden im Beichtstuhl und bei Predigten. Großen Einfluß haben seine »Moraltheologie« und seine Beichtanweisungen für Priester. Fast 91 Jahre alt starb Alfons am 1. August 1787 und wurde in der Klosterkirche von Nocera beigesetzt. Seine → Heiligsprechung erfolgte 1839. Etwa dreißig Jahre später erhob ihn Papst → Pius IX. zum → Kirchenlehrer. Leiden, Rückschläge und Verfolgung kennzeichnen den Lebensweg dieses Ordensgründers, der den Titel »Doctor zelantissimus«, »der von größtem Eifer erfüllte Lehrer«, erhielt. Gedenktag: 1. August.

Allerheiligen, katholisches Fest aller Heiligen und Seligen. Schon der hl. → Johannes Chrysostomus nennt ein Fest aller heiligen → Märtyrer am 13. Mai. Die griechisch-orthodoxe Kirche feiert heute noch den ersten Sonntag nach Pfingsten als Sonntag der Heiligen. Anläßlich der Schenkung des Pantheons in Rom durch Kaiser Phokas an Papst → Bonifatius IV. (409) wurde in Rom ein Fest zu Ehren der seligen Jungfrau Maria und aller heiligen Märtyrer am 13. Mai eingeführt. Aus Irland und England kam im 8. Jahrhundert der Brauch, das Fest Allerheiligen am 1. November zu feiern. Dieser Tag hat sich dann allgemein durchgesetzt.

Allerseelen, katholischer Gedenktag, der auf Abt Odilo von Cluny (994 bis 1048) zurückgeht. Dieser führte ihn 998 zunächst in allen von → Cluny abhängigen Klöstern ein. Später wurde der Gedenktag an die verstorbenen Seelen auch außerhalb der Klöster gefeiert. Um 1300 begann man auch in Rom, Allerseelen am 2. November zu begehen.

Aloisius Gonzaga hl., 1568 als ältester Sohn des Markgrafen Ferdinand von Castiglione bei Mantua geboren. Er trat als Page in den Dienst Philipps II. von Spanien (1581 – 1584). Mit siebzehn Jahren verzichtete er auf sein Erstgeburtsrecht und trat in den neugegründeten → Jesuitenorden ein. Aloisius legte sich strenge Bußübungen auf, wobei ihm sein naher Tod offenbart wurde. 1591 starb er in Rom, wo er sich bei der Pflege von Pestkranken angesteckt hatte. Er wurde 1726 heiliggesprochen (→ Heiligsprechung) und drei Jahre später zum Patron der studierenden Jugend ernannt. Auf Darstellungen sieht man den Heiligen entweder in Pagentracht oder im → Talar der Jesuiten, mit Lilienstengel und Kreuz in den Händen, Totenkopf, Geißel und Krone zu Füßen. Sein Fest feiert die Kirche am 21. Juni.

Altkatholiken, spalteten sich 1871 von der römisch-katholischen Kirche ab, da sie das Dogma von der Unfehlbarkeit des Papstes nicht anerkannten.

Ambrosius hl., als Sohn des obersten römischen Verwaltungsbeamten um 340 in Trier geboren. Von Kaiser Valentinian 373 als Statthalter in Oberitalien eingesetzt, versuchte der noch nicht getaufte Ambrosius den Streit zwischen der arianischen (→ Arianismus) und der athanasischen Partei zu schlichten. Das Volk war ihm so zugetan, daß es Ambrosius 374 durch Akklamation zum → Bischof von Mailand wählte. In der Auseinandersetzung mit der arianischen Kaiserin Justina verteidigte Ambrosius die Kirche von Mailand. Kaiser Theodosius trat er mutig entgegen, als dieser, trotz schwerer Verbrechen – er hatte 7000 Menschen im Zirkus von Thessaloniki umbringen lassen –, im Chor der Kirche Platz nehmen wollte. Ambrosius studierte fleißig die griechischen Kirchenväter, dichtete Hymnen und führte das Volk in die lateinische → Liturgie ein. 387 taufte er den hl. → Augustinus, mit dem er meist auch zusammen dargestellt wird. Ambrosius und Augustinus zählen neben → Hieronymus und Leo dem Großen (→ Leo I.) zu den vier großen lateinischen Kirchenvätern. Ambrosius starb am 4. April 397 und liegt in Mailand unter dem Hochaltar von S. Ambrosio begraben. Sein Fest wird am 7. Dezember, dem Tag seiner Bischofsweihe, gefeiert. Als authentisches Bildnis des Heiligen kann das 470 entstandene Mosaik in S. Vittore-in-ciel-d'oro in Mailand angesehen werden, da es knapp nach seinem Tode entstand und den Heiligen nicht idealisiert. Andere Darstellungen zeigen den Kirchenlehrer mit Bienenkorb, Geißel, Buch und Gebeinen. Ambrosius ist der Schutzpatron Mailands, ferner der Schutzherr der Bienenzüchter, der Wachszieher, der Bienen und der Haustiere.

Amulett (lat.), wie der Talisman als Abwehrmittel gegen Unheil, Krankheiten und dämonische Mächte am Körper getragen oder auch an Behausungen oder Fahrzeugen befestigt. Im Volksglauben haben sich die Amulette bis in unsere Tage erhalten und bezogen christliche → Symbole mit ein. Der Aberglaube verwendete auch → Sakramentalien wie Rosenkranz, → Agnus Dei, Kreuze, Medaillen und Andachtsbilder von Heiligen für seine Zwecke.

Anachoret (griech., »der Sich-Zurückziehende« – Einsiedler). Die ersten Anachoreten traten nachweislich in Ägypten im 3. Jahrhundert auf. Außer der geschlechtlichen Enthaltsamkeit, dem Gebet und der Buße verlangte ihre Lebensform die völlige Trennung von jeder menschlichen Gemeinschaft. Daher zogen sie sich in unbewohnte Gegenden, besonders in die Wüste zurück. → Antonius, der Einsiedler, beeinflußte das Anachoretentum, indem er die Einsiedler zu einem Anachoretenverband zusammenschloß.

Anaklet II. (→ Gegenpapst), eigentlich Petrus Pierleoni, entstammte einer reichen, ursprünglich jüdischen Familie aus Rom, die die gregorianische Reform maßgebend unterstützte. In Paris, wo er seine Studien absolvierte, wurde er zusammen mit Ludwig VI. von Frankreich erzogen und trat später in das Kloster von → Cluny ein. 1120 wurde er von → Calixtus II. zum → Kardinal→ priester ernannt. Wenige Stunden nach der Wahl → Innozenz' II. (1130–1143), der in größter Eile von nur 16 Kardinälen gewählt wurde, erhob die Mehrheit, mehr als 20 Kardinäle, Petrus Pierleoni am 14. Februar 1130 als Anaklet II. zum Papst. Er konnte sich bis zu seinem Tode (25. Jänner 1138) in Rom behaupten. Innozenz floh nach Frankreich, wo er durch → Bernhard von Clairvaux rege Unterstützung fand. Anaklet war klug und von tadelloser Lebensführung, er wurde jedoch von seinen Gegnern, wie die moderne Geschichtsforschung ergibt, bedenkenlos diffamiert.

Das Wappen Anakletus' II.

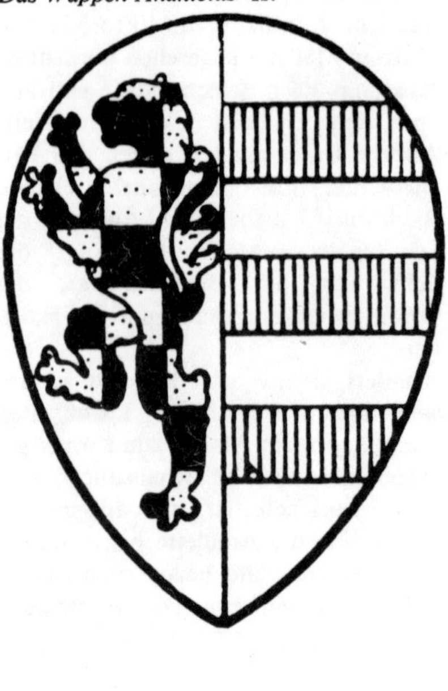

Anakletus hl., 3. Papst, auch Cletus oder Anencletus. Irrig ist die Auffassung, von verschiedenen Päpsten zu sprechen. Die älteste römische → Bischofsliste reiht Anakletus gleich nach → Linus als zweiten Nachfolger Petri ein. Seine Regierungszeit kann nicht genau bestimmt werden, sie wird aber zwischen 379 und 390 angesetzt. Der römische Festkalender nennt zwei Festtage. Cletus wird am 26. April und Anakletus am 13. Juli gefeiert.

Anastasius I. hl., 39. Papst, entstammte aus der römischen Familie der Massimi. Am 27. November 399 wurde der von seinem Freund Hieronymus gerühmte Anastasius zum Papst gewählt. Er verurteilte die Lehre des → Origenes und trat so als erster Papst gegen die schon auf das Abendland übergreifenden Streitigkeiten ein. Ebenso forderte er die afrikanischen Bischöfe (→ Bischof) auf, den Kampf gegen die Donatisten (→ Donatismus) fortzusetzen. Er starb am 19. Dezember 402. Sein Fest wird am 27. April gefeiert.

Anastasius II., 50. Papst, Sohn des römischen Bürgers Petrus. Er bestieg am 24. November 496 den Stuhl Petri. Unter seinem → Pontifikat bekehrte sich der Frankenkönig Chlodwig I., der Weihnachten 498 in Reims getauft wurde. Anastasius bemühte sich vor allem um den Frieden mit Ostrom und um die Beilegung des Akazianischen → Schismas, was in Rom zur Aufstellung einer Oppositionspartei des römischen → Klerus führte und nach seinem Tod zur Wahl eines → Gegenpapstes. Im Mittelalter wurde ihm unbegründet → Häresie vorgeworfen, so daß ihn Dante in seiner »Göttlichen Komödie« in die Hölle versetzte. Er starb am 19. November 498.

Anastasius (→ Gegenpapst), auch Anastasius Bibliothecarius genannt. In Rom von griechischen Mönchen erzogen, wurde er 847 → Kardinal→ priester von St. Marcellus. Da er für die Partei Kaiser Ludwigs II. eintrat, enthob ihn Papst → Leo IV. seines Amtes und belegte ihn mit dem → Anathema. Nach dem Tod Leos (855) versuchte Anastasius mit Gewalt den päpstlichen Thron zu besteigen, indem er den schon gewählten → Benedikt III. mißhandeln und in Ketten legen ließ. Das Volk und der → Klerus von Rom lehnten ihn jedoch entschieden ab, so daß er nach zwei Tagen dem rechtmäßig gewählten Papst Benedikt weichen mußte. Dieser begnadigte ihn und ernannte ihn zum Abt des Klosters S. Maria in Trastevere. Als Archivar und Bibliothekar der römischen Kirche verfaßte Anastasius eine Kirchengeschichte, wichtige kirchenpolitische Dokumente, bedeutende Übersetzungen griechischer Werke. Er starb 879.

Anastasius III., 121. Papst, als Sohn des Römers Lucianus geboren, war Nachfolger Petri zwischen April 911 und Juni 913. Der Kirchenhistoriker Baronius (1538–1607) erwähnt, daß er den → Bischöfen von Pavia gestattete auf weißen Pferden zu reiten, sich bei Reisen das Kreuz vortragen zu lassen und bei → Konzilien zur Linken des Papstes zu sitzen. Auch gestattete er dem Bischof von Pavia, die Erzbischöfe von Mailand und Ravenna zu einem Konzil einzuberufen, bei dem jeder Erzbischof anwesend sein mußte. Dadurch war Anlaß zu Streitigkeiten gegeben, die erst durch → Benedikt XIV. (1743) geschlichtet wurden, da dieser entschied, daß die Bischöfe von Pavia für immer Erzbischöfe von Amasia sein sollten. Anastasius III. starb im Oktober 913 und ruht im Vatikan. Einige Geschichtsschreiber vermerken, daß Anastasius, dessen → Pontifikat bedeutungslos verlief, am Gift Theodoras der Älteren gestorben sein soll, die ihren Schützling zum Papst machen wollte.

Anastasius IV., 169. Papst, eigentlich Conrad della Suburra, → Kardinal→ bischof von Sabina, kam als altersschwacher Greis am 12. Juli 1153 auf den

Papst Anastasius IV.

Papstthron und nannte sich Anastasius IV. Er war wohltätig und milde. Auf Drängen Friedrichs I. Barbarossa bestätigte er Wichmann als Erzbischof von Magdeburg. Ebenso verlieh er ihm, wie dem Erzbischof von York, das → Pallium, welches → Eugen III. ihnen verweigert hatte. Er starb bereits nach eineinhalbjähriger Regierungszeit am 3. Dezember 1154 und ruht in S. Giovanni im → Lateran.

Anastasius Bibliothecarus → Anastasius.

Anathema (griech.), eine Verfluchungsformel, die von der katholischen Kirche bei der Verhängung des großen Kirchenbannes ausgesprochen wird. Es war früher üblich, bei den → Konzilsbeschlüssen gegen Häretiker (→ Häresie) das Anathema hinzuzufügen. Seit dem Ersten Vatikanischen → Konzil gelten alle Konzilssatzungen (→ Kanons), die mit dem Anathema abgeschlossen wurden, als »de fide divina catholica« – d. h. als → Dogma.

Andreas hl., einer der zwölf Jünger Jesu, stammte aus Bethsaida und war von Beruf Fischer. Zuerst ein Anhänger Johannes des Täufers, folgte er schließlich mit seinem Bruder → Simon Petrus Jesus. Andreas war als einer der zwölf → Apostel beim Abendmahl, bei der Himmelfahrt und beim Pfingstereignis anwesend, doch wird er nicht hervorgehoben. Nach der Überlieferung predigte Andreas das → Evangelium am Schwarzen Meer und in Griechenland. In Patras in Achaia soll er das Martyrium (→ Märtyrer) am Kreuz erlitten haben. Darstellungen zeigen ihn mit Haar- und Barttracht, Mantel, ohne Schuhe, mit einem Buch, und vom 13. Jahrhundert an mit schrägem Gabel- oder Balkenkreuz. Vorher sieht man ihn mit dem T-Kreuz dargestellt. Seine Schädelreliquie, die 1450 auf der Flucht vor den Türken nach Rom gebracht wurde, kam 1964 wieder nach Patras zurück. Die Echtheit wird jedoch angezweifelt. Andreas ist der Patron Rußlands, Schottlands und Griechenlands, der Schirmherr des Ordens vom Goldenen Vlies und Patron der Metzger, Fischer und Seiler. Man ruft ihn gerne bei Rotlauf, Krämpfen, um Kindersegen und als Vermittler in Liebessachen an. Sein Fest fällt auf den 30. November.

Angela Merici hl., am 21. März 1474 in Desenzano am Gardasee geboren, verlor schon frühzeitig ihre Eltern. Zusammen mit ihrer Schwester nahm sie ein Onkel in Salò auf. Ein Herz und eine Seele mit ihrer Schwester – man nannte sie die »Turteltauben von Salò« – spielten sie oft Eremiten und krochen in einsame Höhlen. Als ihre geliebte Schwester und ihr Onkel starben, trat Angela dem → Dritten Orden des hl. → Franziskus bei. In Desenzano lebte sie nun zwanzig Jahre lang in strenger → Askese. Sie nahm sich vor allem der kleinen Mädchen an, die sie kochen, nähen, waschen und die Pflege von Kranken lehrte. 1516 zog sie nach Brescia und gründete dort am 25. November 1535 die »Compagnia di santa Orsola«, die »Gesellschaft der heiligen Ursula« (Ursulinen), die als erstes → »Säkularinstitut« gelten kann. Ohne Ordenstracht sollten die Mitglieder ursprünglich in ihren Familien weiterleben und die → Evangelischen Räte befolgen. Bald entstanden Gemeinschaftshäuser, doch waren die Schwestern nicht durch ein → Gelübde oder an eine → Klausur gebunden. Angela Merici war die erste Oberin ihrer Gründung, doch starb sie schon am 27. Jänner 1540. Sie liegt in der Kirche der hl. Afra in Brescia begraben. Ihre → Heiligsprechung erfolgte im Jahre 1807. Ihr → Orden wurde zu einem der wichtigsten Frauenorden für Erziehung und Unterricht, doch findet

Hl. Andreas von Martin Schongauer. ▷

man seine Schwestern auch in Spitälern und in den Missionen. Das Fest der heiligen Angela feiert die Kirche am 27. Jänner.

Angelusläuten, auch Vesperläuten, Ave- und Gebetsläuten oder kurz Angelus bezeichnet das Läuten der Kirchenglocken am Morgen, zu Mittag und am Abend. Angelus Domini sind die Anfangsworte eines katholischen Gebets zur Erinnerung an die Verkündigung Marias und lauten übersetzt »der Engel des Herrn«. Das Angelusläuten wurde 1327 in Rom eingeführt.

Anglikaner, die Mitglieder der englischen Nationalkirche, der Church of England, die sich unter König Heinrich VIII. von Rom losgelöst hat. In den USA wird diese Kirche Episcopal Church genannt.

Anicetus hl., 11. Papst, wahrscheinlich Syrer aus Emesa (Anisa), war Papst von 154–165. Da die Streitfrage auftrat, wann das Osterfest gefeiert werden sollte, kam der greise Polykarp, der → Bischof von Smyrna und ein Schüler des → Apostels → Johannes nach Rom, um mit Anicetus zu verhandeln, wobei jedoch keine Einigung erzielt werden konnte. Anicetus trat gegen die Lehren → Valentins und Marcions (→ Marcioniten) auf und bekämpfte den → Montanismus. Anicetus soll als → Märtyrer gestorben sein. Sein Fest wird am 17. April gefeiert.

Anna hl., → Joachim hl. und Anna hl.

Anno hl., aus Pfullendorf in Schwaben, erhielt seine Ausbildung in Bamberg. 1056 wurde er Erz→bischof von Köln und war nach dem Tode Kaiser Heinrichs III. zusammen mit der Kaiserinwitwe Agnes Reichsverweser. Als solcher diente er dem jungen Heinrich IV. als Vormund. Er trat energisch gegen → Simonie (Kauf geistlicher Ämter) und den habgierigen → Klerus auf. Die → Benediktinerklöster Siegburg, Grafschaft und Saalfeld, die Stifte St. Maria ad gradus und St. Georgen in Köln gehen auf seine Gründung zurück. Als er 1074 aus Köln vertrieben wurde, zog er sich ins Kloster Siegburg zurück, wo er ein Jahr darauf starb. In der Abtei Siegburg liegt der hl. Anno auch begraben. Seine → Heiligsprechung fand 1183 statt, schon 1106 entstand die Dichtung »Das Annolied«, ein Lobgesang auf den heiligen Bischof. Auf Darstellungen sieht man Anno II. als Bischof mit Stab und → Mitra, ein → Kirchenmodell in Händen mit Buch und Schwert. Vielfach wird der Heilige, dessen Fest auf den 5. Dezember fällt, bei Gichtleiden angerufen.

Anselm hl., 1033 in Aosta in Italien als Sohn adeliger Langobarden geboren. Schon bald verließ er sein Elternhaus und zog nach Burgund und später in die Normandie, wo er Mönch in der → Benediktinerabtei Le Bec wurde. Unter dem berühmten gelehrten Prior Lanfranc studierte er Philosophie und Theologie. Bald wurde Anselm jedoch selbst geistiger Mittelpunkt des Klosters und zog viele Schüler an. Er wurde Abt von Le Bec und folgte schließlich seinem Vorgänger auf den Stuhl des Erz→bischofs von Canterbury, wo er von 1093–1109 Primas von England war. Wiederholt fiel er beim König in Ungnade und mußte in die Verbannung. Vier Jahre lebte Anselm in Rom und kehrte erst auf Wunsch des Papstes unter dem neuen König Heinrich I. nach England zurück. Im → Investiturstreit wehrte er sich jedoch auch gegen diesen Herrscher und lehnte jede Vergabe kirchlicher Ämter durch → Laien ab.

Abermals mußte der Erzbischof in die Verbannung, wobei er all seine Güter verlor. 1106 übernahm der Papst aber die Vermittlerrolle, und Anselm ging nach England zurück, wo ihn der König feierlich empfing und ihm seinen Besitz zurückgab. Anselm leistete den Lehenseid und Heinrich verzichtete auf die Laieninvestitur. Das Verhältnis zueinander besserte sich so weit, daß der König den Bischof sogar bei seiner Abwesenheit zum Reichsverweser einsetzte. Mit fünfundsiebzig Jahren starb Anselm am 21. April 1109 und wurde in der Kathedrale von Canterbury begraben. Anselm gilt als Vater der scholastischen (→ Scholastik) Theologie, welche die theologischen Beweise nicht mehr auf Autoritäten und Bibeltexte aufbaute, sondern auf die Logik. Sein Grundsatz war: »Ich suche nicht zu begreifen, um zu glauben, sondern ich glaube, um zu begreifen.« Anselm, dessen Fest auf den 21. April fällt, wird mit einem Buch oder einem kleinen Schiff in der Hand sowie im Bischofsornat dargestellt.

Ansgar hl. (oder Oskar), um 801 bei Corbie an der Somme geboren, verlor schon früh seine Mutter, so daß ihn sein Vater den Benediktinern in Corbie anvertraute. Der Tod Kaiser Karls des Großen (814) soll den Knaben, der den Kaiser selbst gesehen hatte, über die Vergänglichkeit der Macht zum Nachdenken gebracht haben, so daß er sich entschloß, → Priester zu werden. 823 kam er als Lehrer in das neugegründete Kloster Korvey an der Weser, wo er auch zum Priester geweiht wurde. Seine Mission bei den Dänen und Schweden verlief wenig erfolgreich, doch konnte er König Olaf zum christlichen Glauben bekehren. 831 empfing Ansgar das → Pallium und wurde erster → Bischof von Hamburg. Er holte die Mönche von Korvey und baute mit ihnen eine Domkirche und ein Kloster, worin er eine Schule gründete. 845 wurde sein Werk durch die eindringenden Normannen gänzlich zerstört, doch begann Ansgar 864 als Oberhirte des Bistums Hamburg-Bremen erneut mit der Arbeit. Am Fest Maria Lichtmeß, am 2. Februar 865, starb der → Apostel des Nordens nach langer, schwerer Krankheit. Auf Darstellungen erkennen wir den Heiligen im Bischofsgewand, mit Pelz umhüllt und von bekehrten Heiden umgeben. Sein Fest wird am 3. Februar gefeiert.

Antependium (lat.), eine nach vorn herunterhängende Altarverkleidung in der Farbe, die der liturgischen (→ Liturgie) Jahreszeit entspricht. Im Mittelalter wurden die Antependien oft reich bestickt. Auch gemalte und goldgetriebene Vorsatztafeln wurden verwendet. Im 14. Jahrhundert stellte man diese Tafeln vielfach an die hintere Kante des Altartisches, was zur Entwicklung des Flügelaltars führte.

Anterus hl., 19. Papst, angeblich ein Sohn des Griechen Romulus, war nur wenige Wochen, vom 21. November 235 bis zum 3. Jänner 236, Papst. Als erster Papst wurde er in der Papstgruft der Calixtuskatakombe beigesetzt. Teile seiner Grabinschrift wurden in dieser Katakombe aufgefunden. Sein Martyrium (→ Märtyrer) ist ungewiß. Am 3. Jänner wird sein Fest gefeiert.

Antichrist (lat.), »Gegenchristus«, »Gegenmessias« oder »Gegenspieler Christi«. Martin → Luther bezeichnete den römischen Papst des öfteren als Hure Babylons oder als Antichristen.

Antimodernisteneid, seit 1910 von den katholischen Geistlichen gefordert. Er richtet sich gegen die Philosophie und Theologie des → Modernismus.

Antiochenische Schule, eine in Antiochien entstandene theologische Richtung, die das vollkommene Menschsein Christi betonte. Die Hauptvertreter der Antiochenischen Schule sind die Führer des → Arianismus, → Paul von Samosata, → Johannes Chrysostomus und Theodor von Mopsuestia.

Antonius hl. (der Einsiedler), der wohl berühmteste Mönch des Altertums. Er wurde um 251 in der Gegend von Herakleopolis in Mittelägypten geboren. Beim Gottesdienst hörte der Zwanzigjährige die Evangelienstelle vom reichen Jüngling (Mt 19, 16–22) und folgte dem Ruf Gottes. Er verließ sein Elternhaus, verteilte sein Erbteil unter den Armen und zog sich in die Thebaische Wüste im oberen Niltal zurück. Gleich den anachoretischen (→ Anachoret) Asketen (→ Akese) lebte Antonius in einer Höhle, wobei er Nahrung, Kleidung und Schlaf auf ein Minimum einschränkte. Mit Flechtarbeiten aus Palmblättern bestritt er seinen Lebensunterhalt. Verständlich, daß bei seiner abgeschiedenen, reizarmen Lebensweise die Versuchung, wieder ins volle Leben zurückzukehren, oft schwere innere Kämpfe auslöste, die zu Traumbildern und Wahnvorstellungen führten. Hieronymus Bosch und andere Maler des späten Mittelalters führen uns diese Visionen des Heiligen mit ihren Teufelsfratzen und grauenerregenden Untieren sehr eindrucksvoll vor Augen. Seine Heiligkeit und die große Weisheit, zu der er sich durchgerungen hatte, zogen Scharen von Jüngern an, denen er predigte. In der Nähe des Roten Meeres, auf dem Berge Kolzim, suchte er dem Andrang der Menschen zu entfliehen, doch blieb sein Aufenthalt nicht unentdeckt und es gesellten sich Jünger um ihn, die sein Leben nachvollziehen wollten. Ein Einsiedlerzentrum entstand allmählich um ihn herum, und mittels Kamelen wurde ein eigener Briefwechsel mit Kaiser Konstantin aufrecht erhalten. Als Antonius im Alter von 105 Jahren um 356 starb, hinterließ er nichts als zwei sackähnliche Tuniken, einen Mantel und eine große Schar von Jüngern. Die berühmte Biographie des Athanasius, schon ein Jahr nach dem Tode des hl. Antonius veröffentlicht, beeinflußte das Mönchtum und dessen Ausbreitung bis ins Mittelalter. Der »Vater der Mönche«, zunächst auf dem Berge Kolzim begraben, fand um 560 in Alexandria seine letzte Ruhestätte. Der im Jahre 1095 gegründete → Orden der Antoniter sorgte sich vor allem um die am »Antoniusfeuer« (Rotlauf) erkrankten Menschen. Die Klöster trugen als Erkennungszeichen das Bild eines Schweines (Rotlauf kommt häufig bei Schweinen vor) und einer Glocke. Deshalb wählte das bäuerliche Volk den hl. Antonius wohl auch zum Schutzpatron der Schweine und Haustiere. Dargestellt wird der Heilige als Eremit, mit dem T-förmigen Kreuzstab, mit Schwein und Glocke. Der herrliche Isenheimer Altar, den Matthias Grünewald für das Colmarer Antoniterkloster schuf, zeigt eindrucksvoll das Leben des »Arztes von Ägypten«, wie der hl. Antonius auch genannt wird. Sein Gedenktag wird am 17. Jänner gefeiert.

Antonius Maria Claret hl., 1807 als Sohn eines Webers in Sallent in Spanien geboren. Mit achtundzwanzig Jahren erhielt er die Priesterweihe (→ Priester). Sein Wunsch, → Jesuit zu werden, ging nicht in Erfüllung, da ihn der → Orden

Hl. Antonius, von Dämonen gepeinigt, von Martin Schongauer.

wegen seiner schwachen Gesundheit nicht aufnahm. Antonius zog als Missionsprediger durch Katalonien und gründete 1849 die Missionsgesellschaft der »Söhne des Unbefleckten Herzens Mariä«, die Claretiner, und sechs Jahre später das »Apostolische Bildungsinstitut von der Unbefleckten Empfängnis«, die Claretinerinnen. Ungewöhnlich aktiv verfaßte der Ordensgründer zahlreiche Schriften zur Erziehung und → Priesterbildung und war zusätzlich noch als unermüdlicher Prediger unterwegs. Zwischen 1850 und 1857 stand er Santiago de Cuba als Erzbischof vor und tat den durch politische Unruhen und Erdbeben in Not geratenen Bewohnern viel Gutes. 1857 mußte er Kuba verlassen und kehrte nach Madrid zurück, wo er der Beichtvater der Königin Isabella II. wurde. Antonius starb am 24. Oktober 1870 in Südfrankreich im → Zisterzienserkloster Fontfroide. Dargestellt wird er meist in seiner → Ordenstracht mit den → Insignien eines → Bischofs. Sein Fest fällt auf den 24. Oktober.

Antonius Maria Zaccaria hl., der Gründer des → Barnabiten→ ordens, 1502 in Cremona geboren. Antonius übte den Arztberuf aus und wurde erst später → Priester. Er bemühte sich um die Erneuerung der Kirche im 16. Jahrhundert und versuchte, dem → Klerus den Geist des → Evangeliums nahezubringen. Antonius gründete die Regularkleriker vom hl. Paulus, Barnabiten, genannt nach dem Kloster, das sie 1538 bezogen. Für Frauen gründete er den Orden der Englischen Schwestern vom heiligen Paulus, auch Angeliken genannt. Antonius predigte vor allem die Verehrung der → Eucharistie und führte das vierzigstündige Gebet ein. Auch das Freitagsläuten um 15 Uhr, der Todesstunde Jesu, geht auf ihn zurück. Er starb 1539 im Alter von 37 Jahren. 1879 wurde er heiliggesprochen (→ Heiligsprechung). Seine → Reliquien befinden sich in der Kirche des hl. → Barnabas in Mailand. Sein Gedenktag ist der 5. Juli.

Antonius von Padua hl., »Il Santo«, wie ihn die Italiener nennen, wurde 1195 in Lissabon geboren. Er trat mit fünfzehn Jahren bei den → Augustiner-Chorherren ein und lernte bei ihnen die Heilige Schrift gründlich kennen. Antonius sehnte sich nach dem Märtyrertod, und als er 1220 von den ersten → Märtyrern des → Franziskanerordens hörte, beschloß er, Franziskaner zu werden. Der junge Minderbruder (→ Mindere Brüder) durfte noch im selben Jahr in die Mission nach Marokko reisen, doch erkrankte er so schwer, daß man ihn in die Heimat zurücksandte. Auf der Rückreise wurde sein Schiff jedoch an die Küste Siziliens verschlagen. Antonius machte sich auf den Weg nach Assisi zur Ordensversammlung, die der hl. → Franziskus (→ Franz von Assisi) 1221 dort einberufen hatte. Der stille Antonius wurde von vielen für schwachsinnig gehalten, bis ein Zufall seine große Rednergabe offenbarte. Franziskus ernannte den begabten Mann zum Lehrer der Theologie in Bologna und zum Prediger. Antonius reiste nun durch Norditalien und Südfrankreich und zog überall die Volksmassen mit seinen Reden an. Zuletzt ließ er sich in Padua nieder. In seinen Predigten trat der Heilige besonders gegen den Wucher auf und bekämpfte die Sekte der → Katharer. Am 13. Juni 1231 fühlte der entkräftete Antonius sein Ende herannahen und zog sich in das Klarissenkloster (→ Klara) Acella zurück, wo er auch noch am gleichen Tag starb. Ein Jahr später erfolgte seine → Heiligsprechung. Unter → Pius XII. wurde er zum → Kirchenlehrer erhoben. Der italienische Volksheilige wird als junger → Minorit mit Lilie, Buch und dem Jesuskind im Arm dargestellt. Er gilt als Patron der Liebenden und Reisenden und als Wiederfinder verlorener Sachen. Er soll bei Fieber, Unfruchtbarkeit, Katastrophen und gegen dämonische Mächte helfen. 1424 wurde die mächtige Wallfahrtskirche in Padua fertiggestellt, die die Gebeine des Heiligen birgt. Sein Gedenktag ist der 13. Juni.

Apokalypse (griech., »Enthüllung«), eine Schrift, die Offenbarungen über die Zukunft und das Weltende enthält. In der Heiligen Schrift wird das letzte Buch Apokalypse oder »Die geheime Offenbarung des → Johannes« genannt.

Alte Zeichnung eines ehemaligen Mosaiks aus der Kirche St. Agata in Rom.

Apokryphen (griech., »Verborgene«), die sogenannten Apokryphen des Neuen Testamentes, sind teils Schriften, teils Bruchstücke aus den ersten drei Jahrhunderten der Kirche, welche im Gegensatz zu den → kanonischen (= von der Kirche anerkannten) Schriften des Neuen Testamentes von der Kirche nicht anerkannt wurden, da man nicht wußte, wer sie verfaßt hatte. Am bedeutendsten unter ihnen sind die apokryphen → Evangelien, → Apostelgeschichten und → Apokalypsen. Die Apokryphen des Alten Testaments fehlen im hebräischen Alten Testament, wie Judith, Tobias, Jesus Sirach, die die evangelische Kirche nicht zum → Kanon zählt, die römisch-katholische Kirche jedoch fast alle als kanonisch wertet.

Apologeten (griech.), Verteidiger des christlichen Glaubens in den ersten christlichen Jahrhunderten.

Apologetik (griech., »Antwortwissenschaft«), die Verteidigung des christlichen Glaubens gegen heidnische Philosophie und andere Religionen.

Apologie (griech.), die Verteidigungsschrift des christlichen Glaubens.

Apostel (griech., »Gesandter«), in der Heiligen Schrift die zwölf Jünger Jesu. Aber auch Paulus und Missionare werden von der Kirche als Apostel bezeichnet. Die Zahl »Zwölf« weist hier auf die zwölf Stämme Israels hin und bedeutet den Anspruch Christi auf sein Volk. Die Apostel finden wir auf Darstellungen oft links und rechts neben Christus. Hier die Namen und ihre → Attribute, an denen man sie erkennt:

→ Petrus	Schlüssel
→ Paulus	Schwert und Buch
→ Andreas	Schrägbalkenkreuz
→ Jakobus d. Ä.	Pilgerhut, Muschel, Schwert
→ Johannes	Kelch mit Schlange
→ Thomas	Lanze, Winkelmaß
→ Jakobus d. J.	Walkerstange

→ Philippus	Geißel, Kreuzstab
→ Bartholomäus	Messer
→ Matthäus	Beil, Winkelmaß, Meßstab
→ Simon Zelotes	Säge
Judas Ischariot	Geldbeutel
→ Judas Thaddäus	Hellebarde, Keule, Steine
→ Matthias	Beil, Lanze, Steine

Apostelbrüder → Brüderschaften.

Apostolikum (lat.), Kurzform für das apostolische Glaubensbekenntnis, das auf das altrömische Tauf- und Glaubensbekenntnis zurückgeht.

Apostolische Väter, die unmittelbaren Schüler der → Apostel, welche Schriften hinterlassen haben. Man zählt dazu: → Barnabas, Clemens von Rom, → Ignatius von Antiochien und Polykarp von Smyrna; von → Papias von Hierapolis, dem Verfasser des »Hirten«, dagegen, der sich für den im Römerbrief 16,14 erwähnten Hermas ausgibt, ist es ungewiß, ob er Apostelschüler gewesen ist. Die Schriften der Apostolischen Väter können nach Form und Inhalt als Fortsetzung der apostolischen Schriftstücke betrachtet werden, obgleich sie diesen an geistiger Qualität nachstehen. In dogmatischer (→ Dogma) Hinsicht unbestimmt und einfach, mahnen sie vorzugsweise zu Glauben und Besserung, bevor Christus wiedererscheine.

Apsis (griech.), die halbrunde Altarnische, die den Kirchenraum meist nach Osten abschließt. Die frühchristlichen Apsiden wurden meist mit prachtvollen Mosaiken oder Freskomalereien ausgeschmückt. Im Mittelalter, vor allem in der Gotik, wurde den Fenstern immer größere Bedeutung zugemessen, so daß sie schließlich die ganze Apsis einnahmen. Im Barock füllte der Altaraufbau meist die Apsis vollständig aus, wodurch die halbrunde Nische an Geltung verlor.

Archidiakon (griech., »Oberdiakon«), der erste Gehilfe des → Bischofs. Zuerst war er nur Bevollmächtigter des Bischofs, mit der Armenfürsorge und der Hausverwaltung betraut. Später, im 8. und 9. Jahrhundert, hatte er mancherorts sogar die Weihegewalt und war Vikar (Stellvertreter) des Bischofs. Gelegentlich traten Archidiakone auch gegen den Bischof auf und erwarben eigene Kirchensprengel. Heute ist Archidiakon nur noch ein Ehrentitel.

Arianismus, eine vom → Priester Arius aus Alexandrien am Beginn des 4. Jahrhunderts vertretene Lehre, die behauptet, daß der → Logos (Christus) nicht wesensgleich mit Gott sei, sondern von Gott erschaffen wurde. Die Gottheit Jesu wird dabei aber von Arius nicht geleugnet.

Armenbibel → Biblia Pauperum.

Arnold von Brescia, einer der bedeutendsten Männer des 12. Jahrhunderts. Er studierte in Paris unter Abälard und kehrte 1136 voll neuer Ideen über Religion und Kirche in seine Vaterstadt Brescia zurück. Sein kühner Geist, seine Kenntnis des Altertums und seine hinreißende Beredsamkeit als Geistlicher und öffentlicher Lehrer verschafften seinen Strafreden gegen das Unwesen der → Priesterschaft große Geltung. So brachte er das Volk gegen die Geistlichkeit auf und fand auch in Frankreich, wohin er 1139 flüchten mußte, zahlreiche Anhänger, die sich Arnoldisten nannten; denn die berechtigte Unzufriedenheit mit den Sitten und Anmaßungen der Geistlichen brachte ihm viele Sympathisanten. Das schnell auflodernde Feuer der Empörung konnte auch der Bann, den → Innozenz II. über ihn und seine Anhänger aussprach, nicht eindämmen. Arnold predigte seine Lehre ungestört in Zürich, bis er 1144 nach Rom ging, wo er als Führer des Volkes auftrat, die Wiederherstellung der römischen Republik ankündigte und durch die Kraft seiner Rede gewaltige Ausbrüche der Volkswut gegen die geistlichen Gewaltherrscher veranlaßte. Die tobende Menge, die er bald selbst nicht mehr bändigen konnte, verehrte ihn als ihren Vater, und selbst der Senat beschützte ihn, bis → Hadrian IV. im Jahre 1155 die Stadt Rom mit dem → Interdikt belegte. Diese Schmach beugte die Römer. Sie baten um Gnade, und Arnold mußte fliehen. Der Hohenstaufer Friedrich I. Barbarossa griff ihn auf und lieferte ihn dem Papste aus. In Rom wurde er 1155 als Ketzer und Rebell verbrannt und seine Asche in den Tiber gestreut. Der Geist seiner Bestrebungen lebte in den → Sekten der kommenden Jahrhunderte fort.

Askese (griech., »Übung«), die zuchtvolle Lebensweise durch Enthaltung von Überflüssigem. Diente vielen Heiligen auf ihrem Weg zur Vollkommenheit.

Athanasius hl., der Große, um 295 in Alexandrien in Ägypten geboren, wuchs bei Bischof Alexander auf, den er im Jahre 325 als → Diakon zum → Konzil von Nizäa begleitete. Getreu der Lehre des Konzils von der wahren Gottheit Christi – der gezeugt, nicht geschaffen, eines Wesens mit dem Vater ist –, trat Athanasius entschieden gegen die Irrlehre der Arianer (→ Arianismus) auf. Auf Wunsch des Volkes und der Geistlichkeit wurde Athanasius als Nachfolger Alexanders zum Patriarchen von Alexandrien erwählt. Unter Kaiser Kon-

Hl. Athanasius d. Große. Nach einer Zeichnung von Jean Baptiste de Champagne.

stantin mußte er 335 nach Trier in die Verbannung fliehen. Von seinen zahlreichen Schriften sind seine Werke »Gegen die Heiden« und »Über die Menschwerdung des Wortes Gottes« sowie seine Biographie über den hl. → Antonius den Einsiedler berühmt. Am 2. Mai 373 starb der fast Achtzigjährige in Alexandrien. Auf Abbildungen erkennt man den Kirchenlehrer als griechischen → Bischof mit langem Bart, zwischen zwei Säulen stehend, ein Buch in der Hand. Seit dem 13. Jahrhundert wird sein Fest am 2. Mai gefeiert.

Atheismus (griech. atheo, »ohne Gott«, »gottlos«), Unglauben an die Existenz Gottes. Die Vernunftidee von Gott besitzt keine Realität oder Wirklichkeit.

Attribut (lat.), Eigenschaft oder Merkmal eines Gegenstandes oder einer Person. Den Heiligen gab man bestimmte Attribute bei, um sie voneinander zu unterscheiden. So dem hl. → Petrus Schlüssel, dem hl. → Florian einen Wassereimer, dem hl. → Hieronymus den Löwen...

Augustiner, der dem Rang nach vierte → Bettelorden. Er entstand aus den seit der Mitte des 13. Jahrhunderts zum Klosterleben vereinigten, früher ohne Ordensverband verstreut lebenden Augustiner-Eremiten oder den Einsiedlern des hl. → Augustinus und wurde als solcher 1567 durch Papst → Pius V. bestätigt. Ihre Regel schreiben die Augustiner mit Unrecht dem hl. Augustinus zu, der keinen Orden mit festen Regeln gestiftet hatte. Sie tragen schwarze Kleidung und teilen sich, gleich den anderen Bettelorden, in Beschuhte und Unbeschuhte. Der Reformator Martin → Luther gehörte dem Augustinerorden an. Mit mehr Berechtigung als der Bettelorden leiten sich die kirchlichen Institute der Augustiner-Chorherren oder → Kanoniker von Augustinus her ab. Diese sind ein Institut priesterlichen Gemeinschaftslebens mit feierlichen Ordensgelübden. Sie leben in Klöstern und tragen schwarze Ordenskleidung mit einem kleinen weißen → Skapulier.

Augustinus hl., einer der vier großen lateinischen → Kirchenväter (→ Hieronymus, → Leo der Große, → Ambrosius, → Augustinus). Als Sohn des Heiden Patricius und der Christin Monika wurde er 354 in Tagaste in Nordafrika geboren. Er studierte in Karthago die »Freien Künste« und wurde Lehrer der Rhetorik in Tagaste und Karthago. Er schloß sich den → Manichäern an, die er später erbittert bekämpfte, und genoß sein Leben in vollen Zügen. 383 reiste er nach Rom und übte ab 384 eine Lehrtätigkeit in Mailand aus. Durch die Predigten des hl. → Ambrosius tief erschüttert, setzte er sich mit der Hl. Schrift auseinander. Er selbst berichtet in seinen Bekenntnissen (Confessiones), daß er, unter einem Feigenbaum liegend, eine Stimme vernahm, die zu ihm die Worte sprach: »Nimm und lies.« Er schlug daraufhin den Römerbrief des hl. → Paulus auf und las: »Lasset uns ehrbar wandeln ... ziehet an den Herrn...« (Röm 13,13). Daraufhin ließ sich Augustinus mit Deodatus, seinem Sohn, von Bischof Ambrosius in der Osternacht 387 taufen. Vorher hatte er sich bereits von seiner Frau getrennt, mit der er vierzehn Jahre gelebt hatte. 387 kehrte er nach Karthago zurück, empfing 391 die → Priesterweihe, 394 die Weihe zum → Bischof von Hippo. Mit einigen Klerikern lebte er nun in einer Gemeinschaft zusammen, für die er auch eine Regel schrieb. 430 starb Augustinus, während die Vandalen seine Bischofsstadt belagerten. Von seinen Werken sind seine »Bekenntnisse« und der »Gottesstaat« von besonderer Bedeutung. Bis heute stehen Theologie und Philosophie unter seinem Einfluß. Dargestellt wird der Heilige mit durchbohrtem Herzen oder mit einem Wasser schöpfenden Kind. Die → Legende erzählt von einem Knaben, der am Meeresstrand mit einer Muschel Wasser in eine Sandgrube schöpft. Auf seine Tätigkeit angesprochen, antwortete das Kind dem hl. Augustinus: »Ich tue das Gleiche wie du! Du willst die Unergründlichkeit Gottes mit deinen Gedanken ausschöpfen – ich versuche das Meer auszuschöpfen!« Augustinus ist der Patron der Theologen, Buchdrucker und Bierbrauer. Bei Augenleiden soll er Hilfe bringen. Sein Fest feiert die Kirche am 28. August. An den Wänden der Kirche Sant'Agostino in San Gimignano schuf Benozzo Gozzoli eines der bedeutendsten Freskos des 15. Jahrhunderts, das die Lebensgeschichte des Heiligen wiedergibt.

Der hl. Augustinus begegnet dem Kind am Meeresstrand. Nach einem Gemälde von Joannes Jacob de Rubeis.

Augustinus von Canterbury hl., Prior des Klosters St. Andreas in Rom, wurde im Jahre 596 mit ungefähr vierzig Mitbrüdern von Papst Gregor dem Großen nach England gesandt, um die Angelsachsen zu bekehren. Der ängstliche Prior kehrte jedoch sofort um, als er von der Wildheit der Angelsachsen hörte. Gregor bestand auf seinem Befehl, ernannte Augustinus zum Abt und sandte ihn erneut los. Diesmal hatte Augustinus großen Erfolg, worauf ihn der Papst zum ersten Erz→ bischof von Canterbury ernannte. Der Heilige starb am 26. Mai 604 (605). Sein Fest fällt auf den 27. Mai.

Aureole → Nimbus.

Autodafé (portug., »Glaubensakt«), besonders im spanisch-portugiesischen Bereich Bezeichnung für Ketzergerichte und Ketzerverbrennungen, die durch die → Inquisition angeordnet wurden.

Autokephal (griech., »eigenhäuptig«), eine Bezeichnung für selbständige östliche Kirchen, die nur ihrem → Patriarchen unterstehen.

Autoweihe, am Festtag des hl. → Christophorus, am 25. Juli, in vielen Gebieten üblich. Der katholische → Priester segnet mit Weihwasser und Gebet die Autos und ihre Fahrer, damit sie immer glücklich ihr Ziel erreichen mögen.

Der Papstpalast zu Avignon.

Auch werden Medaillen und Plaketten des hl. Christophorus zu diesem Anlaß geweiht.

Avignon, Stadt in Südfrankreich. Von 1309 bis 1378 hatten hier die Päpste, von 1378 bis 1417 die → Gegenpäpste ihre Residenz. Als Babylonische Gefangenschaft der Kirche wird der Zeitraum der Jahre von 1309 bis 1378 bezeichnet, in der die Päpste in Avignon vom französischen Hof abhängig waren. Im Frieden von Tolentino 1797 verzichtete der Papst auf Avignon als Kirchenbesitz.

B

Babylonische Gefangenschaft, → Avignon, → Kirchengeschichtlicher Überblick.

Baptisterium (griech.) wurde zunächst nur das Taufbecken, später die Taufkirche genannt. Berühmt sind die Baptisterien von Florenz und Pisa.

Barfüßermönche, Mönche, die keine Schuhe, sondern einfache Sohlen und Sandalen oder gar keine Fußbekleidung tragen. Der Stifter des ersten → Bettelordens entschloß sich auf Grund zweier Tatsachen, diese Regeln einzuführen: einmal durch den Wortlaut des Evangelisten → Matthäus 10,10, wo Christus bei der Sendung der Jünger diesen verbietet, Schuhe zu tragen, und dann durch die Erwägung, daß auch die wegen ihrer apostolischen Lebensweise im Volk hoch geachteten → Waldenser Sandalen trugen. Die Barfüßer bildeten keinen besonderen Orden. Es existierten bei mehreren Bettelorden, zum Beispiel bei den → Karmelitern, → Franziskanern und → Augustinern, Gruppen von Barfüßern und Barfüßerinnen.

Barmherzige Brüder und Schwestern, wohltätige Ordensverbindungen inner-

Hl. Barbara.

halb der katholischen Kirche, die in ihren Krankenhäusern Arme und Kranke ohne Unterschied des Glaubens pflegen. Der → Orden der Barmherzigen Brüder wurde 1540 in Spanien durch den Portugiesen → Johannes von Gott gegründet und breitete sich schnell über Frankreich und Deutschland aus. Seine Verfassung ist der des → Franziskanerordens ähnlich, seine Regel, die ihm → Pius V. gab, ist die des hl. → Augustinus. 1592 teilte sich der Orden in eine spanische → Kongregation mit brauner und in eine italienische mit schwarzer Ordenskleidung. Die Brüder sind fast alle → Laien.
Der Ausdruck »Barmherzige Schwestern« ist die volkstümliche Bezeichnung von weiblichen Kongregationen für Kranken- und Armenpflege, die in ihrem Ordensnamen meist das Wort Caritas (Liebe) oder Misericordia (Barmherzigkeit) tragen.

Barbara hl., lebte vermutlich im dritten oder vierten Jahrhundert in Nikomedien in Kleinasien. Es ist nur wenig über sie bekannt. Die → Legende berichtet, daß sie, die Tochter eines reichen heidnischen Vaters, von diesem in einen Turm gesperrt wurde, weil sie sich nicht verheiraten wollte. Da sie ihre Jungfräulichkeit und ihren Glauben tapfer verteidigte, soll ihr Vater sie getötet haben. Barbara, deren Verehrung stark verbreitet war, zählt zu den → Vierzehn Nothelfern und gilt als Patronin der Bergleute und der Artillerie. Seit dem 14. Jahrhundert ist sie eine der am häufigsten dargestellten Heiligen. Ihre → Symbole sind der Kelch mit der Hostie, die Krone auf dem Haupt und ein Turm neben sich. Manchmal kommen Palmzweig, Pfauenfeder und Schwert hinzu. Die Heilige, deren Fest am 4. Dezember gefeiert wird, ruft man bei Feuersgefahr und Unwetter an.

Barnabas hl., in der → Apostelgeschichte als → Apostel bezeichnet, obwohl er nicht zum Kreis der 12 Jünger Jesu zählt. Er hieß eigentlich Josef, gehörte zum Stamm Levi und war Diasporajude aus Zypern. Die Heilige Schrift rühmt ihn als »einen trefflichen Mann, voll heiligen Geists und Glaubens« (Apg 11,23). Barnabas wird als Begleiter von → Paulus und → Markus erwähnt. Nach der Überlieferung soll der Apostel den → Märtyrertod in Salamis gefunden haben. Sein Grab befindet sich auf Zypern, wo man angeblich seine Gebeine 482 aufgefunden hat. Auf Darstellungen erkennt man den hl. Barnabas an dem Evangelienbuch (→ Evangelium) in der Hand, womit er Besessene und Kranke heilte, und dem Stein, mit dem er gemartert worden war. Barnabas, dessen Fest am 11. Juni begangen wird, gilt als Patron der Weber und als Beschützer gegen Hagel und Betrübnis.

Barnabasbrief → Apostolische Väter.

Barnabiten, katholische Ordensgemeinschaft, 1530 von → Antonius M. Zaccaria gegründet und nach dem Mutterhaus, der Kirche St. Barnabas in Mailand, benannt. Sie widmeten sich vor allem der Sittenreform, der Volksmission, der Krankenpflege, dem Predigen, der Seelsorge und der Jugenderziehung. Außer den drei gewöhnlichen Klostergelübden hatten sie noch ein viertes, das das Verbot beinhaltete, sich um höhere kirchliche Würden zu bewerben. Dieser → Orden ist hauptsächlich in den romanischen Ländern vertreten. Die deutschsprachige Ordensprovinz besteht seit der Zeit Napoleons nicht mehr.

Bartholomäus hl., → Apostel, der in den → Apostellisten der ersten drei

Die Heiligen Bartholomäus und Matthäus.

Evangelien aufscheint. Er wird als Sohn des Tolmai genannt und ist wahrscheinlich mit Nathanael, den das → Johannesevangelium (Joh 1, 45 – 50) als einen redlichen Israeliten und schnell überzeugten Jünger Jesu bezeichnet, identisch. Bartholomäus soll, wie Eusebius erzählt, das Evangelium in Indien, Mesopotamien und in Armenien verkündet haben, wo er auch den → Märtyrertod erlitten haben soll. Die alte Kirche kannte ein von ihm verfaßtes → apokryphes → Evangelium, das aber verlorengegangen ist. Bartholomäus, der Patron der Fellhändler, Gerber, Buchbinder, Schuhmacher, Schneider, Metzger, Weingärtner und der Stadt Frankfurt am Main, soll auch gegen Nervenleiden helfen. Dargestellt wird der Heilige, dessen Fest die Kirche am 24. August feiert, mit Bart und kurzem Haar, mit Messer und Buch. Michelangelo zeigt ihn im »Jüngsten Gericht« in der Sixtinischen Kapelle mit der eigenen abgezogenen Haut in Händen. (Das Gesicht, das auf der Haut aufscheint, soll übrigens ein Selbstporträt Michelangelos sein.) Die → Reliquien des heiligen Apostels wurden nach der Insel Lipara und nach Benevent übergeführt. Kaiser Otto III. ließ diese im Jahre 983 auf die Tiberinsel in Rom bringen, wo sie in der Kirche S. Bartholomeo dell' Isola ruhen.

Bartholomäusnacht oder Bluthochzeit, die Nacht vor dem Bartholomäustag (vom 24. auf den 25. August) des Jahres 1572, in der die Reformierten (Hugenotten) durch die katholischen Truppen Heinrichs von Guise niedergemetzelt wurden. Bei dieser Schlacht dürften an die fünf- bis zehntausend Menschen ums Leben gekommen sein. Papst → Gregor XIII. feierte die Bartholomäusnacht mit Kanonensalven, feierlichem → Te Deum und durch Ausschreiben eines → Jubeljahres.

Basilika (griech., »Königshalle«), die alte römische Gerichtshalle. Seit Beginn des Christentums versteht man darunter einen Kirchenbau, bei dem ein hohes Mittelschiff mit flacher Decke von zwei niedrigeren Seitenschiffen begleitet wird. Die durch den Altar betonte Schmalseite wird durch eine → Apsis abgeschlossen. Liturgisch (→ Liturgie) unterscheidet man die Patriarchalbasiliken oder Basilicae maiores von den Basilicae minores. Die fünf römischen Hauptkirchen St. Johann im → Lateran, S. Maria Maggiore, St. Peter im Vatikan, St. Paul vor den Mauern und St. Laurentius führen den Namen Patriarchalbasilika, da sie direkt dem Papst unterstehen. → Benedikt XIV. verlieh der Kirche S. Francesco in Assisi

Die Bartholomäusnacht. Nach einem alten Kupferstich.

Basilika Santa Maria Maggiore.

1756 diesen Titel, Papst → Pius X. 1909 der Kirche S. Maria degli Angeli (Assisi). Kennzeichen dieser Basiliken sind der Papstthron und der Papstaltar. Um den → Jubiläumsablaß zu bekommen, muß man vier von den fünf Hauptkirchen in Rom besuchen.

Als Basilicae minores wurden in älterer Zeit bereits die Dome zu Speyer, Worms und Bamberg bezeichnet. Dieser Ehrentitel wird in letzter Zeit hauptsächlich Wallfahrtskirchen verliehen, wie zum Beispiel Lourdes, Fatima, Mariazell und Altötting.

Basilius der Große hl., um 330 in Cäsarea in Kappadozien geboren, stammte aus einer vornehmen christlichen Familie. Er begann seine Studien in Cäsarea und vervollständigte sie in Konstantinopel und Athen. Etwa 356 kehrte er in seine Heimatstadt zurück und ließ sich dort als Lehrer der Rhetorik nieder. Seit seiner Studienzeit verband ihn eine enge Freundschaft mit dem hl. → Gregor von Nazianz. Der → Askese mehr zugeneigt als dem weltstädtischen Treiben von Cäsarea zogen sie sich in die Einöde zurück. Dort verfaßten sie gemeinsam die beiden klassischen Mönchsregeln, die für das Mönchstum der Ostkirche von großer Bedeutung wurden. Zusammen mit seinem Freund Gregor schrieb er das Buch »Philokalia«, über die Schönheit der Gottesliebe. 364 weihte ihn → Bischof Eusebius zum → Priester, nach dessen Tod trat Basilius seine Nachfolge als Bischof von Kappadozien an. Obwohl Kaiser Valens Arianer (→ Arianismus) war, gelang es Basilius, dessen Gunst zu erringen, so daß dieser der Kirche Grundbesitz schenkte, auf dem Basilius Herbergen, Kranken- und Armenhäuser errichtete, die sogenannten »Basilias«. Nach achtjähriger er-

Hl. Basilius.

folgreicher Tätigkeit als → Metropolit von Kappadokien starb Basilius der Große erst 49jährig nach langer Krankheit am 1. Jänner 379. Sein Freund Gregor v. N. hielt ihm eine ergreifende Gedenkrede. In seinen Schriften verteidigt der Kirchenlehrer die Gottheit Christis und die des Hl. Geistes. Der Mailänder Bischof Ambrosius kannte seine Werke und pflegte regen Kontakt mit ihm. Außer seinen Regeln und seiner → Liturgie verfaßte Basilius auch Predigten, → Märtyrergeschichten und verschiedene Abhandlungen. Der große Kirchenlehrer ist in seiner Heimatstadt Cäsarea begraben. Sein Fest wird am 2. Jänner gefeiert.

Beatification → Seligsprechung.

Beatus (lat., »glücklich«, »selig«), der lateinische Name für »Seliger«, eine Vorstufe zu »Heiliger« (Sanctus).

Beda Venerabilis hl., der Ehrwürdige, stammt aus Northumberland und wurde um 673 geboren. Mit sieben Jahren kam er als Zögling in das → Benediktinerkloster Wearmouth. In das neugegründete Kloster Jarrow in Nordengland trat er schließlich selbst als Mönch ein, wo er bis zu seinem Tod lebte. Sein Leben verbrachte er mit Büchern, Lernen und Lehren, was ihn auch voll ausfüllte. Mit dreißig Jahren empfing Beda die → Priesterweihe. Seine Werke faßte er in lateinischer oder angelsächsischer Sprache ab. Bald galt er als einer der gelehrtesten Männer seiner Zeit und wurde gerne von Königen und Kirchenfürsten um Rat befragt. Zu seinen wichtigsten Werken, neben seinen → Exegesen und → Homilien, zählt die Geschichte der Kirche Englands. Beda starb am 26. Mai 735 und wurde in Durham in der Nähe von Jarrow begraben. Der Heilige wurde 1899 zum → Kirchenlehrer erhoben. Sein Fest fällt auf den 25. Mai.

Beguinen und Begharden → Brüderschaften.

Beichte wird in der römisch-katholischen Kirche das Einzelbekenntnis der Sünden vor einem zum Beichthören bevollmächtigten Priester bezeichnet. Nach dem reumütigen Schuldbekenntnis erteilt der Priester dem Beichtenden die Lossprechung (→ Absolution). Der Priester ist streng an das Beichtgeheimnis gebunden. Jede Verletzung des Beichtgeheimnisses wird mit schweren kirchlichen Strafen geahndet. Nur der Beichtende kann den Beichtvater von seiner Schweigepflicht entbinden. Die Beichte ist ein Teil der sakramentalen → Buße. In den ersten Jahrhunderten pflegte man öffentlich schwere Vergehen wie Glaubensfall, Mord und Ehebruch, wenn diese ein schweres Ärgernis darstellten, vor versammelter Kirchengemeinschaft zu bekennen. Am Beginn des 6. Jahrhunderts ging man dann über, auch heimliche Sünden zu bekennen und sogleich die Absolution zu erteilen. Beichte und die auferlegten Bußübungen wurden von da ab privat vollzogen.

Bekenner → Confessor.

Benedikt hl., der Gründer des abendländischen Mönchswesens, wurde um 480 zu Nursia in Umbrien geboren. Er suchte schon mit vierzehn Jahren die Einsamkeit einer in der Wüste Subiaco gelegenen Höhle auf, wurde später Abt eines Klosters, das er aber, wegen der darin herrschenden Sittenlosigkeit, bald wieder verließ. Im Jahre 515 entwarf er eine sehr zweckmäßige Mönchsregel, die zuerst in dem von ihm auf dem Montecassino bei Neapel 529 gestifteten Kloster eingeführt wurde und sich nach und nach als Regel des abendländischen Mönchtums etablierte. Sie milderte die übertriebene Strenge der orientalischen Mönche in bezug auf Kleidung und Leibespflege, verpflichtete zum beständigen Bleiben im Kloster und verordnete außer der Hingabe zum Werke Gottes, wie Benedikt das Gebet und das Lesen geistlicher Bücher nannte, Unterweisung der Jugend im Lesen, Schreiben, Rechnen und in der Lehre des Christentums, ferner Handarbeit und Besorgung der Ökonomie des Klosters. Zudem ließ Benedikt eine Bibliothek anlegen, für welche die älteren Brüder Handschriften abschreiben mußten. Durch diese Einrichtung trug er nicht wenig dazu bei, die literarischen Denkmäler des Altertums vor dem Untergang zu retten. Obwohl er zunächst nur das Abschreiben religiöser Bücher beabsichtigte, wurde die Arbeit in der Folge auch auf

Der hl. Benedikt gründet seinen Orden.

klassische Werke aller Art ausgedehnt, so daß die Welt den → Benediktinern die Erhaltung großer literarischer Schätze verdankt. Benedikt starb am 21. März 547 im Kloster Montecassino. Auf Darstellungen sieht man den hl. Benedikt im schwarzen Ordenskleid, das Buch seiner Mönchsregel in Händen, daneben einen Becher mit einer Schlange oder einem Raben, der ein Stück Brot im Schnabel hält (der → Legende nach wurde Benedikt von diesen Tieren gerettet, als ihn mißgünstige Mitbrüder vergiften wollten). Oft sieht man die hl. → Scholastika, seine Zwillingsschwester, an seiner Seite. Benedikt, dessen Wahlspruch »ora et labora« – Gebet und Arbeit lautete, wurde 1964 von Papst → Paul VI. zum Schutzpatron Europas ernannt. Sein Fest feiert die Kirche am 11. Juli.

Benedikt I., 62. Papst, über ihn ist nur sehr wenig überliefert. Er war Römer und Sohn eines gewissen Bonifatius. Sein → Pontifikat dauerte vom 2. Juni 575 bis zum 30. Juli 579 und war durch die schweren Langobardenkämpfe beeinträchtigt. Die Feinde drangen bis Rom vor und belagerten die Stadt im Jahre 579. »Inmitten dieser Trübsal und Leiden«, wie das Papstbuch zu berichten weiß, starb Benedikt I., ohne daß die von ihm und dem römischen Senat erbetene Hilfe aus Byzanz eintraf.

Benedikt II. hl., 81. Papst, aus der römischen Familie der Savelli, wurde 683 zum Papst gewählt. Da der Kaiser in Konstantinopel sich die Bestätigung der

Wahl eines Papstes selbst vorbehielt, dauerte es ein Jahr, bis Benedikt II. am 26. Juni 684 geweiht werden konnte. Der Papst erreichte jedoch bei Kaiser Konstantinos IV., daß der → Exarch von Ravenna künftig wieder die → Papstwahl bestätigen konnte, was allerdings neue Gefahren der Einmischung in sich barg. Benedikts Bestrebungen gingen vor allem dahin, daß das 6. Allgemeine → Konzil von Konstantinopel (680 bis 681) auch in der abendländischen Kirche, besonders in der sehr eigenständigen spanischen Kirche, durchgesetzt wurde. Der Papst starb am 8. Mai 685. Sein Fest wird am 7. Mai gefeiert.

Benedikt III., 104. Papst, Sohn des römischen Bürgers Petrus, später → Kardinal von San Callisto, bestieg am 29. September 855 als Nachfolger Leos IV. nicht ohne Schwierigkeiten den Stuhl Petri. Die Partei Kaiser Ludwigs II. wählte nämlich → Anastasius Bibliothecarius zum Gegenpapst, welcher sich mit Waffengewalt des → Laterans bemächtigte. Nach zwei Tagen vertrieben ihn aber der papsttreue → Klerus und das Volk aus Rom. Vom Charakter her versöhnlich und fromm, war Benedikt mit regem Eifer darauf bedacht, die innerkirchlichen Angelegenheiten zu ordnen. Mit Hilfe seines Beraters, des späteren Papstes → Nikolaus I., gelang es ihm, die Selbständigkeit des Papsttums zu festigen, ohne sich mit dem Kaiser zu überwerfen. Während seines → Pontifikates ließ Benedikt III. zahlreiche Kirchen Roms restaurieren. Er starb am 17. April 858 und wurde im Vatikan beigesetzt.

Benedikt IV., 117. Papst, Römer und Parteigänger des Papstes → Formosus, wurde in den ersten Monaten des Jahres 900 zum Papst gewählt. Dieser durchaus würdige Papst hielt noch im selben Jahr eine → Synode im → Lateran ab und krönte König Ludwig III. von Niederburgund im Jahre 901 zum Kaiser. Dieser mußte jedoch der Macht des Königs Berengar I., des Markgrafen von Friaul, der die Alleinherrschaft in Italien anstrebte, binnen kurzer Zeit weichen. Erfolglos kämpfte Benedikt gegen die Korruption, und das Papsttum drohte immer mehr in den Wirren der Parteikämpfe zu versinken. Im Sommer des Jahres 903 starb der Papst in der von Unruhen zerrütteten Stadt Rom.

Benedikt V., 133. Papst, wegen seiner Gelehrsamkeit auch »grammaticus« genannt. Er wurde, nachdem → Leo VIII. aus Rom vertrieben worden war, gegen den Willen Otto I. vom römischen Volk und Adel am 22. Mai 964 zum Nachfolger → Johannes XII. gewählt. In Eilmärschen rückte Kaiser Otto der Große nach Rom vor und nahm nach kurzem Widerstand die Stadt ein. Papst Leo VIII. und Otto I. versammelten sogleich eine → Synode im → Lateran und setzten Benedikt am 23. Juni 964 ab. Zum → Diakon degradiert, verbannten sie ihn nach Hamburg, wo er bis zu seinem Tode am 4. Juli 966 unter der Aufsicht des gütigen Erzbischofs Adaldag lebte. Unter Kaiser Otto III. wurden um das Jahr 1000 seine Gebeine nach Rom gebracht.

Benedikt VI., 135. Papst, aus Rom, bestieg 973, nach dem Tode Papst → Johannes XIII. mit Genehmigung Kaiser Ottos I. den Stuhl Petri. Obwohl fast einstimmig erwählt, erhob sich dennoch nach dem Tod des Kaisers unter Führung Crescentius I., dem Sohne Theodoras der Jüngeren und dem wahrscheinlichen Bruder Papst → Johannes' XIII., eine römische Adelspartei gegen ihn. Der → Kardinal → diakon Franco Ferruci, der spätere Papst → Bonifatius VII., und Crescentius überfielen im Juni 974 den Papst, nahmen ihn gefangen und schleppten ihn in die Engelsburg, wo er auf Weisung des skrupellosen Bonifatius im Juli desselben Jahres erdrosselt wurde.

Benedikt VII., 136. Papst, aus dem Geschlecht der Grafen von Tusculum, Bischof von Sutri, wurde im Oktober 974 zum Papst erwählt. Der in manchen Papstlisten zwischen → Benedikt VI. und → Benedikt VII. eingefügte Papst → Donus II. hat wahrscheinlich nie existiert. Benedikt hielt zwei Konzilien (→ Konzil) ab, wobei der mit dem Kirchenschatz nach Konstantinopel geflohene Gegenpapst → Bonifatius VII. verurteilt wurde. Seine intensiven innerkirchlichen Reformen führte er im Sinne von → Cluny durch und verdammte in einem eigenen Synodalgesetz (→ Synode) 981 die → Simonie, d. h. den üblen Brauch, für erteilte Weihen Geld oder Geschenke anzunehmen. Benedikt starb am 10. Juli 983 und wurde in der Kirche zum hl. Kreuz von Jerusalem in Rom beigesetzt.

Benedikt VIII., 145. Papst, eigentlich Theophylakt, aus dem Geschlecht der Grafen von Tusculum, welche die Herrschaft der Crescentier in Rom ablösten, kam am 29. Mai 1012 auf den päpstlichen Thron, da der Gegenkandidat → Gregor (VI.) an den deutschen Königshof geflüchtet war. Doch Heinrich II. hatte sich bereits → Bonifaz VIII. verpflichtet, der die Privilegien der königlichen Stiftung Bambergs bestätigte und Heinrich zur Kaiserkrönung nach Rom einlud. 1014 krönte er Heinrich und seine Gemahlin Kunigunde mit großem Prunk. Wie → Julius II. zog Benedikt persönlich ins Feld und erfocht 1016, gemeinsam mit Pisanern und Genuesen, auf See einen Sieg über die Sarazenen. Auf Drängen Heinrichs und um dessen Hilfe gegen das Vordringen der Byzantiner zu erlangen, reiste der Papst 1020 nach Bamberg, wo er die Stephanskirche einweihte. Benedikt förderte mit Unterstützung des Kaisers die → cluniazensische Reform. Aufs schärfste wurden in der → Synode von Pavia (1022), der Papst und Kaiser beiwohnten, die Priesterehe und die → Simonie verurteilt, nicht zuletzt deshalb, damit das Kirchengut gesichert blieb. Benedikt starb am 9. April 1024 und fand seine letzte Ruhestätte im Vatikan.

Benedikt IX., 147. Papst, eigentlich Theophylakt, aus der Familie der Grafen von Tusculum, war ein Neffe seiner beiden Vorgänger, den ebenso aus dem Geschlecht der Tuskulaner stammenden

Papst Benedikt IX.

Päpsten → Benedikt VIII. und → Johannes XIX. Er kam durch die Bestechungsmanöver seines Vaters Alberich III. und mit Hilfe Kaiser Konrads schon in sehr jungen Jahren auf den Stuhl Petri (um 1032/33). Ob er mit 12, 15 oder 18 Jahren Papst wurde, ist nicht mit Sicherheit belegbar, jedoch dürfte er wie Papst → Johannes XII. einer der unwürdigsten und liederlichsten Päpste der Kirchengeschichte sein. Wegen seiner Zügellosigkeit und Laster haßten ihn die Römer, und er mußte mehrmals die Stadt verlassen. Als er im Herbst 1044 bei einem Aufstand aus Rom abermals fliehen mußte, wählte man den → Bischof Johannes von Sabina als → Silvester III. zum → Gegenpapst. Im März 1045 jedoch gelang es Benedikt mit Hilfe seines Hauses, Silvester, der seine Wahl erkauft hatte, wieder zu verdrängen. Da er die Unsicherheit seiner Stellung erkannt hatte und ein flottes Leben führen wollte, verkaufte Benedikt jedoch schon am 1. Mai 1045 seine päpstliche Würde um 1000 Pfund Silber an seinen Taufpaten, den Erzbischof Johannes Gratianus, der als → Gregor VI. (1045 – 1046) den Thron bestieg. So kam es, daß in Rom drei Päpste regierten, der eine zu St. Peter, der andere zu S. Maria Maggiore und der dritte im → Lateran. Auf Wunsch Heinrichs III. wurden alle drei Päpste im Dezember 1046 ihres Amtes enthoben. Benedikt bestieg am 8. November 1047 nach dem Tod des neugewählten Papstes → Clemens II. neuerdings den Stuhl Petri, bis ihn schließlich der Markgraf Bonifaz von Toscana auf Befehl des Kaisers am 16. Juli 1048 endgültig vertrieb. Seit Benedikt IX., der etwa 1055 starb, führen die Päpste ein eigenes Wappen.

Benedikt X., 155. Papst, eigentlich ein tusculanischer Graf mit dem Beinamen Mincio, → Bischof Johann von Velletri, gelangte nach dem Tod → Stephans IX. mit Hilfe des römischen Adels am 5. April 1058 auf den päpstlichen Thron. Benedikt X. wurde jedoch von den Reformkardinälen (→ Kardinal) nicht anerkannt, an deren Spitze → Petrus Damiani stand. Durch das Einwirken des Mönchs Hildebrand, des späteren Papstes → Gregor VII., wählten diese Kardinäle im Dezember 1058 den Bischof Gerhard von Florenz in Siena zum Papst. Gerhard nannte sich → Nikolaus II. (1058 – 1061) und wurde vom deutschen Hofe anerkannt. Mit Waffengewalt verdrängte Nikolaus seinen Vor-

Papst Benedikt X.

gänger Benedikt aus Rom. Auf der → Synode von Sutri im Jänner 1059 wurde Benedikt abgesetzt und gebannt. Seiner geistigen Würden auf der → Lateran→synode vom April 1060 verlustig geworden, starb Benedikt X. 1072 in einem Kloster, doch ließ ihn Papst Gregor VII. mit allen einem Papst gebührenden Ehren begraben.

Benedikt XI. sel., 195. Papst, eigentlich Nicolaus Boccasini, 1240 in Treviso geboren, Sohn eines Notars. Er trat mit vierzehn Jahren in den → Dominikanerorden ein. Nachdem er zehn Jahre Provinzial der Lombardei gewesen war, wählte ihn sein → Orden 1296 zum Ordensgeneral. 1298 wurde er zum → Kardinal von S. Sabina ernannt und erlangte 1300 die → Bischofswürde von Ostia. Am 22. Oktober 1303 wählten ihn die 18 anwesenden Kardinäle in St. Peter in Rom einstimmig zum Papst. Doch bereits am Beginn des Jahres 1304 verließ Benedikt XI. Rom, das durch die Machenschaften der Colonna nicht mehr sicher war, und zog sich in das ruhigere Perugia in Umbrien zurück. Am 7. Juli 1304 starb der fromme und würdige Papst während des Prozesses gegen Sciarra Colonna und Nogaret plötzlich nach dem Genuß von Feigen. Ob seine Feinde ihn vergiftet hatten, kann historisch nicht nachgewiesen werden. Benedikt versuchte während seiner kurzen Amtszeit das wieder gutzumachen, was seine Vorgänger gefehlt hatten. Er sprach Philipp von Frankreich mit allen seinen geistlichen und weltlichen Anhängern, ausgenommen Nogaret und Sciarra Colonna, die die Urheber der Gefangennahme des vorigen Papstes gewesen waren, vom Kirchenbanne los und legte die Streitigkeiten mit Jakob von Aragonien bei. Nach seinem Wunsch erhielt er seine letzte Ruhestätte in der Dominikanerkirche von Perugia. Das prachtvolle Grabmal aus Marmor stammt aus der Werkstatt von Lorenzo Maitani. Papst → Clemens XII. sprach Benedikt 1736 selig. Sein Fest wird am 7. Juli gefeiert.

Papstwappen Benedikts XI.

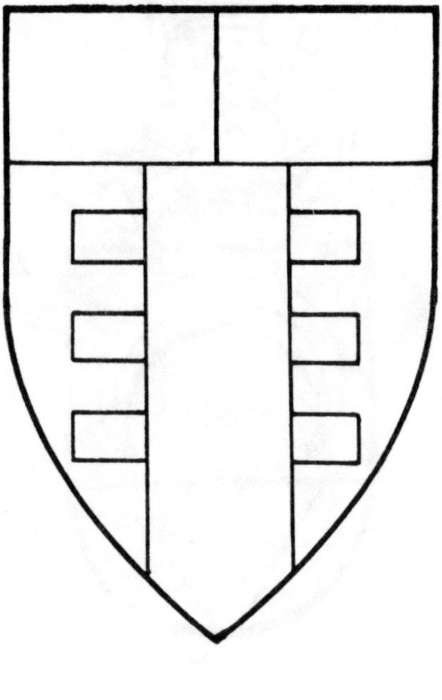

Benedikt XII., 198. Papst, eigentlich Jacques Fournier, um 1285 in Saverdun in der Languedoc (Südwestfrankreich) in einfachen Verhältnissen geboren. Er trat frühzeitig dem → Zisterzienserorden bei. Der äußerst sittenstrenge und jedem → Nepotismus abholde Mönch wurde 1317 → Bischof von Pamier, 1326 → Bischof von Mirepoix und 1327 → Kardinal→priester von Santa Prisca. Am 20. Dezember 1334 wählten ihn die Kardinäle im Bischofspalast von Avignon zum Papst. Benedikt bemühte sich, die Mißstände in der Kirche zu beseitigen und reformierte die → Kurie und den → Klerus, jedoch fehlte es ihm vielfach an Energie, um die Durchführung seiner Reformen zu überprüfen. Gerne wäre er nach Rom zurückgekehrt, und so beauftragte er auch Petrarca, Roms Wünsche in Gedichtform zu fassen. Politisch wenig erfolgreich, gab er bald seinen Plan, nach Rom zurückzukehren, auf und begann mit dem Bau des gewaltigen Papstpalastes in → Avi-

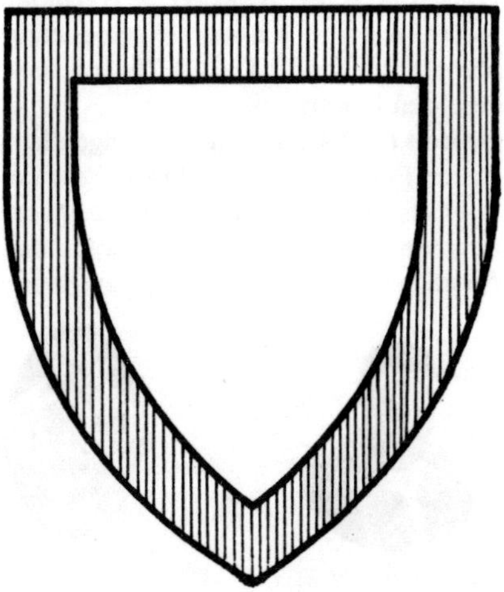

Papstwappen Benedikts XII.

gnon. Da sich das Papsttum in verhängnisvoller Abhängigkeit von Frankreich befand, konnte die vom Papst ersehnte Aussöhnung mit Ludwig IV. dem Bayern nicht zustande kommen. Am 25. April 1342 starb Benedikt in Avignon, wo er in der → Kathedrale seine letzte Ruhestätte fand. Die → Zisterzienser verehren ihn als Seligen.

Benedikt XIII., 246. Papst, eigentlich Pietro Francesco Orsini, am 2. Februar 1649 als ältester Sohn des Herzogs von Gravina bei Bari geboren. Er sollte das fürstliche Erbe seines Vaters antreten.

Papst Benedikt XIII.

Pietro verzichtete jedoch gegen den Willen seiner Eltern auf sein Recht und trat mit 18 Jahren in den → Dominikanerorden ein, wo er sich Vincenzo Maria nannte. Schon mit dreiundzwanzig Jahren bekam er von → Clemens X. die Kardinalswürde verliehen, die er in seiner Bescheidenheit nur widerwillig annahm. In den folgenden Jahren wurde er Erzbischof von Manfredonia, → Bischof von Cesena und Erzbischof von Benevent. Seine ganze Kraft widmete er seiner Hirtenpflicht und den Werken der Nächstenliebe. Als er am 29. Mai 1724 zum Papst gewählt wurde, nahm der schlichte Erzbischof nur widerstrebend die hohe Würde an. Auch als Papst entschloß er sich, seine asketische (→ Askese) Lebensweise beizubehalten, und lehnte es ab, die päpstlichen Prunkgemächer zu bewohnen. In einem Hintergebäude ließ er sich eine einfache Mönchszelle einrichten, deren einziger Schmuck einige Heiligenbilder aus Papier waren. Kostbare Einrichtungsgegenstände seiner Vorgänger verschenkte er. Unter Benedikts → Pontifikat fanden einige → Heiligsprechungen statt, namentlich die des → Johannes vom Kreuz, des → Aloisius Gonzaga und des → Johannes Nepomuk. Weltlichen Dingen fremd, geriet der fromme Papst in die verhängnisvolle Abhängigkeit des gewissenlosen → Kardinals Niccolò Coscia, der seine Stellung schamlos mißbrauchte und sich durch Korruption und Cliquenwesen maßlos bereicherte. Benedikt XIII. starb am 21. Februar 1730 und liegt in Santa Maria sopra Minerva in Rom begraben.

Papstwappen Benedikts XIII. (Gegenpapst)

Benedikt XIII. (→ Gegenpapst), eigentlich Pedro de Luna aus dem aragonesischen Hochadel, 1328 (1329) auf Schloß Illueca in Spanien geboren. Er wurde von → Gregor XI. 1375 zum → Kardinal von S. Maria in Cosmedin ernannt und war Anhänger Papst → Clemens VII. von Avignon. Gelehrt und von juristischer Bildung wurde er mit der Untersuchung der Offenbarungen der hl. → Brigitta von Schweden betraut. Kurz vor dem Tode Papst Clemens VII. wollte Pedro diesen zur Abdankung bewegen, um die Kirchenspaltung beheben zu können. Als er jedoch am 28. September 1394 selbst zum Papst in Avignon gewählt wurde, wollte er von Abdankung nichts mehr wissen. Er verteidigte hartnäckig den Anspruch, der rechtmäßige Papst zu sein, und war nur zu einer persönlichen Aussprache mit → Bonifatius IX., dem er sich geistig überlegen wähnte, bereit, um das → Schisma zu beenden, doch kam es nie dazu. Das → Konzil von Pisa erklärte 1409 Benedikt zum Häretiker (→ Häresie) und für abgesetzt. Obwohl ihn auch das Konzil von Konstanz 1417 erneut für abgesetzt erklärte, hielt Benedikt XIII. bis zu seinem Tode an seinem Anspruch fest und zog sich, nur noch von Aragón unterstützt, in die Festung Peñiscola zurück, wo er am 23. Mai 1423 starb.

Benedikt XIV., 248. Papst, eigentlich Prospero Lambertini, Sohn eines verarmten Senators in Bologna, am 31. März 1675 geboren. Er studierte Theologie und Jura an der römischen Universität, wo er zum Doktor promovierte. 1727 wurde er zum Erz→bischof von Ancona geweiht, erlangte 1726 die Würde eines → Kardinal→priesters von S. Croce in Gerusalemme und wurde 1727 Erzbischof von Bologna. Nach sechs-

Papstwappen Benedikts XIV.

monatigem → Konklave wählten ihn die in Rom anwesenden Kardinäle am 17. Juli 1240 zum Papst. Von kluger, bescheidener und humorvoller Wesensart, war Benedikt XIV. gegen Schmeicheleien und Kränkungen unempfindlich. Selbst ein Gelehrter – er begründete die Kirchenrechtsgeschichte –, förderte er die Künste und Wissenschaften und pflegte regen Schriftverkehr mit den großen Gelehrten seiner Zeit. Innerkirchlich reformierte er die → Liturgie, die Bußpraxis und das Ehe- und Ordensrecht. Mit Savoyen, Neapel, Spanien und Portugal schloß er → Konkordate und anerkannte Friedrich II. als König von Preußen. Oft spazierte er durch Rom, plauderte mit den Leuten und nahm Kritik willig entgegen. Im vierundachtzigsten Lebensjahr starb der von Katholiken und Protestanten geschätzte, bescheidene Mann auf dem Stuhl Petri nach schwerem Leiden am 3. Mai 1758 im Quirinal. In St. Peter fand

Benedikt XIV. Ölgemälde von Giuseppe Maria Crespi.

Benedikt in einer Seitenkapelle seine letzte Ruhestätte.

Benedikt XIV. (→ Gegenpapst), 1423 zum Papst ernannt. Als der Gegenpapst → Benedikt XIII. 1423 in der Feste Peñiscola starb, hatte er noch kurz vorher vier → Kardinäle ernannt. Drei von diesen wählten einen → Clemens VIII. zum Papst, der sich noch bis 1429 in Spanien hielt, bevor er sich unterwarf. Ein französischer Kardinal ernannte auf eigene Faust einen Benedikt XIV., der jedoch nicht den geringsten Anhang fand und im Dunkel der Geschichte verschwand.

Benedikt XV., 259. Papst, eigentlich Giacomo Marchese della Chiesa, in Genua am 21. November 1854 geboren. Er wurde 1878 zum → Priester geweiht. 1882 finden wir ihn als Diplomat an der Seite des → Nuntius Rampolla in Madrid. 1907 bestieg er den → Bischofstuhl von Bologna, und 1914 erfolgte seine Erhebung zum → Kardinal. Am 3. September 1914 wählten ihn die Kardinäle zum Papst. Als solcher berief er den Kanonisten Kardinal Pietro Gasparri als Staatssekretär ein. Während seines → Pontifikates hatte er mit den Schwierigkeiten und Problemen des Ersten Weltkrieges zu kämpfen, da die Römische Frage betreffs der Stellung des Hl. Stuhles noch nicht gelöst war. 1917 sandte Benedikt den jungen Eugenio Pacelli als → Nuntius nach München, der entscheidende Verhandlungen wegen der belgischen Unabhängigkeit mit dem Reichskanzler und dem Kaiser führte. Da seine Friedensinitiativen ohne Erfolg blieben, bemühte sich Benedikt XV. vor allem um die Linderung der ärgsten Not. 1917 gab er den neuen

Papstwappen Benedikts XV.

Papst Benedikt XV.

→ Codex iuris canonici heraus, 1921 sprach er die → Jungfrau von Orleans heilig. Die bedeutenden Kunstwerke aus den Grotten von St. Peter ließ er in das eigens dafür erbaute Museo Petriano bringen. Der kleine, kränkliche und verwachsene Mann starb am 22. Jänner 1922 in Rom und liegt in den Grotten des Petersdoms begraben.

Benediktiner, katholischer Mönchsorden (lat. Ordo Sancti Benedicti, OSB), gegründet 529. Benediktiner heißen im allgemeinen alle Mönche, die die Klosterregel des heiligen → Benedikt von Nursia befolgen, welche zur Grundlage aller anderen abendländischen Klosterregeln wurde. Infolge ihrer großen Verbreitung wurden die Klöster der Benediktiner mit ihren Schulen die Zentren der abendländischen Kultur. Die wichtigsten dieser Schulen waren die zu St. Gallen – weltberühmt durch ihre schönen Handschriften –, Fulda, Reichenau, Hirschau, Bremen und viele andere, wo besonders der Adel und die Bischöfe ihre Ausbildung bekamen. Der große Reichtum, zu dem die Klöster in kurzer Zeit kamen, führte zum Verfall der Klosterzucht, so daß Reformen nötig wurden, von denen die von → Cluny im Jahre 927 die bedeutendste war. Einige Reformgruppen entwickelten sich zu eigenen → Orden, so in Italien die Bewegung von Camaldoli (→ Kamaldulenser) und der durch den hl. → Bernhard in Cîteaux gegründete Orden der → Zisterzienser, der sich gegen → Cluny richtete und die Abkehr von der Welt betonte. Der → Orden rühmt sich, 24 Päpste und über 1500 Heilige hervorgebracht zu haben. Die berühmtesten Niederlassungen sind das Stammkloster Montecassino in Italien, Montserrat in Spanien, Hirsau im Schwarzwald, Kremsmünster und Melk in Österreich. Die Ordenstracht der Benediktiner ist eine schwarze gegürtete Tunika und ein schwarzes → Skapulier mit Kapuze.

Benno hl., 1010 in Hildesheim geboren. Er stammte aus einem sächsischen Adelsgeschlecht und genoß die Erziehung → Bischof Bernwards. Mit einundzwanzig Jahren beschloß er Mönch zu werden und trat in das Kloster St. Michael in Hildesheim ein. Er wurde Propst von Goslar und 1066 Bischof von Meißen. Da er Kaiser Heinrich IV. gegen Papst → Gregor VII. nicht unterstützte, wurde er von diesem 1085 abgesetzt, konnte aber drei Jahre später wieder die Leitung des Bistums übernehmen. Benno bemühte sich um die Bekehrung der Sklaven und gilt als → Apostel der Wenden. Am 16. Juni 1106 starb er und wurde im Meißner Dom beigesetzt. Erst im Jahre 1523 sprach ihn Papst → Hadrian VI. heilig. Heute ruhen seine Gebeine im Liebfrauendom in München. Die → Legende erzählt, daß Benno bei seinem Fortgang von Meißen die Kirchenschlüssel in die Elbe geworfen habe, damit der Kaiser die Kirche nicht betreten könne. Als er zurückkam, brachte ihm ein Fischer einen → Fisch, an dessen Flossen die Schlüssel hingen. Deswegen wird der heilige Benno in bischöflicher Tracht mit Stab und Hut abgebildet, mit einem Fisch in der Hand, der in seinem Maul zwei Kirchenschlüssel trägt. Der Stadtpatron Münchens, dessen Fest am 16. Juni gefeiert wird, gilt auch als Patron der Fischer und Tuchmacher und wird auch bei Trockenheit angerufen.

Bernhard von Clairvaux hl., einer der einflußreichsten Geistlichen des Mittelalters, 1091 in der Burg Fontaines in Burgund als Sohn adeliger Eltern geboren. 1112 trat er mit seinen fünf Brüdern und dreißig anderen Gesellen in das Kloster von Cîteaux bei Dijon ein. Der Abt schickte ihn mit mehreren Brüdern 1115 nach Clairvaux bei Langres, wo Bernhard sein eigenes Kloster gründete. Strenge Lebensweise, einsame Studien, ergreifende Beredsamkeit, freimütige Spache und der Ruf eines Propheten machten ihn zu einem Orakel des christlichen Europa. Man nannte ihn den »honigfließenden Lehrer« und seine Schriften »einen Fluß des Paradieses«. Die Lehre von der unbefleckten Empfängnis Mariens, die später ein → Dogma der katholischen Kirche wurde, verwarf er. Große Verdienste erwarb sich Bernhard um den → Zisterzienserorden, als dessen eigentlicher Gründer er bezeichnet werden kann. Nicht weniger als 68 Klosterneugründungen gehen auf den hl. Bernhard zurück. Er war Berater von Fürsten, Päpsten und Prälaten und warb während des Papst→schismas 1130–1138 für Papst → Innozenz II. Bernhards Schüler, Papst → Eugen III., beauftragte ihn, den zweiten → Kreuzzug zu predigen. Eine seiner entscheidenden Kreuzzugspredigten hielt er 1146 in Speyer. Bernhard starb am 20. August 1153 und wurde 1174 unter Alexander III. heiliggesprochen. → Pius VIII. erhob ihn 1830 zum → Kirchenlehrer. Der »Wachhund Gottes«, wie Bernhard auch genannt wird, wird mit Maria, der Mutter Gottes, dargestellt, da die Legende von Marienvisionen des Heiligen berichtet. Weitere → Attribute sind ein Hund, ein Bienenkorb, Schreibzeug auf einem Buch und der → Habit der → Zisterzienser. Das Fest des Heiligen feiert die Kirche am 20. August.

Bernhardin von Siena hl., 1380, im Todesjahr der hl. → Katharina von Siena, im Palast zu Massa Marittima in der Toscana geboren. Mit zweiundzwanzig Jahren trat er in den → Franziskanerorden ein. 1404 erhielt er die → Priesterweihe bei den → Minderen Brüdern. Bernhardin schloß sich der strengeren Richtung des → Ordens, den → Observanten, an und gründete 1405 ein kleines Klösterchen bei S. Onofrio für sie. Zehn Jahre verbrachte er selbst in Einsamkeit auf dem Hügel von Fiesole bei Florenz, bevor er als Volksprediger durch ganz Italien zog. Bis zu fünf Stunden dauerten seine Predigten, und er verbreitete die Verehrung des Namens Jesu, indem er das Christusmonogramm IHS, umschlossen von einer strahlenden Sonnenscheibe, auf Kirchen und Häuser anbringen ließ. Bernhardin förderte auch die Verehrung Mariens und des hl. → Josef, regte den Bau von Spitälern, Armen- und Waisenhäusern

Hl. Bernhard.

an und gründete das Geldinstitut »Monte di Pietà«, das nur einen geringen Zinssatz von den Armen verlangte. In den Jahren 1438 bis 1442 diente er seinem → Orden als Generalvikar (→ Vikar) und nahm als solcher auch 1439 an dem → Konzil von Florenz teil. Wie sein Ordensgründer, der hl. Franziskus, starb er, auf der nackten Erde liegend, am 20. Mai 1444 in Auila in den Abruzzen. Der gewaltigste Prediger des 15. Jahrhunderts wurde schon sechs Jahre nach seinem Tod (1450) heiliggesprochen. Dargestellt wird Berhardin barfuß im Franziskanerhabit (→ Habit), mit hagerem, asketischem Gesicht und dem Christusmonogramm IHS im Strahlenkranz. Das Fest des Schutzheiligen von Siena wird am 20. Mai gefeiert.

Bernhardiner → Zisterzienser.

Besessene, Bezeichnung für gewisse Kranke, deren Leiden erschreckend, unheilbar und seinen Ursachen nach unbegreiflich erschienen, besonders Epileptiker, Hysteriker und Wahnsinnige, von denen man annahm, daß ein oder mehrere Dämonen in ihnen ihr Unwesen trieben. Dieser Glaube findet sich in allen Religionen des Altertums, besonders in jenen, welche ein Reich des Bösen annahmen. In der Urkirche war der Glaube an dämonische Besessenheit allgemein verbreitet, und die Beschwörung derselben machte sogar einen Teil der kirchlichen → Liturgie aus (→ Exorzismus). Dieses Denken wurde von der katholischen Kirche übernommen und verlor sich selbst in der evangelischen Kirche nicht ganz.

Betfahrt, das Pilgern zu einem Heiligenbild, wobei geopfert wurde. Außerdem wurden auch die öffentlichen Prozessionen Betfahrten genannt, bei denen die Bilder der Heiligen mit Gesang, Fahnen und Kreuz durch die Felder getragen wurden, um ihren Schutz und Segen für die Früchte des Feldes zu erbitten (Bittgang, Bittprozession). Heute noch werden Wallfahrten zu Wallfahrtskirchen (-orten), meist Marienheiligtümer, von der katholischen Kirche gefördert.

Betglocke, eine Glocke, die die Gläubigen zu bestimmten Zeiten zum Beten aufforderte. Der Brauch, → Glocken zu diesem Zweck zu verwenden, bestand schon seit dem 13. Jahrhundert. → Gregor IX. ordnete als erster Papst an, daß die Gläubigen während der Messe durch Glockenschläge zum Gebet aufgefordert werden sollten. Später bestimmte → Johannes XXII., daß die Christen gegen Abend durch drei Glockenschläge zum Gebet zu mahnen wären. Das Mittagsläuten, welches seinen Ursprung darin hat, daß → Calixtus III. 1455 anordnete, zu Mittag durch ein Zeichen mit der Glocke zum Gebet gegen die Türken aufzurufen, wurde 1542 in Deutschland allgemein eingeführt.

Bethlehemiten oder Bethlehemitische Brüder nannte sich eine Mönchsgemeinschaft zu Cambridge im 13. Jahrhundert, welche → Dominikanerkleidung trug, sowie ein Mönchs→orden, der 1659 durch Peter von Betancourt in Guatemala gestiftet und 1673 erstmals bestätigt wurde, → Kapuzinerkleidung trug und nach der Regel des hl. → Augustinus lebte. Mit dem gleichen Namen bezeichneten sich aber auch die Anhänger des Hieronymus → Hus, der in der Bethlehemskirche zu Prag predigte.

Bettelmönche oder Mendikanten, in der katholischen Kirche die Mönche der → Orden, welche ihrer alten Regel zufolge kein Eigentum besitzen durften, sondern von milden Gaben leben mußten, die ihnen entweder zu bestimmten Zeiten gereicht oder von ihnen außerhalb des Klosters eingesammelt wurden. Ihr erstes Auftreten fällt in den Anfang des 13. Jahrhunderts. In rascher Folge entstanden damals die → Dominikaner-, → Franziskaner-, → Augustiner- und → Karmeliter-Bettelorden. 1274 sah sich die Kirchenversammlung zu Lyon zu der Bestimmung genötigt, daß außer den schon bestehenden kein weiterer Bettelorden gegründet werden dürfe. Gleichsam zur Entschädigung für ihre strenge Ordensregel erhielten die Bettelmönche von den Päpsten wichtige Privilegien. Sie unterstanden keiner weltlichen und bischöflichen Gerichtsbarkeit, hatten die Befugnis, außerhalb des Klosters von jedem Almosen zu fordern, und konnten überall predigen, Beichte hören, Messe lesen und päpstliche → Ablässe verkaufen. Die Mönche, welche das Einsammeln der Almosen zu besorgen hatten, hießen Terminanten, das Betteln selbst nannte man »Terminieren«. In den Städten gab es eigene Terminhäuser.

Bettelorden → Bettelmönche.

Biblia pauperum (lat., »Armenbibel«), bebilderte Bibel im Spätmittelalter, die den → Laien, die nicht lesen konnten, die Hl. Schrift in vierzig bis fünfzig Bildtafeln mit den Hauptbegebenheiten der Erlösung des Menschengeschlechtes durch Christus zeigte. Diese Bilderreihe wurde in Skulpturen, Wand-, Glas- und Buchmalereien wiederholt, häufig auch auf gemalten Flügelaltären. Im 15. Jahrhundert war die Biblia pauperum eines der ersten Bücher, wenn nicht das erste Buch, welches in den Niederlanden und nachher in Deutschland, ganz mit Holzschnitten ausgestattet, gedruckt wurde.

Birett, Kopfbedeckung der Kleriker. Vom späten Mittelalter an war diese eine weiche, gewölbte Mütze, um 1600 trat dann die gesteifte Kappe auf, die drei, bei Doktoren vier bogenförmige Wölbungen aufweist.

Birgitta v. Schweden hl. → Brigitta v. Schweden hl.

Bischof, aus dem griechischen Wort epískopos, »Aufseher«, entstanden. Bereits zur Zeit der → Apostel wurden in den Gemeinden Vorsteher eingesetzt, die den Namen Bischöfe erhielten, nicht selten aber auch → Presbyter oder Älteste genannt wurden. Sie bildeten anfangs keinen besonderen Stand und waren auch an Rechten einander völlig gleich, obgleich schon früh die Vorsteher der Gemeinden in größeren Städten an Ansehen und Einfluß die anderen überwogen haben mögen. Es dauerte aber nicht lange, so sah man sie nach Art der → Priester und Leviten des Alten Testaments als einen besonderen Stand an und unterschied nun zwischen → Klerus und → Laien. Nachdem im vierten Jahrhundert die römischen Kaiser Christen geworden waren, bildete sich auch eine Rangordnung der Bischöfe, und der → Bischof der Hauptstadt einer Provinz trat mit dem Titel eines Metropolitanbischofs an die Spitze der Bischöfe der ganzen Provinz. Einige, so die Bischöfe von Rom, Antiochien, Jerusalem, Konstantinopel und Alexandrien, wurden durch den Ehrentitel → Patriarch ausgezeichnet. Der Name »Papa« – Papst – aber war noch auf keinen Bischof eingeschränkt, und der römische Klerus gab diesen Ehrentitel unbedenklich dem Bischof Cyprian von Karthago. Da Rom jedoch die Hauptstadt des Römerreiches war, räumte man auch bald den Bischöfen von Rom den ersten Rang ein. Die Rechte der Bischöfe waren indes noch wenig bestimmt, und sie blieben stets von den Kaisern abhängig. Die frühe Zertrümmerung des weströmischen Reiches gab den Bischöfen in der lateinischen Kirche bald eine höhere Bedeutung, während im oströmischen Reich die Abhängigkeit der Bischöfe von den Kaisern unverändert blieb. Die Bischöfe der römischen Kirche wurden allmählich unumschränkte Herrscher über ihre Geistlichen, verwalteten die Kirchengüter, hatten die geistliche Gerichtsbarkeit in ihrem Gebiet und gaben die Seelsorge immer mehr an ihren Klerus ab. Sie behielten sich nur noch die Weihe der Geistlichen und die Firmung und Weihe des Salböls vor. Es bewarben sich daher nicht nur der Adel, sondern selbst Fürsten- und Königssöhne um eine Bischofswürde, die ebenso ehrenvoll wie einträglich war und auch ritterliche Lustbarkeit und Lebensgenüsse aller Art erlaubte. Diese Bewerbung des Adels und der Fürsten, welche durch reiche Schenkungen an die Kirche und eine politische Begünstigung von seiten des Kaisers unterstützt wurde, gab besonders den deutschen Bistümern Glanz und Hoheit. Die deutschen Bischöfe wurden Reichsfürsten und ihr Einfluß auf alle öffentlichen Angelegenheiten entscheidend. Die Amtskleidung der Bischöfe kam zuerst unter Konstantin dem Großen auf und hat sich durch alle Jahrhunderte hindurch erhalten. Sie besteht in der vom Judentum übernommenen → Bischofsmütze (→ Mitra oder Inful genannt), dem → Bischofsstab, einem goldenen Ring zum Zeichen der Vermählung mit der Kirche Christi, einem Kreuz auf der Brust, der Dalmatika, der Tunika, dem Rochet, der Mozzeta, dem → Pallium, besonderen Handschuhen und besonderer Fußbekleidung. Für die durch die Eroberung der Mohammedaner verlorengegangenen → Bistümer werden von der römischen Kirche → Titularbischöfe, in partibus infidelium, d. h. in den Ländern der Ungläubigen, bestellt. Seit 1735 gibt es auch in der deutschen evangelischen Kirche den Titel eines Bischofs.

Bischofsmütze → Mitra.

Bischofsstab oder Krummstab, der hohe, oben gekrümmte und mit Laubwerk gezierte Stab aus Silber oder Gold, den → Bischöfe, Äbte und Äbtissinnen als Ehrenzeichen ihrer Würde bei Amtshandlungen neben sich hertragen oder sich zur Seite aufstellen lassen. Bei dem Wappen der geistlichen Fürsten erscheint er hinter das Schild gestellt, so daß er über dasselbe hervorragt. Nur wenn der Bischof das Volk segnet, nimmt er den Stab selbst in die Hand. Dieser war ursprünglich ein hölzerner Hirtenstab, der den Bischöfen als → Symbol ihres Amtes bei der → Investitur (Amtseinsetzung) überreicht wurde, indem man sie als Hirten der Gläubigen betrachtete.

Bischof von Rom → Papstliste.

Bistum = Bischofstum, gleichbedeutend mit → Diözese, wird der Verwaltungsbezirk eines → Bischofs genannt.

Blasius hl., Arzt in Sebaste in Armenien, wahrscheinlich zur Zeit des Kaisers Diokletian. Er half jedem, ohne Unterschied der Person. Aus diesem Grunde wurde er von der jungen Christengemeinde zum → Bischof von Sebaste gewählt. Nach der → Legende soll er um 316 unter Kaiser Licinius den Märtyrertod (→ Märtyrer) erlitten haben. Zuvor rettete er im Gefängnis noch einem Knaben, der eine → Fischgräte

Hl. Bischof. Kirchenfenster aus dem 14. Jh. ▷

verschluckt hatte, das Leben. In der Ost- wie in der Westkirche wird der Heilige deshalb als Helfer gegen Halsleiden angerufen. Er gilt auch als Patron der Ärzte, Bäcker, Maurer und Schneider. Viele Klöster tragen seinen Namen, und er zählt seit dem späten Mittelalter zu den → Vierzehn Nothelfern. Sein Fest feiert die Kirche am 3. Februar, an dem auch der Blasius-Segen mit zwei gekreuzten Kerzen gespendet wird.

Böhmische Brüder, auch Mährische Brüder, christliche Religionsgemeinschaft, die sich um die Mitte des 15. Jahrhunderts aus den restlichen Anhängern der strengen Hussiten (→ Hus) zuerst in Prag bildete. 1457 vereinigten sie sich unter Leitung des Pfarrers Michael Bradacz an den Grenzen von Schlesien und Mähren und unterschieden sich durch den Namen »Brüder des Gesetzes Christi, Brüder oder Brüderunität« von den übrigen Hussiten. Trotz harter Bedrängnis von seiten der Calixtiner und der Katholiken verbreiteten sie sich durch Beharrlichkeit im Glauben und Reinheit ihrer Sitten vor allem in Mähren.

Bonaventura hl., eigentlich Johannes von Fidanza, einer der berühmtesten scholastischen (→ Scholastik) Theologen. Er wurde 1218 (1221?) als Sohn eines Arztes in Bagnoreggio bei Viterbo geboren. Als schwerkrankes Kind soll er vom hl. → Franz von Assisi geheilt worden sein und von diesem den Namen Bonaventura erhalten haben. Mit fünfundzwanzig Jahren trat er in den → Orden der → Minderen Brüder ein, studierte Philosophie und Theologie zusammen mit dem hl. → Thomas von Aquin in Paris (sein Lehrer war Alexander von Hales), wo er dann von 1253–1255 selbst unterrichtete. 1257

Hl. Bonaventura. Ausschnitt eines Gemäldes von Sandro Botticelli.

wurde Bonaventura zum General seines Ordens gewählt, den er mit Tatkraft und weiser Milde bis zu seinem Tode leitete. Papst → Gregor X. ernannte den Gelehrten 1273 zum → Kardinal→bischof von Albano bei Rom und betraute ihn mit der Leitung des → Konzils von Lyon. Kurz vor Konzilsende starb er am 15. Juli 1274 und wurde in der Franziskanerkirche von Lyon begraben. Papst → Sixtus IV. sprach ihn 1482 heilig. Die religiöse Ausdruckskraft seiner Schriften, von denen er uns 45 Werke über die verschiedensten Gebiete der Theologie hinterlassen hat, verschaffte ihm den Titel eines »Doctor seraphicus«. Neben → Thomas von Aquin wird Bonaventura als der größte Theologe der → Scholastik bezeichnet. – »Thomas erleuchtet den Verstand, Bonaventura erwärmt das Herz« (L. Lemmens). –

Der »Fürst unter allen Mystikern« wird auf Darstellungen als → Franziskaner mit Kardinalshut dargestellt. Er gilt als Patron des Franziskanerordens, der Arbeiter, Kinder und Lastträger. Sein Fest feiert die Kirche am 15. Juli.

Bonifatius hl., der → Apostel der Deutschen, um 673 im Königreich Wessex in England geboren. Er erhielt bei seiner Taufe den Namen Winfried. Nachdem er dreizehn Jahre im Kloster Exeter verlebt hatte, trat er in das Kloster Nursling ein, wo er Rhetorik, Geschichte und Theologie lehrte. In seinem dreißigsten Lebensjahr empfing er die Priesterweihe (→ Priester). Damals hatte von England und Irland aus die Bekehrung der heidnischen Völker in Europa begonnen. Auch Winfried faßte 715 den Plan, das Christentum, welches bei den Friesen noch keinen Eingang gefunden hatte, von neuem bei ihnen zu predigen, doch hatte er keinen Erfolg. Daraufhin kehrte er in sein Kloster zurück. Doch schon 718 begab er sich nach Rom, wo → Gregor II. ihn bevollmächtigte, allen Völkern Deutschlands das → Evangelium zu predigen. Im Jahre 723 berief ihn der Papst abermals nach Rom, ernannte ihn unter dem Namen Bonifatius zum → Bischof, übergab ihm eine Sammlung von Kanones, die ihm als Richtschnur dienen sollte, und bat Karl Martell sowie alle Fürsten und Bischöfe in Briefen, Bonifatius zu unterstützen. 732 erhob ihn Papst → Gregor III. zum Erzbischof und päpstlichen Vikar für das deutsche Missionsgebiet. Als solcher erhielt er 744 auch das Frankenreich zugeteilt und wurde drei Jahre später Erzbischof von Mainz. Am bekanntesten ist die Erzählung, wie Bonifatius in Geismar die Donar-Eiche fällte und mit dem Holz des Baumes eine Kapelle baute. Bonifatius organisierte die Kirche in Thüringen, Hessen und Bayern, indem er → Bistümer gründete und etliche → Synoden abhielt. Der Heilige gründete zahlreiche Klöster als Stützpunkte der Missionsarbeit. In seinem Lieblingskloster Fulda liegt er auch begraben. Am 7. Juni 754 erschlug ihn eine Horde Westfriesen mit 52 seiner Begleiter auf offenem Feld bei Dokkum. Dargestellt wird Bonifatius mit dem Beil, eine gefällte Eiche zu Füßen, mit einem vom

Hl. Bonifatius.

Schwert durchbohrten → Evangelienbuch, oft auch mit einem Fuchs und einem Raben an seiner Seite. Der Heilige, dessen Fest am 5. Juni gefeiert wird, ist Patron der Bierbrauer und der Schneider. Der Volksglaube zählt ihn zu den »Eisheiligen«.

Bonifatius I. hl., 42. Papst, Nachfolger von Papst → Zosimus. Von der Mehrheit der → Presbyterpartei gewählt, gelangte er am 28. Dezember 418 auf den

Stuhl Petri. Am Tag zuvor hatte die → Diakonenpartei den Archidiakon (→ Diakon) Eulalius zum Papst erwählt, der auch anfangs die kaiserliche Zustimmung fand. Schließlich wurde jedoch Bonifatius von Kaiser Honorius anerkannt, und Eulalius, der sich weigerte, auf die Papstkrone zu verzichten, wurde aus Rom vertrieben. Der Kaiser erließ auf Wunsch Papst → Bonifaz' I. ein → Edikt, welches besagte, daß im Falle einer zwiespältigen Wahl künftig keiner der Kandidaten den Stuhl Petri besteigen dürfe, sondern eine neue Wahl angesetzt werden müsse. Dieses Papstwahlgesetz (→ Papstwahl) blieb aber ohne Bedeutung für die Zukunft. Mit Hilfe des Kaisers Honorius gelang es Bonifatius, den kirchlichen Einfluß Roms auf die illyrischen Kirchenprovinzen vorläufig noch gegen die Machtansprüche des → Patriarchen von Konstantinopel aufrechtzuerhalten. Bonifatius schaffte die → Vigilien, die Nachtwache an den Gräbern der Heiligen vor ihren Festtagen ab, da es zu Mißständen gekommen war. Am 4. September des Jahres 422 starb der Papst hochbetagt. Sein Fest wird am 25. Oktober begangen.

Bonifatius II., 55. Papst, Sohn des Goten Sigibald, wurde in Rom geboren. Sein Vorgänger → Felix IV. (526–530) bestimmte ihn noch selbst am Totenbett am 22. September 530 zum Nachfolger, was die gotenfeindliche Mehrheit des → Klerus bewog, den → Diakon Dioskur zum → Gegenpapst zu wählen. Dieser starb jedoch schon am 14. Oktober 530. Der Versuch, dem Diakon Vigilius in gleicher Weise die Nachfoge zu sichern, mißlang Bonifatius. Nach kurzem, ereignislosem → Pontifikat starb er am 16. Oktober 532.

Bonifatius III., 66. Papst, von Geburt Römer, war zunächst Apokrisiar (amtlicher Vertreter des Papstes) am byzantinischen Hof in Konstantinopel. Da die Bestätigung aus Konstantinopel ausblieb, konnte er erst ein Jahr nach seiner Wahl zum Papst geweiht werden. Sein → Pontifikat dauerte nur wenige Monate, vom 19. Februar 607 bis zum 12. November des gleichen Jahres. In einem Dekret, welches er auf einer → Synode in Rom erließ, verbot er Wahlumtriebe zu Lebzeiten eines Papstes und gestattete Neuwahlen erst am vierten Tage nach dessen Tod. Bonifatius soll von Kaiser Phokas den Titel eines »Allgemeinen Bischofs« und die Anerkennung Roms als Haupt aller Kirchen bestätigt bekommen haben.

Bonifatius IV. hl., 67. Papst, Nachfolger Papst → Bonifatius III., bestieg am 15. September 608 den Stuhl Petri. Er erbat sich von Kaiser Phokas den prachtvollen heidnischen Tempel in Rom, der allen Göttern geweiht war und deshalb den Namen Pantheon führte. Bonifaz wandelte diesen Prachtbau zur christlichen Kirche »Santa Maria ad martyres« um, welche er 609 weihte. Der heiligmäßige → Benediktinerpapst starb am 8. Mai 615. Sein Fest wird am 25. Mai gefeiert.

Bonifatius V., 69. Papst, Neapolitaner, am 23. Dezember 619 zum Papst gewählt. Sein Hauptaugenmerk galt der jungen englischen Kirche. Er verlieh Justus von Canterbury das erzbischöfliche → Pallium, doch ist die Behauptung, er habe den Erz→ bischof von Canterbury zum → Metropoliten ganz Britanniens gemacht, eine spätere Fälschung. Da sich viele Personen zum Priesteramt drängten, erließ Bonifaz die Verordnung, daß nicht mehr neue → Priester geweiht werden sollten, als mit dem Tod abgegangen wären. Bonifaz ahnte es wohl nicht, daß ferne von Rom, in den Wüsten Arabiens, bereits Mohammed seine Lehre verbreitete, deren Anhänger dereinst das griechische Kaisertum und das persische Königreich zertrümmern, das Morgenland umgestalten und dem christlichen Abendlande die größten Gefahren bringen sollten. Indessen machte während seines → Pontifikates der Exarch Eleutherius von Ravenna den Versuch, das ihm anvertraute Italien von Byzanz loszureißen, was ihm jedoch nicht gelang. Doch der Wunsch nach Eigenständigkeit blieb wach. Bonifatius starb am 25. Oktober 625 und wurde im Vatikan begraben.

Bonifatius VI., 112. Papst, am 11. April 896 zum Papst gewählt. Wegen seiner Unwürdigkeit war er vorher von Papst → Johannes VIII. seines → Priesteramtes enthoben worden. Bonifatius VI. wird zwar nach dem römischen Staatskalender zu den wirklichen Päpsten gezählt, doch halten ihn viele für einen → Gegenpapst, da seine Wahl nicht als rechtmäßig bezeichnet werden kann. Bonifatius gelangte nämlich ausschließlich mit der Unterstützung des bewaffneten Pöbels auf den Stuhl Petri. Seine Herrlichkeit währte nicht lange, denn schon am 26. April 896 verstarb er angeblich an einem Gichtanfall, möglicherweise aber auch an den Folgen eines Giftanschlages. Er ruht im Vatikan.

Bonifatius VII., 138. Papst, der römische → Kardinal→ diakon Franco, gelangte mit Hilfe des Konsuls Crescentius I. im Juni 974 gewaltsam auf den Papstthron, nachdem er → Benedikt VI. im Kerker erwürgen ließ. Schon nach sechs Wochen mußte er vor Kaiser Otto II. aus Rom fliehen und ging mit dem Kirchenschatz nach Konstantinopel. Als er die Nachricht vom Tode des Kaisers erhielt, eilte Bonifatius 984 nach Rom, um erneut mit Hilfe der Crescentier den päpstlichen Stuhl zu besteigen. Papst → Johannes XIV (983 – 984) ließ er in die Engelsburg werfen, wo dieser nach vier Monaten verhungerte oder an Gift starb. Bonifatius selbst wurde etwa ein Jahr später, im Juli 985, ermordet. So verflucht und gehaßt wurde er von allen, daß selbst seine eigenen Verwandten seinen Leichnam mit Spießen durchbohrten, ihn an den Füßen durch die Straßen schleiften und ihn zerfetzt auf dem Marktplatz liegen ließen.

Bonifatius VIII., 194. Papst, eigentlich Benedetto Gaetani, aus adeliger Familie, um 1230 in Anagni geboren. Er trat

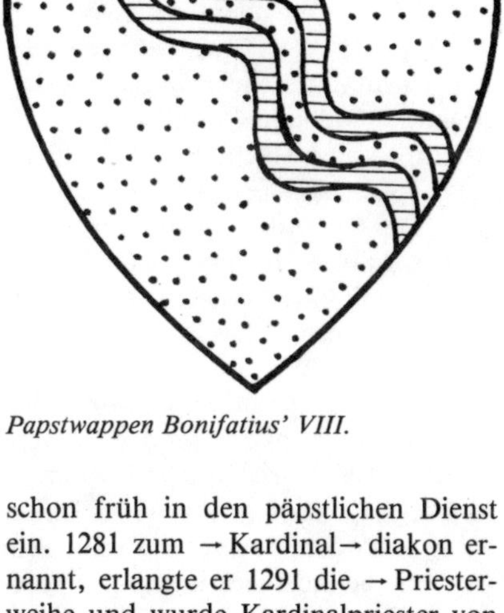

Papstwappen Bonifatius' VIII.

schon früh in den päpstlichen Dienst ein. 1281 zum → Kardinal→ diakon ernannt, erlangte er 1291 die → Priesterweihe und wurde Kardinalpriester von

SS. Silvestre e Martino. Nachdem er seinen Vorgänger Papst → Coelestin V. zur Abdankung überredet hatte, wurde er am 24. Dezember 1294 zum Papst gewählt. Mit Bonifaz VIII. bestieg einer der herrschsüchtigsten und gewalttätigsten Menschen den Stuhl Petri. Sein krankhafter Hochmut ließ ihn abwechselnd in päpstlichen und kaiserlichen Gewändern vor den versammelten Bischöfen erscheinen und ausrufen: »Ego sum Caesar, ego imperator.« Die Könige von Neapel und Ungarn mußten ihn bei Festlichkeiten mit den Kronen auf den Häuptern bedienen. In seinem Streit mit dem französischen König Philipp IV., der den → Klerus besteuern wollte, schrieb er die → Bulle »Clericis laicos«, in der er die → Laien als Feinde des → Klerus bezeichnete. Im Jahre 1302 erließ Bonifaz die berühmt-berüchtigte Bulle »Unam Sanctam«, die die päpstliche Gewalt über alle weltliche stellte: »... die weltliche Macht ist der geistlichen unterworfen; die geistliche Macht ordnet und richtet die weltliche und kann von niemanden als von Gott selbst gerichtet werden; wer also der geistlichen Macht widersteht, der widerstrebt der Ordnung Gottes.« Zur Glorifizierung seiner Macht verkündete er im Jahre 1300 das erste kirchliche → Jubeljahr. Die Oppositionspartei der → Colonnakardinäle, die aus Anhängern des durch Bonifatius Veranlassung im Kerker verstorbenen Papstes Coelestin bestand, nahm Bonifatius im September 1303 in Anagni gefangen. Obwohl er bereits drei Tage später von den Bürgern wieder befreit wurde und nach Rom zurückkehrte, starb er am 11. Oktober völlig gebrochen in seinem Palast. Sein Grabmal befindet sich in den Vatikanischen Grotten. Mit dem Tode Bonifatius VIII. begann die päpstliche Macht immer mehr abzunehmen.

Bonifatius IX., 204. Papst, der Neapolitaner Pietro Tomacelli, um 1350 als Sohn einer verarmten Adelsfamilie ge-

Papstwappen Bonifatius' IX.

boren, erlangte 1385 die Würde eines → Kardinal→ priesters von S. Anastasia. Am 2. November 1389 zum Papst gewählt, gelang es Bonifaz, die päpstliche Herrschaft in Rom und dem Kirchenstaat wiederherzustellen. Mehr auf weltliche Herrschaft ausgerichtet, vernachlässigte er es, für die Beseitigung des → Schismas zu sorgen. Beim Volk wurde er bald unbeliebt, da er dem → Nepotismus und der → Simonie zugeneigt war und durch kirchliche Steuern und Ablaßhandel (→ Ablaß) die päpstli-

Die Gefangennahme und Befreiung Bonifatius' VIII. Dargestellt auf Miniaturen um 1340.

chen Kassen füllte. Als Bonifaz die Herrschaft über Rom wieder fest in Händen hatte, ließ er die Engelsburg, die stark zerstört war, wieder von Grund auf erneuern. Außerdem befestigte er das Kapitol und den Vatikan.

Engelsburg und -brücke aus der Zeit Bonifatius' IX.

Dem liturgischen (→ Liturgie) Kalender fügte er das Fest Mariä Heimsuchung bei. Am 1. Oktober 1404 starb der Papst an einem heftigen Steinleiden. Er liegt in St. Peter begraben.

Breve (lat., »kurz«), ein kurzer, päpstlicher Erlaß, der in nicht feierlicher Form abgefaßt ist. Das Gegenteil dazu ist die → Bulle. Breven werden heute meist bei Verleihungen von Ehrenrechten ausgestellt.

Brevier (lat., »Kurzauszug«), Gebetbuch der katholischen Geistlichen mit den Stundengebeten.

Brigitta von Schweden hl., auch Birgitta, wurde 1303 bei Uppsala geboren. Schon früh hatte das fromm erzogene Kind Visionen. Ihrer 1316 geschlossenen Ehe mit dem Adligen Ulf Gudmarsson entsprossen 8 Kinder. Mit ihrem Gemahl unternahm sie 1341 bis 1343 eine Pilgerfahrt nach Santiago de Compostela in Spanien. Ein Jahr später starb Ulf im Zisterzienserkloster Alvastra. Brigitta blieb in Alvastra, wo ihr zahlreiche Visionen zuteil wurden. Auf dem königlichen Gut Vadstena gründete sie den Birgittenorden. Die letzten 24 Jahre ihres Lebens verbrachte die Heilige in Italien, von wo aus sie ins Heilige Land pilgerte. Die Ordensstifterin starb am 23. Juli 1373 in Rom und wurde 1391 von Papst → Bonifazius IX. heiliggesprochen. Ihr Leib ruht in Vadstena, wo am 7. Oktober ihr Fest gefeiert wird. Die Gesamtkirche feiert es am 8. Oktober.

Brüder und Schwestern des freien Geistes, → Brüderschaften.

Brüderschaften, religiöse, d. h. Gesellschaften zu frommen Übungen, wechselseitigen Dienstleistungen und wohltätigen Zwecken. Sie entstanden durch das Bestreben, die geistlichen → Orden nachzuahmen, schon häufig im Mittelalter. Sie wurden gewöhnlich ohne kirchliche Ermächtigung geschlossen, weshalb mehrere dieser Gesellschaften, welche die Anerkennung der Kirche nicht suchten oder nicht erlangten, den Charakter von → Sekten annahmen, was sie in den Verdacht der Ketzerei brachte. Hierher gehören unter vielen anderen die → Beguinen und Begharden, die → Brüder und Schwestern des freien Geistes, die → Apostelbrüder, die → Geißler oder → Flagellanten, welche zwar von der Kirche einige Zeit geduldet, dann aber als Ketzer verfolgt, unterdrückt und auch getötet wurden.

Bruno hl., Stifter des → Kartäuserordens, um 1030 in Köln geboren. Er entstammte einer vornehmen Familie und erhielt seine Ausbildung in der Schule der Kollegiatkirche St. Kunibert in Köln, wo er auch Kanonikus (→ Kanoniker) wurde. Danach studierte er in Reims, wo er sich auszeichnete, so daß ihm → Bischof Gervasius die Aufsicht über alle Schulen des Sprengels übertrug. Durch die Sittenlosigkeit der Zeit bewogen, suchte Bruno mit sechs gleichgesinnten Freunden die Einsamkeit und wurde vom Bischof von Grenoble, dem er seine Absicht entdeckt hatte, 1084 in die vier Stunden von der Stadt entfernte Einöde von Cartusia (Chartreuse) geführt. Hier gründeten Bruno und seine Gefährten in einem engen, von zwei schroffen Felsen überragten Tal im Jahre 1086 die erste »Kartause« (La Grande Chartreuse) und setzten damit den Anfang des Kartäuserordens, des einzigen Ordens der katholischen Kirche, der nie reformiert werden mußte. Papst → Urban II., einer der ausgezeichnetsten Schüler Brunos, berief 1089 seinen ehemaligen Lehrer zu sich. Bruno folgte seinem Rufe und erhielt, da er jede geistliche Würde, selbst das Erzbistum von Reggio, ausschlug, 1091 die Erlaubnis, eine zweite Kartause in der Einsamkeit von della Torre in Kalabrien zu gründen, der er bis zu seinem Tode im Jahre 1101 (6. Oktober) vorstand. 1623 wurde Bruno heiliggesprochen. Auf Darstellungen sieht man Bruno im weißen, langen weitärmeligen Kartäuser→habit, ein Buch in der Hand, mit Totenkopf, Weltkugel, Kreuz und Olivenzweig. Stab und → Mitra, die er stets zurückwies, liegen manchmal zu seinen Füßen. Sein Fest feiert die Kirche am 6. Oktober.

Bruno von Querfurt hl., Schüler des hl. Romuald, aus einer sächsischen Adelsfamilie. Zu Magdeburg besuchte er die Domschule und zählte, nach abgeschlossenem Studium, alsbald zu den → Kanonikern des Domes. Kaiser Otto III. erwählte ihn zu seinem Hofkaplan und nahm Bruno 996 in seinem Gefolge nach Rom mit. Dort beschloß dieser, das Leben eines Einsiedlers zu führen. Papst → Silvester II. erkannte die Vorzüge des frommen Mannes, ernannte Bruno zum Erz→bischof und betraute ihn mit der Missionierung der Slawen. Bei dem Versuch, im Kriege zwischen dem Polenherzog Boleslaw und dem deutschen König Heinrich II. zu vermitteln und Frieden zu stiften, scheiterte Bruno jedoch. Sein Missionseifer führte ihn auch nach Ungarn und Südrußland. Bruno setzte als Nachfolger des heiligen Adalbert die Missionierung der Preußen fort und erlitt 1009 mit achtzehn Gefährten bei Braunsberg in der Nähe von Danzig den → Märtyrertod. Heidnische Preußen erschlugen den zweiten → Apostel Preußens und seine Begleiter. Das Fest dieses Märtyrerbischofs feiert die Kirche am 9. März.

Bulle (lat., »Siegeskapsel«), versiegelte Urkunden des Mittelalters. Wichtige päpstliche Erlässe wurden in feierlicher Form durch Bullen veröffentlicht. Im Gegensatz dazu wurde das → Breve in einfacher Form erlassen.

Buße bedeutet im Neuen Testament soviel wie Umkehr vom falschen Weg und Hinwendung zu Gott. Das Sakrament

Bullen und Bannbriefe als Mittel der päpstl. Macht. Holzschnitt von Lukas Cranach I.

der Buße wird in der katholischen Kirche als Zeichen der Versöhnung mit Gott und Vergebung durch Gott gesehen. Durch Reue, → Beichte, Genugtuung und Lossprechung soll die Gemeinschaft mit der Kirche im Hl. Geist wieder hergestellt werden. Im Laufe der Jahrhunderte änderte sich die Bußpraxis der Kirche. Wurden in den ersten Jahrhunderten nur die schweren Sünden wie Mord, Glaubensfall, Ehebruch und später auch Diebstahl der öffentlichen Bußdisziplin unterworfen, so gewann ab dem 6. Jahrhundert die Ohrenbeichte immer mehr an Bedeutung und es wurden auch leichtere Sünden gebeichtet. Auch lockerte man bald die harte Bestimmung des nur einmalig erlaubten Empfanges des Bußsakramentes. Heute soll der Katholik mindestens einmal im Jahr das Sakrament der Buße empfangen.

C

Cäcilia hl., als Erfinderin der Orgel (was aber historisch gesehen nicht stimmen kann) und als Schutzpatronin der Tonkunst verehrt. Sie soll 220 n. Chr. den → Märtyrertod erlitten haben. Ihre heidnischen Eltern verlobten sie, so erzählt die → Legende, wider ihren Willen mit Valerian, einem heidnischen Jüngling. Als der Bräutigam erschien, bat sie ihn, sie nicht zu berühren, da ein Engel ihre Unschuld bewache, und verwies ihn, um ihn von der Wahrheit dieser Angabe zu überzeugen, an den → Bischof Urban, durch den dann sowohl Valerian wie dessen Bruder Tiburtius zur christlichen Religion bekehrt wurden. Beide Brüder erlitten den Märtyrertod. Cäcilia sollte ihr ebenfalls bedrohtes Leben dadurch retten, daß sie den heidnischen Göttern opfere; sie hielt jedoch an ihrem Glauben fest. Als sie daraufhin in ein Bad mit siedendem Wasser eingeschlossen wurde, fand man sie noch am anderen Tage unverletzt. Der Henker, der sie hierauf enthaupten sollte, vermochte den Kopf nicht vom Körper zu trennen. Erst drei Tage später starb sie. Schon im 5. Jahrhundert findet man in Rom eine ihr gewidmete Kirche. 1599 soll ihr Leichnam unverwest aufgefunden worden sein. Der Bildhauer Maderno hat die wie schlafend daliegende Gestalt der Heiligen nachgebildet: der Hals zeigt eine tiefe Wunde, die Stellung ihrer Finger weist auf den dreifaltigen Gott hin. Raffael, Domenichino, Dolce und andere Maler haben Cäcilia in berühmten Gemälden dargestellt. Schon seit alters her wurden am Festtag der Heiligen, am 22. November, musikalische Feste, die Cäcilienfeste, gefeiert. Meist findet man die Patronin der Musik mit einer tragbaren Kleinorgel oder einem anderen Musikinstrument abgebildet.

Cäsaropapismus, eine Kirchenform, bei welcher der weltliche Herrscher zugleich das Oberhaupt der Kirche ist.

Cajus hl., 28. Papst, Dalmatiner, regierte nach dem → »Liber Pontificalis« vom 17. Dezember 282 bis zum 22. April 295. Cajus soll ein Verwandter Diokletians gewesen sein. Sein Grab befindet sich in der Calixtuskatakombe. Der → Legende nach war er der Onkel der hl. Susanne. Sein Fest wird am 22. April gefeiert.

Calixtus I. (auch Kallistos) hl., 16. Papst, ehemaliger Sklave. Er trat entschieden gegen die Lehre des Sabellius auf, der in Christus keine Person der Dreifaltigkeit, sondern nur eine Erscheinungsform des Vaters sah. Er exkommunizierte den Monarchianer (→ Monarchianismus) Sabellius und entkräftete damit den gegen ihn erhobenen Vorwurf des → Patripassianismus. Vom Gegenpapst → Hippolytos wurde er wiederholt des Laxismus beschuldigt, da er die Ehe zwischen Adeligen und Sklaven anerkannte und Personen, die die Sünde der Unzucht begingen, wieder in die Kirche aufnahm. Während seines → Pontifikates von 217 – 222 soll er die Samstage als Fasttage festgelegt haben. Sein Martyrium (→ Märtyrer) ist zweifelhaft und wurde 354 erstmals erwähnt. Calixtus I. wurde nicht in den nach ihm benannten Calixtuskatakomben, wo er als → Diakon wirkte, beigesetzt, sondern in Trastevere. Sein Fest wird am 14. Oktober gefeiert.

Calixtus II. (163. Papst), eigentlich Guido, Graf von Burgund, mit den Capetingern und Saliern verwandt. Als

Papst Calixtus II.

Erz→bischof von Vienne (seit 1088) suchte er mit Hilfe gefälschter Urkunden den Vorrang Viennes vor Arles zu erreichen. Als er am 2. Februar 1119 in → Cluny zum Papst gewählt wurde, bestätigte er die Vorrechtsstellung Viennes. Der mit dem Kaiser im selben Jahr geschlossene Reichsfrieden von Tibur war nicht von langer Dauer. Im Oktober 1119 bannte Calixtus den Kaiser Heinrich auf der → Synode von Reims und begab sich 1120 nach Rom. Den → Gegenpapst → Gregor VIII. nahmen die Normannen in Sutri fest und übergaben ihn Calixtus, der ihn für den Rest seiner Tage in Klosterhaft hielt. Mit dem Wormser → Konkordat vom 23. September 1122 wurde der → Investiturstreit beendet. Darin verzichtete Kaiser Heinrich V. auf die Einsetzung und Wahl der Bischöfe und Äbte. Der Papst gestattete die Anwesenheit des Kaisers bei der Wahl der reichsunmittelbaren Bischöfe und Äbte sowie deren Belehnung mit den Regalien durch den Kaiser. Das 1123 abgehaltene → Lateran→konzil bestätigte die Wormser Beschlüsse und beschloß etliche Reformen innerhalb der Kirche. Unter dem heutigen, in der Peterskirche stehenden Papstaltar befindet sich noch der von Calixtus II. errichtete Altar, der den Päpsten über vierhundertsiebzig Jahre zur Andacht diente. Calixtus II. starb am 13. Dezember 1124 und wurde im Lateran beigesetzt.

Calixtus III. (→ Gegenpapst), vormals Abt Johannes von Struma, am 20. November 1168 zum dritten Gegenpapst gegen Papst → Alexander III. (1159 – 1181) gewählt. Kaiser Friedrich Barbarossa ließ jedoch im Frieden von Venedig (1177) seinen Schützling Calixtus fallen, welcher sich sodann am 29. August 1178 Papst → Alexander III. unterwarf. Von diesem wurde er daraufhin mit der Verwaltung Benevents betraut.

Calixtus III., 210. Papst, eigentlich Alonso de Borja, 1378 bei Valencia geboren, war ein gelehrter Jurist. Er stand

Papst Calixtus III.

im Auftrag König Alfons V. von Aragón, als er den Gegenpapst → Clemens VIII. zum Rücktritt bewog. Als Dank dafür verlieh ihm Papst → Martin V. 1429 das Bistum Valencia. Papst → Eugen IV. (1431 – 1447) erhob Alonso 1445 zum → Kardinal, nachdem ihm die Versöhnung zwischen dem Papst und König Alfons geglückt war. Zehn Jahre später, am 8. April 1455, bestieg Alonso de Borja, von den Italienern Alfonso Borgia genannt, den päpstlichen Thron. Sein Hauptaugenmerk richtete Calixtus III. auf die Türkengefahr und den Kampf gegen den Islam. Doch gelang es ihm nicht, die aufstrebenden Nationalstaaten trotz der gemeinsamen Gefahr zu einigen. Die Mittel des Kirchenstaates waren jedoch nicht ausreichend, um entscheidenden Widerstand leisten zu können. Dennoch errang er vereinzelt Siege, wie 1456 bei Belgrad und 1457 mit der päpstlichen Flotte bei Metelino. Im Gegensatz zu seinem Vorgänger → Nikolaus V. (1447 – 1455) entwickelte Calixtus III. nur wenig Bautätigkeit in Rom, was ihm die Humanisten übelnahmen. Unter diesem ersten Borgia-Papst begann wieder der → Nepotismus um sich zu greifen, denn Calixtus bevorzugte seine Familie über alle Maßen und überhäufte sie mit Ämtern und Würden, so daß schon zu seinen Lebzeiten die Öffentlichkeit durch den Borgia-Terror in Unruhe versetzt wurde. Seinem Neffen Rodrigo de Borja, der später als → Alexander VI. (1492 bis 1503) als einer der übelsten Päpste in die Geschichte eingehen sollte, ebnete er den Weg zum Papstthron. Calixtus III. starb am 6. August 1458. Von seiner Würde hatte er seltsame Vorstellungen, schrieb er sich doch in seiner → Bulle vom Jahre 1455, in der er Portugal die afrikanischen Schenkungen bestätigte: »Schlüsselträger des himmlischen Reiches, Nachfolger und Stellvertreter Christi, Calixtus III., verteilt nach väterlicher Einsicht alle Landstriche der Welt und die in denselben wohnenden Völker!« Dieser Papst führte auch das → Angelusläuten ein.

Calvin, Johann, Reformator (1509 bis 1564). Als Anhänger der Reformation mußte er von Frankreich in die Schweiz

Johann Calvin.

fliehen und ließ sich als Prediger in Genf nieder. Er vertrat die Lehre, daß das Schicksal des Menschen vorbestimmt sei (Prädestinationslehre). Der sittenstrenge Reformator lehnte jeden Kirchenschmuck und auch Kirchenmusik ab. Der Calvinismus in seiner gemilderten Form und die Lehre → Zwinglis bilden die Grundlage des → Helvetischen Bekenntnisses. Auch für die Puritaner wurde seine Lehre richtungsgebend.

Cathedra (lat., »Lehrstuhl«), der Ehrensitz des → Bischofs oder des Papstes. Wenn der Papst »→ ex cathedra« – »vom päpstlichen Stuhl herab« spricht, d. h. mit päpstlicher Vollmacht, so nimmt er seine im Ersten Vatikanischen → Konzil definierte → Unfehlbarkeit in Anspruch. Alle »ex cathedra« verkündeten Lehrsätze gelten als → Dogma in der katholischen Kirche.

Chalcedonense, Glaubensbekenntnis, das 451 von der → Synode von Chalcedon angenommen wurde. Im wesentlichen sagt es aus, daß in der Person Christi die göttliche und die menschliche Natur »unvermischt und unzertrennlich« vereint sind.

Charisma (griech.), Gnadengabe oder Begabung, die von Gott stammt. Viele Heilige konnten Charismen aufweisen: so die Gabe der Gemeindeleitung, die Gabe der Geistesunterscheidung, die Erkenntnis, das Zungenreden, die Dämonenaustreibung und Krankenheilung.

Caritas (lat., »Nächstenliebe«, »Wohltätigkeit«), katholische Organisation, die im In- und Ausland in Not geratenen Menschen zu helfen versucht.

Choral (griech., lat.), einstimmiger liturgischer (→ Liturgie) Gesang des → Priesters, der Mönche und der Gemeinde. Der Gregorianische Choral (Papst → Gregor d. G.) wird heute noch in der katholischen Kirche verwendet.

Chrisma (Chrisam) (griech.), heiliges Salböl, das schon in den ersten Jahrhunderten der christlichen Kirche bei der Taufe und der damit unmittelbar verbundenen → Firmung, später auch bei anderen → Sakramenten und sakramentalen Handlungen zur Anwendung kam. Ursprünglich bestand es aus reinem Olivenöl, und noch heute gebraucht die griechische und römisch-katholische Kirche bei der Taufe solches. Schon früh jedoch wurde es mit Balsam und anderen aromatischen Stoffen versetzt und wird in dieser Form zur → Priesterweihe, der Firmung, der Letzten Ölung, bei der → Konsekration von Altären und Kirchen verwendet.

Christophorus, 119. Papst, → Presbyter und Hofkaplan Papst → Leos V., den er einen Monat nach dessen Amtsantritt unter dem Vorwand, er habe nicht genügend Kraft und Geschick für die päpstlichen Regierungsgeschäfte, zwang, von seinem Amt zurückzutreten und in sein Kloster zu Brandallo zurückzukehren. Doch ließ er ihm nicht einmal die Zeit dazu, sondern kerkerte ihn ein und machte sich selbst zum Papst. Im Kerker wurde Leo von seinem Unterdrücker nach einem Monat ermordet. Doch schon im Jänner 904 ereilte Christophorus durch Papst → Sergius III. (904–911) dasselbe Schicksal. Christophorus wurde ins Kloster gesteckt und starb bald darauf. Christophorus wird verschiedentlich auch zu den → Gegenpäpsten gezählt, dennoch ist er im Vatikan beigesetzt.

Christophorus hl., → Märtyrer, über dessen Leben nicht viel bekannt ist. Er soll in Kleinasien unter Kaiser Decius um 250 das Martyrium erlitten haben. Seine geschichtliche Existenz ist wahrscheinlich, da schon 452 in Chalkedon eine Kirche geweiht wurde. Auch die römische Kirche verehrte den Heiligen

Hl. Christophorus. Holzschnitt von Albrecht Dürer.

und zählte ihn zu den → Vierzehn Nothelfern. Aus seinem Namen (Christophorus = Christusträger) hat sich eine → Legende entwickelt, nach der er, ein Mann von riesiger Gestalt, das Jesuskind über einen Fluß getragen haben soll. Christophorus wollte nur dem Höchsten dienstbar sein. Gewöhnlich wird Christophorus in riesenhafter Größe abgebildet, das Christuskind auf seinen Schultern. Dabei stützt er sich unter Aufbietung aller Kräfte auf einen großen Stab, um der großen Last nicht zu unterliegen. So stellt ihn auch der älteste bekannte Holzschnitt von 1423 dar. Die Verehrung des Heiligen ist vor allem im Alpenraum und nördlich davon stark verbreitet, während sie in den romanischen Ländern eher gering ist. Christophorus gilt als Schutzpatron gegen plötzlichen Tod. Die Betrachtung seines Bildes am Morgen gilt als Schutzmittel für die Bewahrung der Lebenskraft bis zum Abend. Deshalb findet man sein Bild übergroß an den Kirchenwänden sowie an Häusern und Türmen. In neuester Zeit ist der Heilige als Schutzpatron der Autofahrer, der Reisenden und des Verkehrs sehr bekannt geworden. Er gilt ferner als Patron bei gefahrvollen Unternehmungen, zur Erlangung von Wohlstand (Schatzsuche), für den Bergbau, den Brückenbau und das Schiffswesen. Sein Fest wird am 24. Juli gefeiert.

Clemens I. hl., 4. Papst, im Papstkatalog des hl. → Irenäus nach → Linus und → Anakletus als dritter → Bischof von Rom nach dem hl. → Petrus genannt. Seine Regierungsperiode währte vom

Basilika des hl. Clemens.

Jahr 92 bis ins Jahr 101 (auch 90–99?). Zwischen 93 und 97 schrieb Clemens, der zu den → Apostolischen Vätern zählt, einen Brief der römischen Kirche an die Gemeinde in Korinth, um sie in autoritärem Ton zu Ordnung und Gehorsam aufzufordern. Dieser Brief, der über das Wesen der Hierarchie und des Gehorsams spricht, wird als eines der ältesten Dokumente des römischen → Primates angesehen. Unter Clemens sollen sich führende Angehörige des römischen Adels und der Kaiserfamilie zum Christentum bekehrt haben. Das Martyrium (→ Märtyrer) des Heiligen ist fraglich. Seine → Reliquien soll erst → Cyrill, der Sklavenapostel, im 9. Jahrhundert nach Rom gebracht haben. Der Gedächtnisbau für Clemens, die dreischiffige → Basilika S. Clementis, stammt bereits aus dem 4. Jahrhundert. Nach der → Legende wurde der Heilige mit einem Anker um den Hals im Meer versenkt. Darstellungen zeigen Clemens als Papst mit einem Anker. Er gilt als Schutzheiliger der Steinmetze und wird von der Kirche am 23. November gefeiert.

Clemens II., 150. Papst, eigentlich Graf Suidger von Morsleben aus Sachsen, war → Bischof von Bamberg (seit 1040),

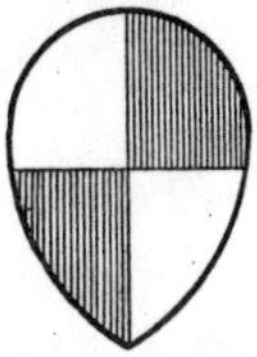

Papst Clemens II.

bevor er als erster von vier aufeinanderfolgenden deutschen Päpsten, nach den → Synoden von Sutri und Rom, auf Veranlassung Heinrichs III. am 24. Dezember 1046 zum Papst gewählt wurde. Der neue Papst, Clemens II., krönte schon einen Tag nach seiner Wahl Heinrich zum Kaiser. Als erster Reformpapst dieses Zeitalters kämpfte er gemeinsam mit den Reformern von → Cluny gegen die → Simonie und erließ auf einer römischen → Synode im Jänner 1047 Strafbestimmungen gegen Übertretungen dieser Art. Am 9. Oktober 1047 starb er unerwartet im Kloster des hl. → Thomas in Aposella bei Pesaro, als er sich auf einer Reise nach Deutschland befand. Möglicherweise wurde er von → Benedikt IX. (1033–1055) vergiftet. Clemens II. liegt im Dom zu Bamberg begraben.

Clemens III. (→ Gegenpapst), eigentlich Wibert von Ravenna, um 1025 in Parma geboren, von Kaiserin Agnes 1058 zum Kanzler Italiens ernannt. Auf der → Synode von Sutri 1059 vertrat er die Partei des Kaisers und erwirkte Rechte für den Kaiser bei der → Papstwahl. Kaiser Heinrich VI. belehnte ihn mit dem Erzbistum Ravenna, → Alexander II. (1061–1073) führte darauf die → Konsekration durch. Mit Papst → Gregor VII. (1073–1085) überwarf er sich und ließ sich am 25. Juni 1080 in Brixen zum Gegenpapst wählen. Vier Jahre später wurde seine Wahl, nachdem er in Rom eingezogen war, wiederholt. Kurz darauf krönte Clemens III., wie Wibert sich nannte, am 31. März Heinrich IV. zum Kaiser. Als sich die Normannen Rom näherten, flüchtete er nach Ravenna. Er plante diese Stadt mit Hilfe von gefälschten Urkunden zu einem eigenen Kirchenstaat auszubauen. Nach dem Tode → Gregor VII. suchte Clemens III. auch außerhalb Italiens Einfluß zu gewinnen. Clemens III. versuchte sogar, eine Union mit der russischen und byzantinischen Kirche zu schließen. Persönlich von tadelloser Lebensweise, hatte er die Mehrheit des römischen Adels und der → Kardinäle auf seiner Seite. Auf der römischen Synode vom Jahre 1089 erließ Clemens Gesetze gegen die → Simonie. 1098 war jedoch seine Macht ziemlich geschwächt, so daß er in die Lombardei flüchten mußte. Wibert von Ravenna starb am 8. September 1100 bei Civita Castellana.

Clemens III., 175. Papst, eigentlich Paolo Scolari aus Rom, seit 1179 → Kardinal von Palestrina, bestieg nach dem Tode → Gregor VIII. am 19. Dezember 1187 den Stuhl Petri. Als Clemens III. endlich von Pisa nach Rom

Papst Clemens III.

zurückkehren konnte, bestätigte er den nun schon über vierzig Jahre bestehenden Senat. Obwohl ihm die Reformfreudigkeit seines Vorgängers fehlte, führte Clemens eine Politik des Friedens. Der Friede mit der römischen Kommune brachte ihm die Anerkennung der Oberhoheit des Papstes, doch mußte Clemens viele Zugeständnisse machen. Clemens war aber der erste Papst, der nach jahrzehntelangen Unruhen wieder in Frieden in Rom regieren konnte. Indem der Papst König Heinrich VI. die Kaiserkrönung und die Wahrung der Reichsrechte versprach, bekam er durch den Vertrag von Straßburg 1189 den Kirchenstaat zurück. Im Jahre 1188 befreite er die Kirche Schottlands aus der Abhängigkeit des Bistums York. Der immer schon kränkliche Papst, der sich sehr um den dritten → Kreuzzug bemühte, starb am 30. März 1191 und wurde im → Lateran, den er wiederherstellen und reich mit Bildern schmücken ließ, beigesetzt. Seit Clemens III. wird bei der Messe die Erhebung der → Hostie und des Kelches durch den Gebrauch des Meßglöckleins angezeigt.

Clemens IV., 184. Papst, eigentlich Guido Fulcodi aus St. Gilles (Guy le Gros Foulques), Hofjurist und Rat

Papstwappen Clemens' IV.

Ludwigs IX. Nach dem Tode seiner Frau entschloß er sich, → Priester zu werden. Kurze Zeit danach (1257) war er → Bischof von Le Puy, 1259 Erzbischof von Narbonne und 1261 wurde er zum → Kardinal von Santa Sabina erho-

Papst Clemens IV. enthauptet Konradin, den Herzog von Schwaben. Religiöses Pamphlet. ▷

PAPA AGIT GRATIAS CAESARIBVS PRO IMMENSIS BENEFICIIS.

Gros gut die Keiser han gethan
Dem Bapst: vnd vbel gelegt an.
Dafur jm der Bapst gedãckt hat
Wie dis bild dir die warheit sagt.
M. Luth. D.

ben. Am 5. Februar 1265 wählten ihn die Kardinäle in Perugia nach einer → Sedisvakanz von vier Monaten zum Papst. Wie sein Vorgänger arbeitete Clemens mit Frankreich zusammen und belehnte Karl von Anjou 1265 mit Sizilien. Den vierzehnjährigen Konradin belegte er 1268 mit dem Bann und sah ungerührt zu, wie dieser letzte Staufer von Karl von Anjou hingerichtet wurde. Noch im selben Jahr starb Clemens IV. am 29. November 1268. Während seines → Pontifikates wurde der große italienische Dichter Dante geboren, und der heilige → Thomas von Aquin lebte zwei Jahre an seinem päpstlichen Hof in

Clemens IV. Nach einem Wandgemälde in der Paulsbasilika in Rom.

Viterbo. Clemens IV., der wiederholt zu → Kreuzzügen aufrief, hatte als Papst Rom nie gesehen.

Clemens V., 196. Papst, eigentlich Bertrand de Got, Erz→bischof von Bordeaux (seit 1299), Günstling König Phil-

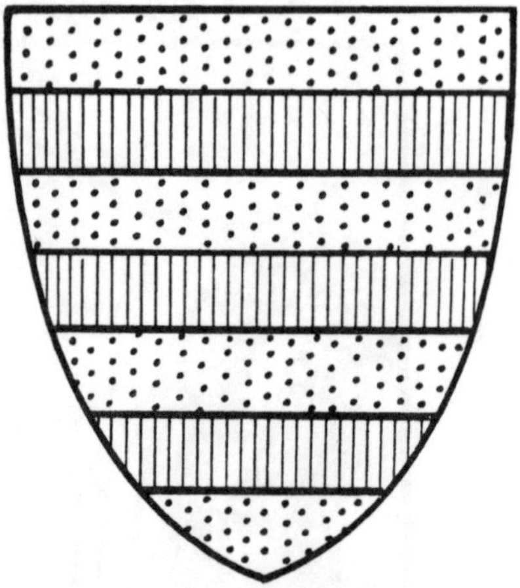

Papstwappen Clemens' V.

ipps IV. des Schönen von Frankreich. Er war der erste der von Frankreich abhängigen Päpste. Jene 70 Jahre, während derer die Päpste zu → Avignon in Frankreich residierten und Marionetten in der Hand der französischen Könige waren, nennt man in der Kirchengeschichte die → »Babylonische Gefangenschaft«. Durch Ränke des → Kardinals Napoleon Orsini und der französischen Kardinäle in Perugia am 5. Juni 1305 zum Papst gewählt, ließ Clemens V. die Kardinäle zu seiner Krönung nach Lyon kommen, wobei auch Philipp der Schöne anwesend war. 1309 verlegte Clemens seine Residenz nach Avignon und stimmte auf dem → Konzil von Vienne (1311 bis 1312) der vom König von Frankreich geforderten Ausrottung des Tempelordens zu. Unter Foltern wurden den unschuldigen → Ordensbrüdern Geständnisse erpreßt, bevor man sie dem Feuertode übergab und ihre Schätze Philipp dem Schönen zufielen. Auf dem besagten Konzil von Vienne konnte der Papst die von Philipp geforderte Verurteilung → Bonifaz' VIII. als → Ketzer mit Mühe abwenden. Auch unterstützte Clemens gegen die Interessen Frankreichs die Wahl Heinrichs VII., den er 1312 in Rom zum Kaiser krönen ließ. Doch schon ein Jahr darauf starb Heinrich auf seinem Zug gegen Toskana – wie man sagt, an Gift –, das ihm ein → Dominikaner in einer geweihten Hostie gereicht hatte. Clemens V. betrieb einen erschreckenden → Nepotismus – er machte nicht weniger als fünf seiner Verwandten zu Kardinälen –, Luxus, Korruption und Ämterschacher nahmen unter seinem → Pontifikat überhand. Als Clemens am 20. April 1324 starb, wurde seine Leiche in den päpstlichen Palast gebracht, von seinen eigenen Dienern beraubt und verbrannte bei der Plünderung des Palastes durch seinen Neffen.

Clemens V. Ausschnitt aus einem Fresko von Andreas Buonaiuti.

Clemens VI., 199. Papst, eigentlich Pierre Roger de Beaufort, 1292 in Rotiers d'Égletons geboren, → Benediktiner, Erz→bischof von Rouen (1330), Kardinal von Santi Nereo ed Achilleo

Papstwappen Clemens' VI.

und Kanzler König Philipps VI. Er kam am 7. Mai 1342 auf den päpstlichen Stuhl. Der gebildete, doch dem Luxus, der Verschwendungssucht sowie dem → Nepotismus ergebene Papst machte sich vor allem durch seine Steuerpolitik höchst unbeliebt. Es gereicht ihm jedoch zur Ehre, daß er den in Deutschland und Frankreich verfolgten Juden seinen Schutz anbot, doch blieb seine → Bulle außerhalb seines Machtbereiches ohne Wirkung. Von der sich auf der Flucht befindlichen Königin Johanna von Neapel kaufte Clemens um 80.000 Dukaten die Stadt und das Gebiet Avignon. Um die Römer günstig zu stimmen, wurde das → Jubeljahr nach

Clemens VI. Ausschnitt aus einem Fresko von Andreas Buonaiuti.

50 Jahren und nicht, wie bisher, nach 100 Jahren gefeiert, was den Römern zu größeren Einnahmen verhalf. Clemens, ein entschiedener Gegner König Ludwigs IV. des Bayern und der → Minoritenbewegung, ernannte 25 → Kardinäle, von denen nur vier Nicht-Franzosen waren. Auch erhob er vier seiner Verwandten, darunter den späteren → Gregor XI. (1370 – 1378) in den Kardinalsrang. Während seines → Pontifikates fand der Aufstand der Römer unter der Führung Cola di Rienzos statt, den Clemens danach sieben Jahre in Avignon gefangen hielt. Clemens, ein Freund der Künste und Wissenschaften – er stiftete den ersten abendländischen Lehrstuhl für die griechische Sprache in Rom –, sonst aber von liederlichem Lebenswandel, starb am 6. Dezember 1352 und wurde im Kloster Chaise-Dieu begraben.

Clemens VII., 220. Papst, eigentlich Guilio de' Medici, Bruder des Lorenzo il Magnificio, am 26. Mai 1478 in Flo-

Papst Clemens VII.

renz geboren. Als Vizekanzler seines Vetters → Leo X. (1513 – 1521) gewann er berechtigtes Ansehen, so daß er nach dem Tode → Hadrians VI. (1522 bis 1523), nach einem heftigen Wahlkampf zwischen der französischen und kaiserlichen Partei, am 19. November 1523 als Sieger hervorging. Clemens VII. widmete sich, im Gegensatz zu seinem Vetter Leo, gewissenhaft seinen Staatsgeschäften, doch war er mehr Politiker der Renaissance als Seelsorger und Reformpapst. Unentschlossen und wankelmütig, führte seine Politik jedoch zu einer außerordentlichen Schwächung der römischen Kirche. Er verband sich in der Liga v. Cognac 1526 mit Franz I. gegen den Kaiser, was zur Eroberung Roms (Sacco di Roma) durch die kaiser-

Clemens' VII. und Karls V. Einzug in Bologna. Nach einem niederländischen Holzschnitt aus dem 16. Jh.

lichen Truppen und zur Gefangennahme des Papstes führte. Erst 1529 kam es zur Aussöhnung zwischen Kaiser Karl V. und Clemens VII., der 1530 Karl in Bologna krönte. Es war dies die letzte Krönung eines deutschen Kaisers durch den Papst. Während seines unglücklichen → Pontifikates gewann nicht nur die Abfallbewegung in Deutschland erschreckende Ausmaße, sondern auch in der Schweiz und in den nordischen Staaten. Sicher ist es auch auf die ungeschickte Handlungsweise Clemens zurückzuführen, daß sich England unter König Heinrich VIII. von der römischen Mutterkirche lossagte, da dieser fast alle englischen Bischöfe hinter sich hatte. Der Ruf nach einem Allgemeinen → Konzil war seit → Luthers Appellation vom Jahre 1518 nicht mehr verstummt, doch war Clemens einer Einberufung eines Konzils abgeneigt und schob die Entscheidung immer weiter hinaus, so daß sich auch die religiösen Wirren immer mehr verstärkten. So wurde der Tod des Papstes am 25. September 1534 von vielen begrüßt, da endlich der Weg für kirchliche Reformen und zu einem Konzil frei zu sein schien. Dieser »unheilvollste aller Päpste« (so der Kirchengeschichtsschreiber Ranke) wurde ursprünglich in St. Peter begraben. Seit 1542 ruhen seine Gebeine in S. Maria sopra Minerva.

Clemens VII. (→Gegenpapst), eigentlich Robert von Genf, um 1342 in Genf geboren, →Bischof von Thérouanne (1361) und Cambrai (1368), 1371 →Kardinal. Als →Legat Papst →Gregors XI. (1370–1378) unterdrückte er im Jahr 1377 in grausamer Weise einen Aufstand in Cesena (Italien). Nachdem der Erz→bischof von Bari als →Urban VI. (1378–1389) zum Papst gewählt worden war, flüchteten die französisch orientierten Kardinäle nach Fondi, wo sie am 20. September 1378 den »Henker von Cesena«, den →Kardinal Robert von Genf, zum Gegenpapst »Clemens VII.« wählten und damit den Beginn des großen Abendländischen →Schismas setzten, welches zweiundfünfzig Jahre dauerte und sieben Gegenpäpste hervorbrachte. Clemens VII. verlegte seine Residenz wieder nach →Avignon, von Karl V. von Frankreich weitgehend unterstützt. Auch unter den italienischen Kardinälen fand er Anhang, obwohl sich der Gegenpapst in Italien auf die Dauer doch nicht halten konnte. Schließlich mußte auch Ludwig I. von Anjou, den Clemens zum König von Neapel gekrönt hatte und dem er Teile des Kirchenstaates als Königreich Adria verliehen hatte, dem von →Urban VI. unterstützten König Ladislaus von Neapel weichen. Zum Gegenpapst Clemens hielten die Länder Frankreich, Schottland, Irland, Aragón, Navarra, Kastilien, einige deutsche Fürstentümer und Johanna I. von Neapel, wogegen der Großteil der deutschen Reichsfürsten, die Ungarn und Slawen, England und Portugal zum römischen Papst Urban VI. hielten. Weder →Urban noch Clemens waren zu einer friedlichen Bereinigung des Schismas bereit, obwohl führende Köpfe des Abendlandes dies aufs dringlichste forderten. Clemens, mehr Feldherr und Herrscher als →Priester, war bald auch bei seinen eigenen Leuten durch seine verschwenderische Hofhaltung unbeliebt geworden. Er starb am 16. September 1394 in Avignon und wurde im dortigen Cölestinerkloster begraben.

Clemens VIII., 232. Papst, eigentlich Ippolito Aldobrandini aus Florenz, am 24. Februar 1536 in Fano geboren. Er

Papstwappen Clemens' VIII.

hatte den Ruf eines hervorragenden Juristen und erwies sein diplomatisches Geschick vor allem als →Legat im polnischen Thronfolgestreit (1558). Am 30. Jänner 1592 bestieg er als Clemens VIII. den Stuhl Petri. Er wird als sehr fromm beschrieben, zugleich jedoch erwähnt selbiger Autor, daß Clemens prunkvolle Repräsentationen liebte, dem →Nepotismus nicht widerstehen konnte und die Finanzen der →Kurie durch seine Prunksucht in Unordnung brachte. Es gelang dem Papst, den Frieden zwischen Frankreich, England und

Spanien zu erwirken. Unter seiner Regierung wurden die schöne Beatrice Cenci und Giordano Bruno hingerichtet. Innerkirchlich war Clemens in den Gnadenstreit mit Molina (→ Molinismus) verwickelt, dem eine andere Lehre als die des → Thomas von Aquin vorgeworfen wurde. Clemens bereicherte den Kirchenstaat mit Ferrara und schleuderte den Bann gegen die Erben aus dem Hause Este. Sein Tod erfolgte am 5. März 1605. Seit 1646 befindet sich sein Grabmal in der Cappella Paolina in der Kirche S. Maria Maggiore in Rom.

Clemens VIII. (→ Gegenpapst), eigentlich Gil Sanchez Muñoz, Nachfolger des Gegenpapstes → Benedikt XIII. von 1423 bis 1429. Der Kanonikus aus Valencia konnte sich ohne nennenswerten Anhang mit Hilfe König Alfons V. von Spanien doch sieben Jahre als Gegenpapst neben Papst → Martin V. (1417 bis 1431) halten. Alfons von Aragonien benützte Clemens VIII. als Druckmittel gegen den römischen Papst und ließ seinen Schützling sofort fallen, als Martin V. einige Zugeständnisse machte. Nach der Abdankung Clemens' war der letzte Rest der abendländischen Kirchenspaltung beseitigt. Ägydius Sanchez Muñoz wurde mit dem Bistum Mallorca abgefunden.

Clemens IX., 239. Papst, eigentlich Giulio Rospigliosi, am 28. Jänner 1600 in Pistoia geboren. Er studierte Theologie und Philosophie in Pisa und unterrichtete dort zwei Jahre. Von 1644 an war er neun Jahre → Nuntius in Spanien und wurde unter → Alexander VII. (1655 – 1667) Staatssekretär und 1657 → Kardinal von San Sisto. Als Textdichter für römische Opern gab er seiner Zeit bedeutende Anregungen. Seine Wahl zum Papst am 20. Juni 1667 wur-

Clemens' IX.

de sowohl von Frankreich wie auch in Spanien begrüßt. Der milde und lautere Papst wählte den Namen Clemens, den er dahin deutete, daß er anderen gegenüber milde, gegen sich selbst aber streng sein wollte (Aliis, non sibi clemens). Als Friedensvermittler brachte der Papst zwischen Frankreich und Spanien den Frieden von Aachen 1668 zustande. Immer wieder machte Clemens die Fürsten auf die drohende Türkengefahr aufmerksam, jedoch ohne durchgreifenden Erfolg. Sein → Nepotismus hielt sich in Grenzen, so daß man sagen konnte, daß sich noch nie eine Papstfamilie durch so bescheidene Lebensführung ausgezeichnet hatte, wie die Familie der Rospigliosi. Im jansenistischen (→ Jansenismus) Streit kam es zum sogenannten Clementinischen Frieden, der für einige Zeit Ruhe brachte. Der nur zwei Jahre regierende Papst besuchte und speiste Kranke und Arme, von denen er täglich dreizehn im Vatikan bediente. Als er am

9. Dezember 1669 starb, wurde er von den Römern tief betrauert, so daß man sein Grab wegen des Zudranges der Ver-

Clemens IX. Ölgemälde von Carlo Maratti

ehrer ab 1675 verborgen hielt und sein Grabmal erst 1680 in S. Maria Maggiore öffentlich errichten ließ.

Clemens X., 240. Papst, eigentlich → Kardinal Emilio Altieri, am 13. Juli 1590 in Rom geboren, ein ausgezeichneter Jurist. Er gelangte nach einer viermonatigen → Sedisvakanz als Achtzigjähriger am 29. April 1670 auf den Stuhl Petri. Nach seinen Studien in Rom wurde er 1626 → Bischof von Camerino und → Nuntius von Polen. Nach seiner Wahl zum obersten Hirten der katholischen Kirche überließ er die Regierung fast ganz dem Kardinal Paluzzi Altieri, der große Reichtümer für seine Familie erwarb. Bald geriet dieser Kardinal auch mit den Gesandten des Kaisers, Frankreichs, Spaniens und Venedigs in Streit, da er ihnen die Zollfreiheit entzog, die diese in vollem Maße in Anspruch genommen hatten. Clemens X. unterstützte den Polenkönig Johann Sobieski, den Löwen des Nordens, gegen die Türken. Am 22. Juli 1676 starb Clemens X. nach sechs Jahren eines unbedeutenden → Pontifikates. Er ruht in der Capella Altieri in Santa Maria sopra Minerva in Rom.

Papstwappen Clemens' X.

Clemens XI., 244. Papst, eigentlich Giovanni Francesco Albani, geboren am 22. Juli 1649 in Urbino. Als → Kardinal (seit 1690) hatte er während der Amtszeit der Päpste → Alexander VIII. (1689–1691) und → Innozenz XII. (1691–1700) großen Einfluß. Als er am 23. November 1700 zum Papst gewählt wurde, sträubte er sich anfänglich dagegen und ließ von vier Theologen ein Gutachten erstellen, ob man Gott belei-

Papstwappen Clemens' XI.

digen würde, wenn man nicht Papst werden wolle. Erst als die Theologen dies bejahten, nahm er die Wahl an und nannte sich Clemens XI. Politisch nicht erfolgreich, versuchte er vergeblich, den spanischen Erbfolgekrieg zu verhindern. Da er mehr zu Frankreich neigte, fiel er beim Kaiser in Ungnade, so daß es 1708 zum Krieg kam. Durch einen 1709 aufgezwungenen Frieden mußte Clemens Karl III. als König von Spanien anerkennen, was wiederum zum Bruch mit Philipp V. führte. Gegen den → Jansenismus erließ Clemens XI. die → Bulle »Unigenitus« (1713), worin 101 Sätze des → Jansenisten Paschasius Quesnel verurteilt wurden. Diese heißumstrittene Bulle führte schließlich zur Trennung der »Kirche von Utrecht« von der römischen Kirche. Der Papst schickte auch → Legaten nach Peking, um das Verbot der chinesischen Riten bei den Missionären durchzusetzen, was schließlich die Chinamission zum Scheitern brachte. Bei der Reform der Gefängnisse sah er den Zweck dieser Anstalten mehr in der Besserung, denn in der Bestrafung der Schuldigen. Als letzte barocke Kirche Roms baute er SS. Apostoli, in der heute das Generalat der

SANCTISSIMI D. N. DOMINI

CLEMENTIS

Diuina Prouidentia

PAPÆ XI.

Damnatio quamplurium Propofitionum excerptarum ex Libro Gallico idiomate impreffo, & in plures Tomos diftributo, fub titulo -- *Le nouueau Teftament en Francois, auec des reflexions morales fur chaque verfet &c. A' Paris* 1699.; Ac alitèr -- *Abbregè de la morale de l'Euangile, des Actes des Apoftres, des Epiftres de S. Paul, des Epiftres Canoniques, e de l'Apocalypfe, ou Penfees Chretiennes fur le Texte de ces Liures Sacrez &c. A' Paris* 1693., & 1694.

Cum prohibitione eiufdem Libri, & aliorum quorumcumque in eius defenfionem tam hactenùs editorum, quàm in pofterum edendorum.

ROMÆ, MDCCXIII.

Typis Reverendæ Cameræ Apoftolicæ.

»Unigenitus dei filius«.

→ Minoriten ist. Am 19. März 1721 starb Clemens XI. nach langem, schwerem Leiden. Er ruht in der Chorkapelle von S. Peter.

Clemens XII., 247. Papst, eigentlich Lorenzo Corsini, aus alter Adelsfamilie, geboren am 7. April 1652 in Florenz. Mit 15 Jahren kam er nach Rom ans Collegio Romano und darauf zu einem fünfjährigem Studium an die Universität von Pisa. Erst mit dreiunddreißig Jahren entschloß er sich für den Klerikerstand, wurde 1691 → Nuntius in Wien und 1706 → Kardinal von S. Su-

Papstwappen Clemens' XII.

sanna. 1725 erhob ihn Papst → Benedikt III. (1274–1730) zum Kardinalbischof von Frascati. Am 12. Juli 1730 wählten ihn die Kardinäle nach einem schwierigen → Konklave wegen seines hohen Alters zum Papst. Schon zwei Jahre nach seiner Wahl erblindete Clemens XII. vollständig. Er war äußerst kränklich und oft ans Krankenlager gefesselt. Den Kardinal Coscia, der das Vertrauen seines Vorgängers so schändlich mißbraucht hatte, ließ Clemens zu zehnjähriger Haft in der Petersburg verurteilen. Clemens regelte die Bestimmungen des Konklaves und schränkte das Recht der Kardinäle während der → Sedisvakanz ein. Auf politischem Gebiet konnte Clemens keine Erfolge aufweisen, da der bourbonische Hof immer feindseliger dem Papst gegenübertrat. Im Jahre 1738 erließ er die erste päpstliche Verurteilung der Freimaurerei in der → Bulle »In Eminenti«. Verdienste erwarb sich der Corsini-Papst auf den Gebieten der Wissenschaft und der Kunst. Er ließ die Fassade der → Lateran→ basilika neu gestalten, Fontana di Trevi er-

Fontana di Trevi.

Clemens XIII. Ölgemälde von Anton Raphael Mengs.

richten und eine der schönsten Kapellen der Welt, die Cappella Corsini, erbauen. Das Kapitolinische Museum sowie die Bibliotheca Corsini gehen auf Clemens zurück. In der von ihm erbauten Kapelle in der Lateranbasilika fand der am 8. Februar 1740 verstorbene Papst seine letzte Ruhestätte.

Clemens XIII., 249. Papst, eigentlich Carlo della Torre Rezzonico, geboren am 7. März 1693 in Venedig. Er erwarb

Papstwappen Clemens' XIII.

sich als → Bischof von Padua große Verdienste in der Ausbildung des → Klerus und auf dem Gebiete der Seelsorge. Am 6. Juli 1758 zum Papst gekrönt, leistete Clemens XIII. den immer stärker werdenden Angriffen gegen den Jesuiten→ orden (→ Jesuiten) energisch Widerstand. Trotzdem konnte er deren Unterdrückung in den bourbonischen Staaten nicht verhindern. Im Siebenjährigen Krieg stand der Papst zwar an der Seite Maria Theresias, bemühte sich aber dennoch um einen baldigen Frieden, der auch 1763 in Hubertusburg zustande kam. Im Jahre 1763 erschien das Werk des Justinus Febronius: »Über

JUSTINI FEBRONII JCti
DE
STATU ECCLESIÆ
ET
LEGITIMA POTESTATE
ROMANI PONTIFICIS
LIBER SINGULARIS,
AD
REUNIENDOS DISSIDENTES
IN RELIGIONE CHRISTIANOS
COMPOSITUS.

BULLIONI
APUD GUILLELMUM EVRARDI.
MDCCLXIII.

Titelblatt des 1763 erschienenen Werkes: »Über den Stand der Kirche und die rechtmäßige Gewalt der römischen Päpste«.

den Stand der Kirche und die rechtmäßige Gewalt der römischen Päpste«. Der Verfasser, der Weihbischof von Trier, Nikolaus Graf von Hontheim, hatte 22 Jahre daran gearbeitet und es dem Papst selbst gewidmet. Febronius drang auf die Wiederherstellung der alten bischöflichen Verfassung; »der Papst ist bloß um der Ordnung und Einheit willen der Erste unter Seinesgleichen«, das heißt, der erste Bischof, der weder Gerichtsbarkeit noch → Nuntien braucht. Von → Unfehlbarkeit, Macht in weltlichen Dingen oder über Fürsten und Könige ist in diesem Werke keine Rede. Clemens verurteilte von Hontheim 1764 und setzte in Rom eine zehnjährige Galeerenstrafe für jeden fest, der dieses Buch las. Clemens führte das Fest vom hl. Herzen Jesu ein und förderte die Kunst und die Wissenschaften

(Winckelmann, Piranesi, Mengs). Am 22. September 1774 starb er unerwartet durch Herzschlag. Sein Grabmal von Canova befindet sich in der Peterskirche.

Clemens XIV., 250. Papst, eigentlich Giovanni Vincenzo Antonio Ganganelli, Sohn eines Wundarztes, geboren am 31. Oktober 1705 in Sant'Arcangelo bei Rimini. Mit achtzehn Jahren trat er in den Minoritenorden (→ Minoriten) ein und zeichnete sich durch Liebe zu den Wissenschaften und durch Frohsinn aus. Als Professor der Philosophie zu Pesaro brachte ihn → Benedikt XIV. (1740 – 1758) nach Rom, wo er schließlich 1759 den Kardinalsrang erwarb. In einem schwierigen → Konklave, das ganz im Zeichen der Jesuitenfrage (→ Jesuiten) stand, wurde am 28. Mai 1769 → Kardinal Ganganelli, von dem man die Aufhebung des → Ordens erhoffte, zum Papst gewählt. Während des Konklaves erschien Kaiser Joseph II. inkognito in Rom und ließ die versammelten Kardinäle wissen, daß weder seine Mutter Maria Theresia noch er selbst etwas gegen die Aufhebung des Jesuitenordens einwenden werde. Als Papst blieb Clemens XIV. so einfach wie als Mönch und pflegte eine sparsame, einfache Hofhaltung. Doch hatten seine Finanz- und Wirtschaftsreformen wenig Erfolg. Clemens erbot sich, den Jesuitenorden zu reformieren, doch soll Pater Ricci, der Ordensgeneral, erwidert haben: »Sint ut sunt, aut non sint«, das heißt: »Sie seien (die Regeln), wie sie sind oder gar nicht.« Auf Drängen der Mächtigen und nach dreijährigem Zögern und Studium der Sachlage entschloß sich Clemens XIV. schließ-

Papstwappen Clemens' XIV.

Clemens XIV. Ölgemälde eines zeitgenössischen Malers.

lich, mit der → Bulle »Dominus ac Redemptor noster« 1773 die Gesellschaft Jesu aufzuheben. Dabei soll er gesagt haben: »Diese Aufhebung ist mein Tod.« Und in der Tat siechte Clemens XIV. langsam dahin, bis er am 22. September 1774 starb. Der Verwesungs-

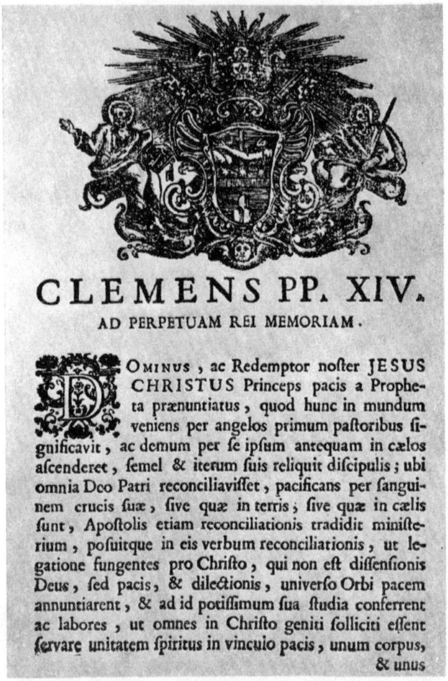

CLEMENS PP. XIV.

AD PERPETUAM REI MEMORIAM.

DOMINUS, ac Redemptor noſter JESUS CHRISTUS Princeps pacis a Propheta prænuntiatus, quod hunc in mundum veniens per angelos primum paſtoribus ſignificavit, ac demum per ſe ipſum antequam in cælos aſcenderet, ſemel & iterum ſuis reliquit diſcipulis; ubi omnia Deo Patri reconciliaviſſet, pacificans per ſanguinem crucis ſuæ, ſive quæ in terris; ſive quæ in cælis ſunt, Apoſtolis etiam reconciliationis tradidit miniſterium, poſuitque in eis verbum reconciliationis, ut legatione fungentes pro Chriſto, qui non eſt diſſenſionis Deus, ſed pacis, & dilectionis, univerſo Orbi pacem annuntiarent, & ad id potiſſimum ſua ſtudia conferrent ac labores, ut omnes in Chriſto geniti ſolliciti eſſent ſervare unitatem ſpiritus in vinculo pacis, unum corpus, & unus

»Dominus ac Redemptor noster«.

prozeß und die äußeren Begleitumstände lassen auf eine Vergiftung schließen, was jedoch durch Verhinderung der Exhumierung bis auf den heutigen Tag nicht exakt nachgewiesen werden konnte. Ein Verdienst Clemens XIV. war die Abschaffung der Kastration der päpstlichen Sängerknaben, von denen vor seiner Amtszeit etwa 4000 kastriert worden sein sollen.

Cluniazenser → Cluniazenser Reform.

Cluniazenser Reform, vom ostfranzösischen Kloster Cluny ausgehende kirchliche Reformbewegung des 11. und 12. Jahrhunderts. Die berühmte Benediktinerabtei (→ Benediktiner) Cluny war die Bildungsstätte von Papst → Gregor VII. Sie wurde 910 von Wilhelm dem Frommen gestiftet. Die Mönche, welche sich hier unter dem zweiten Abt Odo im Jahre 927 zu strenger Anwendung der schärferen Regel des hl. → Benedikt vereinigten und Cluniazenser nannten, fanden sehr bald großen Anhang, so daß man im 12. Jahrhundert bereits über 2000 Klöster zählte, die sich zu den Vorschriften von Cluny bekannten. Bald jedoch riß solche Zuchtlosigkeit ein, daß sie von dem neuen → Orden der → Zisterzienser in den Schatten gestellt wurden. 1790 wurde die Abtei Cluny aufgelöst.

Cluny → Cluniazenser Reform

Codex Juris Canonici (lat.), kurz C.I.C., das seit 1918 gültige Gesetzbuch der katholischen Kirche.

Coelestin I. hl., 43. Papst, Sohn des Priscus aus Campanien, bestieg als Coelestin I. am 10. September 422 nach → Bonifaz I. (418–422) den päpstlichen Thron. Im Streit mit den afrikanischen → Bischöfen begünstigte der Papst das von Apiarius und Antonius geforderte Appellationsrecht nach Rom, das die Eigenständigkeit der afrikanischen Kirche beschnitt. Coelestin trat entschieden gegen den → Pelagianismus auf und unterstützte den hl. → Augustinus gegen den Semipelagianismus. Auf dem im Jahre 431 in Ephesus abgehaltenen dritten Allgemeinen → Konzil wurde die Lehre des → Patriarchen Nestorius verurteilt, die die göttlich-menschliche Natur Christi leugnete. Es kam zur Definition der Gottesmutterschaft Mariens. Im selben Jahr schickte Coelestin Missionare zur Christianisierung nach Irland. Am 27. Juli

432 starb der als heilig verehrte Papst. Sein Fest wird am 6. April gefeiert.

Coelestin II., 166. Papst, eigentlich Guido di Città di Castello, Freund und Schüler des gelehrten Theologen Abaelards, des unglücklichen Geliebten der Héloise. Er bestieg als Coelestin II. am

Papst Coelestin II.

26. September 1143 den Stuhl Petri. Als päpstlicher → Legat hatte er den Augustinermönch → Arnold von Brescia vor französischen und Schweizer Verfolgern geschützt. Dieser Mönch trat nämlich als feuriger Redner auf und wollte die Kirche auf ihren ursprünglichen Stand zurückführen. Er eiferte gegen die Lasterhaftigkeit des → Klerus und gegen die Verweltlichung der Kirche. Nach ihm sollten Mönche und Geistliche, → Bischöfe und Päpste keine weltlichen Herren sein, sondern zur apostolischen (→ Apostolikum) Armut zurückkehren. Zugleich trat er als Verfechter der bürgerlichen Freiheit auf und wollte auch im Staate selbst eine durchgängige Reform einführen. Unter → Hadrian IV. wurde er, da er in Rom einen Aufruhr anstiftete, im Jahre 1155 gehängt. Coelestin selbst konnte wenig zur Reform der Kirche beitragen, da er schon nach sechsmonatiger Regierungszeit am 8. März 1144 starb.

Coelestin II. (→ Gegenpapst), Kardinalpriester Tebald, nach dem Tode → Calixtus II. 1124 von den Kardinälen zum Papst gewählt. Der rechtmäßig gewählte Papst legte jedoch sogleich sein Amt nieder, als die Partei der Frangipani den → Kardinalbischof (→ Bischof) Lambert von Ostia einsetzte, der als → Honorius II. (1124 – 1130) den päpstlichen Thron bestieg. Coelestin II. wurde daraufhin als Gegenpapst gewählt.

Coelestin III. 176. Papst, eigentlich Giacinto Boboni-Orsini, um 1100 geboren. Er verteidigte als Schüler Abaelards dessen Lehren auf der → Synode von Sens (1140) gegen den hl. → Bernhard von Clairvaux. Am 30. März 1191 zum Papst gewählt, krönte der 85jährige Greis in einer seiner ersten Amtshandlungen Heinrich VI. zum Kaiser, da Friedrich Barbarossa auf seiner Kreuzfahrt in Kleinasien den Tod gefunden hatte. Heinrich befand sich gerade auf den Weg nach Sizilien, wo er das Erbe seiner Gemahlin Konstanze antreten wollte. In den folgenden Jahren trübte

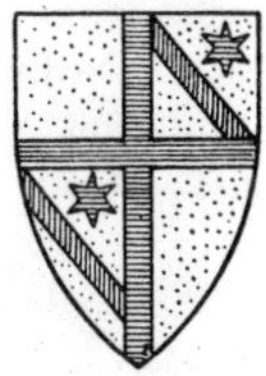

Papst Coelestin III.

sich das Verhältnis des Papstes zum Kaiser, da dieser nach der Eroberung Siziliens auf das Recht der Erblichkeit des Kaiserreiches drängte und Gebiete des Kirchenstaates für sich in Anspruch nehmen wollte. Innerkirchlich sorgte der Papst dafür, daß das → Zölibat eingehalten wurde, und sandte einen eigenen Legaten nach Böhmen und Polen, um dort, wo noch sehr viele Priester verheiratet waren, die Ehelosigkeit einzuführen. Die Polen fügten sich, die Böhmen aber wehrten sich, und in Prag wäre der päpstliche → Legat beinahe erschlagen worden. In der letzten Zeit seines Lebens wollte Coelestin wiederholt seine Würde niederlegen, doch die Kardinäle versagten ihm ihre Zustimmung. Am 8. Jänner 1198 starb Coelestin III. und wurde im → Lateran beerdigt.

Coelestin IV., 180. Papst, eigentlich Goffredo Castiglioni, Neffe → Urbans III., aus dem → Orden der → Zisterzienser, wurde im Ersten → Konklave der Papstgeschichte am 25. Oktober 1241

Papst Coelestin IV.

zum Papst gewählt. Der kaiserfeindliche Senator Matteo Rosso Orsini hatte die Inhaftierung der Kardinäle unter brutalster Gewaltanwendung vornehmen lassen, so daß einige der eingeschlossenen Kardinäle starben und viele erkrankten. Der neugewählte Papst bannte Senator Orsini, doch starb der schwer leidende und greise Coelestin schon 17 Tage nach seiner Wahl am 10. November 1241, möglicherweise an Gift. Coelestin war Kandidat der von Johann Colonna angeführten Partei, die einen Frieden mit Kaiser Friedrich II. wünschte.

Coelestin V. hl., 199. Papst, eigentlich Pietro del Murrone, wurde nach einer zweijährigen → Sedisvakanz am 5. Juli 1294 zum Papst gewählt. Da sich die Parteien der Colonna und Orsini über einen Nachfolger → Nikolaus' IV. nicht einigen wollten, griff Karl II. von Anjou ein und förderte die Wahl des unverfänglichen Einsiedlers von Monte Majella bei Aquila in den Abruzzen. Der siebzigjährige, unerfahrene Greis wurde von Karl II. als sein Werkzeug in Neapel gehalten, doch zog sich der fromme Mann, geplagt von Skrupeln wegen seiner politischen Unfähigkeit, zurück. Besonders → Kardinal Benedikt Gaetani, der spätere Papst → Bonifaz VIII., soll seine freiwillige Abdankung gefördert haben, indem er nachts durch ein Loch in der Wand der päpstlichen Schlafkammer dem Papst zurief: »Coelestin, danke ab, wenn du selig werden willst.« Am 13. Dezember 1294 legte Papst Coelestin V. freiwillig sein Amt nieder. Er zog wieder seine Mönchskutte an und erwies dem neugewählten Papst Bonifaz VIII. seine Ehrerbietung. Der neue Papst ließ ihn jedoch unter dem Vorwand, ein → Schisma vermeiden zu wollen, bis zu seinem Tode in Haft halten. Am 19. Mai 1296 erlöste der Tod den frommen Mann. Lobt ihn Petrarca seiner Demut wegen, so versetzt Dante diesen, von → Clemens V. 1313 heiligge-

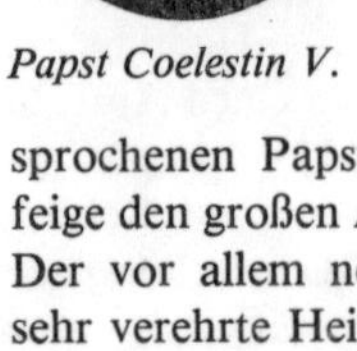
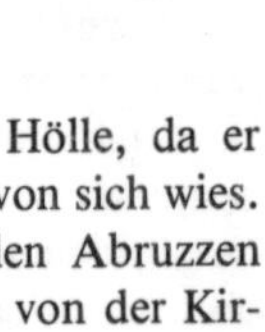

Papst Coelestin V.

sprochenen Papst in die Hölle, da er feige den großen Auftrag von sich wies. Der vor allem noch in den Abruzzen sehr verehrte Heilige wird von der Kirche am 19. Mai gefeiert.

Communio sanctorum (lat., »Gemeinschaft der Heiligen«), im 5. Jahrhundert in das → Apostolische Glaubensbekenntnis aufgenommener Ausdruck.

Confessor (lat., »Bekenner«), Ehrenname in der katholischen Kirche der um ihres Glaubens willen verfolgten Christen, die trotz Schwierigkeiten ihrem Glauben treu blieben.

Constantinus I., 88. Papst, aus Syrien, bestieg am 25. März 708 den päpstlichen Thron. Er reiste als letzter Papst (vor → Paul VI.) der Geschichte nach Byzanz und konnte dort über die Trullanische → Synode (710) Einigung erzielen. Auch wurde das päpstliche → Primat über Ravenna anerkannt. Wirksam ging er gegen den Usurpator Philippos Bardanes vor, der gewaltsam versuchte, den → Monotheletismus wieder zur Geltung zu bringen. Indem Constantinus den Usurpator offiziell nicht anerkannte, vollzog er auch politisch den Bruch mit Konstantinopel. Constantinus starb am 9. April 715 und ruht im Vatikan.

Constantinus II. (→ Gegenpapst), Bruder des Herzogs Toto von Nepi, der ihn, einen → Laien, im Juli 767 zum Papst aufstellte. Als Constantinus II. ließ dieser sich von den → Bischöfen von Praeneste, Albano und Porto an einem Tag alle Weihen geben. Es gelang Constantinus jedoch nicht, die Anerkennung Pippins des Jüngeren zu erringen. Im August 768 nahm ihn eine Gruppe von Adeligen gefangen und beraubte ihn des Augenlichtes, bevor sie ihn in einem Kloster inhaftierten. → Stephan III. (767–772) ließ auf der Lateransynode (→ Lateran) (→ Synode) von 769 alle Weihehandlungen Constantinus II. für ungültig erklären. Seine Anhänger verfolgte man blutig.

Conventualen → Konventualen.

Cornelius hl., 21. Papst, römischer → Presbyter, der erst nach einer → Sedisvakanz von 18 Monaten, die durch die Verfolgung des Decius bedingt war, im März 251 zum Papst gewählt werden konnte. Die strengere Minderheit des römischen → Klerus erhob sich gegen Cornelius, der eine mildere Bußpraxis vertrat, und wählte → Novatian zum → Gegenpapst. Auf der römischen → Synode im Herbst 251 wurde die mildere Bußdisziplin, welche während der decianischen Verfolgung Abgefallenen die Aufnahme in die Kirchengemeinschaft nach einer entsprechenden Buße gewährte, gebilligt und Novatian ausgeschlossen. Während einer neuen Christenverfolgung unter Kaiser Gallus wurde Cornelius nach Centumcellae verbannt, wo er im Juni 253 starb. In der Lucinagruft der Calixtuskatakombe fand er seine letzte Ruhestätte. Der Heilige, der besonders gegen Fallsucht und Krämpfe helfen soll, wurde vor allem im Rheinland stark verehrt. Sein Fest setzte die Kirche auf den 16. September fest.

Credo (lat., »ich glaube«), Beginn des Apostolischen Glaubensbekenntnisses (→ Apostolikum). Das Wort wird auch als Bezeichnung desselben verwendet.

Cyriakus hl. → Vierzehn Nothelfer.

Cyrill hl., einer der beiden Sklavenapostel (→ Method) aus Thessaloniki, dem heutigen Saloniki in Griechenland. Der Schöpfer der kyrillischen Schrift wird wahrscheinlich immer deshalb vor seinem Bruder Method genannt, da er früher als dieser starb. Cyrill wurde 826 als Sohn einer Patrizierfamilie geboren. Sein ursprünglicher Name war Konstantin, den Namen Cyrill nahm er erst 868 an, als er Mönch wurde. Nach seinem Studium der Theologie und Philosophie ließ er sich zum Priester weihen und war zunächst als Lehrer tätig. Zusammen mit seinem Bruder Method sandte ihn die Kaiserin Theodora zu den heidnischen Chasaren. Bei Chersones auf der

Die Ankunft der Brüder Cyrill und Method beim Fürsten Rostislaw von Mähren im Jahre 863.

Halbinsel Krim entdeckten sie die Gebeine des dort in Verbannung gestorbenen Papstes → Clemens I. Kaiser Michael III. war auf die Bekehrung der Mähren bedacht und entsandte die Brüder im Jahre 862 zu den slawischen Völkern. Cyrill übertrug die → Liturgie und biblischen Texte in die altslawische Sprache und schuf dazu auch eine eigene Schrift. Vor allem durch das Bistum Salzburg stark angegriffen, das sich übergangen fühlte, hatten die Brüder auch unter den anderen westlichen → Bischöfen viele Feinde, die gegen die Verwendung der slawischen Sprache in der Liturgie heftig protestierten. Doch Papst → Hadrian II. billigte schließlich Slawisch als liturgische Sprache und setzte damit dem Streit ein Ende. Cyrill, schwer erkrankt, fühlte sich dem Tode nahe und ließ sich in ein Kloster bringen. Am 14. Februar 869 starb der → Apostel der Slawen und wurde von Papst → Hadrian zunächst in seine eigene Gruft beigesetzt, bevor er die Gebeine Cyrills nach S. Clemente in Rom überführen ließ, wo auch die Reliquien des Papstes → Clemens I. ruhen. In der Kunst wird Cyrill meist als Bischof, umgeben von bekehrten Heiden, dargestellt. Ein Engel mit zwei Tafeln in cyrillischer Schrift schwebt oft über ihm. Cyrill gilt als Schutzheiliger gegen Gewitter. Sein Fest wird am 14. Februar gefeiert.

Cyrill von Alexandrien hl., auch Kyrillos, → Kirchenvater, wurde bei seinem Oheim, dem → Patriarchen Theophilus von Alexandrien, erzogen und lebte fünf Jahre in den Klöstern von Nitria, wo der Abt Serapion ihn unterrichtete. Danach trat er in Alexandrien auf und erwarb sich hier durch die Anmut seiner Gestalt und seines Vortrages so viel Anhänger, daß ihm nach seines Onkels Tod 412 n. Chr. die Patriarchenwürde zuteil wurde. Er war aber ein Eiferer, voll Herrschsucht und daher auch nicht fähig, in umstrittenen Angelegenheiten Ausgleich zu finden. Um die Juden, durch welche in einem Aufruhr Christenblut geflossen war, zu bestrafen, überfiel er sie an der Spitze des Pöbels, zerstörte ihre Häuser und trieb sie aus der Stadt. Die Ermordung der Hypatia, der gelehrten Tochter des Mathematikers Theon, welche durch den Beifall, den ihr Unterricht der Geometrie und Mathematik fand, Cyrills Eifersucht erregte, wurde durch ihn angestiftet. Ebenso wirkte er auch auf einem → Konzil im Jahre 403 mit seinem Onkel auf die Verurteilung des hl. → Johannes Chrysostomus hin. Der Name Cyrills ist auch untrennbar mit dem Konzil von Ephesus (431) verbunden, auf dem die Lehre des Patriarchen von Konstantinopel, Nestorius, verurteilt wurde. Nestorius wollte für Maria nur den Titel »Mutter Christi«, nicht aber den Titel »Mutter Gottes« gelten lassen. Zwar leugnete Nestorius nicht die Gottheit Christi, aber die Einheit zwischen Menschheit und Gottheit sah er nicht eindeutig. Auch die Lehre Cyrills in dieser Frage gab später Anlaß zu unterschiedlichen Deutungen. Cyrill starb im Jahre 444. Durch seine, beim Konzil zu Chalkedon modifizierte Lehre von der »Mutter Gottes« behielt er in der West- und Ostkirche die Oberhand, und die Kirche erhob ihn zum Heiligen. Im Jahre 1882 wurde er zum Kirchenlehrer ernannt. Sein Fest fällt auf den 27. Juni.

Cyrill von Jerusalem hl., um 313 in Jerusalem geboren, seit 348 → Bischof der Stadt. Dreimal wurde er von den Arianern (→ Arianismus) im Streit um die wahre Gottheit Christi abgesetzt und verbannt. Als Bischof von Jerusalem nahm Cyrill 381 am dritten Allgemeinen → Konzil von Konstantinopel teil. Seine Katechesen (= Unterweisungen), die er in der Grabeskirche von Jerusalem gehalten hat, gelten als interessante Zeugnisse des Glaubens und der kirchlichen Praxis jener Zeit. Cyrill starb 386 und wird zu den → Kirchenlehrern gezählt. Sein Fest wird am 18. März gefeiert.

D

Damasus I. hl., 37. Papst, Nachfolger von → Papst Liberius, nach dessen Tod (September 366) es eine zwiespältige Wahl gab. Von der Partei → Felix' II. wurde Damasus, von der Partei des Liberius der → Gegenpapst → Ursinus gewählt. Es kam zu blutigen Kämpfen, wobei durch das Eingreifen des Stadtpräfekten Iuventius die Partei Ursinus' unterlag, nachdem er 137 Menschen vor der Kirche von Sicinium niedermetzeln ließ. Auch Kaiser Valentinian setzte sich für Papst Damasus ein und verbannte die Anhänger des Ursinus aus Rom. Ursinus selbst wurde nach Gallien verwiesen, wo er fortwährend mit seinem Wiedererscheinen drohte. Des Mordes durch ein Zivilgericht angeklagt, wurde Damasus durch Eingreifen des Kaisers freigesprochen. Der Papst erreichte außerdem beim Kaiser, daß Entscheidungen in Glaubens- und Sittenfragen vom Staat anerkannt wurden, hingegen weigerte sich Kaiser Gratian gegen einen privilegierten Gerichtsstand der römischen → Bischöfe. Auf dem zweiten Allgemeinen → Konzil von Konstantinopel (381) wurde unter Damasus I. die Lehre, der Heilige Geist sei ein Geschöpf Christi, verurteilt und die → Trinitätslehre definiert. Nachdem auf der römischen → Synode 382 der → Kanon der Heiligen Schrift festgelegt war, beauftragte der Papst seinen Sekretär Hieronymus mit der Revision des lateinischen Bibeltextes, der → Vulgata. Er ließ die von Diokletian geschlossenen Katakomben wieder öffnen und die → Märtyrergräber mit kunstvollen, in Marmor gemeißelten Inschriften versehen. In der Anerkennung der Vorrangstellung Roms in der Primatfrage und auf dem Gebiet der kirchlichen Rechtssprechung kommt ihm große Bedeutung zu. Damasus I. starb am 11. Dezember 384 und ist in der Kirche S. Lorenzo in Damaso begraben. Sein Fest wird am 11. Dezember gefeiert. Der Damasushof, der Repräsentationshof des Papstpalastes, ist nach ihm benannt.

Damasus II., 151. Papst, zuvor → Bischof Poppo (Bruno) von Brixen, aus fränkisch-bayerischem Adelsgeschlecht,

Papst Damasus II.

gelangte mit Unterstützung Heinrich III. am 17. Juli 1048 auf den päpstlichen Stuhl und nannte sich Damasus II. Jedoch konnte er nicht sogleich in Rom einziehen, da der → Gegenpapst → Benedikt IX. die Stadt besetzte. Als mit Hilfe des Markgrafen Bonifatius von Toscana die Vertreibung Benedikts gelang, konnte Damasus in Rom konsekriert (→ Konsekration) werden. Die drückende Hitze vertrieb jedoch alsbald den Papst aus der Stadt. Er zog sich nach Palestrina zurück, wo er bereits am 9. August, nach nur 23 Tagen Regierungszeit, verstarb. Ob er durch Benedikt IX. vergiftet wurde, ist historisch nicht gesichert, wahrscheinlich starb er an Fieber. Seine Leiche ruht in San Lorenzo fuori le mura.

Damian hl. → Kosmas hl. und Damian hl.

Dämon, böser Geist, Mittelwesen zwischen Gott und Menschen, schon bei Homer erwähnt. Die Römer verstanden unter Dämonen vorzugsweise die abgeschiedenen Geister. Den → Dualismus, der in der Zarathustra-Religion auftritt, finden wir auch in ähnlicher Form bei den Juden. Es gibt sieben gute Dämonen, welche den Staatsrat Jehovas bilden und immer vor seinem Throne stehen, aber auch böse, mit dem Satan oder Asmodi an der Spitze. Als Christus auftrat, hatte sich der Ausdruck Dämon im Sinne eines bösen, plagenden Geistes schon bestimmter ausgebildet. Es bildeten sich nun Begriffe von Dämonen, die vom Leib des Menschen Besitz nehmen. In der katholischen Kirche werden die von Dämonen → Besessenen (Besessenheit) durch Austreibung behandelt, denn die Kirche hält nach wie vor, entgegen der Erkenntnisse der modernen Psychologie, am Glauben an die Existenz von Teufeln und Dämonen fest.

Dechant (lat.), Vorsteher eines Kirchenbezirkes in der katholischen Kirche. Ihm unterstehen verschiedene Pfarreien. Der Kirchenbezirk eines Dechanten wird Dekanat genannt.

Deusdedit I. hl., 68. Papst, später auch → Adeodatus I. genannt, Sohn des römischen Sub→ diakons Stephanus, bestieg am 19. Oktober 615 den Stuhl Petri. Hatte Papst → Gregor I., der Große (590 – 604), die Mönchs→ orden bevorzugt, begünstigte Deusdedit den Welt→ klerus. Als Mann von großer Milde und Barmherzigkeit nahm er sich besonders der Armen und Kranken an. Der zum Schutz Italiens von Konstantinopel entsandte Exarch Eleutherius von Ravenna wurde von Papst Deusdedit ehrenvoll aufgenommen. Am 8. November 618 starb der in hohem Ansehen stehende Papst. Sein Fest wird an seinem Todestag gefeiert. Begraben liegt er in St. Peter in Rom.

Deusdedit II. → Adeodatus II.

Deutscher Orden → Kreuzzüge.

Devotionalien, kleine Gegenstände für die katholische Andacht. Es können dies Rosenkränze, Kreuze oder Heiligenbilder sein. An Wallfahrtsorten und an Andachtsstätten berühmter Heiliger befinden sich oft Schaubuden und Stände mit Devotionalien.

Diakon (griech., »Diener«), in der Frühzeit der Kirche in der Kranken- und Armenpflege sowie als Gemeindehelfer tätige Helfer. In der katholischen Kirche bezeichnet man die nächstniedere Weihestufe vor dem → Priester Diakon.

Diaspora (griech., »Zerstreuung«), ein Gebiet mit konfessionellen Minderheiten. Im Judentum bezeichnete es die außerhalb Palästinas lebenden Juden.

Didache (griech.), die älteste christliche Gemeindeordnung, um das Jahr 100 in Syrien entstanden, wird Lehre (Didache) der → Apostel genannt.

Dionysius hl., 25. Papst, ein angesehener römischer → Priester, übte vom 22. Juli 260 (259) bis zum 26. Dezember 267 (268) das Amt eines → Bischofs von Rom aus. Da ihm eine Christenverfolgung erspart blieb, konnte er sich der Reorganisation der römischen Gemeinde widmen. Er trat gegen die Lehre des → Originesschülers Dionysius von Alexandrien auf, der in seinem Subordinatianismus Gott Sohn dem Gott Vater unterordnete. Dionysius starb nicht als → Märtyrer. Die Kirche feiert sein Fest am 30. Dezember.

Dionysius hl. (Denis), → Märtyrer und erster → Bischof von Paris, einer der

→ Vierzehn Nothelfer. Er soll, so berichtet Gregor von Tours, um 250 von Papst → Fabian mit sechs anderen Bischöfen als Glaubensbote nach Gallien geschickt worden sein. Um 285 erlitt er auf dem Montmartre während der Verfolgung des Decius das Martyrium. Seine → Reliquien ließ König Dagobert in die → Benediktinerabtei St. Denis bringen. Die Kirche Saint Denis wurde das größte Heiligtum Galliens und Grabstätte fast aller französischen Könige. Der hl. Dionysius wird als Bischof, mit abgeschlagenem Kopf in der Hand, dargestellt und soll gegen Kopfschmerzen helfen. Die älteste Darstellung des Heiligen befindet sich am Portal von St. Emmeran in Regensburg, welches um 1050 entstand. Das Fest des Märtyrerbischofs wird am 9. Oktober gefeiert.

Dionysius Areopagita, wahrscheinlich von Paulus bekehrt und als erster → Bischof von Athen als → Märtyrer gestorben. Der → Legende nach erlernte er in Ägypten die Sternenkunde und errichtete den Altar des unbekannten Gottes in Athen, den Paulus vorfand. Ende des 1. Jahrhunderts wurde Dionysius von Papst → Clemens I. nach Gallien gesandt, wo er den Märtyrertod starb. Die unter seinem Namen bekannten Schriften über die himmlische → Hierarchie, die Namen Gottes, die kirchliche Hierarchie und die mystische Theologie sowie andere Schriften entstanden erst im 6. Jahrhundert. Bald trat eine Verschmelzung der Legenden Dionysius Areopagitas' mit denen über Dionysius von Paris ein. Areopagitische Theologie nannte man seit dem Mittelalter und noch bis ins 18. Jahrhundert die mystische Auffassung der Theologie.

Dioskurus (→ Gegenpapst), → Diakon aus Alexandrien, der in Rom, als Gegner des → Monophysitismus, zu hohem Ansehen gelangte. Nach dem Tode → Felix' III., der → Bonifatius II. zu seinem Nachfolger bestellte, wurde er von der, den Goten abgeneigten Mehrheit der → Presbyter zum Papst gewählt und am 22. September 530 im → Lateran konsekriert (→ Konsekration). Doch schon am 14. Oktober 530 starb Dioskurus und beendete somit rasch das → Schisma. Der unversöhnliche Papst Bonifatius II. sprach noch über den toten Gegner die Verdammnis aus und zwang die 60 byzanzfreundlichen → Priester, das → Anathema zu unterschreiben. Diese Urkunde wurde zwar von Papst → Agapet I. bereits 535 öffentlich verbrannt, doch wurde sie des öfteren als Beweis zitiert, daß man auch Tote mit dem Anathema belegen könne.

Diözese (griech., »Verwaltung«), Amtsbezirk eines katholischen → Bischofs. Eine Diözese teilt sich wiederum in Dekanate (→ Dechant) und diese in einzelne Pfarreien.

Diptychon (griech., »zweifach gefaltet«), zusammenklappbare Schreibtafel im Altertum. Dieser Ausdruck wurde auf ein zweiteiliges Altarbild übertragen.

Dispens (lat.), im kirchlichen Bereich die Aufhebung einer Verpflichtung; zum Beispiel eine Befreiung von Bestimmungen, die einer kirchlichen Eheschließung hinderlich sein könnten.

Dogma (griech., »Meinung«, »Lehrsatz«), eine Lehrmeinung, die als positive Behauptung ausgesprochen wird, besonders dann, wenn sie als Lehrsatz bewiesen ist. In der Theologie wird mit dem Wort Dogma ein Glaubenssatz bezeichnet, das heißt eine verbindliche Glaubensaussage der Kirche, die die Einheit der Kirche greifbar macht.

Dominikanerorden (lat. Ordo Fratrum Praedicatorum, OP), katholischer Bettelorden, 1215 vom hl. → Dominikus in Toulouse gegründet und 1216 durch Papst → Innozenz III. und → Honorius III. bestätigt. Er nimmt die etwas veränderte Regel des hl. → Augustinus für sich in Anspruch. Die Mönche legen das → Gelübde der Armut ab und widmen sich der Predigt und der Seelsorge. Sie tragen weiße, gegürtete → Habite mit weißem → Skapulier und schwarze Mäntel mit Kapuzenkragen. Große Gelehrte, wie → Albert der Große (Albertus Magnus) und → Thomas von Aquin gingen aus ihrer Mitte hervor. Eine Schreckensherrschaft übten sie als Handhaber der → Inquisition aus, die ihnen zuerst von Papst → Gregor IX. im Jahre 1232 und später in Spanien, Portugal und Italien ausschließlich übertragen wurde. Nachdem sie 1425 die Erlaubnis erhalten hatten, Schenkungen anzunehmen, entwöhnten sie sich des Bettelns, beschäftigten sich, im Genusse reicher Pfründen, mehr mit Politik und den theologischen Wissenschaften. Seit ihrer Entstehung hatten sie an den → Franziskanern Nebenbuhler gehabt und Streitigkeiten mit ihnen geführt, die in den Feindseligkeiten der Thomisten und → Scotisten in späteren Zeiten wiederauflebten. Der Einfluß beider Orden auf die Politik wurde Ende 16. Jahrhundert durch die → Jesuiten abgelöst, die sie aus den Schulen und von den Höfen der Herrscher verdrängten.

Dominikus hl., Stifter des → Dominikanerordens, um 1175 im kastilianischen Dorf Caleruega geboren. Nach seinen philosophischen und theologischen Studien wurde er 1199 Kanonikus (→ Kanoniker) und Archi→diakon zu Osma. Als er mit seinem → Bischof Südfrankreich bereiste, um die → Albigenser zu bekehren, fand er, daß der Mangel an Volksunterricht und die Verweltlichung der Geistlichkeit die → Sektenbildung fördere, und gründete deshalb zur Predigt und Seelsorge für das Volk 1215 den Dominikanerorden, der von → Innozenz III. und → Honorius III. im Jahre 1216 bestätigt wurde. Außer der etwas abgeänderten Regel des hl. → Augustinus nahm der → Orden 1219 die der → Kartäusertracht ähnliche weiße Kleidung und 1220 auf dem ersten Generalkapitel das → Gelübde der Armut an. Hauptaufgabe des Ordens war es, durch Wort und Beispiel die »Irrgläubigen« zu bekehren. Dominikus starb am 6. August 1221 in Bologna und liegt in der Kirche S. Dominico begraben. 1234 wurde er heiliggesprochen. Dargestellt wird der Ordensgründer im weißen Ordens→habit mit → Skapulier, Kapuze, schwarzem, offenem Mantel und mit Buch. Daneben sieht man öfters einen schwarz-weiß gefleckten Hund mit brennender Fackel im Maul. »Domini cani« – »Wachhunde des Herrn« – wurden die Ordensbrüder vor allem wegen ihrer üblen Rolle genannt, die sie bei der → Inquisition spielten. Dominikus gilt als Patron seines Ordens und als Schutzheiliger gegen Fieber. Sein Fest feiert die Kirche am 8. August. Man schreibt diesem Heiligen die Einführung des Rosenkranzgebetes zu.

Domkapitel, Körperschaft einer Bischofskirche, die sich aus den in einem Dom amtierenden Geistlichen zusammensetzt, die den → Bischof beraten.

Domschule oder Stiftschule, im Mittelalter die Schulen der Domstifte oder Kathedralkirche, die von den Geistlichen derselben geleitet wurden. Berühmt waren die Domschulen von Paderborn, Utrecht, Hildesheim und Magdeburg.

Donatismus, Lehre des Donatus Magnus, eines numidischen → Bischofs, der 311 bei einer strittigen Bischofswahl in Karthago die von einem Traditor – einem Geistlichen, welcher während der Verfolgung die heiligen Bücher an heidnische Obrigkeiten ausgeliefert hatte –, vollzogene Weihe für ungültig erklärte. Donatus Magnus trat deshalb aus der Gemeinschaft der katholischen Kirche aus und gründete eine eigene → Sekte, die um 330 schon 172 Bischöfe in Nordafrika zählte. Die Donatisten gingen wie die → Novatianer von der Grundidee aus, daß das Wesen der wahren Kirche in der Reinheit und Heiligkeit aller einzelnen Glieder derselben und nicht bloß in der apostolisch-katholischen Stiftung und Lehre bestehe. Demzufolge exkommunizierten die Donatisten Gefallene und grobe Sünder und nahmen sie nur bei einer Wiedertaufe in ihre Gemeinschaft auf. Auch machten sie die Gültigkeit der → Sakramente von der persönlichen Würdigkeit ihrer Verwalter (der → Priester) abhängig. Durch den Druck der weltlichen Gewalt fanatisiert, sprachen sie nicht nur dem Staate das Recht der Einmischung in Kirchenangelegenheiten ab, sondern auch ganze Scharen donatistischer Asketen (→ Askese), Circumcellionen, d. h. Landstreicher, genannt, griffen die kaiserlichen Truppen um 348 an und zogen 13 Jahre lang in Numidien und Mauretanien verheerend umher. Auch später vermochte weder die Beredsamkeit des hl. → Augustinus noch die Strenge des Kaisers Honorius die → Sekte zu unterdrücken, und noch um das Jahr 600 gab es Donatisten. Der → Arianismus, dessen man sie beschuldigte, mag unter ihnen aus Haß gegen die herrschende Kirche zum Teil Eingang gefunden haben.

Donus, 78. Papst, Nachfolger Papst → Adeodatus II., am 2. November 676 zum Papst erhoben. Auch während seiner Regierung dauerte das → Schisma zwischen Konstantinopel und Rom fort. Ein Schreiben des Kaisers Konstantinos IV., der einen päpstlichen → Legaten anforderte, um den langen Dogmenstreit friedlich beizulegen, erreichte den Papst nicht mehr lebend. Donus starb am 11. April 678. Er hatte sich besonders um den Kirchenbau in Rom verdient gemacht.

Einen Papst Donus II. (auch Bonus oder Domnus bezeichnet), der zwischen → Benedikt VI. und → Benedikt VII. regiert haben soll, hat es nie gegeben, da die Bezeichnung »Domnus Papa« fälschlicherweise als Eigenname aufgefaßt wurde.

Drei heilige Madl, volkstümliche Bezeichnung für die hl. → Margarita, die hl. → Barbara und die hl. → Katharina. Das christliche Volk hatte diese drei heiligen Frauen besonders ins Herz geschlossen und verehrt: »Margareta mit dem Wurm, Barbara mit dem Turm, Katharina mit dem Radl, das sind die drei heiligen Madl.«

Dritter Orden → Tertiaren.

Dualismus (lat., »Zweiheitslehre«), philosophische Lehre, wonach das Wesen der Dinge auf der Annahme zweier ungleichartiger, ursprünglicher und nicht voneinander abzuleitender Prinzipien aller Dinge, z. B. des Idealen und Realen oder der materiellen und der denkenden Substanz, basiert. Im engeren Sinne beschränkt sich der Dualismus, zwei Grundwesen anzunehmen, ein böses und ein gutes, wie in der Lehre des Zarathustra, und auf zwei verschiedene

Der hl. Dominikus empfängt von der Madonna den Rosenkranz.

Prinzipien im Menschen, nämlich ein geistiges und ein körperliches Prinzip. Dem Dualismus steht der → Monismus entgegen. Dualistische Grundprinzipien werden auch bei den → Manichäern angenommen: Licht und Finsternis, Gott und Satan, Gut und Böse, Geist und Materie.

Duns Skotus (Duns Scotus), Johannes, um 1265 in Schottland geboren, wahrscheinlich aus dem heutigen Duns. Er studierte Theologie in Paris und Oxford und erhielt 1291 die → Priesterweihe. 1305 promovierte er in Paris zum Doktor. Zwei Jahre später ging Duns Skotus nach Köln, wo er am 8. November 1308 starb. Er ist einer der berühmtesten → Scholastiker und das Haupt der sogenannten → Skotisten. Duns Skotus gehörte dem → Minoritenorden an. Als einer der feinsten und scharfsinnigsten Denker seiner Zeit erhielt er den Beinamen »Doctor subtilis«. Er war Realist und im Gegensatz von → Thomas von Aquin, mit dem er fortwährend im Streite lag, behauptete er, daß das Allgemeine (Universale) nicht bloß der Möglichkeit (Potentia), sondern auch der Wirklichkeit nach (Actu) in den Objekten gegründet sei und als Realität dem Verstande beigegeben werde. Duns Skotus suchte die Notwendigkeit und Wahrheit der göttlichen Offenbarung zu bestätigen und den kosmologischen Beweis für das Dasein Gottes zu erhärten. Er war auch ein eifriger Verteidiger der unbefleckten Empfängnis der Jungfrau Maria. Besonders betont Skotus die Liebe, die caritas, die seine ganze Theologie durchdringt. Aus der Tatsache, daß Gott die Liebe verkörpert, zieht er vielfache und bezeichnende Schlüsse. 1905 wurde sein Seligsprechungsprozeß eingeleitet, die Franziskaner zählten ihn aber schon immer zu ihren Heiligen.

E

Eckehart, Meister, geboren um 1260 in Hochheim bei Gothas, entstammte einer adeligen Familie. Mit 18 trat er in den → Dominikaner→ orden ein und wurde dort 1298 Prior in Erfurt. 1302 erwarb er den Magistergrad (= Meister) an der Pariser Universität. Ein Jahr darauf wurde er zum ersten → Provinzial der sächsischen Ordensprovinz erwählt. Von 1314 an war Eckehart Prior des Dominikanerklosters in Straßburg, wo er weithin über die Landesgrenzen wegen seiner Predigten berühmt wurde. Er war ungefähr 60jährig, als er die Leitung des Ordenstudiums in Köln übernahm. 1326 eröffnete der Kölner Erzbischof Heinrich II. das Inquisitionsverfahren gegen ihn wegen »Verbreitung glaubensgefährdender Lehren«. Vor seinem Prozeß starb Meister Eckehart zwischen 1327 und 1329 in Köln (oder → Avignon). Berühmt sind seine Traktate und Predigten, vor allem das »Buch der göttlichen Tröstungen«.

Edikt (lat.), amtlicher Erlaß oder amtliche Verordnung vor allem durch den Landesherrn (z. B. Mailänder Edikt).

Eleutherus hl., 13. Papst, in der Papstliste des hl. → Irenäus als Nachfolger des Papstes → Soter genannt, Grieche aus Nikopolis, von 174 bis 189 römischer → Bischof. Das von äußeren Verfolgungen freie → Pontifikat mußte sich mit den Bewegungen des → Markionismus und des → Gnostikers → Valentin auseinandersetzen. Auch die rigoristische Sekte des Montanus (→ Montanismus) breitete sich gerade im Römischen Reiche aus. Im Heiligenkalender ist das Fest des Papstes Eleutherus am 26. Mai verzeichnet.

Elisabeth von Portugal hl., Tochter des Königs Peter III. von Aragón, 1271 geboren. Sie erhielt bei ihrer Taufe den Namen ihrer Großtante, der hl. → Elisabeth von Thüringen. Noch in jungen Jahren wurde sie mit König Dionysius von Portugal verheiratet und hatte mit ihm zwei Kinder. Nach dem Tode ihres Gatten schloß sie sich den → Klarissen von Coimbra als → Tertiarin an, sorgte sich aber weiterhin um das Wohlergehen ihrer Familie. Für die Notleidenden hatte sie immer ein offenes Herz: »Lieber will ich selbst vor Hunger sterben, als den Armen, die sonst verzweifeln müßten, meine Hilfe zu versagen.« Elisabeth von Portugal starb 1336 in der Nähe von Lissabon, in Estremoz. 1625 wurde die Königin heiliggesprochen. Ihr Fest feiert die Kirche am 8. Juli.

Elisabeth von Thüringen hl., 1207 als Tochter Andreas II., des Königs von Ungarn, und Gertrud, einer geborenen Herzogin von Meran, in Preßburg geboren. Mit vier Jahren kam sie auf die Wartburg, wo sie von ihrer späteren Schwiegermutter, der Landgräfin Sophie, erzogen wurde. 1221 wurde sie, vierzehnjährig, mit dem Landgrafen Ludwig IV. von Thüringen verheiratet. 1227 starb ihr Gatte auf einem → Kreuzzug in Otranto. Die unglückliche neunzehnjährige Witwe beschloß nun, allen Freuden und Ehren der Welt zu entsagen. Ihr Schwager Heinrich Raspe vertrieb sie mit ihren drei Kindern von der Wartburg. Schutzlos irrte sie im Winter mit ihrem Sohn Hermann und den beiden Töchtern durch die Straßen Eisenachs, bis sie der → Bischof von Bamberg aufnahm. Sich erneut zu vermählen lehnte Elisabeth stets entschieden ab. Auf das Betreiben Papst → Gregors IX. mußte Raspe ihr Witwengut herausgeben. Die Botschaft des hl. → Franz von Assisi fand bei ihr ein offenes Herz, und so trat sie 1228 als → Tertiarin in den → Dritten Orden des hl. Franziskus ein. Bei Marburg gründete sie 1229 ein Spital, das sie leitete und in dem sie die Arbeiten übernahm, die sonst niemand verrichten wollte. Nach kurzer Krankheit starb sie am 17. November 1231. Ihr Beichtvater, Konrad von Marburg, der ihr härteste Bußübungen abverlangte, wurde zwei Jahre später wegen seiner fanatischen Strenge erschlagen. Die hl. Elisabeth, die Patronin der Caritas, der Bäcker, Bettler, Witwen und Waisen, wird meist mit einer Krone, Almosen austeilend, dargestellt. Des öfteren trägt sie einen Korb mit Brot und einen Weinkrug in Händen, manchmal sind auch Rosen im Korb oder in der Schürze zu finden, da die Legende erzählt, daß sich das Brot in ihrem Korb in Rosen verwandelte, als ihr hartherziger Schwager sie wegen ihrer Mildtätigkeit zur Rede stellte. Das Fest der Patronin der Tertiaren wird am 19. November gefeiert.

Eminenz (lat., Vorzüglichkeit, Hoheit), Ehrentitel aus dem oströmischen Hofzeremoniell. Die fränkischen Kaiser und Könige legten sich diesen Titel zu. → Urban VIII. beschränkte 1630 diesen Titel auf die → Kardinäle, die bis dahin → »Illustrissimi ac Reverendissimi« genannt wurden. Als einziger Nichtgeistlicher darf auch der Großmeister des → Malteserordens diesen Titel tragen.

Emma hl. → Hemma hl.

Engel, Attribut des → Evangelisten und → Apostels → Matthäus.

Enzyklika (griech.), päpstliches Rundschreiben an alle Gläubigen mit Lehrentscheidungen. Ihr kommt der Charakter der Unfehlbarkeit nicht zu.

Ephräm hl. (Afrem), Kirchenlehrer, um 306 in Nisibis in Mesopotamien geboren. Als → Diakon wirkte er unter → Bischof Jakob und dessen Nachfolgern an der Schule von Nisibis. 363 fiel die Stadt an die Perser. Ephräm zog daraufhin nach Edessa, wo er noch etwa zehn Jahre als Asket (→ Askese) in einer Höhle oberhalb der Stadt lebte. Hier predigte und lehrte er die Menschen, die zu ihm kamen. Ephräm ist der bedeutendste Schriftsteller der syrischen Kirche. Viele seiner Schriften sind uns in syrischer Sprache und in griechischer Übersetzung erhalten. Seine Hymnen werden noch heute in der syrischen → Liturgie verwendet. 1920 wurde Ephräm der Syrer zum → Kirchenlehrer erhoben. Sein Gedenktag ist der 9. Juni.

Episkopalismus → Papalismus.

Episkopat (griech.), Gesamtheit der → Bischöfe, aber auch das einzelne Bischofsamt.

Erasmus hl., Märtyrer, um 303, der → Legende nach → Bischof von Antiochien. Er soll unter Kaiser Diokletian verfolgt und später als Missionar in Illyrien unter Kaiser Maximilian gemartert worden sein. Kurz darauf erlag er seinen Leiden in Formia in Campanien. Seit dem 14. Jahrhundert wird der → Märtyrerbischof Erasmus auch als Nothelfer (→ Vierzehn Nothelfer) verehrt. Dargestellt wird er mit Schiffswinde und aufgewickeltem Tau, das man auch als seine aus dem Leib gerissenen Eingeweide deutete und ihn deshalb als Helfer gegen Unterleibsleiden anrief. Das Fest des hl. Erasmus, der als Patron der Drechsler und der Bergwerke verehrt wird, feiert die Kirche am 2. Juni.

Erasmus von Rotterdam, Desiderius, humanistischer Gelehrter, 1469 (1466?) in Rotterdam geboren, 1492 zum → Priester geweiht. Er studierte in Paris und Bologna, wo er die theologische Doktorwürde erlangte. Erasmus war bei den → Augustinermönchen eingetreten, ließ sich aber vom Papst von seinen → Ordens→gelübden dispensieren. Als er den Großkanzler von England, → Thomas Morus, besuchte, ohne sich ihm zu erkennen zu geben, war dieser dermaßen von seiner Unterhaltung entzückt, daß er ausrief: »Ihr seid Erasmus oder ein Dämon!« Kurze Zeit hatte Erasmus eine Professur der griechischen Sprache in Oxford inne, wandte sich aber, nachdem er die Niederlande und Deutschland durchwandert hatte, nach Basel. Hier starb er am 12. Juli 1536 und wurde im reformierten Münster begraben. Erasmus wirkte im Sinne der Reformation, verwarf jedoch die Lehren → Luthers und → Zwinglis. Vergebens suchte er zwischen dem Katholizismus und Protestantismus zu vermitteln. Große und dauernde Verdienste erwarb er sich um die Wiederherstellung der Wissenschaften. Außer der Ausgabe mehrerer Klassiker und anderen philologischen und theologischen Schriften sind die bekanntesten seiner Werke »Colloquia« und »Encomium moriae«.

Eremit (griech.), Einsiedler, Klausner, → Anachoret, Christ, der sich in die Einsamkeit zurückzieht, um ungestört zur Vollkommenheit und Gotteinigung zu gelangen.

Erich von Schweden hl., König von Schweden. Über ihn ist nur wenig überliefert. Nach dem Tode seines Vaters war er zwischen 1150 und 1160 König von Schweden. Er unternahm einen → Kreuzzug gegen die Finnen und wurde dabei vom Dänenprinz Magnus während der Messe am Himmelfahrtstag 1160 in Uppsala erschlagen. Bald feierten ihn die Schweden ohne offizielle → Heiligsprechung als Landesheiligen. Dargestellt wird der Heilige als jugendlicher König mit Schwert, Reichsapfel oder Banner. Oft sieht man auch einen Altar, die Stelle seines Martyriums (→ Märtyrer), neben ihm. Sein Fest wird am 18. Mai gefeiert.

Eschatologie (griech.), Lehre von den Letzten Dingen (Leben nach dem Tod) – die Botschaft von der christlichen Hoffnung und der Vollendung.

Eucharistie (griech., »Danksagung«), Bezeichnung für die Abendmahlfeier (hl. Messe) und für das zum Leibe Christi verwandelte Brot.

Eugen I. hl., 75. Papst, Römer, wurde am 10. August 654 noch zu Lebzeiten des Papstes → Martin I. (649 – 655) unter dem Druck Kaiser Konstantins II. vom römischen → Klerus gewählt. Papst Martin setzte dem keinen Widerstand entgegen, doch auch Eugen wagte gegen den Kaiser keine Opposition. Er war bestrebt, den Frieden zwischen Konstantinopel und Rom wiederherzustellen, doch zwangen ihn der römische Klerus und das Volk von Rom, die unklare Synodika (Einigungsformel), die der → Patriarch Petros von Konstantinopel vorschlug, zurückzuweisen, so daß die Kirchengemeinschaft zwischen Konstantinopel und Rom nicht zustande kam. Papst Eugen I. starb am 2. Juni 657 nach nur zweijähriger Regierungszeit. Sein Fest wird am 2. Juni gefeiert.

Eugen II., 99. Papst, Erz→priester von Santa Sabina, Sohn des Römers Bohemund. Nach dem Tod des Papstes → Paschalis I. (817 – 824) wurde er nach mehrmonatigem Wahlkampf zwischen Adel und Volk als Kandidat der Adelspartei mit Unterstützung des kaiserlichen Rates Wala am 5. Juni 824 zum neuen Papst gewählt. Eugen erwies Kaiser Ludwig I., dem Frommen, seine Ehrerbietung, zeigte ihm nicht nur seine Wahl an, sondern schwor ihm auch die Treue und anerkannte die kaiserliche Oberhoheit im Kirchenstaat. Um die Unruhen in Rom zu beseitigen, schickte der Kaiser seinen Sohn, Lothar I., dorthin, um die Rechte des Kaisers zu sichern. In der Constitutio Lotharii (Constitutio Romana), die mit der Zustimmung des Papstes Eugen II. schon im Herbst 824 erlassen wurde, erreichte die Machtstellung des fränkischen Kaisertums über das Papsttum ihren Höhepunkt. Damit wurde die im Pactum Ludovicanum im Jahre 817 dem Papste zugestandene Selbständigkeit wieder rückgängig gemacht, doch sollte auch die → Papstwahl vor den römischen Intrigen gesichert werden. Im innerkirchlichen Bereich setzte sich Eugen II. mehr durch. So überließ der Kaiser im Bilderstreit die letzte Entscheidung dem Papst, der sich nun gegen die Entscheidung Karls des Großen stellte und die Verehrung der Bilder und Statuen förderte. Die unter dem → Klerus eingerissene Unwissenheit, Liederlichkeit und Mätressenwirtschaft veranlaßten Eugen, 826 in Rom eine → Synode abzuhalten, wo strenge Strafbestimmungen erlassen wurden. Eine neue Folterart wurde eingeführt, nämlich die Kaltwasserprobe, welche darin bestand, daß der Angeklagte gefesselt ins Wasser geworfen wurde; schwamm er obenauf, so war seine Schuld bewiesen, der Unschuldige ging unter. Am 27. August 827 starb Eugen II. Er ruht im Vatikan.

Eugen III. sel., 168. Papst, eigentlich Bernhard Paganelli, ein Italiener aus Montemagno bei Pisa, → Zisterzienserabt von S. Anastasio in Rom und Schüler des hl. → Bernhard von Clairvaux.

Papst Eugen III.

Er wurde am 15. Februar 1145, nachdem sein Vorgänger beim Kampf gegen das aufständische Rom gefallen war, zum Papst gewählt und nannte sich Eugen III. Bernhard von Clairvaux, anfangs überrascht, daß ein einfacher Mönch in dieser schweren Zeit die Leitung der Kirche übernommen hatte, sah später darin eine Fügung Gottes und widmete seinem Schüler sein Werk »De consideratione«, das als geistlicher Fürstenspiegel des Mittelalters galt. Da Eugen die Arnoldisten (→ Arnold von Brescia) und die Republikaner gegen sich hatte, mußte er sofort nach seiner Wahl Rom verlassen und wurde erst außerhalb der Stadt im Kloster Farfa konsekriert (→ Konsekration). Nur kurze Zeit konnte er in Rom residieren, meist schlug er seine Residenz in Viterbo auf. Im Frühjahr 1147 begab er sich nach Frankreich, wo er sehr viel dazu beitrug, daß mit Hilfe der zündenden Predigten des Bernhard von Clairvaux der zweite → Kreuzzug unter dem französischen König Ludwig VII. und dem deutschen König Konrad III. zustande kam, der freilich ohne Erfolg verlief und nur gewaltige Opfer an Menschenleben und Gütern forderte. Eugen hielt sich in Paris, Reims und längere Zeit auch in Trier auf und sorgte für die Reform der Kirche und der Klöster. Unter dem Schutze des Friedrich Barbarossa konnte der Papst 1152 endgültig nach Rom zurückkehren. Im Konstanzer Vertrag (1153) verpflichtete sich Friedrich, ohne Zustimmung des Papstes weder mit den Normannen noch mit den Römern Frieden zu schließen und die Ordnung im → Kirchenstaat wiederherzustellen. Dafür versprach ihm Eugen die Kaiserkrone. Am 8. Juli 1153 starb Eugen, ohne den Romzug Friedrichs noch erlebt zu haben, in Tivoli und wurde im Vatikan begraben. → Pius IX. sprach ihn 1872 selig. Sein Fest fällt auf den 8. Juli.

Eugen IV., 208. Papst, eigentlich Gabriele Condulmer, ein Neffe Papst → Gregors XII., um 1383 in Venedig geboren. Er trat als Chorherr den → Augustinern bei und erlangte 1407 die Weihe zum → Bischof von Siena. Bereits ein Jahr später wurde dem sittenstrengen Mann die Würde eines → Kardinal→priesters von S. Maria in Trastevere zuteil. Nach dem Tode → Martin V. wählten ihn die Kardinäle am 3. März 1431 zum neuen Papst. Eugen IV. war ein Mann von bedeutenden Fähigkeiten und bei seiner Wahl erst 48 Jahre alt. Durch seine diplomatische Ungeschicklichkeit kam es zu einer Krise durch den → Konziliarismus. Am 23. Juli 1431 eröffnete er das Basler → Konzil, zu dem jedoch niemand kommen

Papstwappen Eugens IV.

wollte. Als der → Legat Julian erschien, waren nur noch 3 Bischöfe und 7 Äbte anwesend. Der Papst löste das → Konzil auf und schrieb ein neues Konzil aus, das nach 18 Monaten in Bologna zusammentreten sollte. Doch die Väter des Basler Konzils, die sich auf eine Aussage des Konzils von Konstanz stützten, die besagte, daß ein Konzil über den Entscheidungen des Papstes stehe, fuhren mit den Sitzungen fort, und Eugen IV. mußte schließlich seine Entscheidung zurücknehmen und das Konzil anerkennen. In der Griechenfrage uneinig, kam es wieder zum Bruch, und so verlegte der Papst das Konzil gegen den Willen der Mehrheit der Konzilsväter nach Ferrara und später nach Florenz, wo es zu einer Union mit den Griechen kam, da Gefahr durch die Türken drohte. Die restliche → Synode von Basel setzte 1439 Eugen ab und wählte den → Gegenpapst → Felix V. Das päpstliche Kreuzheer gegen die Türken besiegte Sultan Amurad mit seinen Scharen 1444 bei Varna. Eugen IV. starb am 23. Februar 1447 nach längerer Krankheit in Rom. Sein Grab befindet sich in S. Salvatore in Lauro.

Eulalius (→ Gegenpapst), griechischer Archidiakon, am 27. Dezember 418 zum Papst gewählt. Als 418 Papst → Zosimus starb, kam es zur Spaltung in Rom. → Bonifatius I. wurde von der Mehrheit der römischen → Presbyter zum Papst gewählt, er hatte aber eine Partei unter den → Diakonen gegen sich, die den Eulalius als Nachfolger erwählten. Kaiser Honorius anerkannte zunächst auf Grund des Berichtes seinen Stadtpräfekten Symmachus Eulalius. Doch als dieser zur → Synode von Ravenna, wo über den rechtmäßigen Papst auf Wunsch des Kaisers entschieden werden sollte, nicht erschien und gegen das kaiserliche Verbot nach Rom ging, um sich des → Laterans mit Waffengewalt zu bemächtigen, da wurde Eulalius 419 aus Rom verbannt, und der Kaiser entschied sich am 3. April 419 für Bonifatius I. Das → Liber Pontificalis berichtet, daß Eulalius als → Bischof in Kampanien um 423 gestorben sein soll.

Eusebius hl., 31. Papst, Sohn eines griechischen Arztes. Nur wenige Monate, vom 18. April bis zum 17. August 309 (310 oder 311) dauerte sein → Pontifikat. Wie sein Vorgänger → Marcellus I. ging Eusebius streng gegen die während der diokletianischen Verfolgung Abgefallenen vor. Mit seinem Gegner Heraclius, der diese Strenge verwarf, wurde Eusebius nach Sizilien verbannt, wo er auch starb. Beigesetzt wurde der Papst in der Calixtuskatakombe. Als → Märtyrer verehrt, wird er von der Kirche am 17. August gefeiert.

Eusebius hl., der erste → Bischof von Vercelli in Piemont, um 283 auf der Insel Sardinien geboren. Er studierte in Rom und gehörte einige Zeit dem römischen → Klerus an. 340 wurde er zum Bischof von Vercelli erhoben. Er trat wie → Athanasius und → Hilarius entschieden gegen die arianische Lehre (→ Arianismus) auf. 355 schickte ihn die unter dem arianischen Kaiser Konstantinus abgehaltene → Synode von Mailand in die Verbannung. Erst nach acht Jahren konnte er in seine Diözese zurückkehren. Als erster Bischof des Abendlandes unterwarf er sich mit seinem Klerus einer Regel und wurde durch seine »vita communis« – das gemeinsame Leben der Geistlichen – zum Vorbild für den hl. → Augustinus. Am 1. August 371 starb Eusebius in Vercelli. Er wird mit dem Evangelienbuch (→ Evangelium) dargestellt und ist der Schutzheilige der Augustiner-Chorherren. Sein Fest wird am 2. August gefeiert.

Eustachius hl. → Vierzehn Nothelfer.

Eutyches → Monophysiten.

Eutychianus hl., 27. Papst, über den nur wenig bekannt ist. Er dürfte nicht als → Märtyrer gestorben sein, wie aus der wiedergefundenen griechischen Grabinschrift in der Calixtuskatakombe, wo Eutychianus in der Papstgruft beigesetzt wurde, hervorgeht. Er soll ein Sohn des Italieners Marinus aus Luni gewesen sein und zwischen dem 4. Jänner 274 (275) und dem 7. Dezember 282 (283) das römische → Bischofsamt in einer verhältnismäßig ruhigen Zeit ausgeübt haben. In dieser Zeit wurden auch die Grabräume der Katakomben erheblich erweitert. Die Kirche feiert sein Fest am 8. Dezember.

Eva hl. → Adam und Eva hl.

Evangeliar, das beim Gottesdienst verwendete Evangelienbuch (→ Evangelium) mit den Lese- und Predigttexten. Im Mittelalter war es oft reich verziert und mit bebilderten Handschriften ausgestattet.

Evangelische Räte, in der katholischen Kirche drei Forderungen: in Jungfräulichkeit (Ehelosigkeit), in Armut und im vollkommenen Gehorsam zu leben. Die Befolgung dieser Räte soll Hilfe im Vollkommenheitsstreben des Christen sein, gemäß dem Rat Jesu an den reichen Jüngling, z. B.: »Willst du vollkommen sein, verkaufe alles, was du hast, und gib es den Armen.« Die drei Evangelischen Räte sind in den Regeln der → Orden enthalten.

Evangelist, Verfasser eines der vier → Evangelien. Reihenfolge und Symbole der Evangelisten:

→ Matthäus	–	Mensch
→ Markus	–	Löwe
→ Lukas	–	Stier
→ Johannes	–	Adler

Evangelium (griech., »Frohe Botschaft«), die ersten vier Bücher des Neuen Testaments. Ihre Verfasser bezeichnet man als → Evangelisten.

Evaristus hl., 5. Papst, nach dem → Liber Pontificalis Sohn eines griechischen Juden aus Bethlehem, auch Euaristos oder Aristus genannt. Er soll in den Jahren um 99 bis 107 → Bischof von Rom gewesen sein und nach den ältesten Bischofslisten → Clemens I. nachgefolgt sein. Historisch bewiesen ist weder sein angebliches Martyrium (→ Märtyrer)

Eugen IV. Fresko von Pinturicchio.

unter Kaiser Trajan noch die spätere willkürliche Behauptung, Evaristus habe den römischen → Priestern die Titelkirchen Roms zugewiesen. Wie die meisten Päpste der Frühzeit wird er als Heiliger verehrt. Die Kirche feiert sein Fest am 26. Oktober.

Exarch (griech.), bevollmächtigter Vertreter einer Zentralregierungsgewalt. Der Exarch von Ravenna war der Vertreter des byzantinischen Kaisers in Italien. Im kirchlichen Bereich bezeichnete man den Vertreter des → Patriarchen oder → Metropoliten für ein bestimmtes Gebiet als Exarch.

Ex cathedra (lat., »vom Lehrstuhl [Petri] aus«). Wird eine Lehrmeinung des Papstes »ex → cathedra« verkündet, dann gilt sie als unfehlbar und in der katholischen Kirche als → Dogma.

Exegese (griech.), Wissenschaft von der Auslegung und Erklärung der Bibel.

Exempt (lat.), Bezeichnung für Personen, Körperschaften oder Gebiete, die nicht der Befehlsgewalt des nächsten Vorgesetzten unterstehen, sondern einer höheren Stelle direkt unterstellt sind. Zum Beispiel sind sämtliche Männerorden und Frauenorden mit päpstlicher → Klausur exempt. Diese Ordensleute (→ Orden) unterstehen nicht dem Orts- → bischof, sondern ihrem Oberen.

Exerzitien (lat.), in der katholischen Kirche gemeinsame geistliche Übungen, Exerzitien genannt. Berühmt sind die vierzigtägigen Exerzitien des hl. → Ignatius von Loyola, des Gründers des → Jesuitenordens.

Exkommunikation (lat., »Ausschluß«), nach katholischem Recht die Strafe, durch die ein Gläubiger vom → Sakramentenempfang und aus der Gemeinschaft der Gläubigen ausgeschlossen wird. Der Exkommunizierte darf aber weiterhin der Predigt beiwohnen und ist nicht von der Gnade Christi oder aus der Kirche ausgeschlossen.

Exorzismus (griech., »Beschwörung«), die Beschwörung böser Geister (→ Dämonen), unter der Anrufung des Namens Gottes und Christi, aus einem besessenen Menschen auszufahren. Die ersten Christen beschworen die bösen Geister beim Namen Jesu, aus dem Kranken auszufahren. Da man aber zugleich der Meinung war, daß alle Götzendiener dem Reich des Teufels angehörten, exorzierte man auch die Heiden, wenn sie die christliche Taufe empfingen. Ab dem fünften Jahrhundert, als die Erbsündentheorie des hl. → Augustinus sich verbreitete und man alle neugeborenen Kinder als dem Teufel angehörig ansah, wurde der Exorzismus auch bei der Kindstaufe angewandt. Wie die römische Kirche, behielt auch → Luther den Exorzismus bei. Die Reformierten schafften ihn später ab. Noch heute verwendet die katholische Kirche in besonderen Fällen den Exorzismus, doch bedarf die Anwendung der besonderen Erlaubnis des → Bischofs.

F

Fabianus hl., 20. Papst, ein Römer aus dem Geschlecht der Favia. Er konnte in der Zeit vor der Verfolgung durch Kaiser Decius die Kirche in Rom festigen und organisieren. Er teilte Rom in sieben Diakonatsbezirke ein, die wiederum sieben → Diakonen unterstellt wurden. Sie waren die ältesten Grundlagen für die später errichteten Kardinalstitelkirchen (→ Kardinal). Besonderes Augenmerk schenkte Fabianus auch den Begräbnisstätten. Fabianus wurde von seinen großen Zeitgenossen Cyprian von Karthago, Novatian und anderen hoch geschätzt. Auch der berühmte → Kirchenlehrer → Origines wandte sich in Glaubensfragen an ihn. Während der Christenverfolgung unter Decius starb Fabianus, der seit dem 10. Jänner 236 → Bischof von Rom war, als eines der ersten Opfer am 20. Jänner 250. In der Calixtuskatakombe fand man 1915 seinen Sarkophag. Das Fest des heiligen Papstes wird am 20. Jänner gefeiert.

Fahnenweihe, Einsegnung der Fahnen von Truppen oder Vereinen durch einen Geistlichen im Rahmen einer Feier und eines Gottesdienstes, wobei der Kommandeur oder Vereinsvorstand die Fahnen unter entsprechender Ansprache feierlich übergibt.

Fasten, schon in vorchristlicher Zeit bei den verschiedensten Religionen vorgeschrieben als religiöse Übung, um dadurch entweder Zerknirschung des Gemütes kundzugeben oder um sich zum Gebet und zu heiligen Handlungen vorzubereiten, aber auch um Geschehenes wirklich abzubüßen. Durch die Judenchristen wurde das Fasten auch in der christlichen Religion eingeführt, wo man es zwar lange Zeit wegen der übertriebenen → Askese der → Montanisten als freiwillige Handlung bezeichnete, jedoch allmählich auch kirchlich gebot. Es gab drei große Fastenzeiten: Vierzig Tage vor Ostern, von Pfingsten bis zum Johannistag (24. Juni) und von Martini (11. November) bis Weihnachten. Außerdem fastete man an den Vorabenden hoher Feste und am Mittwoch, Freitag und Samstag jeder → Quatemberwoche, was man Quatemberfasten nannte. Als Anfang des vierzigtägigen Fastens setzte Papst → Gregor der Große um 600 den Aschermittwoch fest. Auch fastete man in der römisch-katholischen Kirche in bezug auf Fleischspeisen alle Freitage und in vielen Gegenden auch am Samstag. Durch die Reformation wurden die Fastengebote in der evangelischen Kirche verdrängt. In der katholischen Kirche wird heute strenges Fasten, d. h. einmalige Sättigung am Tag und Enthaltung von Fleischspeisen, nur mehr am Aschermittwoch und am Karfreitag vorgeschrieben. Das Freitagfasten kann auch durch Werke der Nächstenliebe, durch das Lesen der Heiligen Schrift oder andere geistliche Übungen ersetzt werden.

Felicitas hl., eine Sklavin aus Karthago, erlitt, zusammen mit der hl. → Perpetua, am 7. März 203 das Martyrium (→ Märtyrer). Hochschwanger kam sie während der Christenverfolgung unter Kaiser Septimius Severus in den Kerker und gebar dort ihr Kind. Ihr Töchterlein wuchs bei Verwandten auf. Felicitas selbst wurde mit Perpetua und vier männlichen Gefährten den wilden Tieren vorgeworfen und schließlich erdolcht. Dargestellt wird sie in der Arena mit einem kleinen Kind auf dem Schoß und das Kreuz in Händen. Felicitas und Perpetua werden am 7. März verehrt.

Felix I. hl., 26. Papst, Sohn des Römers Constantius, vom 5. Jänner 268 (269?) bis zum 30. Dezember 273 (274?) → Bischof von Rom. Er erkannte Domnos von Antiocheia als Nachfolger des abgesetzten Bischofs Paulos von Samosata an. Kaiser Aurelian bestimmte, daß Paulos den Bischofssitz in Antiocheia für Domnos zu räumen habe. Sonst ist über den heiligen Felix I. wenig bekannt. Er ist wahrscheinlich nicht als → Märtyrer gestorben und wurde in der Calixtuskatakombe beigesetzt. Die Kirche feiert sein Fest am 30. Mai.

Felix II. (→ Gegenpapst), zur Zeit von Papst → Liberius (352–366), als dieser vom Kaiser aus Rom verbannt wurde, da er → Athanasius den Großen nicht verurteilen wollte. Obwohl Felix dem römischen Klerus geschworen hatte, zu Lebzeiten des Liberius keinen anderen als Bischof von Rom anzuerkennen, trat er, von Kaiser Konstantin bewogen, selbst die Nachfolge Petri an. Er wurde von drei arianischen (→ Arianismus) → Bischöfen im Jahre 355 geweiht und nahm die Arianer wieder in die Kirche auf. Auch die Mehrheit des römischen Klerus schloß sich an. Da aber das Volk Liberius die Treue hielt, konnte dieser 358 nach Rom zurückkehren. Kaiser Konstantius wollte nun, daß Felix und Liberius gemeinsam die Kirche Roms führen sollten, doch wurde Felix aus Rom vertrieben und lebte bis zu seinem Tod am 22. November 365 auf seinem Landgut in Porto. Durch Verwechslung wurde Felix II. als → Märtyrer (Fest am 29. Juli) gefeiert, und einige → Papstlisten aus der Zeit nach 500 führten ihn als rechtmäßigen Papst.

Felix II. (III.) hl., 48. Papst, aus dem adeligen Geschlecht der Anica, war vor seiner Weihe zum → Priester verheiratet. Sein Urenkel soll Papst → Gregor der Große sein. Felix wurde am 13. März 483 unter dem Einfluß des arianischen (→ Arianismus) Königs Odoaker gewählt, der die Katholiken schützte. Es war die Zeit der Völkerwanderung. In Afrika kam es durch den arianischen Vandalenkönig Hunnerisch zu grausamen Katholikenverfolgungen, doch konnte der Papst diesen ein Ende bereiten. Durch besondere Festigkeit zeichnete sich Felix gegenüber den von Byzanz ausgehenden Unabhängigkeitsbestrebungen aus. Er bannte den Patriarchen Akakios von Konstantinopel, den Urheber des Henotikons (einem Religionsedikt, dem die Katholiken wegen der darin enthaltenen unannehmbaren Lehrmeinungen nicht zustimmen konnten), im Jahre 484 auf einer römischen → Synode. Akakios wiederum strich den Papst aus den Diptychen, einem Verzeichnis all derer, mit denen man Religionsgemeinschaft pflegte, und brach jede Verbindung mit Rom ab. Das erste → Schisma zwischen Rom und Konstantinopel (bis 519) begann. Felix wandte seine ganze Kraft nun den Verfolgten und vom Glauben abgefallenen Katholiken zu und erließ Aufnahmebedingungen für die Wiederaufnahme der Abgefallenen. Er starb am 1. März 492 und wird von der katholischen Kirche als Heiliger verehrt. Sein Fest wird an seinem Todestag gefeiert.

Felix III. (IV.) hl., 54. Papst, Sohn des Castorius aus Samnium, am 12. Juli 526 nach dem Tode Papst → Johannes' I. auf Befehl des Ostgotenkönigs Theoderich des Großen gewählt, der sich im Streit zwischen einer byzantinischen und gotischen Partei für den römischen → Diakon Felix entschied. Als päpstlicher Gesandter in Konstantinopel hatte Felix zur Beendigung des → Schismas zwischen Rom und Byzanz beigetragen. Auch versuchte er, mit den Ostgoten Frieden zu halten. In die Regierungszeit dieses Papstes fällt die Gründung der → Benediktinerabtei Montecassino durch den heiligen → Benedikt von Nursia im Jahre 528. Felix ließ beim Forum Romanum in Rom die Kirche S. Cosma e Damiano erbauen, die mit herrlichen Mosaiken geschmückt ist. Als er am 22. September 530 starb, designierte er noch am Totenbett → Bonifatius II. als seinen Nachfolger, um eine Einmischung seitens des ostgotischen Hofes zu verhindern. Am 30. Jänner feiert die katholische Kirche sein Fest.

Felix V. (→ Gegenpapst), eigentlich Graf Amadeus VIII. von Savoyen, reich und mit guten Beziehungen, wurde auf dem Basler → Konzil am 5. November 1439 zum 39. Gegenpapst der Kirchengeschichte gewählt. Dieses Konzil hatte kurz zuvor Papst → Eugen IV. abgesetzt. Felix V., der letzte Gegenpapst, galt als weiser Mann, doch konnte er sich nur nördlich der Alpen und in Aragón durchsetzen. Sein Einfluß schwand aber bald, so daß er sich nach Genf zurückzog. Bald nach dem Tode → Eugens IV. im Frühjahr 1449, dankte Felix V. ab, da ihm Papst → Nikolaus V. einen ehrenvollen Rücktritt ermöglichte. Er erhielt den Titel »→ Kardinal von S. Sabina« und, neben einer lebenslangen Pension, den ersten Rang im → Heiligen Kollegium. Als päpstlicher → Legat für Savoyen starb er am 7. November 1451 in Genf.

Feuerwehr → Laurentius hl., → Florian hl.

Fideismus (lat. fides, »Glaube«), Anschauung, daß die christlichen Wahrheiten nur dem Glauben zugänglich seien und der vernunftmäßigen Erkenntnis entzogen sind.

Fidelis von Sigmaringen hl., 1577 in Sigmaringen als Sohn des Adlerwirtes und Bürgermeisters geboren, mit bürgerlichem Namen Markus Roy. Er studierte in Freiburg im Breisgau Philosophie und Jurisprudenz. 1611 promovierte er zum Doktor der Rechte. Ein Jahr später erhielt er die → Priesterweihe und trat in den Orden der Kapuziner ein, die ihm den Namen Fidelis gaben. Er wirkte als Volksseelsorger und Prediger in der Schweiz und in Vorarlberg. Als Guardian stand er dem Kapuzinerkloster in Rheinfeld sowie dem in Freiburg in der Schweiz vor. Rom betraute ihn 1622 mit der Mission in Rhätien, wo der Calvinismus (→ Calvin) bereits überhandgenommen hatte. Am 24. April 1622 erschlugen calvinistische Bauern den Prediger zu Seewies. Sein Haupt wird in der Kapuzinerkirche in Feldkirch aufbewahrt. Der erste → Märtyrer des → Kapuzinerordens wurde 1746 heiliggesprochen. In der Kapuzinerkutte, mit einer Stachelkeule in der Hand findet sich der Patron der Juristen und des Landes Hohenzollern auf etlichen Darstellungen. Sein Fest fällt auf den 24. April.

Filialkirche, die mit einer Hauptgemeinde verbundene, jedoch ihr rechtlich nicht gleichgestellte Tochtergemeinde.

Filioque (lat., »und aus dem Sohn«), im 7. Jahrhundert als Einschub in das nicaeno-konstantinopolitanische Glaubensbekenntnis eingefügt. Er besagt, daß der Heilige Geist aus dem Vater

»und aus dem Sohn« hervorgeht. Bei der griechischen Kirche stieß dieses »filioque« auf großen Widerstand. Sie sah dadurch die alleinige, anfangslose Ursprunglosigkeit des Vaters geleugnet. Das »filioque« wurde eine der Hauptursachen der Kirchenspaltung (→ Schisma) zwischen Rom und Byzanz.

Firmung, (lat. firmare, »befestigen«), in der katholischen Kirche das zweite der sieben → Sakramente. Es besteht in der geistigen Stärkung und Kräftigung des Christen durch den »Geist von oben« (Hl. Geist), der mittels der Salbung mit → Chrisma, des Gebets und der Handauflegung des → Bischofs erteilt wird. In der alten Kirche war die Firmung, wie noch gegenwärtig in der griechischen, mit der Taufe unmittelbar verbunden. In der römisch-katholischen Kirche darf nur der Bischof oder ein von diesem beauftragter → Priester firmen, in der griechischen hingegen jeder Priester. Auch darf, wie das → Konzil von Trient einschärfte, die Firmung nicht wiederholt werden, da sie der Seele einen unauslöschlichen Charakter einprägt. Wie bei der Taufe muß ein Zeuge, der Firmpate, gegenwärtig sein, der mit dem Firmling durch die Firmung in eine geistige Verwandtschaft tritt, die früher sogar ein Ehehindernis bedeuten konnte. Es war auch üblich, daß der Firmling einen neuen Namen, den Firmnamen, erhielt.

Fisch, altes Glücks- und Lebenssymbol, in der Frühzeit der Kirche als → Symbol für Christus verwendet. Die Anfangsbuchstaben der griechischen Worte Iesous Christos, Theou Yios, Soter – Jesus Christus, Gottes Sohn, Erlöser – ergeben das Wort »ICHTHYS«, welches Fisch heißt. Auf Grabmälern, Tonlampen, Gläsern, Kapitellen u. a. findet sich aus dieser Zeit neben dem Guten Hirten, dem Anker, dem Lebensbaum, dem Schiff und der Taube auch sehr häufig der Fisch als Zeichen für Christus.

Fischerring (lat. anulus piscatoris), das schon im 13. Jahrhundert verwendete gewöhnliche Siegel des Papstes, welches den → Breven (bis 1843) aus rotem Wachs, den → Bullen aus Blei angehängt wird. Auf einer Seite des Siegels ist das Bildnis des → Apostels Petrus, auf der anderen der Name des regierenden Papstes eingeprägt. Fischerring heißt es, weil der → Apostel Petrus, den die römisch-katholische Kirche als den ersten Papst bezeichnet, bevor er Jesus folgte, Fischer war. Das ca. 2 cm große Siegel wird entweder vom Papst selbst oder von einem der → Kardinäle aufbewahrt und nur vom Papst selbst oder in seiner Gegenwart gebraucht. Nach dem Tode eines Papstes zerbricht der Kardinalkämmerer den Fischerring, worauf die Stadt Rom dem neugewählten Papst einen neuen Amtsring schenkt.

Der Fisch als eucharistisches Symbol auf einer Grabsteinplatte.

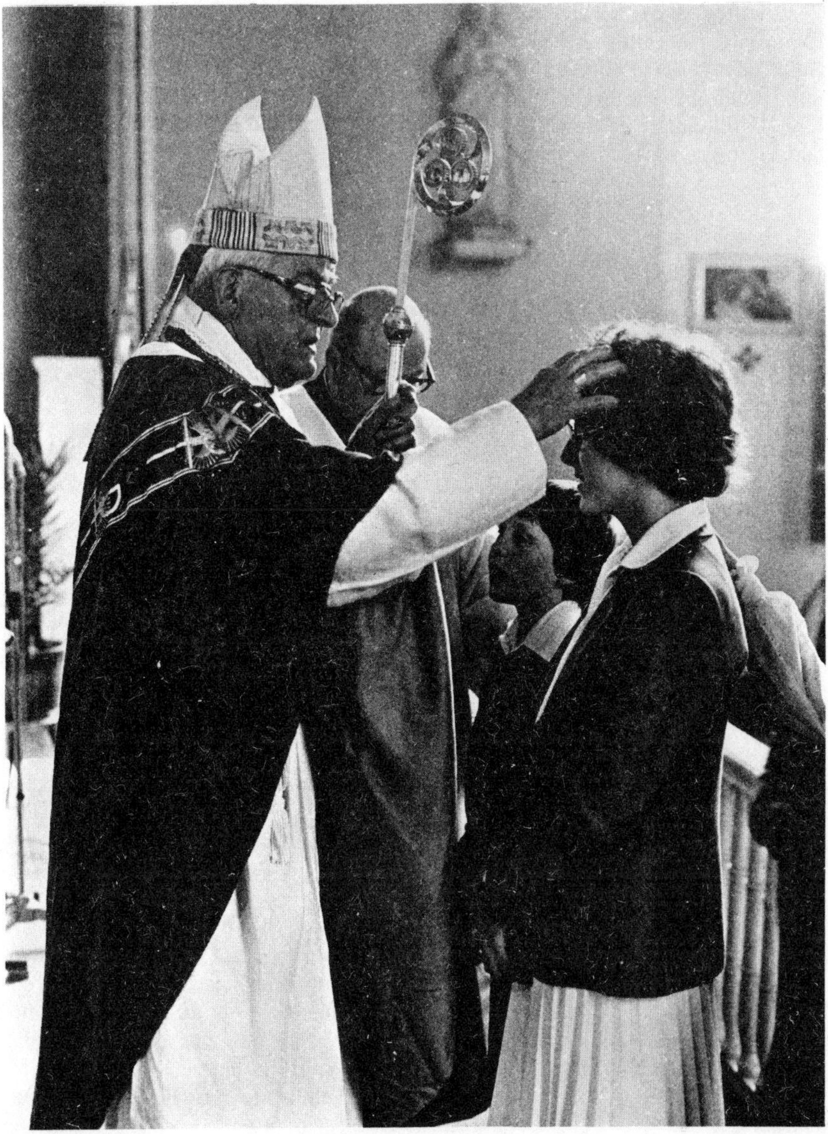

Salbung des Firmlings durch den Bischof.

Flagellanten (lat.), Geißelbruderschaften des 13. Jahrhunderts, die sich zur Buße selbst mit Peitschen (→ Geißelung) schlugen. Die öffentliche schamlose Entblößung beleidigte bald die guten Sitten, ihr Umherziehen gab zu aufrührerischen Bewegungen und Ausschweifungen aller Art Anlaß. Von den Landesfürsten und → Bischöfen wiederholt verboten und verfolgt, konnten sie sich jedoch mancherorts bis ins 15. Jahrhundert halten.

Prozession der Flagellanten.

Florian hl., Patron in Feuersgefahr und Wassernot aus Norikum (einem Teil des heutigen Österreich). Er soll unweit von Wien, in Zeiselmauer, geboren worden sein. Als römischer Beamter soll er in Cetium (St. Pölten) gelebt und sich als Kanzleivorstand des römischen Statthalters Aquilinius bei Lorch an der Enns für verfolgte Christen eingesetzt haben. Aquilinius ließ nun Florian selbst einkerkern und am 4. Mai 304 nach grausamen Martern mit einem Stein um den Hals in der Enns ertränken. Später wurde an seiner Grabstätte eine Kapelle gebaut, aus der sich das Stift Sankt Florian bei Linz entwickelte. Die Verehrung des Heiligen fand in Österreich, Polen und Bayern große Verbreitung. Dargestellt wird der Patron der Feuerwehr als Krieger, mit Schwert und Fahne, einen Wassereimer in der Hand, mit einem brennenden

Hl. Florian, ein brennendes Haus löschend. Holzschnitt von Hans Leinberger.

Haus und oft auch mit einem Stein um den Hals. Sein Fest fällt auf den 4. Mai.

Formosus, 111. Papst, um 816 als Sohn des römischen Bürgers Leo geboren, vor allem als → Bischof von Porto durch seine Christianisierungsbestrebungen in Bulgarien bekannt. Papst → Johannes VIII. setzte ihn wegen politischer und persönlicher Gründe ab (Formosus soll nach der päpstlichen Würde getrachtet haben) und ließ sich von Formosus das Versprechen geben, fortan als Laie zu leben. Papst → Marinus I. entband ihn wieder dieses Schwures und setzte ihn erneut in sein altes Amt ein. Am 6. Oktober 891 wurde Formosus zum Papst gewählt. Er wiederholte 892 die Kaiserkrönung Guidos von Spoleto in Ravenna und krönte auch dessen Sohn Lambert zum Mitkaiser. Dem Papst wurden diese beiden bald zu mächtig, so daß er König Anulf von Kärnten zu Hilfe rief. Nachdem Anulf beim zweiten Italienzug Rom erobert hatte, salbte ihn Formosus im Frühjahr 896 ebenfalls zum Kaiser. Doch mußte Anulf wegen schwerer Erkrankung nach Bayern zurück. Als bald darauf am 4. April 896 der Papst starb, rächten sich Lambert und sein Schützling Papst → Stephan VI. auf besonders makabere Weise. Im Jänner 897 hielten sie Gericht über den toten Papst. Bei dieser »Leichensynode« wurde die Leiche des Formosus aus dem Grab gezerrt, die päpstlichen Kleider heruntergerissen und die drei Schwurfinger abgeschnitten. Man erklärte den Toten für abgesetzt und alle seine Amtshandlungen und Weihen für ungültig, da er sich des Meineides schuldig gemacht hatte, als er die Bischofswürde (→ Bischof) nach seinem Verzicht wieder angenommen hatte. Die Leiche wurde in den Tiber geworfen. Papst → Theodor II. hob noch im selben Jahr die Beschlüsse dieser → Synode auf und ließ die aufgefundenen Leichenteile ehrenvoll in St. Peter beisetzen.

Franz von Assisi hl., eigentlich Giovanni Bernardone, 1182 als Sohn eines reichen Tuchhändlers in Assisi in Umbrien geboren. Seine Eltern, die eine Vorliebe für die französische Sprache hatten, riefen ihn »Francesco«. Durch Krankheit und Gefangenschaft innerlich tiefgehend gewandelt, löste er sich vom Vater und dem väterlichen Besitz, bezeichnete die »Armut« als seine Schwester, »Gott im Himmel« als seinen alleinigen Vater und begann mit dem Aufbau einer verfallenen Kapelle in Portiuncula. Eines Tages las er in der Kapelle S. Maria degli Angeli die Schriftstellen: »Wenn du vollkommen sein willst, so gehe hin, verkaufe alles, gib den Erlös den Armen und folge mir nach« (Mt 19,21) und »Nehmt nichts mit auf den Weg, keinen Stab, keine Tasche, kein Brot, es soll auch keiner zwei Röcke besitzen« (Lk 9,3). Tief beeindruckt vertauschte er seine Kleidung mit der rauhen Kutte der armen Bauern, ging barfuß und begann die Botschaft von der Liebe Gottes zu verkünden. Es schlossen sich ihm gleichgesinnte Brüder an, denen er keine andere Regel geben wollte als das → Evangelium. Er forderte äußerste Armut, Gehorsam, Demut, einfachen Glauben und Liebe zu allen Lebewesen. Papst → Innozenz III. bestätigte die Regel der → Minderen Brüder (so nannte Franziskus seinen Orden) 1209, nachdem ihm, wie die → Legende berichtet, Franziskus im Traum als Retter der vom Verfall bedrohten Kirche erschienen war. Schon nach wenigen Jahren zählte der → Orden an die fünftausend Brüder. Auch

Ältestes Bild des hl. Franziskus. Fresko aus dem 13. Jh.

Frauen schlossen sich der franziskanischen Lebensweise an. Im Jahre 1212 gründete die hl. → Klara den »Zweiten Orden«, die Klarissinnen (→ Klarissen). Wenig später entstand der »Dritte Orden« für Laien. 1224 zog sich Franziskus in die Einsamkeit zurück und legte die Leitung des Ordens nieder, nachdem seine ursprüngliche Stiftung in eine feste Organisation umgewandelt worden war und seine hohen Ideale abgeschwächt wurden. Auf dem Berg Alverna empfing er in einer Vision die Wundmale Christi. Gegen Ende seines Lebens verlor er mehr und mehr sein Augenlicht und wurde von heftigen Gichtschmerzen geplagt. Doch klagte er nicht und nannte die Krankheit seine Schwester und den Tod seinen Bruder. In seinem berühmten »Sonnengesang« lobte der Arme von Assisi die Schöpfung Gottes. Sonne und Mond und jegliche Kreatur bezeichnete er in überströmender Liebe als Bruder und Schwester. Am 3. Oktober 1226 starb der wohl größte Heilige der Christenheit, nackt auf dem Fußboden seiner Zelle in Portiuncula hingestreckt mit letzter Anstrengung seinem Herrn noch ein Loblied singend. Schon zwei Jahre später erhob Papst → Gregor IX. den »Poverello« von Assisi in die Schar der Heiligen. In der von Bruder Elias erbauten Kirche San Francesco des »Sacro Convento« in Assisi wurde er unter dem Hochaltar der Unterkirche beigesetzt. Franziskus wird in der braunen Kutte der Franziskaner mit den Wundmalen, mit Kreuz, Totenkopf und Geißel, den Vögeln predigend, dargestellt. Giotto, Cimabue und fast alle berühmten Maler haben ein Bild des Heiligen gemalt. Er ist Patron des Franziskanerordens, der Kaufleute, der Schneider und der Tiere.

Stigmatisation d. hl. Franz von Assisi. Kupferstich-Holzschnitt von Albrecht Dürer.

→ Pius XII. ernannte ihn 1939 zum Patron Italiens. Am Festtag des hl. Franz von Assisi, dem 4. Oktober (Welttierschutztag), werden in aller Welt Tiere gesegnet. Menschen verschiedenster Weltanschauung haben in unserer Zeit wieder großes Interesse an dem »Armen von Assisi«. Zahlreiche Bücher, Bildnisse und Filme erscheinen Jahr für Jahr über ihn. Zeffirellis Film »Bruder Sonne, Schwester Mond« ist eine geglückte Interpretation des Heiligen in unserer modernen Zeit.

Franz von Paola hl., auch de Paula, aus Paola in Kalabrien, geboren am 27. März 1416. Mit vierzehn Jahren wurde er von seinen armen Eltern auf ein → Gelübde hin in ein → Franziskanerkloster gebracht, wo er als Küchenjunge den Mönchen diente. Mit fünfzehn Jahren beschloß er, ein Leben als Eremit zu führen, und zog sich in eine versteckte Höhle in den Bergen Kalabriens zurück. Bald fanden sich Gesinnungsgenossen ein, und so beschloß Franz, ein Kloster in Cosenza für seine Schüler zu gründen. Somit entstand der → Orden der Mindersten Brüder, auch Minimi oder Paulaner genannt. 1474 fand die → Kongregation ihre Bestätigung durch die Kirche und breitete sich rasch aus. Auf Wunsch des Papstes reiste Franz 1482 zum todkranken König Ludwig XI. nach Frankreich, um ihm in seiner letzten Stunde beizustehen. Karl VIII., der Nachfolger Ludwigs in Frankreich, bewog den heiligmäßigen → Eremiten im Lande zu bleiben und errichtete ihm einige Klöster. Knapp vor seinem Hinscheiden zog sich Franz von Paola in eine Zelle des Klosters Pléssis-les-Tours zurück, um sich auf seinen Tod vorzubereiten. Am Karfreitag, dem 2. April 1507, starb er mit einundneunzig Jahren. 1519 sprach ihn Papst → Leo X. heilig. Der Patron der Einsiedler wird in einem schwarzen Ordenskleid dargestellt. Beigegeben sind ihm Totenkopf und Geißel, in einer → Glorie über seinem Haupte steht das Wort »Caritas«. Sein Fest feiert die Kirche am 2. April.

Franz von Sales hl., auf Schloß Sales in Savoyen 1567 geboren, studierte Jura in Annecy, Paris und Padua. Trotz des starken Widerstandes seines Vaters entschloß er sich zum Theologiestudium und wurde 1594 zum → Priester geweiht. In der Gegend von Chablais, südlich des Genfer Sees, missionierte er bei den Calvinisten (→ Calvin). Durch sein bescheidenes Auftreten und seine glühenden Predigten gelang es Franz, an die achttausend Calvinisten zum katholischen Glauben zurückzuführen. 1602 wurde er zum → Bischof von Genf geweiht, dessen Sitz in Annecy war. Unermüdlich bemühte er sich um seine Gemeinde. Durch seine Güte und sein geduldiges Verzeihen gab er allen ein hervorragendes Zeugnis christlicher Nächsten- und Feindesliebe. Mit seinen geistlichen Schriften »Philothea« und »Theotimus« wirkt er noch bis in unsere

Hl. Franz v. Sales.

Tage hinein, nicht zuletzt der eleganten Sprache wegen. Gemeinsam mit der hl. → Johanna Franziska von Chantal gründete Franz von Sales den → Orden von der Heimsuchung Mariens, die Salesianerinnen. Zur Pflege der Wissenschaften und der Künste rief er in Annecy die »Académie Florimontane« ins Leben, eine Vorläuferin der »Académie Française«. Als er 1622 in Lyon auf einer Reise starb und man seinen Leichnam eröffnete, fand man die Galle verhärtet und eine Menge Gallensteine. Es scheint ihm die Überwindung des Zornes sehr viel Kraft und Selbstverleugnung gekostet zu haben. Franz von Sales, der »Doktor der Vollkommenheit«, liegt bei den Salesianerinnen in Annecy begraben. 1665 wurde er heiliggesprochen und 1877 zum Kirchenlehrer ernannt. → Pius XI. erhob ihn zum Patron der Schriftsteller und der Presse. Den Heiligen, dessen Fest am 24. Jänner gefeiert wird, finden wir auf Bildern als → Bischof dargestellt, mit einem durchbohrten und mit einer Dornenkrone umwundenen Herzen, dem Herzen Jesu, in der Hand.

Franz Xaver hl., 1506 auf Schloß Javier bei Pamplona (Navarra) geboren, begann 1525 sein Studium in Paris, wo er sich 1533 dem hl. → Ignatius von Loyola anschloß. Nach vier Jahren erhielt er in Venedig die → Priesterweihe. In Rom wirkte er bei der Abfassung der ersten Ordenssatzung der → Jesuiten mit. 1541 fuhr Franz Xaver als päpstlicher → Legat nach portugiesisch Goa in Ostindien. Acht Jahre später wurde er nach Japan geschickt und gründete dort eine Christengemeinde. 1552 kehrte er nach Goa zurück, um aber sofort wieder zu einer Missionsreise nach China aufzubrechen. Er starb jedoch 1552 auf der Insel Sancian in der Nähe von Kanton, wie die → Legende berichtet, völlig verlassen. Franz Xaver, der zu den bekanntesten Heiligen des → Jesuitenordens zählt, wurde 1622 heiliggesprochen. Dargestellt wird er mit der schwarzen Jesuitenkleidung, → Birett, Kreuz und Lilie. Zu seinen Füßen sitzt oft ein Inder, den zu taufen er sich anschickt. Der → »Apostel Indiens und Japans« wurde von Papst → Benedikt XIV. zum Schutzpatron aller Länder Ostasiens

Der hl. Franz Xaver, einen Asiaten segnend. Rad.-Gem. von Federico Bencouich.

erklärt. Auch gilt Franz Xaver, neben der hl. → Theresia vom Kinde Jesu, als Schutzheiliger aller Missionen. Er soll gegen Pest und Sturm und in der Todesstunde helfen. Der Heilige, dessen → Reliquien sich in der Kirche »Il Gesù« in Rom befinden, wurde 1952 auch zum Patron des Tourismus erklärt. Sein Fest wird am 3. Dezember gefeiert.

Franziska von Rom hl., eigentlich Franziska de Bussi, 1384 geboren. Schon als Mädchen erfüllte sie die Sehnsucht, in ein Kloster einzutreten, doch mußte sie nach dem Willen ihrer Eltern Lorenzo de' Ponziani, einen Römer, heiraten.

Vierzig Jahre war sie ihm eine liebevolle Gattin. Sie schenkte ihm sechs Kinder, denen sie eine aufopfernde Mutter war. Für die Armen von Rom hatte sie immer ein offenes Herz, und in Krankenhäusern pflegte sie die Kranken. Als ihr Gatte eines Tages auf der Straße überfallen wurde und schwerverletzt flüchten mußte, ihr ältester Sohn als Geisel nach Neapel verschleppt wurde und die Pest sie auch ihrer anderen Kinder beraubte, blieb Franziska allein in dem ausgeplünderten Hause zurück. Mit einigen frommen adeligen Frauen gründete Franziska am Maria-Himmelfahrts-Tag des Jahres 1425 die Genossenschaft der → »Benediktiner-Oblaten«. Selbst konnte sie nicht das → Ordensleben aufnehmen, da sie an die Ehe gebunden war. Erst nach dem Tode ihres Gatten, 1436, trat sie in das von ihr gestiftete Kloster von Torre e Specchi ein und wurde alsbald dessen Oberin. Am 9. März 1440 raffte sie eine Rippenfellentzündung dahin. Franziska Romana gilt als Patronin der Frauen und Autofahrer. Dargestellt wird sie mit schwarzem Ordenskleid und einem Schutzengel zur Seite. Ihr Fest fällt auf den 9. März.

Franziskanerorden → Mindere Brüder.

Franziskus hl. → Franz von Assisi hl.

Frater (lat., »Bruder«), Klosterbruder, in manchen → Orden nur für → Kleriker und nicht für → Laienbrüder gebraucht.

Fußkuß, im Orient schon in früheren Zeiten das Zeichen der Untergebenheit und Verehrung, durch die römischen Kaiser im Abendland eingeführt. Von den Päpsten, namentlich von → Gregor VII., wurde er als Zeichen demütiger Verehrung, welche die katholische Christenheit dem Papst zu erweisen habe, gefordert. Bei dieser Zeremonie trug der Papst seidene Pantoffel, auf welchen sich ein Kreuz befand. Dieses Kreuz wurde geküßt. Heute ist den Katholiken der Fußkuß nicht mehr vorgeschrieben.

Fronleichnam (althochdeutsch, »Leib des Herrn«), Corpus Domini Jesu Christi, die geweihte, nach der Lehre der katholischen Kirche in den Leib Christi verwandelte Hostie. Die infolge dieser Lehre seit dem Anfang des 13. Jahrhunderts übliche Anbetung der Hostie veranlaßte Papst → Urban IV. 1264 zur Stiftung des Fronleichnamfestes. Dieses wurde nicht an dem mit anderen Feierlichkeiten überhäuften Gründonnerstag, sondern am ersten Donnerstag nach dem Dreifaltigkeitsfest gefeiert. Das Fronleichnamsfest, 1311 auf dem → Konzil von Vienne allgemein angeordnet, war bald das glänzendste unter den Festen der katholischen Kirche. In den katholischen Ländern wird es seit der Zeit der Gegenreform demonstrativ mit großen Prozessionen begangen.

Fridolin hl. von Säckingen, wie wohl die meisten der ersten Missionare aus Irland. Als Wandermönch zog er durch Gallien und erbaute zu Ehren des hl. → Hilarius Kirchen in Straßburg, Poitiers, Konstanz und Chur. Er dürfte bei der Taufe des Frankenkönigs Chlodwig im Jahre 496 dabeigewesen sein, was ihm die Zuversicht gab, daß das Christentum unter den germanischen Völkern siegreich bestehen würde. Der → Legende nach sah Fridolin im Traum eine Insel, auf der er sein Kloster bauen sollte. Am Oberrhein entdeckte er das ihm bestimmte Eiland, das heutige Säckingen. Unter anfänglichen Schwierigkeiten durch die Bevölkerung gelang es ihm schließlich mit Hilfe einer Schenkungsurkunde König Chlodwigs, sein

Doppelkloster (Männer- und Frauenkloster) zu errichten. Bald wurde es zum geistigen Mittelpunkt des oberrheinischen Gebietes. Der Apostel der Alemannen starb um 540. Er gilt als Helfer bei Arm- und Beinleiden und soll gegen Viehseuchen und bei Wassergefahr schützen. Das Fest des heiligen Fridolin, des Patrons der Schneider, wird am 6. März, seinem Todestag, gefeiert.

G

Gallikanismus, nationale französische Opposition gegen den Zentralismus der Kirche. Der Gallikanismus, der im 19. Jahrhundert in den Auseinandersetzungen um das Unfehlbarkeitsdogma seinen Höhepunkt erreichte, lehnte die unfehlbare, zentrale Gewalt des römischen Papsttums ab.

Gallus hl., auch Kallech, irischer Glaubensbote, um 550 geboren, wurde im Kloster Bangor erzogen. Zusammen mit dem hl. → Kolumban, der ihn zum → Priester weihte, reiste er von Irland auf das Festland, um im Frankenreich und in Alemannien um das Jahr 600 das → Evangelium zu verkünden. Jahrelang lebten beide am Bodensee. Als Kolumban 612 nach Italien weiterzog, mußte Gallus aus Krankheitsgründen zurückbleiben. Er zog sich in eine Einsiedelei an der Steinach zurück, wo sich ihm bald Gleichgesinnte anschlossen. Am 16. Oktober 641 (645?) starb Gallus in Arbon am Bodensee. Die Gründung des berühmten → Benediktinerklosters St. Gallen wird diesem Heiligen zugeschrieben. Dargestellt wird er als Einsiedler, mit Brot und Pilgerstab. Ein Bär, der ihm der → Legende nach diente, ist öfters an seiner Seite abgebildet. Das Fest des Patrons von St. Gallen und Schutzheiligen der Gänse und Hühner (gallus = Hahn) feiert die Kirche am 16. Oktober.

Gebetläuten → Betglocke.

Gebhard hl., Sohn des Grafen Ulrich von Bregenz, um 950 geboren. Er erhielt seine Ausbildung an der Domschule in Konstanz. Nach dem Tode des → Bischofs Gaminolfs wurde Gebhard 979 selbst Bischof der Stadt. Er bemühte sich, der armen Bevölkerung des Schwarzwaldes zu helfen. 983 gründete er das → Benediktinerkloster Petershausen. Gebhard starb am 27. August 995 und wurde in seiner Stiftung Petershausen begraben. Auf Darstellungen sieht man den Heiligen mit einem Totenkopf, auf dem eine → Tiara ruht, einem Kirchenmodell, mit einem Stab oder einem Buch in der Hand. Das Fest des Heiligen, der bei Halskrankheiten helfen soll, feiert die Kirche am 26. November.

Gegenpapst bezeichnet man in der Kirchengeschichte jene Person, die trotz eines bereits kanonisch gewählten Papstes eine → Papstwahl annimmt. Dabei spielt die Gesinnung, ob sie im guten Glauben handelt oder nicht, keine Rolle. Der Ausdruck Gegenpapst (lat. »antipapa«) wird erst seit dem 14. Jahrhundert gebräuchlich. Vorher wurden auch unter anderen die Ausdrücke: pseudopapa, antichristus oder schismaticus verwendet. Mit dem hl. → Hippolytus von Rom Anfang des 3. Jahrhunderts beginnt die Reihe der Gegenpäpste und schließt mit → Felix V. im 15. Jahrhundert. Manchmal wurden die Gegenpäpste unter dem politischen Druck von Herrschern oder mächtigen Adelsfamilien gewählt. Nicht immer sind sich die Kirchenhistoriker einig, ob ein Papst ein rechtmäßig erwählter oder ein Gegenpapst ist. Daher schwankt die Zahl der Gegenpäpste zwischen 25 und 40. Die Bezeichnung der Gegenpäpste in diesem Lexikon richtet sich hauptsächlich nach dem »Lexikon für Theologie und Kirche«, Freiburg i. Br. 1960.

Geißelung, im Mittelalter weit verbreitete Art der Buße. Der Umstand, daß auch Christus und die Apostel gegeißelt wurden, gab den Anlaß zu den freiwilligen Geißelungen. Um die Leiden Christi nachzuempfinden und sich der Sündenvergebung um so gewisser zu sein, wurde es seit dem 10. Jahrhundert Brauch, sich zu geißeln, d. h. mit einem peitschenartigen, mit Stacheln versehenen Instrument den Körper zu zerfleischen. Seit dem 11. Jahrhundert, als → Petrus Damiani diese Art der Buße auf das dringlichste empfahl, wurde sie allgemein verbreitet. Geistliche und Laien, Männer und Frauen begannen mit Ruten, Riemen und Ketten gegen ihre Körper zu wüten. Man setzte Zeiten fest, um diese Züchtigung (disciplina) an sich zu verrichten, und selbst Fürsten und Könige ließen sich von ihren Beichtvätern die Geißelung auferlegen. Es bildeten sich Bruderschaften, → Flagellanten und Geißelprediger durchzogen das Land. Da die Geißler halbnackt umherzogen und zu manchen Ausschweifungen Anlaß gaben, wirkten ihnen Fürsten und Päpste, besonders Papst → Clemens VI., eifrig entgegen. Dies hatte zur Folge, daß Teile der Geißelbewegung die häretischen (→ Häresie) Grundsätze der Begharden annahmen. Nach dem → Konzil von Konstanz (1414—1418) schwand zwar die Lust an der Geißelbuße allmählich, doch erhielt sie sich in den katholischen → Orden bis ins 20. Jahrhundert hinein.

Geißelbruderschaften → Flagellanten.

Geißler → Flagellanten.

Gelasius I., 49. Papst, aus Afrika, einer der bedeutendsten Päpste des 5. Jahrhunderts. Er regierte vom 1. März 492 bis zum 21. November 496 und war schon unter Papst → Felix II. (III.), seinem Vorgänger, der Verfasser etlicher Papstbriefe. In seinen 6 theologischen Traktaten und den ca. 60 erhaltenen Briefen verteidigt er energisch das päpstliche → Primat und bekämpfte entschieden den → Pelagianismus und das heidnische Brauchtum. So verbot er die im Februar abgehaltene Luperkalienfeier, die wahrscheinlich durch das Fest Maria Lichtmeß ersetzt wurde. Das nach ihm benannte Bücherdekret mit dem Verzeichnis der Bücher der Hl. Schrift, der Schriften der → Kirchenväter sowie der häretischen (→ Häresie) Schriften stammt nicht von ihm, sondern erst aus dem 6. Jahrhundert. In kanonischen (→ Kanon) und liturgischen (→ Liturgie) Büchern läßt sich jedoch sein Einfluß nachweisen.

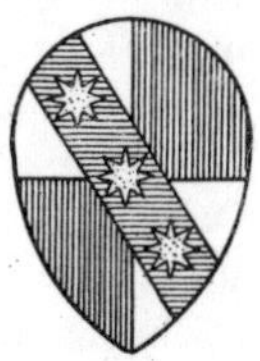

Papst Gelasius II.

Gelasius II., 162. Papst, eigentlich Johannes von Gaeta, Mönch von Montecassino und → Kardinal von Santa Maria in Cosmedin, wurde nach dem

Tode → Paschalis II. nach kanonischem Recht am 24. Jänner 1118 in hohem Alter heimlich zum Papst gewählt, um eine Einmischung Heinrichs V. zu verhindern. Da man dadurch den römischen Adel umgangen hatte, drang der kaiserfreundlich gesinnte Cencius Frangipani mit seinem Anhang in den Palast ein, faßte Gelasius an der Kehle, warf ihn zu Boden, mißhandelte ihn mit Fußtritten und Faustschlägen und ließ ihn ins Gefängnis werfen. Der Präfekt von Rom befreite ihn jedoch und riet ihm, nach Gaeta zu fliehen. Inzwischen näherte sich Heinrich V. Rom, ließ die Wahl des Gelasius für ungültig erklären und ernannte den → Bischof Mauritius von Coimbra zum Papst, der sich → Gregor VIII. nannte. Da Heinrich bald nach Deutschland zurückkehren mußte, kam Gelasius wieder nach Rom, wo er den Bann gegen den Kaiser aussprach, während Gregor VIII. ihn selbst damit belegte. Bald aber wurde Gelasius von Frangipani abermals beim Lesen der Messe überfallen und mußte im August 1118 erneut fliehen. Einsam auf einem Feld, wurde der Gequälte von Frauen gefunden. Über Pisa vermochte er seine Flucht nach Frankreich fortzusetzen. In Vienne hielt er eine unbedeutende → Synode ab und zog sich krank in das Kloster von Cluny zurück, wo er, in einer Mönchskutte am Boden liegend, am 29. Jänner 1119 starb. Papst Gelasius II., eine der »rührendsten Gestalten der Papstgeschichte« (so bezeichnete ihn der Geschichtsschreiber Gregorovius), wurde in der Gruft des Klosters beigesetzt.

Gelübde, Zusage an Gott, durch welche man sich zu einer bestimmten Handlung verpflichtet, in der Erwartung, daß dies Gott angenehm sei. Manche Gelübde beziehen sich auf eine einmalige Handlung, wenn z. B. ein Fürst im Mittelalter einen → Kreuzzug gegen die Ungläubigen zu unternehmen gelobte; andere wieder auf Tätigkeiten, die das ganze Leben hindurch zu wiederholen sind, wie an einem bestimmten Tag der Woche zu fasten oder ehelos zu leben. Die katholische Kirche empfiehlt die Gelübde als etwas Verdienstvolles und teilt sie in feierliche Gelübde, die öffentlich vor der Kirchengemeinde abgelegt werden, und einfache Gelöbnisse ein. Die Ordensgelübde umfassen meist die Gelübde des Gehorsams, der Keuschheit und der Besitzlosigkeit (Armut). Die evangelische Kirche kennt Gelübde bei der Übernahme von Patenschaften, bei Trauung und Amtseinführung des Pfarrers, lehnt sie aber sonst ab, da man zu allem, was wirklich gut ist, auch ohne ein besonderes Versprechen verpflichtet ist und weil Gott nicht durch willkürliche Dienste, sondern durch einen tugendhaften Lebenswandel verehrt wird.

General, oder Ordensgeneral, in einigen → Orden, wie den franziskanischen Orden, den → Dominikanern, → Jesuiten und anderen, der oberste Vorsteher, dessen Sitz (Generalat) in Rom ist.

Genoveva hl., um 422 als Kind armer Bauern in Nanterre geboren. Als junges Mädchen hütete sie Ziegen und Schafe. Schon früh starben ihre Eltern, und das Mädchen übersiedelte nach Paris, wo sie bei einer nahen Verwandten Unterschlupf fand. Dort führte sie ein frommes, zurückgezogenes Leben und half den Armen und Kranken. Aus der Hand des → Bischofs von Paris empfing sie den Schleier und gelobte, stets Jungfrau zu bleiben. Die → Legende erzählt, daß Genoveva von ihrem fünfzehnten bis zu ihrem fünfzigsten Lebensjahr nur zwei-

Hl. Georg. Stich von Albrecht Dürer.

mal wöchentlich Speise und Trank zu sich nahm. Üble Gerüchte verleumdeten sie als schwärmerische Närrin und fromme Heuchlerin, doch der →Bischof konnte sich von der Unschuld Genovevas überzeugen. Als der ersten Heiligen der Franken ließ ihr König Chlodwig nach ihrem Tode ein Grab in der Apostelkirche in Paris errichten. Die deutsche Genovevalegende des

Mittelalters geht auf diese Heilige zurück, doch gibt es eine ältere aus dem sechsten Jahrhundert, die dem tatsächlichen Erscheinungsbild Genovevas gerechter zu sein scheint. In der Kunst wird die Heilige als Hirtin mit Stab und Tasche dargestellt, oft aber auch mit einer brennenden Kerze oder mit den zwei Schlüsseln der Stadt Paris, deren Patronin sie ist. Auch die Hutmacher, Hirten, Winzer und Kerzenzieher haben sie zu ihrer Schutzheiligen erwählt, außerdem soll sie vor Pest und Krieg, vor Augenleiden und Blattern schützen. Ihr Fest wird am 3. Jänner gefeiert.

Georg hl., wahrscheinlich um 280 in Kappadokien geboren. Viele → Legenden ranken sich um ihn, so daß historische und legendäre Berichte schwer zu trennen sind. Als römischer Offizier soll er unter Kaiser Diokletian um 303 einen grauenvollen → Märtyrertod gestorben sein. In den Legenden wird Georg als Held dargestellt, der siegreich den Kampf gegen den höllischen Drachen besteht. Die Verehrung des Heiligen reicht bis ins vierte Jahrhundert zurück. Er zählt zu den → Vierzehn Nothelfern und gilt auch in der griechischen Kirche als Erzmärtyrer. Auf Darstellungen sehen wir ihn hoch zu Roß in Ritterrüstung und im Kampf gegen den Drachen. Der Nationalheilige der Engländer wurde auch von den Soldaten, Kreuzfahrern und Pfadfindern als Patron erwählt. Es entstanden Georgsritterorden, und im Brauchtum finden wir auch heute noch die Georgiritte, bei denen Pferde gesegnet werden. Georgien, das Land zwischen dem Großen und Kleinen Kaukasus, ist ebenfalls nach ihm benannt. Das Fest des hl. Georg fällt in die Saatzeit, auf den 23. April.

Gertrud von Helfta hl., → Mystikerin, 1256 in Thüringen geboren. Schon mit fünf Jahren kam sie ins Kloster Helfta. Unter der Äbtissin Gertrud von Hackeborn erhielt sie eine gute theologische und humanistische Ausbildung. 1281 hatte sie ihre ersten mystischen Erlebnisse, die sie aber bis 1289 geheim hielt. Gertrud – auch »die Große« genannt – wurde berühmt durch ihre mystischen Schriften in deutscher und lateinischer Sprache. Besonders häufig sprach sie über die Geheimnisse der → Eucharistie und vom Herzen Jesu. Sie starb am 13. November 1302 und wurde 1678 heiliggesprochen. Die Heilige wird meist als Nonne, mit feurigem Herzen, Kreuz, Buch und Feder dargestellt. Ihre rechte Hand zieren sieben Ringe. Gertrud, die Patronin Westindiens, wird von der Kirche am 17. November gefeiert.

Gertrud von Nivelles hl., Tochter der seligen Itta (auch Ida oder Iduberga genannt) und Pippins des Älteren von Landen, dem Stammvater der Karolinger. Sie wurde 626 in Nivelles geboren. Das fromm erzogene Mädchen legte schon mit zwölf Jahren das Keuschheitsgelübde ab. Ihre Mutter gründete nach dem Tode Pippins auf Rat des → Bischofs von Utrecht in ihrem Hause ein Kloster. Mutter und Tochter sammelten bald eine Schar frommer Frauen um sich. Nach dem Tode der seligen Itta stand Gertrud dem Kloster als Äbtissin vor. Mit ihren Mitschwestern stellte sie prachtvolle Meßgewänder und → Antependien (Altartücher) her. Gertrud studierte die Heilige Schrift mit großem Eifer und widmete sich besonders den Pilgern und Wanderern, denen sie eine große Herberge einrichtete. Körperlich geschwächt, starb sie schon mit dreiunddreißig Jahren während der heiligen

Messe am 17. März 659. Verehrt wird die Heilige als Schutzpatronin gegen Ratten und Mäuse, gegen Fieber und als Patronin der Handwerksburschen und Pilger. Sie wird oft mit dem Äbtissinnenstab abgebildet, auf dem Mäuse (Symbol für das Unreine und Böse) klettern. Ihr Gedenktag ist der 17. März.

Gesellschaft Jesu → Jesuiten.

Glocken, schon früh für kultische Zwecke verwendet. Im Orient bediente man sich der Zimbeln, Schellen und Handklingeln zum religiösen Kult. Man meinte, dadurch die Götter zu ehren oder sie herbeizurufen. In Ägypten wurde das Osirisfest durch Glockenspiel verkündet. Aaron, der Hohepriester der Juden, trug am Saume des langen, seidenen Oberkleides goldene Glöckchen, und in Athen bedienten sich die → Priester beim Opfer der Glocken. Kaiser Augustus ließ solche vor dem Tempel des Jupiter aufhängen. In der christlichen Kirche bediente man sich der Glocken, um die Gemeinde zu versammeln, welche früher durch Läufer und später durch das Zusammenschlagen von Brettern zusammengerufen wurde. Paulinus, → Bischof von Nola in Kampanien, soll im 4. Jahrhundert zuerst den Gebrauch der Kirchenglocken aus Bronze eingeführt haben. Daher sollen sich auch die lateinischen Bezeichnungen für Glocke, campana und nola, ableiten. Schon im 6. Jahrhundert waren sie in einigen Klöstern gebräuchlich; um 550 wurden sie in Frankreich eingeführt. Papst → Sabinianus verordnete um das Jahr 600, daß jede Stunde durch Glockenschläge angezeigt werden müsse, um die Gebetsstunden, die horas canonicas, besser abwarten zu können. In England kamen die Glocken im 7. Jahrhundert, in Deutschland erst am Anfang des 11. Jahrhunderts in Gebrauch. Sie wurden gewöhnlich in den Kirchtürmen im Glockenstuhl, zum Teil aber auch in eigens dazu errichteten Glockentürmen aufgehängt.

Gloria (lat. »Ehre«), der mit diesem Wort beginnende Lobgesang in der hl. → Messe.

Glorie → Nimbus.

Gnosis (griech., »Erkenntnis«), Lehre zur Zeit des Hellenismus, die die verborgenen Geheimnisse des Glaubens durch philosophische Spekulationen zu erkennen glaubte und durch diese Erkenntnis zur Erlösung gelangen wollte. Auf diese Weise meinten die Gnostiker zu einer Gotteserkenntnis zu erlangen, die über den einfältigen Glauben der »Kirchenchristen« hinausging und den Menschen zum »Geistmenschen« erhob. Ihr Glaube war stark dualistisch (→ Dualismus) bestimmt und von der Verachtung alles Irdisch-Dinglichen geprägt. Je willkürlicher der Gnostizismus die Urkunden des Christentums auslegte, je mehr die → Askese, welche er forderte, bei manchen in eine Verhöhnung aller weltlichen Werte ausartete, desto eifriger wirkte ihm die Kirche entgegen. Dennoch hielt sich der Gnostizismus bis ins 5. Jahrhundert und tauchte später in mehreren Bewegungen des Mittelalters wieder auf. Zu den bedeutendsten Vertretern der Gnosis zählen → Marcion und Mani (→ Manichäer).

Gnostiker → Gnosis.

Godehard hl. (auch Gotthart), geboren um 960 in Niederaltaich in Bayern. Seine Eltern, arme Bauern, brachten ihn zu den Mönchen von Niederaltaich, wo Godehard die Schule besuchte und 990 um Aufnahme in den Mönchsstand bat. Schon sechs Jahre später stand er dem → Benediktinerkloster als Abt vor. Im

Geiste der cluniazensischen (→Cluniazenser) Reform reformierte er die Klöster Hersfeld und Tegernsee. Kurze Zeit stand er auch dem Kloster Kremsmünster als Abt vor. Nach dem Tode des hl. →Bernhard erhob Kaiser Heinrich Godehard zum →Bischof von Hildesheim (1022). Mit viel Eifer wirkte er nun in seiner neuen Diözese, baute Kirchen und sorgte für die Ausbildung der Jugend und des jungen →Klerus. Auch der Kunst war er ein großer Mäzen, er förderte die Vollendung der St.-Michaels-Kirche in Hildesheim und ließ die Klöster St. Andreas und St. Moritz erbauen. Godehard starb am 5. Mai 1038 und wurde 1131 von Papst →Innozenz II. heiliggesprochen. Dargestellt wird der Heilige, der auch dem St.-Gotthard-Paß in der Schweiz seinen Namen gegeben hat, als Bischof mit einem →Kirchenmodell und einem Drachen zu Füßen, manchmal auch mit glühenden Kohlen unter dem Chorhemd. Godehard, dessen Fest am 5. Mai gefeiert wird, soll gegen Gicht, Rheuma, Kinderkrankheiten, Blitz und Hagel helfen.

Gregor I. der Große hl., 64. Papst, um 540 in Rom geboren, aus römischem Adel. Mit dreißig Jahren war er bereits Prätor von Rom. Bald jedoch legte er das Amt des »praefectus Urbi« nieder und richtete nach dem Tod seines Vaters Gordian in seinem Palast ein →Benediktinerkloster ein, in welches er sich zurückzog. Seinen riesigen Landbesitz, der bis Sizilien reichte, stiftete er teils für Klostergründungen, teils für wohltätige Zwecke. Bei seiner Tätigkeit als Apokrisar-→Nuntius in Konstantinopel unter Papst →Pelagius II. gab er sein Mönchsleben nicht auf. Widerstrebend nahm er die Papstwürde an und wurde am 3. September 590 zum →Bischof von Rom geweiht. Seine Sorge galt vor allem den Armen, und so ordnete er die Bewirtschaftung des kirchlichen Grundbesitzes, des »Patrimonium Petri« an. Gregor bemühte sich auch um die Christianisierung der Angelsachsen und Langobarden, die er mit Umsicht und Feingefühl durchführte. Trotz der Intri-

Papst Gregor I.

gen Ostroms gelang es ihm, mit den Langobarden Frieden zu schließen. Seiner theologischen Schriften wegen wird er zu den vier großen lateinischen →Kirchenvätern gezählt, neben →Augustinus, →Ambrosius und →Hieronymus. Gregor betont die Gültigkeit der Häretikertaufen (→Häresie) und -weihen, die Unauflöslichkeit der Ehe und das Bestehen des Bilder- und →Reliquienkults. Seine Fegefeuerlehre bildet den theologischen Hintergrund für den Kult der Seelenmessen (Gregorianische Messen), wie auch seine mirakulösen

Heiligenlegenden die »Wundersucht« des Mittelalters förderten. Viele Kirchenzeremonien stammen aus seiner Zeit, wie Weihrauch, Kerzen am hellen Tag, das Ewige Licht und vieles mehr. Gregor befahl überdies, daß die päpstlichen Diplome und → Bullen von der Geburt Christi an datiert werden sollten, und gab so Veranlassung zur Verbesserung des Kalenders. Die Behauptung, daß der Gregorianische Gesang auf ihn zurückgeht, ist nicht mehr haltbar, doch hat sie möglicherweise einen historischen Kern. Gregor der Große, »der letzte Römer« vor Beginn des Mittelalters, starb am 12. März 604 und liegt in der Peterskirche begraben. Sein Fest feiert die katholische Kirche am 12. März.

Gregor II. hl., 89. Papst, Sohn des Marcellus, aus der Familie der Savelli, um 669 in Rom geboren. Unter → Sergius I. als Subdiakon und Bibliothekar beschäftigt, stieg Gregor unter Kaiser Konstantin I. zum → Diakon auf und begleitete den Papst nach Konstantinopel, wo er über die Anerkennung des → Trullanum verhandelte. Am 19. Mai 715 bestieg er als Gregor II. den päpstlichen Thron. Gregor erteilte Bonifatius den Auftrag zur Missionierung der Germanenstämme (15. 5. 719) und weihte ihn 722 zum Missions→ bischof. Gegenüber dem byzantinischen Kaiser Leo III. betonte Gregor II. seine Immunität und trat entschieden gegen die strenge Besteuerung Siziliens und gegen zwei Edikte auf, die die Verehrung von Bildern in den Kirchen verboten. Als Leo III., dem die Verehrung der Bilder heidnisch erschien, anordnete, eine große Christusstatue aus dem Vorhof seines Palastes zu entfernen, stürzten papsttreue Fanatiker herbei, rüttelten an den Leitern und jauchzten auf, wenn die kaiserlichen Diener mit zerschmetterten Gliedern im Hof lagen und sich im Todeskampf wanden. Gregor lobte solches Tun, er wünschte dem Kaiser »den Teufel in den Leib« und schrieb ihm: »Wenn Du in eine Knabenschule trätest und Dich zum Feinde unseres Gottesdienstes erklärtest, würden Dir die einfältigen und frommen Kinder ihre Abc-Bücher an den Kopf werfen.« So wurde der Riß zwischen Rom und Byzanz immer stärker, und Gregor suchte in Majordomus Karl Martell, dem Beherrscher des Frankenreiches, einen neuen Verbündeten. Am 11. Februar 731 starb der Papst in Rom und fand seine letzte Ruhestätte im Vatikan. Am 13. Februar wird sein Fest gefeiert.

Gregor III. hl., 90. Papst, aus Syrien, seit 18. März 731 Papst, trat wie sein Vorgänger → Gregor II. gegen den byzantinischen Kaiser Leo III. auf, der die Verehrung von Bildern verboten hatte. Im November 731 verurteilte Gregor III. alle Bilderfeinde und belegte sie mit dem → Anathem. Der Kaiser verzichtete zwar in Rom auf die Durchführung seiner Dekrete, belegte dafür aber Süditalien und Sizilien mit Konfiskationssteuern und entband diese Länder sowie Griechenland und Illyrien der römischen Rechtssprechung, welche er sodann dem Patriarchen von Konstantinopel zukommen ließ. Da zwischen Rom und Konstantinopel Zwietracht herrschte und der Langobardenkönig Luitprand seinen Machtbereich mit dem Ziel, bald die ganze Halbinsel zu beherrschen, unaufhörlich vergrößerte, wandte sich Gregor mit Hilferufen an den fränkischen Hausmeier Karl Martell. Doch dieser ließ sich weder durch Bittbriefe noch durch Geschenke, wie Feilspäne von den Ketten des hl. → Petrus und seine Schlüssel, noch durch das Angebot, römischer Konsul zu werden, dazu bewegen, in Italien einzugreifen. Karl Martell erkannte nämlich die Gefahr des vordringenden Islams und trat den Mauren 732 in der Schlacht von Tours und Poitiers entschieden entgegen. Auf seiner dritten Romreise empfing Gregor den Germanenapostel → Bonifatius, den er zum Erz→ bischof und → Primas von Deutschland erhob. Im Jahre 739 bestätigte der Papst die vier deutschen Bistümer Salzburg, Freising, Regensburg und Passau. Am 28. November 741 verschied Gregor III. Der Heilige wird am 28. November verehrt.

Gregor IV., 101. Papst, Nachfolger des nur vierzig Tage regierenden Papstes → Valentin, gelangte im Oktober 827 auf den päpstlichen Stuhl, doch ließ er sich nicht weihen, bis die kaiserlichen Gesandten gemäß der Constitutio von 824 seine Wahl untersucht und bestätigt hatten. In die Regierungszeit Gregors IV. fällt der Streit zwischen Kaiser Ludwig dem Frommen und seinen Söhnen um Aufteilung des Karolingerreiches. 833 versuchte der Papst auf dem Lügenfeld von Colmar persönlich zwischen den streitenden Parteien zu vermitteln, doch scheiterte seine Bemühung, da es zu einer Auseinandersetzung über päpstliche und kaiserliche Befehlsgewalt kam. 843 kam es im Vertrag von Verdun zur Aufteilung des Reiches. Lothar blieb Kaiser und erlangte die Herrschaft über Italien, Ludwig der Deutsche bekam das Ostreich, Karl der Kahle wurde König von Frankreich. Da die Sarazenen Rom immer mehr bedrängten, ließ Gregor Ostia befestigen und nannte es »Gregoriopolis«. Auf Gregor soll die Verbreitung des → Allerheiligenfestes im Abendlande zurückgehen, welches bereits → Bonifaz IV. im Morgenland eingeführt hatte. Auch fand unter ihm der Bilderstreit nach hundertfünfzehnjähriger Dauer im Jahre 843 ein Ende, denn die Kaiserin Theodora setzte den Bilderkult vollständig wieder ein. Gregor IV. starb im Jänner 844, seine Leiche ruht im Vatikan.

Gregor V., 140. Papst, eigentlich Bruno, Sohn Herzog Ottos von Kärnten, Großneffe Kaiser Ottos II., von Otto III. als Papst vorgeschlagen und am 3. Mai 996 als erster deutscher Papst des Mittelalters gewählt. Der erst vierundzwanzigjährige, gebildete und strenge Gregor V. krönte bereits am 21. Mai

Papst Gregor V.

996 den sechzehnjährigen Otto III. zum Kaiser. Doch als das kaiserliche Heer Rom verließ, verursachte der römische Adelige Crescentius einen Aufstand, so daß der Papst, der die Römer mit Milde behandelt hatte, fliehen mußte. Der

Grieche → »Johannes XVI.« wurde von Crescentius mit Unterstützung von Byzanz zum → Gegenpapst erhoben. Als Gregor V. mit Hilfe Kaiser Otto III. 998 nach Rom zurückkehren konnte, nahm er grausame Rache an dem Gegenpapst. Er berief ein → Konzil ein, ließ Johannes seiner päpstlichen Gewalt schimpflich berauben und zerriß mit eigener Hand dessen → Bischofsgewand. Hierauf wurde der Unglückliche verkehrt auf einen Esel gesetzt und unter schmählichen Beschimpfungen durch die Straßen Roms geführt. Sodann wurden ihm Nase, Ohren und Zunge abgeschnitten und die Hände abgehackt. In einem Kloster lebte der verstümmelte Johannes noch 15 Jahre. Der Kaiser ließ Crescentius auf dem Dach der Engelsburg enthaupten, seine Leiche nach dem Monte Mario hinter die Peterskirche schleifen und an den Beinen an den Galgen hängen. Zwölf seiner Genossen wurden neben ihm ans Kreuz geschlagen. Um sich an den Römern selbst zu rächen, nahm ihnen der Papst das Recht der Kaiserwahl und bestätigte zuerst geheim, dann öffentlich, daß der Fürst, den die deutsche Reichsversammlung wählen würde, zugleich König von Rom und Italien sein sollte. Als erster Papst sprach Gregor V. ein → Interdikt aus: er belegte ganz Frankreich mit dem Kirchenbann, da König Robert sich mit Bertha, einer Verwandten vierten Grades, ohne päpstliche → Dispens verheiratet hatte. Am 18. Februar 999 starb der 27jährige Papst an Malaria.

Gregor VI., 149. Papst, eigentlich Johannes Gratianus, Archi→presbyter und Taufpate → Benedikts IX., dem er um eine beträchtliche Summe die Papstwürde abkaufte mit der Begründung, daß er dem moralischen Tiefstand des Papsttums ein Ende bereiten wolle. Von den Reformern → Petrus Damianus und den → Cluniazensern wurde Gregor VI. begeistert begrüßt, und so regierte er vom 1. Mai 1045 an zunächst als allgemein anerkannter Papst. Durch König

Papst Gregor VI.

Heinrich III. veranlaßt, trat am 20. Dezember 1046 eine → Synode in Sutri zusammen, die die simonistische Handlung Gregors bei seinem Amtsantritt beanstandete. Gregor verurteilte sich nach einigen Quellen selbst: »Ich, → Bischof Gregor, der Knecht der Knechte Gottes, erkläre, daß ich wegen abscheulichen Kaufs und simonistischer (→ Simonie) Ketzerei, die sich bei meiner Wahl eingeschlichen hat, des römischen Bistums entsetzt werden muß«, und wurde abgesetzt. Mit → Hildebrand wurde er an den Rhein in die Verbannung geschickt, wo er vermutlich in Köln im November 1047 starb.

Gregor VI. (→ Gegenpapst), nach dem Tode Papst → Sergius' IV. im Mai 1012 von der Partei der Crescentier zum Gegenpapst gewählt. Er eilte noch im Winter des gleichen Jahres zu Heinrich II. nach Pöhlde, doch hatte sich dieser schon für den Sohn des Grafen von Tusculum, → Benedikt VIII., entschieden.

Gregor VII. hl., 158. Papst, eigentlich Hildebrand, wahrscheinlich aus einfachen Verhältnissen stammend, um 1020/25 in Sona (Toscana) geboren. Er wurde in Rom erzogen und ging als

Mönch nach → Cluny in Frankreich, wo er die Reformbewegung stark beeinflußte. Als Berater einiger Päpste gewann er immer mehr Einfluß in der → Kurie. Bei der Leichenfeier seines Vorgängers → Alexander II. forderte die Volksmenge, daß der Archi→diakon Hildebrand, der die Feier leitete,

Papst Gregor VII.

die Papstwürde übernehmen sollte. Nach anfänglicher Weigerung nahm dieser die Papstwürde wegen der einmütigen Proklamation an und bestieg am 22. April 1073 den päpstlichen Thron, nachdem die → Kardinäle das Verfahren legalisiert hatten. Die kanonische (→ Kanoniker) Wahl wurde auch von Heinrich VI. bestätigt. In seinen Fasten→synoden vom März 1074 und 1075 trat Gregor scharf gegen → Simonie und Priesterehe auf, belegte einige deutsche und italienische → Bischöfe mit dem Bann und erließ das berüchtigte → Investiturdekret. Dieses besagte, daß nicht mehr Laien, sondern nur der Papst Bischöfe ein- und absetzen konnte und daß sein → Legat über alle Bischöfe im → Konzil stände, was soviel besagt, daß künftig der Papst und nicht mehr der Kaiser Konzilien (→ Konzil) leiten durfte. Die folgenden Artikel zeugen von der übertriebenen Herrschsucht dieses Papstes: Artikel 12: »Der Papst darf Kaiser absetzen«; Artikel 14 und 17: »Er selbst darf von niemandem gerichtet werden«, doch »kann der Papst Untergeordnete von ihrem Treueschwur lösen, wenn dieser gegenüber Ungerechten geleistet wurde.« Höhepunkt der Anmaßung sind die Artikel 8 und 9: »Der Papst allein darf das caesarische Abzeichen tragen« und »Nur des Papstes Füße haben die Fürsten zu küssen.« Zur selben Zeit schickte Gregor Heinrich IV. eine Vorladung nach Rom, wo sich dieser wegen Simonie vor einem geistlichen Gericht verantworten sollte. Die Antwort Heinrich IV. war die Absetzung Gregors auf der Reichssynode in Worms 1076 und der Befehl an Rom, einen neuen Papst zu wählen. Vier Wochen danach ließ Papst Gregor die feierliche Exkommunikation und Absetzung Heinrichs verkünden. Die Untertanen waren des Treueeides enthoben, die Orte, an denen Heinrich sich aufhielt, wurden mit dem → Interdikt

Das große Papstsiegel Gregors VII.

belegt. Große Teile des Reiches wandten sich tief betroffen durch das Strafurteil Gregors von Heinrich ab, was diesen schließlich bewog, einen Bußgang zum Papst zu unternehmen. In Canossa traf er auf den Papst, der sich auf der Reise nach Augsburg befand, wo auf einem

Kaiser Heinrich IV. im Bußgewande vor Papst Gregor VII. Nach einer Federzeichnung von Peter Johann Nepomuk Geiger.

Reichstag ein neuer König gewählt werden sollte. Drei Tage ließ der Papst den König warten, bis er ihn, der barfuß und im Büßergewand vor der Burg stand, auf Fürsprache der Markgräfin Mathilde von Toskana, der Besitzerin der Burg, und des Abtes Hugo von Cluny einließ und am 18. 1. 1077 vom Bann löste. Doch war dies nicht nur eine Demütigung, sondern auch ein Erfolg für Heinrich, da der Papst ihn nun wieder als König anerkennen mußte. Am 15. März 1077 wählten die Fürsten in Anwesenheit päpstlicher → Legaten Rudolf von Schwaben zum König. Heinrich trat zum Kampf gegen diesen an und forderte dessen Exkommunikation und Absetzung. Er drohte mit einem → Gegenpapst und hielt an der Investitur fest. Gregor sprach erneut den Bann aus, der diesmal jedoch wirkungsloser blieb. Heinrich erhob nun seinen Kanzler in Italien, den Erzbischof Wibert von Ravenna, zum → Gegenpapst → Clemens III. Mit diesem eroberte er Rom und ließ sich am 31. März 1084 von ihm zum Kaiser krönen. Der Normannenherzog Robert Guiscard befreite Papst Gregor, der sich in die Engelsburg gerettet hatte, wurde aber mit diesem von den Römern vertrieben, da er die Stadt grausam geplündert hatte. Einsam und verbannt starb Gregor VII. am 25. Mai 1085 in Salerno, wo er auch begraben liegt. Der »Heilige Satan«, so nannte ihn der hl. → Petrus Damianus, wurde von → Paul V. 1606 heilig gesprochen, → Benedikt XIII. schrieb sein Kirchenfest der gesamten Kirche für den 25. Mai vor. Unter Gregor VII. hatte die Kirche den Höhepunkt ihrer Macht erreicht.

Gregor VIII., 174. Papst, eigentlich Albertus de Morra, um 1100 in Benevent geboren und seit 1178 Kanzler der römischen Kirche, gelangte nach dem Tod → Urbans VIII. (1185–1187) am 21. Oktober 1187 auf den Stuhl Petri. Sein

Papst Gregor VIII.

→ Pontifikat, das nur zwei Monate dauerte, war gekennzeichnet durch den Versuch einer friedlichen Beilegung der Konflikte mit den Staufern und eingeleiteten Reformversuchen. Der Verlust Jerusalems am 2. Oktober ging ihm stark zu Herzen, und er verordnete deshalb, daß die Christen am Mittwoch, Freitag und Samstag kein Fleisch essen sollten, er selbst fastete auch am Montag. In diesem Sinne suchte er auch den → Kreuzzugsgedanken neu zu beleben. Der Haß der Römer ließ auch ihn nicht nach Rom kommen, und so starb er in Pisa am 17. Dezember 1187 an Fieber und wurde in der dortigen bischöflichen Kirche beerdigt.

Gregor VIII. (→ Gegenpapst), eigentlich Mauritius (auch Burinus, »Esel«, genannt), Erzbischof von Braga in Spanien, wurde auf Wunsch Heinrichs V. und mit Hilfe der Partei der Frangipani am 8. März 1118 zum Gegenpapst Gregor VIII. gewählt, nachdem Papst → Gelasius II. geflohen war. Oberitalien, England und Deutschland standen ihm zur Seite, der Kaiser jedoch ließ ihn bald fallen. → Calixtus II., der nach dem Tod Gelasius' II. Papst war, belagerte mit Unterstützung normannischer

Fürsten Gregor VIII. im April 1121 in Sutri. Die Einwohner lieferten den Gegenpapst aus, und nun überhäufte man den unglücklichen Mann mit Schimpf und Schande. Man setzte ihn rücklings auf ein Kamel und führte ihn so im Triumph nach Rom, gab ihm dort dem wütenden Pöbel preis und warf ihn ins Gefängnis. Schließlich ließ man ihn in der Abtei La Cava streng verwahren. 1137 haben wir die letzte Kunde von ihm.

Gregor IX., 179. Papst, eigentlich Ogolino, Graf di Segni, um 1170 in Anagni geboren, ein Neffe → Innozenz' III. und seit 1206 → Kardinal→ bischof von Ostia, bestieg nach dem Tode → Honorius III. am 19. März 1227 den päpstlichen Thron. Als Gönner des heiligen → Franz von Assisi und einstiger Kardinalprotektor des Ordens der → Minderen Brüder sprach er schon zwei Jahre nach dem Tod des hl. Franz

Gregor IX. Nach einem Wandgemälde in der Paulsbasilika in Rom.

Papstwappen Gregors IX.

diesen am 16. Juli 1228 heilig. Durch die Förderung der → Orden, vor allem der Franziskaner und → Dominikaner, sucht er den häretischen (→ Häresie) Bewegungen seiner Zeit entgegenzuwirken. Auf politischer Ebene pflegte er die Feindschaft zu Friedrich II. bis zum Exzeß. Er befahl dem Kaiser, sein → Kreuzzugsgelübde zu erfüllen, und zwang ihn, sich einzuschiffen. Als Friedrich nach einer dreitägigen Fahrt krank in den Hafen von Brindisi einlief, belegte der Papst ihn mit dem Bann. Friedrich II. ging im folgenden Jahr wieder auf Kreuzzug, wurde aber, weil er zuvor nicht um Absolution gebeten hatte, neuerlich mit dem Bann belegt. Der Kreuzzug brachte dem Kaiser Erfolg. Durch einen friedlichen Vergleich mit dem Sultan von Ägypten erhielt er Jerusalem, Bethlehem, Nazareth und Sidon zurück und schloß einen vorteilhaften Waffenstillstand auf zehn Jahre. Da ihn wegen des verhängten Bannes niemand krönen wollte, nahm er die Krönung in Jerusalem selbst vor und eilte seinen Staaten zu Hilfe, die von Papst Gregor IX. bedroht wurden. Nachdem die päpstlichen Truppen besiegt waren, kam es 1230 zum Frieden von Ceperano, der fast zehn Jahre währte. Doch dann begann neuerdings das Machtstreben beider Parteien. 1239 wurde Friedrich neuerdings gebannt. In einem Briefwechsel ergingen sich beide in maßlosen Beschimpfungen. Auf den Bann antwortete Friedrich mit der Gefangennahme von Prälaten, die zu einem → Konzil nach Rom unterwegs waren, um ihn abzusetzen. Gregor IX. starb bald darauf am 22. August 1241. Er war der Papst, der den Bischöfen die → Inquisition entzog und zentralisierte, indem er die Dominikaner und auch die Franziskaner damit beauftragte.

Gregor X. sel., 185. Papst, eigentlich Tedoldo Viscont, ein Italiener aus Piacenza, um 1210 geboren, wurde nach einer → Sedisvakanz (= papstlose Zeit)

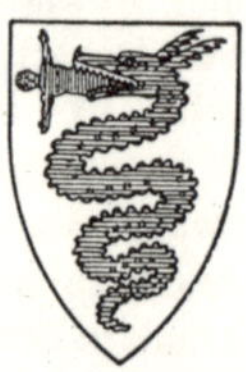

Papst Gregor X.

von drei Jahren, die nach dem Tode → Clemens IV. (1265 – 1268) folgte, durch Kompromiß in Viterbo gewählt. Gregor, der nicht → Kardinal, sondern nur Archi→ diakon von Lüttich war, befand sich zur Zeit seiner Wahl auf Grund eines Gelübdes auf einem Kreuzzug in Palästina. Erst nach einem halben Jahr fand die Krönung des neuen Papstes in Rom statt. Sein ganzes Streben galt der Befreiung des Heiligen Landes. Auf dem im Jahre 1274 in Lyon einberufenen zweiten Allgemeinen → Konzil war daher die Planung eines neuen → Kreuzzuges einer der vordringlichsten Tagungspunkte. Die Versammlung brachte auch eine Union zwischen der griechischen und römischen Kirche, die jedoch ohne Wirkung blieb, da der griechische → Klerus und das Volk die Einigung ablehnten. Rudolf von Habsburg, der nicht ohne Einfluß des Papstes von den deutschen Kurfürsten gewählt wurde, fand beim Konzil Anerkennung, doch wurde seine Kaiserkrönung durch den frühzeitigen Tod Gregor X. vereitelt. In der Konstitution »Ubi periculum« beschlossen die Konzilsväter für künftige Papstwahlen ein → Konklave, um eine lange Sedisvakanz zu verhindern. Auf der Heimreise von Lyon starb Gregor am 10. Jänner 1276 in Arezzo, wo er auch in der dortigen → Dominikanerkirche begraben liegt. Im Jahre 1713 sprach ihn → Clemens XI. selig. Am 28. Jänner und am 4. Februar wird sein Fest gefeiert.

Gregor XI., 202. Papst, eigentlich Pierre Roger de Beaufort, 1329 auf Schloß Maumont bei Limoges in Frankreich geboren, ein Neffe → Clemens' VI., wurde durch diesen Kardinaldiakon von S. Maria Nuova. Er studierte in Perugia und erlangte hervorragende Kenntnisse als Kanonist. Am 30. Dezember 1370 wählte ihn das Kardinalskollegium in Avignon zum Papst, als welcher er sich Gregor XI. nannte. Gregor war der letzte Papst im Exil in → Avignon, denn die Bemühungen der hl. → Birgitta von Schweden (1303 – 1373), die schon auf seinen Vorgänger → Urban V. (1362 bis

Papst Gregor XI.

1370) eingewirkt hatte, und vor allem die Anstrengungen der hl. → Katharina von Siena (1337–1380) bewirkten schließlich die Rückkehr des Papstes nach Rom. Am 13. September 1376 verließ der Papst, ungeachtet des Widerstandes des französischen Hofes und unter Zurücklassung von sechs Kardinälen, Avignon. Durch schwere Seestürme und Geldmangel aufgehalten, kam Gregor am 17. Jänner 1377 in Rom an und erlebte einen triumphalen Empfang. Unter Gregor trat in England der große Reformator Johann Wiclif auf, den der Papst in 18 Sätzen verurteilte. Einen Aufstand in Florenz schlug er mit Hilfe des → Kardinals Robert von Genf nieder, der zu Cesena im Februar 1377 ein furchtbares Blutbad anrichtete. Daraufhin nannte der Dichter Franco Saccetti den Papst einen »papa guastamondo«, einen Weltverderber. Der letzte französische Papst der Geschichte starb in Rom am 27. März 1378 und liegt in S. Maria Nuova begraben. Seinem → Pontifikat verdankt die Stadt den letzten romanischen Glockenturm, den Campanile von Santa Maria Maggiore.

Gregor XII., 206. Papst, eigentlich Angelo Correr, aus Venedig, bestieg nach dem Tode → Innozenz' VII. (1404 bis 1406) am 30. November 1406 den päpstlichen Thron. Um 1325 in adeliger Familie geboren, wurde der sittenstrenge und gelehrte Mann 1390 lateinischer Titular→ patriarch von Konstantinopel und 1405 → Kardinal→ priester von S. Marco. Seine Wahl zum Papst erfolgte während des Abendländischen → Schismas mit der Bedingung, daß er, ebenso wie sein → Gegenpapst → Benedikt XIII. (1394–1424), sofort nach der Wahl zurücktreten solle. Doch Gregor XII. hielt sein Versprechen nicht, da ihn seine Verwandten daran hinderten. Darauf sagten sich sieben seiner Kardinäle los und wählten → Alexander V. (1409 bis 1410) zum Papst, dem → Johannes XXIII. (1410–1415) als Gegenpapst folgte. Nachdem Gregor

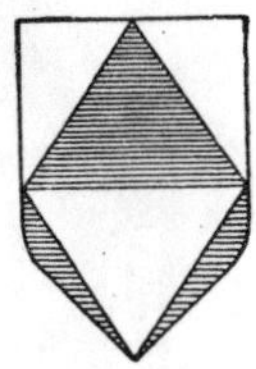

Papst Gregor XII.

auf dem → Konzil von Pisa 1409/10 widerrechtlich abgesetzt worden war, dankte er am 4. Juli 1415 auf dem Konzil von Konstanz ab, um dem → Schisma ein Ende zu machen. Als Kardinal→ bischof von Porto und päpstlicher → Legat starb der achtzigjährige Greis am 18. Oktober 1417 in Recanati, wo er im Dom seine letzte Ruhestätte fand.

Gregor XIII., 227. Papst, eigentlich Ugo Boncompagni, am 1. Jänner 1502 in Bologna geboren, von Natur aus heiter und lebenslustig. In seiner Vaterstadt lehrte er in den Jahren 1531 bis 1539 die Jurisprudenz und trat danach in den kirchlichen Dienst ein. Beim → Konzil von Trient hatte er erheblichen Anteil am Zustandekommen der Reformdekrete. 1558 wurde Gregor zum → Bischof von Vieste geweiht, ab 1565 führte er den Titel eines → Kardinal→priesters von S. Sisto und war →Legat in Spanien. Am 13. Mai 1572 bestieg er den päpstlichen Thron. Als Papst blieb Gregor XIII. schlicht und führte ein würdevolles Leben. →Nepotismus konnte man ihm kaum vorwerfen, wenngleich er seinem unehelichen Sohn, der zehn Jahre vor seinem Eintritt in den Priesterstand geboren wur-

Papstwappen Gregors XIII.

de, ein Herzogtum und eine Grafschaft kaufte. Am Beginn seines →Pontifikates fand die von Caterina de'Medici veranlaßte grauenhafte →Bartholomäusnacht statt, in der die führenden Hugenotten auf Befehl Karls IX. von Frankreich hingemordet wurden. Der falsch informierte Papst feierte den Sieg der katholischen Sache mit einem feierlichen →Te Deum. In seinen gegenreformatorischen Bestrebungen bedrängte er Philipp II., gegen England in kriegerischer Weise vorzugehen, versuchte es dann durch Anzettelung eines Aufstandes gegen Irland und billigte schließlich Pläne zur Ermordung Königin Elisa-

Bartholomäusnacht. Fresko von G. Vasari.

Gregor XIII. Ölgemälde von Scipione Pulzone.

beths, die ihrerseits die Katholiken blutig verfolgte. Mit Hilfe der → Jesuiten förderte Gregor die Missionen in Asien, Afrika und Amerika und gründete in Rom viele Kollegien. 1582 führte er die schon längst notwendig gewordene Kalenderrefom durch, die das Kalenderjahr mit dem astronomischen Sonnenjahr in Übereinstimmung brachte. Für die Verschönerung Roms gab Gregor so viel Geld aus, daß er die Staatsfinanzen in Unordnung brachte. Doch verdanken wir ihm unter anderem die schönen Brunnen auf der Piazza Navona und Piazza del Popolo sowie die Galleria delle Carte Geografiche von Ignazio Danti im Vatikan. Am 10. April 1585 starb Gregor XIII. Er liegt im rechten Seitenschiff der → Peterskirche begraben.

Gregor XIV., 230. Papst, eigentlich Niccolò Sfondrati, am 11. Februar 1535 als Sohn des Mailänder Senators und späteren → Kardinals Francesco Sfondrato geboren. Der zeitlebens kränkliche und leidende Gregor studierte Jura und befreundete sich mit den Heiligen → Carlo Borromeo und → Filippo Neri und führte wie sie ein asketisches (→ Askese), heiligmäßiges Leben. Auch als → Bischof (seit 1560) von Cremona, als Kardinal (1583) und nach seiner Wahl zum Papst am 5. Dezember 1590 führte Gregor XIV. sein mön-

Papstwappen Gregors XIV.

chisch einfaches Leben fort und galt seinen Zeitgenossen als Heiliger. Von heiterem Gemüte, soll Gregor viel gelacht haben, selbst bei seiner Krönung zum Papst, was man ihm sehr übel nahm. Politisch jedoch völlig unerfahren, vertraute er die Staatsgeschäfte seinem Neffen Paolo Camillo Sfondrati an, den er zum Kardinal und Staatssekretär erhob. Dieser, ebenso unerfahren, jedoch anmaßend, verließ die kluge politische

Gregor XIV. Anonymer Stich aus dem 16. Jh.

Linie → Sixtus' V. und unterstützte Spanien gegen Heinrich IV. von Frankreich, was sich als Fehlschlag erwies und die Staatskasse aufs empfindlichste leerte. Unter Gregor XIV. wurde die Kuppel der Peterskirche mit der Laterne versehen. Der große Musiker Palestrina widmete dem Papst eine Motettensammlung (= geistliche Lieder). Der Papst verschied an einem schweren Steinleiden am 16. Oktober 1591 im Palast von S. Marco. Er liegt in der Capella Gregoriana der → Peterskirche begraben.

Gregor XV., 235. Papst, eigentlich Alessandro Ludovisi, Sohn des Grafen Pompeo Ludovisi, am 9. Jänner 1554 in Bologna geboren, studierte in Rom bei den → Jesuiten Philosophie und Theologie, in Bologna beendete er sein Jurastudium 1575 mit der Verleihung des Doktortitels. Im Jahre 1612 wurde er Erz→bischof in seiner Vaterstadt, vier Jahre später erlangte er die Würde eines → Kardinal→priesters von S. Maria in Traspontina. Am 9. Februar 1621 wählte ihn das Kardinalskollegium zum Nachfolger Papst → Pauls V. (1605 bis 1621). Gregor XV., schon alt und kränklich, überließ den Großteil seiner Geschäfte seinem tüchtigen, fünfundzwanzigjährigen Neffen Ludovico Ludovisi, den er zum Kardinal ernannte. Vorzüglich widmeten sich beide der innerkirchlichen Reform und der aktiven Gegenreformation und erreichten die Rekatholisierung Böhmens. 1622 gründeten sie die → Kongregation der Propaganda Fidei, die Zentralbehörde für Belange der Mission. Im gleichen Jahr

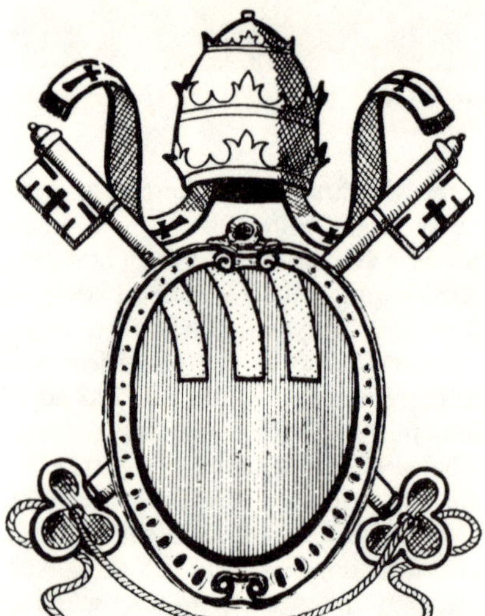

Papstwappen Gregors XV.

sprach Gregor XV. den → Apostel Ostasiens, → Franz Xaver, weiters → Ignatius von Loyola, → Theresia von Avila und Philipp Neri heilig. Da er Herzog

Gregor XV. und Ludovico Ludovisi. Ölgemälde von Domenichino.

Maximilian von Bayern die pfälzische Kurfürstenwürde zukommen ließ, schenkte ihm dieser die Universitätsbibliothek von Heidelberg, die Bibliotheca Palatina. Für künftige → Papstwahlen erließ Gregor die Bestimmungen einer geheimen Stimmzettelwahl und ein Verfahren zur Verhinderung einer Selbstwahl. Am 8. Juli 1623 starb Gregor im Quirinal. Er ruht seit Ende des 17. Jahrhunderts in S. Ignazio.

Gregor XVI., 255. Papst, eigentlich Bartolomeo Alberto Cappellari, → Kamaldulensergeneral und Berater zweier Päpste, wurde, während die Revolution im Kirchenstaat gärte, nach einem zweimonatigen → Konklave am 2. Februar 1831 auf den Stuhl Petri erhoben. Gregor XVI., als Sohn eines Juristen am 18. September 1765 in Belluno geboren, trat mit 18 Jahren in das Kloster S. Michele di Murano bei Venedig ein und wurde 1787 zum → Priester geweiht. Leo XII. (1823 – 1829) erhob ihn zum → Kardinal von San Callisto. Seine Wahl zum Papst wurde von Metternich beeinflußt, der einen absolutistisch gesinnten Papst wegen der Unruhen jener Zeit brauchte. Gleich nach seiner Wahl brach in Modena, in Bologna und ande-

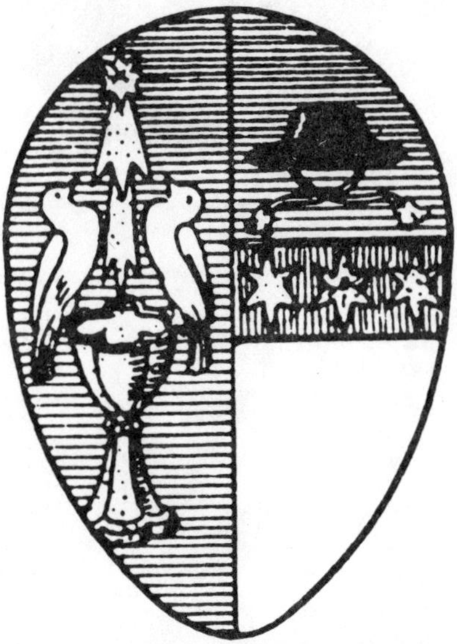

Papstwappen Gregors XVI.

ren Teilen des Kirchenstaates die Revolution aus, und Gregor rief die Österreicher und Franzosen zu Hilfe. Politisch unerfahren und weltfremd, führte der Papst ein absolutistisches Regime, das jedem politischen Fortschritt und der Freiheit des Volkes feindlich gegenüberstand. Sein Staatssekretär Kardinal Lambruschini sah in jeder Reform des Staates ein Verbrechen und sogar in

Papst Gregor XVI.

technischen Neuerungen, wie Gasbeleuchtung, Eisenbahnen und Hängebrücken, aufrührerische Momente. Im Kirchenstaat herrschten unterdessen Korruption, Amtsmißbrauch und willkürliche Justiz. Auch als die Großmächte ihn zu Reformen und zur Beteiligung von Laien an den Regierungsgeschäften aufforderten, blieb der Papst uneinsichtig. Sowohl der radikalen Bewegung Giovane Italia als auch der gemäßigten der Neoguelfen stand er ablehnend gegenüber. Die gerechten Forderungen nach Gewissens- und Pressefreiheit und Abschaffung der Todesstrafe stießen auf taube Ohren, und rücksichtslos wurden wegen Nichtigkeiten willkürlich Todesurteile vollstreckt. Als Gregor XVI. am 1. Juni 1846 starb, trauerte

Karikatur auf die Schreckensherrschaft Papst Gregors XVI.

ihm kaum einer nach. Unter seinem → Pontifikat wurden das ägyptische und etruskische Museum errichtet und die S.-Pauls-Basilika wieder aufgebaut. Der sozial gesinnte Fèlicité de Lamennais, der die katholische Lehre in Einklang mit dem demokratischen Denken bringen wollte, wurde durch die → Enzyklika »Mirari vos« vom 5. 8. 1832 scharf verurteilt, hingegen gewann die scholastische (→ Scholastik) »römische Theologie« immer mehr Bedeutung.

Gregor von Nazianz hl., als Sohn des gleichnamigen → Bischofs um 329 in Nazianz in Kleinasien geboren. Zusammen mit seinem Freund → Basilius d. Gr. zog er sich in die Einöde zurück und wurde Mönch. 362 erhielt er wahrscheinlich die → Priesterweihe durch seinen Vater, den er auch in seinem Amt unterstützen mußte. Sein Freund Basilius weihte ihn 372 zum Bischof von Sasima, doch konnte er sich als solcher nicht gegen seine Amtskollegen durchsetzen und kehrte zu seinem Vater zurück. Nach dessen Tod (375) zog er sich nach Seleuzia zurück, wo er fünf Jahre das Leben eines Büßers führte. Gegen seinen Willen erhob man Gregor 380 zum Bischof von Konstantinopel. Nur eine kleine Schar Nichtarianer (→ Arianismus) hielt zu Gregor, doch konnte er mit Geduld und überzeugender Predigt viele Arianer zurückgewinnen. Kaiser Theodosius erhob ihn nach dem zweiten Allgemeinen → Konzil zum Erzbischof von Konstantinopel (381), doch stark angefeindet dankte Gregor zwei Jahre später ab, um größere Unruhen zu vermeiden. Auf seinem Landgut in Arianz bei Nazianz verbrachte der Kirchenlehrer in Zurückgezogenheit die Jahre bis zu seinem Tod (390). Eindrucksvoll und voll Poesie sind seine Werke, die sich vor allem über theologische Fragen jener Zeit, wie auch Christologie und → Trinitätslehre auseinandersetzen. Der als »christlicher Demosthenes« und als »der Theologe« bezeichnete griechische → Kirchenlehrer wird auf Bildern als Bischof, schreibend und mit einer Taube auf den Schultern dargestellt, während ihm zwei Frauensgestalten, die die Keuschheit und die Weisheit symbolisieren (→ Symbol), erscheinen. Sein Fest: 2. Jänner, Patron der Dichter.

Gregor von Nyssa hl., Kirchenvater, ein jüngerer Bruder des hl. → Basilius, um 334 geboren. Er, sein Bruder und sein Freund → Gregor von Nazianz werden zusammen die »drei Kappadokier« genannt. Gregor, der wahrscheinlich verheiratet war, schlug zuerst die Rhetorenlaufbahn ein, doch zog er sich bald in ein von Basilius gegründetes Kloster zurück, um sich in der → Askese zu üben und Theologie zu studieren. Basilius weihte Gregor 371 zum → Bischof von Nyssa. Gregor, der dieses Amt nur widerwillig angenommen hatte, brachte seine → Diözese finanziell derart in Unordnung, daß ihn eine → Synode 376 absetzte und er wegen Verschwendung des Kirchengutes ins Exil mußte. Nach zwei Jahren durfte er zurückkehren. Das Amt des → Metropoliten von Sebaste, zu dem er 380 gewählt wurde, verwaltete Gregor nur einige Monate. In seinen Schriften und auf dem → Konzil von Konstantinopel (381) verteidigte er vor allem die Gottheit Christi und des Hl. Geistes. Der mystische (→ Mystik) Theologe Gregor starb 394. Sein Fest feiert die Kirche am 9. März.

Gregorianik, der einstimmige liturgische (→ Liturgie) Gesang in der katholischen Kirche, der von Papst → Gregor I. dem Großen (590–604) angeordnet wurde.

H

Habit (lat.), Ordenskleid, Kutte.

Hadrian I., 95. Papst, dritter Papst aus dem römischen Adelsgeschlecht der Colonna, nach → Stephan III. am 1. Februar 772 zum Nachfolger Petri gewählt. Er rief Karl den Großen, der nach dem Tode Karlmanns (771) Alleinregent des Frankenreiches war, gegen die Langobarden, die noch immer Gebiete des → Patrimonium Petri besetzt hielten, zu Hilfe. In einem siegreichen Feldzug gegen Desiderius machte Karl der Große der zweihundertjährigen Langobardenherrschaft 774 ein Ende und zog zu Ostern desselben Jahres mit großem Gefolge in Rom ein. Er bestätigte die von Pippin 754 bei Quierzy gemachte Schenkungsurkunde, die das ganze Reichsgebiet Italiens in seinen alten Grenzen dem Papst überwies. Doch ließ sich Karl zum Leidwesen Hadrians mit der Durchführung der Schenkung Zeit. Bei der zweiten Romreise Karls erneuerten der Papst und der König das »Bündnis der Liebe und Treue«, und Hadrian salbte Pippin, den Sohn Karls d. G., 781 zum König von Italien. Papst und Kirchenstaat gerieten dadurch in Abhängigkeit der Frankenkönige. Obwohl Karl d. G. 787 zu größeren Zugeständnissen bereit war, blieb er Patricius Romanorum. Auf dem → Konzil von Nicäa im Jahre 787 wurde der Bilderstreit bereinigt und so die Ost- und Westkirche miteinander versöhnt, doch berief Karl, der zum Konzil nicht geladen war, nun seinerseits eine Gegensynode in Frankfurt (794) ein, um den seiner Meinung nach »rechten Glauben« zu verteidigen. Außer der Verurteilung des → Adoptianismus bestätigte jedoch Hadrian die Beschlüsse dieser → Synode nicht. Hadrian I. machte sich als Bauherr einen Namen, da er die große römische Wasserleitung errichten ließ und viele alte Kirchen renovierte. Als Hadrian am 25. Dezember 795 starb, lagen 22 Jahre gemeinsamen Wirkens mit dem Franzosenkönig zurück, doch war Karl d. G. die dominierende Persönlichkeit.

Hadrian II., 106. Papst, aus dem vornehmen Geschlecht der Colonna, 792 als Sohn eines späteren → Bischofs in Rom geboren. Schon vor seiner Ordination (Priesterweihe) war er verheiratet und hatte eine Tochter. Von mildtätigem und liebenswürdigem, wenn auch etwas schwachem Charakter, war er schon bei den beiden vorangegangenen → Papstwahlen ernsthafter Kandidat. Am 14. Dezember 867 wurde er zum Nachfolger Papst → Nikolaus I. (858 bis 867) gewählt. Bald nach seiner Wahl wurden seine Gemahlin und seine Tochter entführt und ermordet. Beim 8. Allgemeinen → Konzil von Konstantinopel 869 kam für kurze Zeit eine Versöhnung mit der Ostkirche zustande. Das → Schisma des Photius wurde dabei verurteilt. Hadrian II. konnte jedoch nicht verhindern, daß die junge Kirche Bulgariens dem Patriarchat von Konstantinopel eingegliedert wurde. Die von → Cyrill und → Method missionierten slawischen Länder hielten die Verbindung mit Rom aufrecht und durften mit der Erlaubnis des Papstes Slawisch als → Liturgiesprache beibehalten. Jede Einmischung Hadrians in die karolingischen Thronstreitigkeiten wurde von den Beteiligten schroff zurückgewiesen. Hadrian starb am 14. Dezember 872.

Hadrian III. hl., 109. Papst, Römer, Benediktiner, aus dem Geschlecht der Colonna, bestieg am 17. Mai 884 den päpstlichen Stuhl. Er widersetzte sich standhaft dem Begehren des griechischen Kaisers Basilius I., die Akten über die Exkommunikation des Photius vernichten zu lassen. Um die Streitigkeiten in Frankreich zu schlichten und seinem illegitimen Sohn Bernhard die Nachfolge zu sichern, rief Kaiser Karl III., der Dicke, den Papst zu sich nach Frankreich. Auf der Reise dorthin starb Hadrian im September 885 in der Nähe von Modena. In der Abtei von Nonantola liegt er begraben. Schon früh entwickelte sich dort sein Heiligenkult. 1891 fand die offizielle Anerkennung des Heiligen statt. Sein Fest feiert die Kirche am 8. Juli.

Hadrian IV., 170. Papst, eigentlich Nikolaus Breakspear, einziger englischer Papst, zwischen 1110 und 1120 in

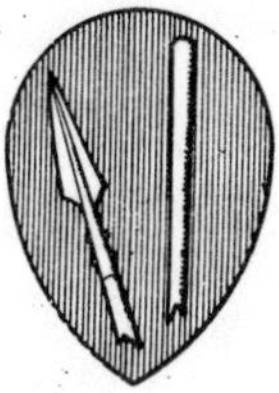

Papst Hadrian IV.

Abbot's Langley geboren. Nach entbehrungsreicher Jugend zog es ihn nach Frankreich, wo der strebsame Mönch bald zum Abt von St. Ruf bei Avignon ernannt wurde. Papst → Eugen III. nahm ihn mit nach Rom und erhob ihn 1149 zum → Kardinal→ bischof von Ostia. Als → Legat nach Skandinavien entsandt, regelte er dort die Organisation der Kirchenprovinzen. Am 4. Dezember 1154 folgte er Papst → Anastasius IV. (1153—1154) auf den Stuhl Petri und nannte sich Hadrian IV. In Rom, über das er sogar das → Interdikt verhängte, suchte er die durch → Arnold von Brescia gestörte Ordnung wiederherzustellen. Am 18. Juni 1155 krönte Hadrian IV. Friedrich Barbarossa zum Kaiser, doch mußten beide wegen eines Aufstandes der Römer die Stadt verlassen. → Arnold von Brescia, der die Armut der Kirche forderte und gegen die Verweltlichung des → Klerus auftrat, geriet in die Hände Friedrich Barbarossas, der ihn dem Papst übergab. Dieser ließ ihn als Ketzer verurteilen und vor der Porta del popolo auf dem Scheiterhaufen verbrennen. Seine Asche übergab man den Fluten des Tibers. Seine Ideen von der evangelischen Armut lebten jedoch in den religiösen Bewegungen der → Waldenser und → Katharer weiter. Erfolglos blieben die Bemühungen des Papstes gegen Wilhelm I. von Sizilien, der im Süden den Kirchenstaat bedrohte. Als Friedrich Barbarossa Mailand eroberte und in der Ebene von Roncaglia die kaiserlichen Rechte ausübte, geriet Hadrian in Wut und hätte den Kaiser wohl mit dem Bann belegt, wenn er nicht kurz danach, am 1. September 1159, in Anagni gestorben wäre.

Hadrian V., 187. Papst, eigentlich Ottobono Fieschi, Graf von Lavagna, Neffe → Innozenz' IV., ein äußerst habgieri-

Papst Hadrian V.

ger → Kardinal, wurde im Greisenalter, nach einem unter Karl von Anjous Aufsicht hart geführten → Konklave am 11. Juli 1276 zum Papst gewählt. Sogleich hob er die so schroff gehandhabte Konklaveordnung → Gregors X. auf. Schwer krank begab er sich nach Viterbo, wo er, noch bevor er die → Priester- und → Bischofsweihe und die Papstkrone empfangen hatte, am 18. August des gleichen Jahres starb. In S. Francesco Viterbo schuf Arnolfo di Cambio das prachtvolle Grabmal Hadrians V. In der »Göttlichen Komödie« Dantes wird Hadrian bei den Geizigen im Purgatorium (Fegefeuer) erwähnt.

Hadrian VI., 219. Papst, eigentlich Hadrian Florensz, als Sohn armer Eltern am 2. März 1459 in Utrecht geboren, letzter nichtitalienischer Papst vor → Johannes Paul II. (1978). Nach seinem Studium an der Universität von Löwen lehrte er mit Erfolg von 1491 bis 1507 Theologie und verfaßte kasuistische und moraltheologische Schriften in der Art der Spätscholastik. Als Erzieher und späterer Ratgeber Karls V. sicherte er diesem das Erbrecht in Spanien und führte zeitweilig als → Bischof von Tortosa die Regierungsgeschäfte in diesem Land. 1517 wurde er zum → Kardinal erhoben. Wegen seiner bedeutenden Stellung und seiner Sittenstrenge wählte man ihn am 9. Jänner 1522 in Abwesenheit zum Papst. Als der Ausländer im August in Rom eintraf, waren die Römer nicht sehr begeistert. Durch seine Sparsamkeit und die überaus notwendige Reform der Kurie zog er sich weitere Feinde zu. Zum Reichstag von Nürnberg (1522–1523) entsandte er einen → Legaten, der die Durchführung des Wormser Edikts forderte, gleichzei-

Hadrian VI. Gemälde aus dem 16. Jh.

Papstwappen Hadrians VI.

tig aber dadurch die Schuld durch Mißbräuche an der römischen Kurie eingestand. → Luther beantwortete dies jedoch mit einem Pamphlet gegen Hadrian. Erfolglos suchte der Papst auch eine Einigung zwischen Franz I. und Karl V. zu erzielen, da die Türkengefahr immer bedrohlicher wurde. Am 14. September 1523 starb dieser bescheidene und vom Pflichtbewußtsein durchdrungene Papst, der ein »Brandopfer des römischen Hohnes« (Burckhardt) war. Sein Grabmal befindet sich in der Kirche Santa Maria dell'Anima, wo die Inschrift angebracht ist: »Wehe, wieviel kommt es doch darauf an, in welcher Zeit auch des trefflichsten Mannes Wirken fällt.«

Hagiograph (griech.), Verfasser von Heiligenleben.

Hagiographie (griech.), Erforschung und Beschreibung von Heiligenleben.

Hagiolatrie (griech.), Verehrung der Heiligen.

Hagiologie (griech.), Lehre von den Heiligen.

Häresie (griech., »Absonderung«), von der Lehre der Kirche abweichende Meinung, Verwerfung des Katholischen, das heißt, des von der Allgemeinheit Angenommenen in der Lehre. Schon in der frühen christlichen Kirche das Vergehen einzelner Menschen, der Häretiker, oder ganzer Gruppen, der → Sekten. Je mehr Gewicht die Kirche im Laufe der Zeit auf die äußerliche Einheit in der Lehre zu legen begann, desto strenger und ungerechter verfuhr sie gegen Häretiker und → Ketzer. Die Häresie unterscheidet sich vom → Schisma dadurch, daß erstere sich nur auf die Lehre bezieht, letzteres dagegen eine Trennung von der Kirche in den Bereichen Verfassung, Disziplin und Kult ist.

Häretiker → Häresie.

Hedwig hl., Tochter des Grafen Berthold von Andechs-Meran, 1174 geboren, wurde von ihrer Tante im → Benediktinerinnenkloster Kitzingen erzogen und mit dreizehn Jahren 1186 mit dem Herzog Heinrich I. »dem Bärtigen« von Schlesien verheiratet. Nach 22jähriger Ehe gelobten beide die Enthaltsamkeit, und Hedwig gründete das Kloster Trebnitz. Dort lebte sie bis zu ihrem Tode, am 15. Oktober 1243, in strenger → Askese und diente mit großer Liebe den Armen und Kranken. Die Landespatronin Schlesiens wird meist in langem Kleid mit Mantel und Herzogshut dargestellt. Oft sieht man sie auch barfuß mit Schuhen in der Hand. Das Fest der hl. Hedwig, die in der Klosterkirche von Trebnitz begraben liegt, wird am 16. Oktober gefeiert. Sie war eine Tante der hl. → Elisabeth von Thüringen.

Heiligenattribute, → Symbole und Gegenstände, die an Stelle einer Beischrift oder Erklärung eine bestimmte heilige Person oder einen Typ von Heiligen, der auf einem Bild oder plastisch dargestellt ist, kennzeichnen. So deuten Schriftrollen und Bücher auf einen Apostel, Evangelisten oder Kirchenlehrer hin, eine Krone, Palmzweige oder Marterwerkzeuge auf einen → Märtyrer. Kleidung und → Insignien lassen den geistlichen oder weltlichen Stand des Abgebildeten erkennen. So weist eine → Inful (Bischofsmütze) oder ein Stab auf einen Bischof, ein Meßgewand auf einen → Priester und eine Dalmatika (Gewand des Diakons) auf einen → Diakon hin. Erst im 5. Jahrhundert treten die Heiligenattribute häufiger auf, zunächst bei den → Evangelisten und → Aposteln, dann auch bei anderen Heiligen. Oft werden die Attribute einer geschichtlichen oder legendären (→ Legende) Begebenheit entnommen, wie der Schlüssel des hl. → Petrus und die Salbdose der hl. → Maria Magdalena, oder sie weisen auf den Umstand ihres Todes hin, wie das Schwert beim hl. → Paulus oder das zerbrochene Rad bei der hl. → Katharina. Manchmal werden auch der besondere Charakter, die Begabung oder Tugend des Heiligen bezeichnet: Der Bienenkorb ist Sinnbild der honigsüßen Beredsamkeit oder des Fleißes (hl. → Ambrosius), ein brennendes Herz ist Zeichen der Liebe oder der inneren Unruhe (cor inquietum des hl. → Augustinus), ein Totenkopf bezeichnet den → Asketen (z. B. → Franziskus, → Hieronymus u. a.), eine Lilie weist auf die Jungfräulichkeit und Keuschheit hin (hl. → Aloisius von Gonzaga).

Heiligenbildchen, Andachtsbildchen, gehen bis ins 14. Jahrhundert zurück. Im 17. und 18. Jahrhundert erreichte die Verbreitung des Heiligenbildchens ihren Höhepunkt. Waren die älteren Bildchen oft kunstvoll bemalen und mit Seide, Spitzen und Scherenschnitten künstlerisch verziert, so werden sie heute meist als Reproduktionen von Kunstbildern an den Wallfahrtsorten vertrieben. Man schrieb den Bildchen einst wunderbare Kräfte zu, indem man die an Heiligengräbern und Gnadenbildern befestigten Bilder berührte und als Schutz für das Vieh an Stalltüren befestigte. Auch gab es Schluckbilder und Eßzettel, die Hilfe in Krankheit und Not bringen sollten. In Frauenklöstern schlug man die Innenseite des Sarges einer verstorbenen Nonne damit aus, und auch heute gibt man mancherorts Heiligenbildchen mit in den Sarg.

Heiligenfeste, erstmals im 2. Jahrhundert bezeugt. Jährlich feierte man am Todestag der → Märtyrer die heilige Messe an ihrem Grab. Als die Heiligenverehrung überregionalen Charakter annahm und Reliquien der Heiligen an verschiedenste Orte gelangten, war die Feierlichkeit auch nicht mehr an die Begräbnisstätte des Heiligen gebunden. Neben dem liturgischen »Herrenjahr«, dem Festkreis der Heilsgeschichte (Ostern, Weihnachten, Pfingsten usw.), gewann mit der Zeit das Heiligenjahr mit seinen Festen an Bedeutung und verdrängte im Spätmittelalter sogar die Sonntage. Dieser Überwucherung des Herrenjahres wirkte erstmals → Pius V. mit einer Kalenderreform entgegen, doch gelang es erst → Pius X., die Heiligenfeste zu reduzieren und die Sonntage wieder mehr zu betonen. Nach der → Liturgiereform unter → Paul VI. nahmen die Heiligenfeste endgültig eine untergeordnete Stellung neben den Herrenfesten und Sonntagen ein. Die Reform brachte auch eine Neuordnung des Heiligenkalenders.

Heiligenschein → Nimbus.

Heiliges Kollegium → Kardinal.

Heiliges Jahr → Jubiläumsablaß.

Heiligenverehrung, begann mit dem Kult der → Märtyrer. Seit dem 2. Jahrhundert feierten die Christen die → Eucharistie an den Gräbern der Märtyrer und verehrten deren Bilder und → Reliquien. Über ihren Gräbern errichtete man Kirchen und Altäre, rief sie um Hilfe an und brachte ihnen Gaben dar. War es bis ins 4. Jahrhundert Sitte, *für* Märtyrer zu beten, befand dies der hl. → Augustinus schon als unschicklich, und man fing nun an, *zu* ihnen zu beten. Die Begriffe »heilig« (sanctus) und »selig« (beatus) wurden ursprünglich nicht voneinander unterschieden. Sie fanden sich auf christlichen und heidnischen Grabinschriften und wurden ohne kultischen Sinn auf einfache Verstorbene angewendet. Erst im 5. Jahrhundert unterschied man zwischen Märtyrern und Heiligen (→ Bekenner, Jungfrauen). Die Heiligenverehrung ging zuerst vom christlichen Volke aus, wurde dann von den → Bischöfen gutgeheißen und später ausschließlich dem Apostolischen Stuhl zur Approbation (Gutheißung) vorbehalten (→ Heiligsprechung). Die Heiligen wurden bald Diener, bald Freunde und Vertraute Gottes, bald Beschützer des Menschen genannt, an Rang nicht selten über die Engel gesetzt und schon im 4. und 5. Jahrhundert in öffentlichen Reden und Predigten als mächtige Fürbitter bei Gott, als Helfer in allen Nöten gepriesen und angerufen. Von ihrer Fürbitte erhoffte man die Aufhebung der Sünden ganzer Völker, und von der wunderbaren Kraft ihrer Gebeine und Reliquien kamen namentlich seit → Gregor dem Großen die sonderbarsten Sagen in Umlauf. Bald kniete man auch vor den Heiligenbildern und Statuen nieder, schmückte, berührte und küßte sie, opferte Geld und Kerzen und brachte allerlei Votivgaben an die »Gnadenorte«. Bis in unsere Tage hat sich in der katholischen Kirche dieser aus dem Heidentum überlieferte Brauch erhalten.

Heiligsprechung (Kanonisation), erstmals geschichtlich nachweisbar unter Papst → Johannes XV., der 993 den → Bischof Ulrich von Augsburg formell heiligsprach. Schon bei Papst → Alexander III. war der Akt der Heiligsprechung dem Heiligen Stuhl vorbehalten. In der katholischen Kirche gilt die Heiligsprechung durch den Papst als endgültige, unfehlbare Entscheidung. Der Heilige wird in das Verzeichnis (= canon, daher Kanonisation) der Heiligen eingereiht. Voraussetzung zur Heiligsprechung einer Person ist die seit langem bestehende öffentliche Verehrung, oder die vorherige formelle Seligsprechung. Im ersten Fall sind drei, im zweiten Fall nur zwei Wunder erforderlich. Im Heiligsprechungsprozeß werden diese geprüft, wobei der → »advocatus diaboli« die Gegengründe vorträgt. Der Papst nimmt bei der letzten Sitzung, der Riten→ kongregation, teil und holt auch das Urteil der → Kardinäle ein, bevor er die feierliche Heiligsprechung im Petersdom vornimmt. Die als »heilig« bezeichnete Person darf auf Bildern mit Heiligenschein (Nimbus) abgebildet werden; die öffentliche Verehrung in der → Liturgie, im → Brevier und der → Reliquien ist gestattet. Altäre, Kirchen und Kapellen dürfen auf den Namen des Heiligen geweiht werden und → Diözesen, → Orden, Organisationen, Städte und ganze Länder können unter seinen Schutz (unter sein Patronat) gestellt werden.

Heinrich hl., um 973 in Hildesheim als Sohn des Bayernherzogs Heinrich dem Zänker und seiner Gemahlin Gisela geboren. In Regensburg erzog ihn der hl. Bischof → Wolfgang und der Abt von St. Emmeran. Nach dem Tode seines Vaters wurde er 995 Herzog von Bayern, 1002 als Heinrich II. deutscher König und 1004 König von Italien. Papst → Benedikt VIII. krönte ihn 1014 zum römischen Kaiser. Heinrich bemühte sich um die Reichskirche, er baute sie aus und besetzte die Bistümer mit ausgewählten → Bischöfen. Seine tiefe Frömmigkeit ließ ihn zahlreiche Klöster im Sinne der cluniazensischen (→ Cluniazenser) Reform errichten. Das Bistum Merseburg wurde von ihm wiederhergestellt und Bamberg als Missionsbistum zur Missionierung der Slawen errichtet. Heinrichs Gemahlin, Kunigunde, die Tochter des Grafen Siegfried von Luxemburg, wurde 1014 zur Kaiserin gekrönt und nahm regen Anteil an seinen Regierungsgeschäften. Die Ehe blieb kinderlos, und Kunigunde zog sich nach dem Tode Heinrichs (13. Juli 1024) als Nonne in das von ihr gegründete Kloster Kaufungen zurück. 1033 (1039?) starb sie und wurde neben ihrem Gatten im Dom zu Bamberg begraben. Heinrich, der Patron des Bistums Bamberg und von Basel, wird meist mit Kaiserkrone, Zepter, Harnisch und Schwert dargestellt. In der Hand hält er manchmal auch ein → Kirchenmodell und den Reichsapfel. Kunigunde sieht man oft an seiner Seite. Auch sie wird mit Kaiserkrone und Kirchenmodell dargestellt. Manchmal sieht man sie auch als Nonne mit Buch abgebildet. Kunigunde wird als Patronin der schwangeren Frauen und der Kinder verehrt. Das hl. Kaiserpaar wurde 1200 heiliggesprochen. Tilman Riemenschneider (1499–1513) schuf das eindrucksvolle Grabmal im Bamberger Dom. Beider Fest wird am 13. Juli gefeiert.

Heinrich Seuse (Suso) sel., auch »schwäbischer → Franziskus« genannt, am 12. März 1295, wahrscheinlich in Konstanz, geboren. Als Sohn des Ritters Heinrich von Berg und dessen Ehefrau aus der Familie Seuse fühlte er sich zur Mutter stärker hingezogen, so daß er ihren Namen beibehielt, als er mit dreizehn Jahren ins → Dominikanerkloster in Konstanz eintrat. In Köln war er Schüler des berühmten → Mystikers Meister Ekkehart. Als sein Lehrer üblen Angriffen ausgesetzt war, schrieb Heinrich Seuse 1326 sein »Büchlein von der Wahrheit«, in dem er seinen Lehrmeister verteidigte. Nach Konstanz zurückgekehrt, überwachte er viele Jahre die wissenschaftliche Ausbildung seiner Mitbrüder. Der begnadete Mystiker und Prediger zog zu Fuß durch die Schweiz bis in die Niederlande. Er fand vor allem in den Frauenklöstern begeisterte Zuhörer, die auch seine Betrachtungen niederschrieben. Sein »Büchlein der ewigen Weisheit« (Horologium sapientiae), welches bis in die Neuzeit ein beliebtes Betrachtungsbüchlein war, zeigt seine zarte dichterische Phantasie und Sprache, die ihm den Ehrennamen »Minnesänger Gottes« zu Recht zukommen läßt. Am 25. Jänner 1366 starb Seuse in Ulm, wo sein Leichnam im Dominikanerkloster beigesetzt wurde. Unter Papst → Gregor XVI. fand 1831 die Seligsprechung statt. Dargestellt wird der große deutsche Mystiker mit einem Rosenkranz im Haar, in der Hand einen Schreibstift, zu seinen Füßen ein Hund mit einem roten Tuch im Maul. Auf einem Baum hinter ihm sitzt das Jesuskind und streut Blütenzweige über ihn herab. Sein Fest wird am 23. Jänner gefeiert.

Hemma von Gurk hl., auch Emma, Gräfin von Friesach-Zeltschach, wurde um 980 geboren. Sie heiratete den Grafen Wilhelm von der Sann und hatte zwei Söhne mit ihm. Nach dem Tode ihres Mannes und der Ermordung ihrer Söhne überließ sie 1043 ihre Besitzungen dem von ihr gegründeten Frauenkloster in Gurk. Auch das Kloster in Admont ehrt sie als Stifterin. 1045 starb die Heilige in Gurk und wurde in der Krypta des Domes beigesetzt. Die → Heiligsprechung der Landespatronin Kärntens erfolgte erst 1938. Im Stift

Admont sieht man die Heilige auf einer Darstellung aus dem 15. Jahrhundert, mit einer Krone über einer Haube, einem → Kirchenmodell von Admont und einer Rose, dem → Symbol der Nächstenliebe. Das Fest der hl. Hemma wird am 27. Juni gefeiert.

Herakleon → Valentin(os).

Hermann Josef hl., → Mystiker, um 1150 in Köln geboren, war Kind armer Leute. Als er noch ein Knabe von sieben Jahren war, begannen seine mystischen Erlebnisse, wobei er vertraute Gespräche mit den Heiligen des Himmels führte. Im Alter von zwölf Jahren trat er als Schüler bei den → Prämonstratensern im Kloster Steinfeld in der Eifel ein, um schließlich als Mönch bei ihnen zu bleiben. Er empfing die → Priesterweihe und wurde bald zum begehrten Seelenführer und Prediger. Hermann führte ein strenges, asketisches (→ Askese) Leben und geriet später oft während der Messe in Ekstase, so daß er oft mehrere Stunden lang mit ausgebreiteten Armen verharrte. Der neunzigjährige, demütige Mönch starb 1241 (1252?) in der Karwoche im → Zisterzienserinnenkloster Hoven bei Zülpich. Seine → Reliquien ruhen in der Abteikirche von Steinfeld. Das Fest des großen Marienverehrers feiert die Kirche am 21. Mai.

Hermas, einer der → Apostolischen Väter, wird als Verfasser des Buches »Der Hirt« genannt, das in der alten Kirche in solchem Ansehen stand, daß es den kanonischen Büchern beigezählt wurde. Es ist zweifelhaft, ob der Verfasser mit dem im Neuen Testament erwähnten Hermas identisch oder den zweiundsiebzig in der Hl. Schrift erwähnten Jüngern zuzurechnen ist.

Hierarchie (griech., »heilige Herrschaft«), Rangordnung der geistlichen Würdenträger.

Hieronymus hl., einer der vier großen lateinischen → Kirchenväter, wurde um 345 in Stridon in Dalmatien geboren.

Hl. Hieronymus nach Albrecht Dürer.

Seine christlichen Eltern, die begütert waren, schickten ihn 354 nach Rom, wo er der → Legende nach mehr für Plato und Cicero denn für die Hl. Schrift Interesse zeigte. Er studierte Grammatik, Rhetorik und Philosophie, hatte ein erstaunliches Gedächtnis und große Sprachenbegabung. 367 ging er zu weiteren Studien nach Trier, wo er sich bekehrte und fortan nur noch als christlicher Gelehrter Christus dienen wollte. Weiter ging seine Reise nach Aquilea (370) und 373 auf dem Landweg nach dem Orient. Krankheitshalber mußte er seine Reise in Antiochien unterbrechen. Bei syrischen Mönchen lebte Hieronymus zwei Jahre in der Nähe von Aleppo und erlernte die griechische und hebräische Sprache. In Antiochien ließ er sich 379 zum → Priester weihen. Papst → Damasus berief ihn 380 nach Rom zu einer → Synode und erwählte den Gelehrten zu seinem Sekretär. In Rom scharte sich ein Kreis frommer, vornehmer Frauen um ihn, zu dem die hl. → Paula und die hl. → Marcella zählten. Durch die asketische Lebensweise, die ihnen Hieronymus vermittelte, fühlten sie sich mit ihm so verbunden, daß sie ihm später nach Palästina folgten. 385 mußte er nach dem Tode des Papstes → Damasus Rom verlassen, da er durch seine harte Kritik den römischen → Klerus gegen sich hatte. Er ließ sich in Bethlehem nieder, wo er an seiner, noch von Damasus in Auftrag gegebenen Bibelübersetzung weiterarbeitete und viele Kommentare zur Hl. Schrift verfaßte. Außerdem leitete er ein Männer- und drei Frauenklöster. Sein wichtigstes Werk ist die »Vulgata«, die lateinische Bibelübersetzung. Beinahe erblindet, starb Hieronymus am 30. September 420 in Bethlehem. Darstellungen zeigen den → Kirchenvater meist in felsiger Umgebung sitzend oder kniend, mit einem Löwen an seiner Seite, ein Kreuz betrachtend. Manchmal hält er einen Stein oder einen Totenkopf in seinen Händen und der Kardinalshut liegt an seiner Seite. Berühmt sind die Abbildungen des Heiligen von Altdorfer, Dürer und Leonardo da Vinci. Hieronymus ist der Patron der Asketen, Gelehrten, Studenten, Schüler, Theologen und Übersetzer. Er soll außerdem bei Augenleiden helfen. Das Fest des großen Gelehrten, dessen Gebeine in S. Maria Maggiore in Rom ruhen, wird am 30. September gefeiert.

Hieronymus Ämiliani hl., → Ordensgründer, aus einer venezianischen Patrizierfamilie. Schon früh begeisterte er sich für den Soldatenstand und führte ein Leben voll Abenteuer. Doch das Glück war ihm nicht immer hold, und so kam er in Gefangenschaft. In Ketten begann er über sein verflossenes Leben nachzudenken, und er beschloß, einen neuen Anfang zu setzen. In Zukunft wollte er nur mehr den Armen, Kranken und Waisen dienstbar sein. Hieronymus gründete 1532 eine Genossenschaft von Regularklerikern (→ Klerus), die nach der ersten Niederlassung in Somasca bei Bergamo »Somasker« genannt wurden. Während der Pestepidemie des Jahres 1537 starb der unermüdlich im Dienste der Kranken tätige Hieronymus am 8. Februar in Somasca. 1767 wurde er heiliggesprochen. Die Kirche feiert sein Fest am 8. Februar.

Hilarius hl., 46. Papst, aus Sardinien, unter Papst → Leo I. (440–461) römischer → Archidiakon und 449 päpstlicher → Legat auf der Räubersynode zu Ephesus, wo er zu Flabianus hielt und fliehen mußte. Wie sein Vorgänger betonte er nach seiner Wahl zum Papst am 19. November 461 die Vorrangstellung des römischen → Bischofs. Entschieden trat Hilarius gegen den → Arianismus auf. Die Kirchen Roms überhäufte er mit reichen Schenkungen und Kunstschätzen. Am lateranischen Baptisterium ließ er drei prachtvolle Kapellen errichten. Als Papst Hilarius am 29. Februar 468 starb, lagen sechs friedliche Jahre seines → Pontifikates zurück. In S. Lorenzo fuori le mura liegt der Papst begraben. Sein Fest feiert die Kirche am 28. Februar.

Hilarius hl., Kirchenlehrer, um 315 in Poitiers geboren. Seine heidnischen Eltern gaben ihm eine gute Ausbildung in Philosophie und Rhetorik. Sein Studium der Heiligen Schrift führte ihn zum Christentum, und er ließ sich taufen. Um 350 erhielt er in seiner Vaterstadt die → Bischofsweihe, obwohl seine Frau noch lebte. Für seine Gläubigen schrieb er eine Auslegung des → Matthäus→ evangeliums. Gleich nach dem hl. → Athanasius führte er einen heftigen Kampf gegen den → Arianismus, der die Gottheit Christi leugnete. Da er öffentlich gegen den → Metropoliten Saturinius von Arles, der von Kaiser Konstantius II. gefördert wurde, auftrat, verbannte ihn der Kaiser, der selbst Arianer war, nach Phrygien in Kleinasien. In der Verbannung schrieb er sein Hauptwerk: »De Trinitate« – (»Über die Dreifaltigkeit«), worin er den katholischen Glauben zu rechtfertigen suchte. Nach dem Tode Konstantius II. kehrte Hilarius wieder in seine Heimat zurück und widmete sich vor allem der geistlichen Dichtung. Zahlreiche Hymnen gehen auf ihn zurück, wie auch die Einführung der Neumen, die Vorläufer der Notenschrift. Mit seinem → Klerus führte er eine »vita communis«, ein Leben in Gemeinschaft, und er soll durch sein freundliches, liebevolles Wesen ein Vorbild für alle gewesen sein. Um 367 starb Hilarius in Poitiers. Papst → Pius IX. erhob ihn 1851 zum → Kirchenlehrer. Dargestellt wird der heilige Bekennerbischof im bischöflichen Ornat, eine Schlange zu Füßen, dem Sinnbild der Irrlehre, oder einem Buch in Händen. Er gilt als Patron der kränklichen Kinder, weswegen er auch öfters, ein totes Kind erweckend, dargestellt wird. Die Kirche feiert sein Fest am 13. Jänner.

Hildebrand → Gregor VII. hl.

Hildegard von Bingen hl., → Mystikerin, 1098 in Bermersheim als zehntes Kind des Edelfreien Hildebert geboren. Ihre Verwandte Jutta von Sponheim zog sie in ihrer Klause beim Kloster Disibodenberg auf. Nach dem Tode Juttas 1136 wurde Hildegard ihre Nachfolgerin und gründete das Kloster Rupertsberg bei Bingen und das Tochterkloster Eibingen bei Rüdesheim. Immer mehr häuften sich die visionären Erlebnisse, und so begann Hildegard auf Anraten des hl. → Bernhard von Clairvaux, diese niederzuschreiben. Durch ihre Schriften, Prophezeiungen und Briefe wurde sie bald eine hochgeachtete und bekannte Persönlichkeit, der sogar, außergewöhnlich für diese Zeit, erlaubt war, auf dem Marktplatz zu predigen. Mit Königen und Päpsten stand die begabte Frau im Briefwechsel, doch hatte sie immer auch Gehör für arme und einfache Leute. Sie lebte immer im »Lichte Gottes« und fand ihn in allen Dingen wieder: in den Menschen, Tieren, Pflanzen und Steinen. Hiltgart Sibylla, wie sie die ersten deutschen Urkunden des 13. Jahrhunderts nennen, starb am 17. September 1179. Sie wird als Nonne, Almosen spendend oder einen Brief an einen Boten übergebend, dargestellt. Drei Türme sind ihr ebenfalls als → Attribute beigegeben. Das Fest der Patronin der Sprachforscher wird am 17. September gefeiert.

Hippolytos von Rom hl. (→ Gegenpapst), Kirchenschriftsteller. Als 1842 in einem Athoskloster die Philosophumena entdeckt wurden, kam etwas Licht in die Forschung über seine Person und sein Leben. Wahrscheinlich stammte er aus Kleinasien und war ein Schüler des Eirenaios. Papst → Viktor I. (189–199) gab ihm eine hohe Stellung im römischen → Klerus, doch sein Nachfolger → Zephyrinos (199–217) bevorzugte den ehemaligen Sklaven → Calixtus, was Hippolyt nicht ertragen konnte. Als Calixtus schließlich Papst wurde (217 bis 222) und Hippolytos mit seinen Anhängern verurteilte, ließ sich dieser 217 zum Gegenpapst wählen. Dieses → Schisma dauerte unter den Päpsten → Urbanus (222–230) und → Pontianus (230–235) bis zum Jahre 235 fort, als Pontianus und Hippolytos auf ihr Amt verzichteten. Beide starben im selben Jahr in der Verbannung und bekamen in Rom ihre letzten Ruhestätten. Hippolytos wurde in dem nach ihm benannten Friedhof an der Via Tiburtina beigesetzt. Das Fest dieses frühen Exegeten (→ Exegese) wird am 13. August gefeiert.

Homilie (griech.), Predigt, die Vers für Vers den Text (meist die Hl. Schrift), auslegt. Gegensatz: Themapredigt, die den Inhalt eines Abschnittes unter einem Hauptthema darbietet.

Honorius I., 70. Papst, Sohn des Konsuls Petronius aus Kampanien, Schüler → Gregors des Großen, am 27. Oktober 625 zum Papst gewählt. Nach seiner Wahl entfaltete der Papst eine rege und vielseitige Tätigkeit. Er widmete sich wie sein Lehrer Gregor der Große erfolgreich der Englandmission und suchte das seit dem Dreikapitelstreit bestehende → Schisma in Oberitalien zu beseitigen. Durch geschickte Verwaltung der dem römischen Stuhl zugeordneten Gebiete gewann er beachtlichen Einfluß auf die Politik Italiens. In Rom entfaltete Honorius eine rege Bautätigkeit und schmückte viele Kirchen und öffentliche Gebäude großzügig aus. Durch sein Eingreifen in den monotheletischen Streit (→ Monotheletismus) über die eine Wirkweise der Natur Christi gab er Anlaß zu scharfen Auseinandersetzungen betreffs seiner Rechtgläubigkeit und der Unfehlbarkeit der Päpste überhaupt sowie über das Verhältnis eines Papstes zu einem → Konzil. Bis ins 19. Jahrhundert hinein beschäftigte die sogenannte Honoriusfrage die Theologen, da das 6. Allgemeine Konzil von Konstantinopel die Irrlehre 681 verurteilte. Honorius I. starb am 12. Oktober 638, sechs Jahre nach dem Tod des Propheten Mohammed.

Honorius II. (→ Gegenpapst), eigentlich Cadalus von Parma, 1010 bei Verona geboren, aus einer reichen veronesischen Familie, wurde schon als Kind Mitglied des Domkapitels seiner Vaterstadt. Mit 18 Jahren trat er in den Klerikerstand (→ Klerus) und bestieg 1045 den → Bischofsstuhl von Parma. Ein Jahr darauf gründete er das Kloster San Giorgio in Braida. Durch seine guten Beziehungen zum deutschen Hof und auf Wunsch der lombardischen → Bischöfe wurde er am 28. Oktober 1061 zum Gegenpapst → Alexander II. ernannt. Zweimal versuchte er, sich mit Waffengewalt der Stadt Rom zu bemächtigen, doch scheiterte er und wurde nie inthronisiert. 1064 ließ Kaiserin Agnes ihn fallen und anerkannte auf der → Synode von Mantua → Alexander II. als rechtmäßigen Papst. In Oberitalien jedoch fand Peter Cadalus bis zu seinem Tod im Jahre 1072 noch einigen Anhang.

Honorius II., 164. Papst, eigentlich Lamberto dei Fagnani, aus einfacher

Papst Honorius II.

Familie, wurde unter Papst → Paschalis II. (1099–1118) im Jahre 1117 zum → Kardinal→ bischof von Ostia erhoben. Als → Legat → Calixtus' II. erwarb er sich besondere Verdienste um den Abschluß des Wormser Konkordates. Nachdem der rechtmäßig gewählte → »Coelestin II.« sofort nach seiner Wahl sein Amt niederlegte, ließ sich Honorius II. von der Partei der Frangipani zum Papst wählen. Mit den Königen Frankreichs, Englands und Deutschlands erreichte er ein gutes Einvernehmen, jedoch mußte er im Frieden von Benevent 1128 Roger II. von Sizilien mit Apulien belehnen. Honorius II. bestätigte 1126 den → Orden der → Prämonstratenser. Er starb am 13. Februar 1130 im Kloster des heiligen → Andreas. Sein Leichnam wurde bei Sankt Johann im → Lateran beigesetzt.

Honorius III., 178. Papst, eigentlich Cencio Savelli, geboren um 1150, → Kardinal von San Giovanni e Paolo, bestieg am 18. Juli 1216, durch Kompromiß gewählt, im Greisenalter den Stuhl Petri. Der einstige Erzieher von Friedrich II. forderte diesen sofort nach seiner Wahl zum Papst auf, den beim Vierten → Lateran→ konzil beschlossenen fünften Kreuzzug zu unternehmen. Durch das Zögern Friedrich II. und die Unfähigkeit der Führer scheiterte das Unternehmen kläglich. Bei der Kaiserkrönung am 22. November 1220 nahm Honorius III. Friedrich erneut das Versprechen zu einem → Kreuzzug ab. Er verpflichtete sich, bis August 1227 ins Heilige Land zu ziehen, anderenfalls würde er gebannt werden. Während seines → Pontifikates bestätigte Honorius die → Orden der → Franziskaner, → Dominikaner und → Karmeliter. Dante, der große italienische Dichter,

Papstwappen Honorius' III.

Honorius III. Nach einem Wandgemälde der Paulsbasilika in Rom.

versprach ihm deshalb auch in seiner Göttlichen Komödie im elften Gesang das Paradiso. Honorius III. starb am 18. März 1227 und wurde bei San Maria Maggiore beigesetzt.

Honorius IV., 191. Papst, eigentlich Giacomo Savelli, Großneffe → Honorius' III., in Perugia am 2. April 1285

Papst Honorius IV.

im hohen Alter und schon fast ganz gelähmt zum Nachfolger Papst → Martins IV. (1281—1285) gewählt. Honorius IV., um 1210 in Rom geboren, studierte in Paris und war seit 1261 → Kardinal von Santa Maria in Cosmedin. Er unterstützte die Partei Karls II., des Königs von Neapel, und suchte den Sohn Peters III., Jacob II. von Aragon, wiederholt durch Bannung einzuschüchtern. Mit Rudolf von Habsburg kam es durch Kompromiß zu weitgehender Einigung, jedoch nie zur geplanten Kaiserkrönung in Rom. Honorius IV. verbot 1286 die Gemeinschaft der Apostoliker (→ Apostolikum), die die Urkirche in Leben und Verfassung wiederherstellen wollten. Ihr Gründer Gerhard Segarelli starb 1300 auf dem Scheiterhaufen. An der Universität von Paris ließ Honorius Lehrstühle für orientalische Sprachen errichten, um in der Sache der Mission und der Ostkirche bessere Fortschritte erzielen zu können. Am 3. April 1287 starb dieser gebrechliche, doch äußerst willensstarke Papst und erhielt ein prunkvolles Grabmal in Santa Maria in Aracoeli in Rom.

Hormisdas hl., 52. Papst, Sohn des Justus, eines Italieners aus Frosinone in Kampanien, gelangte am 20. Juli 514 auf den Stuhl Petri. Nach langen Jahren der Trennung gelang es ihm, vorübergehend die Wiedervereinigung der Kirchen von Byzanz und Rom zu erreichen. Nicht zuletzt geschah dies auch auf Wunsch Justinus', dem Herrscher von Byzanz, da dieser eine Versöhnung mit Rom wünschte, um das → Schisma von 482 beenden zu können. 518 wurde die Lehre des Akacius verurteilt und das Lehrschreiben Leos sowie der → Primat anerkannt. Die Namen des Akacius, → Anastasios und des Kaisers Zeno strich man aus den → Diptychen der Ostkirche. Der Ostgotenkönig Theoderich der Große fürchtete durch die Annäherung Byzanz' an Rom für sein Reich und wurde so zum Gegner Papst Hormisdas'. Ein Opfer des politischen Unmuts des Ostgotenkönigs wurde der Staatsmann Boethius, der bis dahin eine der höchsten Stellungen am Hofe Theoderichs innehatte. Vor seiner Hinrichtung im Jahre 524 schrieb Boethius noch im Gefängnis sein berühmtes Werk »De consolatione philosophiae«. Hormisdas starb am 6. August 523 und liegt in S. Peter begraben. Sein Fest feiert die Kirche am 6. August.

Hostie (lat., »Sühnopfer«, »Opfertier«), in der katholischen Kirche die bei der → Eucharistie verwendete Oblate aus ungesäuertem Brot, ebenso in der protestantischen Kirche die beim Abendmahl verwendete Oblate.

Hubert hl., → Bischof, Patron der Jäger. Über seinen Werdegang ist nichts bekannt. Die bekannte → Legende, nach der dem hl. Hubert, als er am Karfreitag jagte, ein Hirsch mit Kreuz zwischen den Geweihen erschien, stammt aus dem 11. Jahrhundert und ist nicht historisch. Bezeugt ist jedoch, daß Hubert um 705 Bischof von Maastricht war und die → Reliquien des hl. → Lambert von Maastricht nach Lüttich übertragen ließ. Er verlegte auch später seinen Bischofssitz dorthin. Hubert gilt als → Apostel der Ardennen. Hubert starb am 30. Mai 727 in der Nähe von Brüssel. 825 wurden seine Gebeine nach St. Hubert in den Ardennen übertragen. Der Heilige wird meist als Jäger mit Jagdhorn abgebildet, auch als Bischof, immer aber mit Hirsch und Hunden. 1444 wurde von Herzog Gerhard von Ravensberg ein eigener Hubertusorden gestiftet, der bis 1918 Hausritterorden der Wittelsbacher war. Hubertus gilt auch als Patron der Forstleute, Metzger, Kürschner, aber auch der Drechsler, Metallarbeiter und Gießer. Er soll gegen Tollwut, Schlangenbiß, Hundebiß und Irrsinn helfen. Am Hubertustag, dem 3. November, werden Wasser, Wein, Salz, Brot und Hafer geweiht.

Hus, Johann, auch Huß, tschechischer Reformator, 1369 geboren. Er trat gegen kirchliche Mißstände und den deutschen Einfluß in Böhmen auf. Beim → Konzil zu Konstanz wurde Hus zum Tode verurteilt und 1415 als → Ketzer verbrannt. Seine Anhänger, die Hussiten, machten daraufhin einen blutigen Aufstand und vertrieben die Deutschen aus Böhmen. Ihr Ziel war, radikale religiöse und politische Reformen durchzuführen. Die Hussitenkriege verwüsteten weite Landstriche Böhmens und der angrenzenden Länder.

Hyginus hl., 9. Papst, in der Papstliste des Eirenaios von Lyon nach dem Papst → Telesphorus genannt. Seine Regierungszeit wird zwischen 138 bis 142 angenommen. Über ihn ist uns nur wenig

Johannes Hus. Holzschnitt.

überliefert. Nach den → Liber Pontificalis soll er ein Philosoph aus Athen gewesen sein und in die Verwaltung der Gemeinde Roms eingegriffen haben. Die Kirche feiert sein Fest am 11. Jänner.

Hypostase (griech., »Darunterstellen«), in der Theologie Wechselbegriff für »Person«, z. B. drei Personen in einer (→ Trinität) oder die Vereinigung der göttlichen und menschlichen Natur in der Person Christi, welche Hypostatische Union genannt wird und wie die → Trinitätslehre zu den → Dogmen der katholischen Kirche zählt. In der Dogmengeschichte hat dieser Begriff eine Wandlung durchgemacht. Ursprünglich bedeutete er Wesenheit, Substanz – ein für sich bestehendes Einzelnes. Später ein aus göttlichen Eigenschaften oder religiösen Vorstellungen personifiziertes göttliches Wesen.

Hypostatische Union → Hypostase.

I

Ignatius von Antiochien hl., von seinem Leben ist nur wenig bekannt. Der → Legende nach soll er das Kind gewesen sein, welches Jesus in die Mitte seiner Jünger stellte, als er zu ihnen sagte: »Wenn ihr nicht werdet wie die Kinder...« (Matth. 18,1–6). Der → Apostel → Johannes soll später sein Lehrer gewesen sein. Nach dem Apostel → Petrus und dem hl. Evodius war Ignatius der dritte → Bischof von Antiochien in Syrien. Weit über die Grenzen seines Bistums war er bekannt, und man gab ihm den Beinamen »Theophórus« – »Gottesträger«. Während der trajanischen Christenverfolgung wurde er um 110 verhaftet und nach Rom gebracht. Berühmt sind seine sieben Briefe, die er auf der mühseligen Reise dorthin verfaßte. Seine Sorge gilt darin der Einheit der christlichen Gemeinden unter ihren Bischöfen. In Rom verurteilte ihn der Kaiser zum Tode. Im Kolosseum soll Ignatius von wilden Tieren zerrissen worden sein. Der heilige → Märtyrerbischof gilt als Patron gegen Halsweh und Hautausschläge. Meist wird er mit dem Monogramm Christi und mit Löwen abgebildet. Sein Fest feiert die Kirche am 17. Oktober.

Ignatius von Loyola hl., Gründer des → Jesuitenordens, 1491 auf Schloß Loyola in Nordspanien geboren. In Verehrung zu Ignatius von Antiochien änderte er später seinen Taufnamen Iñigo in Ignacio um. Ignatius führte zunächst ein freies Soldatenleben, wurde aber 1521 bei der Belagerung von Pamplona schwer verwundet. Beim Lesen der Schriften über das Leben Jesu und der Heiligen auf dem Krankenlager vollzog sich in ihm eine innere Wandlung. Beim Abt auf dem Montserrat legte er seine Lebensbeichte ab, hängte sein Schwert neben dem Altar auf und zog Pilgerkleidung an. In einer Höhe bei Manresa lebte er in strenger Buße und schrieb sein berühmtes → Exerzitienbüchlein. 1532 pilgerte er ins Heilige Land und begann danach als Zweiunddreißigjähriger zu studieren. Zunächst in Barcelona, dann in Alcalá, Salamanca und zuletzt in Paris. 1534 gründete er mit sechs Freunden, ebenfalls Studenten, in Paris die Gesellschaft Jesu (→ Jesuiten). Drei Jahre später empfing Ignatius die → Priesterweihe. Papst → Paul III. bestätigte 1540 den → Orden. Ignatius wurde 1541 zum Generaloberen des Ordens gewählt und blieb dessen Leiter bis zu seinem Tode. Der neue Orden wollte sich ganz der apostolischen (→ Apostolikum) Arbeit widmen und verzichtete (zunächst), ähnlich wie die ersten → Franziskaner, auf ein eigenes Ordenskleid und auf das Chorgebet. Ignatius starb am 31. Juli 1556 in Rom und wurde 1622 heiliggesprochen. Der Patron der Jesuiten, Krieger, Kinder und → Exerzitienhäuser soll vor Fieber, Seelenqualen, Totgeburten, Wölfen und Zauberei schützen. Dargestellt wird der Heilige meist im schwarzen Kleid der Jesuiten mit dem Monogramm Christi darauf, wie er Teufel austreibt, ein Kreuz in der Sonne erblickt oder einen Drachen (→ Symbol der Ketzerei) mit dem Fuß niederhält. Oft sieht man ihn auch mit Meßgewand und einem Buch mit seinen Konstitutionen in Händen. Das Fest des hl. Ignatius feiert die Kirche am 31. Juli.

Hl. Ignatius v. Loyola. Die Gründung des Jesuitenordens.

Ikone, das nach bestimmten Vorschriften gemalte und geweihte Tafelbild der orthodoxen Kirche mit Darstellungen Christi, → Marias und der Heiligen. Die dreitürige Bilderwand, die in der orthodoxen Kirche den Altarraum von der Gemeinde trennt, wird Ikonostase genannt.

Imprimatur (lat., »es mag gedruckt werden«), durch den → Bischof oder → Ordensoberen erteilte Druckerlaubnis für kirchliche Schriften.

Index librorum prohibitorum (lat., »Verzeichnis der Verbotenen Bücher«), erschien erstmals 1559 unter → Paul IV. und bringt eine Aufstellung der für Katholiken verbotenen Druckwerke. Für das Lesen verbotener Bücher sah die katholische Kirche strenge Strafen vor, wie Amtsenthebung, Exkommunikation und Bann. Verboten wurden Bücher, die Irrlehren, ketzerische Meinungen, kirchenfeindliche oder amoralische Ansichten vertraten. Obwohl der Index librorum prohibitorum noch existiert, ist er heute für den Katholiken ohne Bedeutung.

Infallibilität (lat.), die Unfehlbarkeit des Papstes in Glaubensfragen. → »Ex-cathedra«-Entscheidungen gelten als infallibel (unfehlbar) und werden dadurch zum → Dogma.

Inful → Mitra.

Innozenz I. hl., 40. Papst, Sohn von Papst → Anastasius I. (399–401), nach dessen Tod er am 21. Dezember 402 den Stuhl Petri bestieg. Als der hl. → Chrysostomus 404 abgesetzt wurde und den Metropolitansitz (→ Metropolit) von Konstantinopel verlassen mußte, setzte sich Innozenz für ihn ein, obwohl es dadurch zum Bruch mit den östlichen Patriarchen kam. In das → Pontifikat dieses Papstes fiel die Eroberung Roms durch den Westgotenkönig Alarich im Jahre 410, bei der die Stadt geplündert wurde. Doch konnte Innozenz den Kaiser Honorius nicht zu einer Verständigung mit Alarich bewegen. Als erster Papst baute Innozenz I. das römische → Primat in der Gesamtkirche aus. Er nahm das Recht des apostolischen (→ Apostolikum) Stuhles auf oberste Lehrentscheidungen klar in Anspruch und setzte durch, daß in allen Angelegenheiten die Ordnung der römischen Kirche maßgebend wäre. Der hl. → Augustinus war dem Papst eine kräftige Stütze in der Bekämpfung der → Donatisten und → Pelagianer. Innozenz I. starb am 12. März 417. Sein Fest feiert die römische Kirche am 28. Juli.

Innozenz II., 165. Papst, eigentlich Gregorio Papareschi, ein gebürtiger Römer, am 14. Februar 1130 von 20 → Kardinälen gleich nach dem Tode → Honorius II. (1124–1130) zum neuen Papst gewählt. Einige Stunden später wählte die

Papst Innozenz II.

Mehrheit (22 Kardinäle) Petrus Pierleone zum Papst, der sich → Anaklet II. (1130–1138) nannte. Innozenz mußte nach Frankreich fliehen und fand in den Reformkreisen des → Petrus Venerabilis und → Bernhard von Clairvaux rege Unterstützung. Schließlich versprach im Jahre 1131 Lothar III. in Lüttich, wo er mit dem Papst zusammentraf, ihn nach Rom zurückzubringen. Nach der Eroberung der Stadt krönte ihn Innozenz am 4. Juni 1133 zum Kaiser, doch nach dessen Abzug mußte Innozenz erneut fliehen. 1138 starb Anaklet, doch wurde in → Viktor IV. ein neuer Gegenpapst aufgestellt, der sich aber schon nach einigen Monaten Innozenz II. unterwarf. Das 2. Allgemeine → Lateran→ konzil vom Jahre 1139 beendete das → Schisma endgültig. Als der Papst → Roger II. von Sizilien mit Waffengewalt bezwingen wollte, scheiterte er kläglich und geriet in Gefangenschaft. Nun mußte er Rogers Königstitel anerkennen und ihn mit Sizilien und Apulien belehnen. Knapp vor seinem Tod erhoben sich die Römer gegen die päpstliche Herrschaft, beeinflußt durch die Ideen Arnolds von Brescia und die Bestrebungen lombardischer Städte nach bürgerlicher Selbstbestimmung. Die Römer wählten sich einen eigenen Senat, um auch im Staate selbst durchgängige Reformen einführen zu können. Mitten in diesen Wirren starb Innozenz II. am 24. September 1143 und wurde im Lateran beigesetzt.

Innozenz III. (→ Gegenpapst), eigentlich Lando dei Frangipani, → Bischof von Sitinus, ließ sich am 29. September 1179 als Nachfolger → Viktors IV. und → Calixtus' III. zum Gegenpapst wählen. Bald verließen ihn aber seine Anhänger, und er geriet im Jänner 1180 in die Hand Alexanders III. (1159 – 1181), der ihn auf Lebenszeit in das Kloster La Cava verbannte.

Innozenz III., 177. Papst, eigentlich Lothar, Graf die Segni, um 1160 bei Anagni geboren, oft als einer der bedeutendsten Päpste der Kirchengeschichte bezeichnet. Nach theologischen Studien in Paris und juristischen in Bologna erlangte Lothar 1190 die → Kardinalswürde von San Sergio. Mit siebenund-

Papst Innozenz III.

zwanzig Jahren bestieg er nach dem Tode → Cölestins III. (1191 – 1198) den päpstlichen Thron, was Walther von der Vogelweide wegen dessen Jugend zu der berühmten Klage veranlaßte: »hilf herre diner kristenheit.« Unter Innozenz III. wurde die geistlich-weltliche Führungsstellung des mittelalterlichen Papsttums zu ihrem Höhepunkt geführt, wobei die Vorherrschaft des Papstes durch den seither gebräuchlichen Titel »vicarius Christi« (= Stellvertreter Christi) gefestigt wurde. Nachdem er in Rom Ordnung geschaffen hatte, ging der Papst an die Wiederherstellung des Kirchenstaates. Dabei kam ihm der Umstand zu Hilfe, daß er zum Vormund Friedrichs II. ernannt wurde und so für den minderjährigen Herrscher die Regentschaft des Reiches führte. Mit → Interdikten und Bann unterstrich Innozenz III. das Prinzip, nach welchem auch die Könige dem päpstlichen Gericht unterstünden. So verfuhr er gegen Otto IV., als dieser Sizilien angriff, und gegen Johann ohne Land, der dadurch in solche Notlage geriet, daß er sein englisch-irisches Reich unter die Lehensoberhoheit der römischen Kirche stellte. Von der → Kreuzzugsidee besessen, kam es 1214 zum 4. → Kreuzzug, der unter der Leitung des Dogen von Venedig, Enrico Dandolo, zur Plünderung von Kostantinopel und der Errichtung eines lateinischen Kaiserreiches führte. Daß dadurch eine Union mit der griechischen Kirche nicht zustande kommen konnte, liegt auf der Hand. Ebenso unglücklich und grauenhaft verlief der Kampf Innozenz' III. gegen die → Albigenser in Südfrankreich. Die »Armen von Lyon«, wie sie auch genannt wurden, wollten die Ideen des Urchristentums wieder aufleben lassen, sahen jedoch für die in Reichtum und weltliche Dinge verstrickte Kirche keine Möglichkeit, dies zu verwirklichen. Im Ketzerkreuzzug des Jahres 1209 wurden unter der Führung des → Legaten Arnaldus Amalrici und des Grafen Simon von Montfort Tausende Albigenser niedergemetzelt und verbrannt. Die Ermordung derselben wurde als Beweis christlicher Frömmigkeit angesehen. Selbst der Papst war über den Verlauf dieses Kreuzzuges beunruhigt. Um so lieber sah er, daß sich auch innerhalb der Kirche → Orden bildeten, die in Armut in ihrem christlichen Glauben leben wollten. Die großen Bettelorden des hl. → Franz von Assisi und des hl. → Dominikus, die eben aufkamen, fanden durch Innozenz rege Förderung. Im letzten Jahr seines → Pontifikates berief er die zahlreich besuchte 4. Lateransynode am 1. November 1215 ein, auf der ein neuer Kreuzzug beschlossen wurde. Die Lehre von der Transsubstantiation, der Wesensverwandlung der → Eucharistie, das Verbot neuer Ordensgründungen und die Pflicht der Gläubigen, wenigstens einmal im Jahr das Buß- und Altars→sakrament zu empfangen, wurden auf diesem zwölften Allgemeinen → Konzil beschlossen. Giotto hat in seinem Fresco in Assisi Innozenz III. in seinen Prunkgewändern schlafend dargestellt, als → Symbol für die verweltlichte Kirche, die nur noch die Rückkehr zur evangelischen Armut retten kann, symbolisiert durch den hl. → Franziskus, der die zusammenbrechende Kirche mit seinen Schultern stützt. Innozenz III., der → Priestermonarch auf dem Stuhl Petri, starb am 16. Juli 1216 in Perugia und wurde in der bischöflichen Kirche San Lorenzo beigesetzt.

Innozenz IV., 181. Papst, eigentlich Sinibald Fieschi, Graf von Lavagna, in Genua geboren, ab 1227 → Kardinal,

Papst Innozenz IV.

gelangte nach einer fast zwei Jahre dauernden → Sedisvakanz am 25. Juni 1243 auf den päpstlichen Thron. Er war einst ein Freund Kaiser Friedrich II. gewesen. Doch rief dieser nach der Papstwahl aus: »Fieschi war mein Freund, Innozenz IV. wird mein Feind sein, kein Papst ist Ghibelliner.« Dies bewahrheitete sich auch, denn Innozenz löste den Kaiser nicht vom Bann, und ein Friede konnte nicht zustande kommen, da beide Parteien maßlos in ihren Machtansprüchen wurden. Innozenz mußte 1244 nach Lyon fliehen und führte von dort den Kampf gegen den Kaiser weiter. Auf dem 13. Allgemeinen → Konzil, das er dort abhielt, klagte er Friedrich des → Sakrilegs, Eidbruchs und der → Häresie an. Friedrich wurde für schuldig befunden und abgesetzt. Die deutschen Fürsten sollten einen Gegenkönig wählen, was in der Person des Landgrafen von Thüringen, Heinrich Raspe, auch geschah, der den Spottnamen Pfaffenkönig erhielt. Nach dessen Tod wurde Wilhelm von Holland als König von Innozenz unterstützt. Da Innozenz IV., maßlos in seinem Haß und seinen Mitteln, sogar einen → Kreuzzug gegen Friedrich führte und zu keinem Frieden mit den Staufern bereit war, drohte ihm → Ludwig der Heilige mit der Ausweisung aus Frankreich. Nach dem Tode Friedrichs kehrte der Papst 1250 nach Italien zurück, doch führte er den Kampf gegen die Staufer fort. Am 7. Dezember 1254 starb Innozenz IV. in Neapel, verhaßt von allen wegen seiner Geldgier, seiner Hinterlist und seinem → Nepotismus. In seiner → Bulle »Eger, cui lenia« hatte er die »Zwei-Schwerter«-Theorie, die Überordnung der geistlichen über die weltliche Macht extrem überbetont. Nebenbei verdanken ihm die weltlichen Machthaber die Erlaubnis, die Folter gegen Ketzer anwenden zu dürfen.

Innozenz V. sel., 186. Papst, eigentlich Petrus von Tarantaise, wurde in Champigny (Savoyen) geboren, und trat schon in jungen Jahren in den → Dominikanerorden ein. Von außerordentlicher

Papst Innozenz V.

Gelehrsamkeit, brachte er es bald zum Magister der Theologie in Paris und 1265 zum Provinzial über ganz Frankreich. Zusammen mit → Albertus Magnus und → Thomas von Aquin gab er den Dominikanern eine eigene Studienordnung. 1273 ernannte ihn → Gregor X. zum → Kardinal→ bischof von Ostia, nachdem er ein Jahr zuvor zum Erzbischof von Lyon geweiht worden war. Gleich am ersten → Konklavetag, am 21. Jänner 1276, wählten ihn die Kardinäle in Arezzo zum Papst. Mit Innozenz V. wurde zum ersten Mal ein Dominikaner Oberhaupt der römischen Kirche. Wie seine Freunde, der hl. → Bonaventura und der sel. → Gregor X. (1271 – 1276), zeichnete sich Innozenz durch Sittenstrenge und Frömmigkeit aus. Auf politischem Gebiet weniger begabt, stützte er sich auf Karl von Anjou, wodurch es zu einer Trübung des Verhältnisses zu Rudolf I. von Habsburg kam. Schon sechs Monate nach seiner Wahl starb Innozenz am 22. Juni 1276. Das Fest des im Jahre 1898 seliggesprochenen »famosissimus doctor« wird am 22. Juni gefeiert.

Innozenz VI., 200. Papst, eigentlich Etienne Aubert, gebürtig aus Monts bei Beyssac (Mittelfrankreich), seit 1352 → Kardinal→ bischof von Ostia und Großpönitentiär, bestieg am 18. Dezember 1352 den Stuhl Petri. Selbst nicht ganz frei vom → Nepotismus, räumte der sittenstrenge Mann unter dem verlotterten → Klerus und selbst in der → Kurie auf. Er beschnitt das Pfründeunwesen der Kardinäle und drang mit seinen Reformbestrebungen bis Deutschland vor. Auch die → Orden unterzog er einer strengen Reform und setzte gegen die Spiritualen und Fratizellen (Reformbewegungen des → Franziskanerordens) die → Inquisition ein. Kardinal Ägidius Albornoz sandte Innozenz VI. nach Italien, um die Ordnung im Kirchenstaate wiederherzustellen und die Rückkunft des Papstes nach Rom vorzubereiten. Cola die Rienzo sollte als Senator von Rom dabei behilf-

Papstwappen Innozenz' VI.

lich sein, wurde jedoch 1354 bei einem Volksaufstand nach kurzer Zeit ermordet. 1355 ließ Papst Innozenz VI. Karl IV. in Rom zum Kaiser krönen. In der Goldenen → Bulle vom Reichstag in Nürnberg vom 10. Jänner 1356 werden das päpstliche Recht auf Bestätigung der deutschen Königswahl und das Reichsvikariat für Italien nicht erwähnt. Innozenz erhob dagegen jedoch keinen Einspruch. Im Hundertjährigen Krieg zwischen Frankreich und England gelang es Innozenz, im Frieden von Brétigny 1360 einen zehnjährigen Waffenstillstand herbeizuführen. Da der Papst den Griechen keine Truppen senden konnte, zerschlugen sich die Unionsverhandlungen mit Konstantinopel, ebenso ein → Kreuzzug. Innozenz VI. starb am 12. September 1362 und liegt in der → Kartäuserkirche von Villeneuve-lès-Avignon begraben.

Innozenz VII., 205. Papst, eigentlich Cosma de'Migliorati, aus einer wohlhabenden neapolitanischen Familie. Um 1336 geboren, studierte er Jura und hatte eine Professur in Perugia und Padua inne. 1389 wurde er zum Erz→bischof von Bologna geweiht und erlangte die Würde eines → Kardinal→priesters von S. Croce in Gerusalemme. Vor der Papstwahl mußte sich Innozenz VII. eidlich verpflichten, nötigenfalls abzudanken, um das → Schisma zu beenden. Nach seiner Thronbesteigung am 17. 10. 1404 lehnte er jedoch Einigungsvorschläge → Benedikts XIII. ab. Friedfertig und von mildem Charakter, scheute Innozenz Blutvergießen und jede Gewalttat. Dennoch

Papstwappen Innozenz' VII.

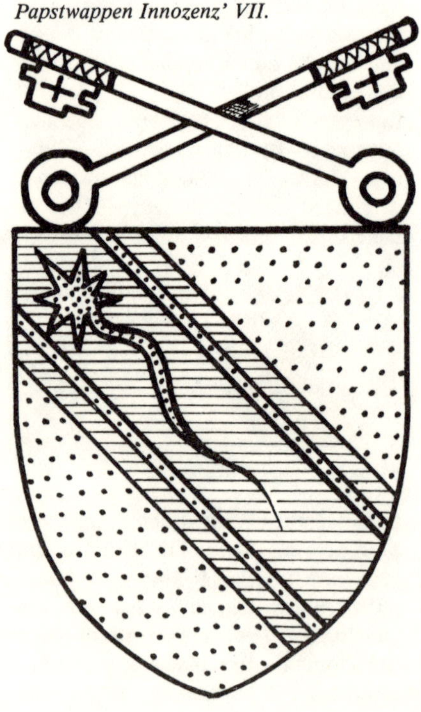

mußte er wegen einer Revolte der Römer 1405 nach Viterbo fliehen. Schuld daran war der gewalttätige Papstneffe, der die Römer durch eine schwere Bluttat aufbrachte. Erst 1406 konnte der Papst wieder nach Rom zurückkehren. Innozenz widmete sich vor allem der Reorganisation der römischen Universität und berief die besten Professoren nach Rom. Als Förderer der Wissenschaften holte er die Humanisten Leonardo Bruni und Poggio als Skriptoren an die Kurie. Am 6. November 1406 starb der Papst an Schlagfluß und wurde in St. Peter beigesetzt.

Innozenz VIII., 214. Papst, eigentlich Giovanni Battista Cibo, in einer angesehenen Patrizierfamilie 1432 in Genua geboren, gelangte mit fünfunddreißig Jahren auf den → Bischofssitz von Savona und fünf Jahre später auf den von Molfetta. 1473 ernannte ihn sein Vorgänger → Sixtus IV. zum → Kardinal→ priester von S. Cecilia. In simonistischer Weise und mit Unterstützung Giuliano della Rovere gelangte der unselbständige Kardinal Cibo am 29. August 1484 auf den päpstlichen Thron und nannte sich Innozenz VIII. Auch nach seiner Wahl war er ein williges Werkzeug des Kardinals Rovere, einem Neffen Sixtus' IV. Seinen Bastard Franceschetto ließ er als offiziellen Papstsohn im Vatikan wohnen und verheiratete ihn mit Magdalena de Medici, der Tochter Lorenzos il Magnifico. Den vierzehnjährigen Sohn Lorenzos, Giovanni de Medici, erwählte er zum Kardinal. Er war der spätere Papst → Leo X. Innozenz zeigte sich auch inkonsequent in der Türkenfrage. Er war der erste Papst, der mit der Hohen Pforte Beziehungen aufnahm. Gegen gute Bezahlung durch den Sultan Bajasid II. hielt er dessen Bruder Dschem als Geisel fest. Der Sultan schenkte Innozenz auch die Spitze der »Heiligen Lanze«, deren Nachbildung auf seinem Grabmal zu sehen ist. Im Jahre 1484 erließ er die schreckliche → Bulle: »Summis desiderantes affecti-

Papstwappen Innozenz' VIII.

bus«, womit er die blutigen Hexenprozesse der fanatischen Dominikanerinquisitoren in Deutschland guthieß und förderte. Im berüchtigten Hexenhammer von 1487 wurde diese Bulle als Vorwort verwendet, was den blutigen Exzessen nur noch Vorschub leistete. Auf dem Vatikanischen Hügel erbaute sich Innozenz das Belvedere nach einem Entwurf Pollaiuolos, in dem heute die Antikensammlung untergebracht ist. Als der junge Humanist Pico della Mirandola 1486 einen gemischt religiösen Kongreß der Philosophen einberufen wollte, verbot dies Innozenz und verurteilte die

Thesen des dreiundzwanzigjährigen Denkers, dessen berühmte »Rede über die Menschenwürde« uns überliefert ist. Innozenz VIII. starb am 25. Juli 1492 und erhielt ein künstlerisch bedeutsames Grabmal in der → Peterskirche, welches Antonio und Piero Pollaiuolo schufen.

Innozenz IX., 231. Papst, eigentlich Giovanni Antonio Facchinetti, wurde am 29. Oktober 1591 in hohem Alter, schon von Krankheit gezeichnet, wohl absichtlich von den Kardinälen als Übergangspapst gewählt, da sie gegenüber Philipp II. Zeit zu gewinnen suchten. Innozenz IX., der wegen seiner Kränklich-

Papst Innozenz IX. Zeitgenössischer Stich.

keit von den Römern »Pontifex Clinicus« genannt wurde, entstammte einer Familie aus Nogara und wurde am 20. Juli 1519 in Bologna geboren, wo er auch seine juristischen Studien absolvierte. 1560 gelangte er auf den → Bischofsstuhl von Nicastro, 1583 wurde ihm die Würde eines → Kardinal- → priesters von SS. Quattro Coronati zuteil. Zum Erstaunen aller entfaltete Innozenz nach seiner Wahl eine rege Tätigkeit, wobei ihm die als Nuntius von Venedig gewonnenen Erfahrungen sehr zustatten kamen. Er setzte die Politik seines Vorgängers fort und unterstützte die französische Liga gegen Heinrich IV., ganz im Sinne König Philipps II. Seine Liebe zur Philosophie machte ihn zu einem besonderen Kenner Platons und Aristoteles. Wegen seiner langsamen Arbeitsweise und seiner überaus großen Genauigkeit kamen seine Abhandlungen nie zum Drucke. Bei einer Wallfahrt im Dezember zu den sieben römischen Pilgerkirchen zog sich der vom Tode gezeichnete Papst eine Erkältung zu, die in kurzer Zeit zum Tode führte. Aufrichtig betrauert, starb der freundliche und würdevolle Papst am 30. Dezember 1591 im Vatikan. In den Grotten von St. Peter ist er beigesetzt.

Innozenz X., 237. Papst, eigentlich Giambattista Pamfili, am 6. Mai 1574 in Rom geboren, Nuntius in Spanien, seit 1627 → Kardinal → priester von S. Eusebio. Gegen seine Wahl, die am 15. September 1644 nach 37tägigem → Konklave erfolgte, erhoben die Franzosen Einspruch – allerdings zu spät. »Berühmt« wurde Innozenz durch Donna Olimpia Maidalchini, die Witwe seines Bruders, die den Papst vollkommen beherrschte und sich in schamloser Weise während des → Pontifikates ihres Schwagers bereicherte. Von den Römern als »Papessa«, und »olim pia«, »die einstmals Fromme«, verhöhnt, buhlten die Kardinäle und Diplomaten um die Gunst dieser Frau. Vergebens protestierte Innozenz gegen die Bestim-

Holzschnitt mit der Ansicht Roms aus der Zeit Innozenz' VIII.

Innozenz X. Ölgemälde von Diego Velazquez.

mungen des Westfälischen Friedens, der am 24. Oktober 1648 zum Nachteil der Katholiken geschlossen wurde. Durch die → Bulle »Cum occasione impressionis libri« vom 31. Mai 1653 verurteilte er den → Jansenismus in Frankreich, wobei ihn der Mathematiker und Philosoph Pascal mit seinen Briefen »Provinciales« sehr unterstützte. Dem → Pontifikat Innozenz' X. verdankt Rom den Vierströmebrunnen Berninis auf der Piazza Navona, die Villa Pamfili und die Kirche Sant'Agnese. Unter ihm wurde die Innenausstattung der Peters-

Papstwappen Innozenz' X.

kirche vollendet und die → Lateranbasilika restauriert. Der häßliche, mißtrauische und launenhafte Papst starb am 7. Jänner 1655, wobei Olimpia noch alles zusammenraffte, dessen sie habhaft werden konnte. Als es um die Bezahlung eines Sarges für den Toten ging, wollte sie nichts davon wissen und bezeichnete sich als mittellose Witwe. Tagelang blieb der Tote unbestattet, bis er ein armseliges Grab in der von ihm errichteten Kirche Sant'Agnese erhielt. Velazquez hat ein meisterhaftes Porträt des Papstes gemalt, welches in der Galleria Doria in Rom hängt.

Innozenz XI. sel., 241. Papst, eigentlich Benedetto Odescalchi, am 19. Mai 1611 in Como geboren, als Nachfolger Clemens X. (1670–1676) am 21. September 1676 zum Papst gewählt. Er war einer der würdigsten Päpste und wirkte schon als → Kardinal (seit 1645) und → Legat in Ferrara segensreich in Zeiten der Hungersnot und Pest. Freigebig zu den Armen, für sich selbst aber streng und sparsam, war Innozenz ein erbitterter Feind des → Nepotismus und verbot seinen Verwandten, nach Rom zu kommen. Energisch ging er gegen die Unordnung in der Verwaltung und in den Finanzen des Kirchenstaates vor und verurteilte den Laxismus in den Schriften mehrerer → Jesuiten. Seinen erbittertsten Gegner hatte Innozenz in König Ludwig XIV., dessen extremen Absolutismus er ablehnte. Als Ludwig durch Aufhebung des Ediktes von Nantes (1685) die Hugenotten verfolgen ließ, protestierte der Papst: »Man muß die Menschen in die Tempel hineinführen, aber nicht hineinschleppen.« Der Quietismus des Miguel de Molinos, d. h. eine weitgehend passive Seelenhaltung als Frömmigkeitsideal, verwarf der Papst 1687, worauf die → Inquisition de Molinos zu lebenslanger Klosterhaft verur-

Papst Innozenz XI.

teilte. Mit viel Geld unterstützte Innozenz den Kampf gegen die Türken bei Wien, und seinem Geschick ist das Bündnis zwischen Österreich und den Polen in dieser Gefahr zu danken. Als 1683 mit dem Sieg am Kahlenberg die Türkengefahr für das Abendland endgültig gebannt war, führte Innozenz das Fest Mariä Namen (12. September) ein. Am 12. August 1689 starb dieser bescheidene Papst, der zehn Jahre lang die gleiche geflickte Soutane trug und die armseligsten Zimmer des → Lateranpalastes bewohnte. Durch die Intervention Frankreichs konnte Innozenz erst am 7. Oktober 1956 seliggesprochen werden. Sein Fest wird am 13. August gefeiert.

Innozenz XII., 243. Papst, eigentlich Antonio Pignatelli, am 13. März 1615 auf dem väterlichen Schloß bei Spinazzola (Süditalien) geboren, bekleidete

Papst Innozenz XII.

das Amt eines Nuntius in Florenz, dann in Warschau und zuletzt in Wien. 1681 erhob ihn Innozenz XI. zum → Kardinal und Erz→ bischof von Neapel. Durch Kompromiß wurde er am 12. Juli 1691 nach einem halbjährigen → Konklave zum Papst gewählt. Gleich Innozenz XI. sagt man ihm ein vorbildliches Leben voll Güte und Milde nach. In der Bulle »Romanum decet Pontificem« vom 22. Juli 1692 verbot er den → Nepotismus für alle Zeiten. Seine Reformen umfaßten Welt- und → Ordens- → klerus und den gesamten Kirchenstaat. Viele kostspieligen Ämter wurden abgeschafft. Der Streit mit Frankreich, betreffs des Regalienrechtes (Gallikanismus), konnte beigelegt werden, da Ludwig XIV. der Gunst des Papstes bedurfte, um in der spanischen Erbfolge von ihm unterstützt zu werden. Tatsächlich riet Innozenz XII., nach dem Tode des letzten Habsburgers, Karl II., den Enkel Ludwigs als Philipp V. auf Spaniens Thron zu setzen. Wie sein Vorgänger Innozenz XI. sprach sich auch Innozenz XII. gegen den Quietismus, → Jansenismus und Probabilismus aus. Für die Armen Roms, die er seine Nepoten (Neffen) bezeichnete, ließ er Neubauten in Civitavecchia errichten, die die Lebensmittelversorgung Roms sichern sollten. Trotz seiner ihm nachgesagten Milde trat Innozenz nicht gegen die grausame Hugenottenverfolgung in Frankreich auf, auch war die → Inquisition noch nicht aufgehoben. Am 27. September 1700 starb er 85jährig im Quirinal.

Innozenz XIII., 245. Papst, eigentlich Michelangelo de'Conti. Da Clemens XI. zwanzig Jahre regiert hatte, beschlossen die Kardinäle im → Konklave 1721 nur einen älteren Kandidaten in Betracht zu ziehen. Die Wahl fiel am 8. Mai auf den schon kränklichen 66jährigen Michelangelo aus der Familie

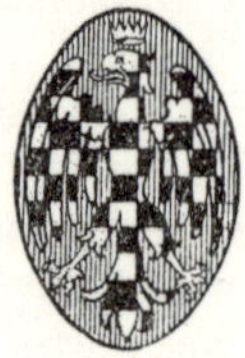

Papst Innozenz XIII.

→ Innozenz' III. (1198–1216). Seinem großen Vorfahren zu Ehren nannte er sich Innozenz XIII. Er wurde am 13. Mai 1655 in Poli bei Palestrina geboren und war Jesuitenzögling. 1706 erhob ihn → Clemens XI. zum → Kardinal. Er stand eine Zeitlang der Nuntiatur in Luzern und Lissabon vor und hatte den Ruf eines geschickten Diplomaten. Er suchte als Papst ausgleichend zwischen den Großmächten zu wirken und paßte sich der Zeit an, da sich gewisse kirchliche Forderungen nicht durchsetzen ließen. Karl VI. belehnte er mit Sizilien und Neapel, das seit 1720 unter die Herrschaft der Habsburger gekommen war. Innozenz, ein erklärter Gegner der → Jesuiten, warf jenen wegen ihrer Missionsmethode in China ungehorsam vor und verbot, neue Mitglieder aufzunehmen. Der auf Prunk und Würde bedachte Papst starb am 7. März 1724 im Quirinal. Auf ihn geht die Einführung des Festes Jesu Namen zurück.

Inquisition (lat., »Erforschung«), das Glaubensgericht in der katholischen Kirche, das Ketzer aufspüren und bestrafen sollte. Als Akt der römischen Kirchenzucht hat sie in den Sendgerichten oder Kirchenvisitationen der Bischöfe ihren Ursprung. Jeder → Bischof mußte nämlich jährlich wenigstens einmal seine → Diözese bereisen, um Gesetz und Recht der Kirche zu überwachen. Die Ortsvorstände waren verpflichtet, ihm Übertretungen anzuzeigen. Da sich seit dem 12. Jahrhundert die Abtrünnigen der Kirche trotz des Kirchenbannes mehrten, sahen sich die Päpste veranlaßt, → Legaten auszusenden, die mit Hilfe der weltlichen Obrigkeit die Ketzer aufspüren und bestrafen sollten. Im südlichen Frankreich konnten sie aber selbst durch einen im Jahre 1209 befohlenen → Kreuzzug nicht gänzlich ausgerottet werden. Daher ordnete Papst Gregor IX. die Inquisition als ein bleibendes Gericht an und bestimmte auf der → Synode von Toulouse 1229, daß alle Landes- und Gutsherren, Bischöfe und Richter zur Ketzerverfolgung, alle Einwohner zur un-

Inquisition. Alter französischer Stich.

bedingten Unterstützung verpflichtet sein sollten. Die Namen der Ankläger und Zeugen wurden verschwiegen. Schon Verwandtschaft und Verkehr mit Verdächtigen oder Fürsprache führten zu Untersuchungen. Die Schuldigen wurden lebenslänglich eingesperrt, ihr Eigentum unter die Ankläger und Behörden verteilt, ihre Kinder und Enkel waren bürgerlich ehrlos. Im Jahre 1232 kam die Inquisition in die Hände der → Dominikaner. → Gregor IX. und Kaiser Friedrich II. hatten zuvor 1224 in einem Ketzergesetz angeordnet, daß alle von Bischöfen überführten Häretiker (→ Häresie) von der weltlichen Obrigkeit festzunehmen und zu verbrennen oder der Zunge zu berauben seien. Für die Aufspürung der Ketzer ernannte Gregor IX. päpstliche Inquisitoren, meist → Dominikaner oder → Franziskaner, welche die Verdächtigen aufzufordern hatten, sich selbst zu stellen. War die Frist verstrichen, wurden Denunziationen entgegengenommen. Unter Papst Innozenz IV. wurden die Inquisitoren 1252 durch die Konstitution »Ad exstirpanda« ermächtigt, die Folter zur Geständniserzwingung durch die weltliche Obrigkeit anwenden zu lassen. Die Inquisitionsbehörde übergab den Verurteilten dem weltlichen Gericht mit der Bitte, sein Leben zu schonen. Diese Bitte war jedoch ein hohn- und grauenvoller Formalismus und nur Fiktion, da diejenigen, die die Todesstrafe nicht vollstreckten, selber der Exkommunikation und Häresieanklage verfielen. In feierlicher Form wurde die Verurteilung vorgenommen. In Spanien nannte man dies Auto-da-fé, wörtlich »Glaubensakt« (actus fidei). Man schätzt, daß in den Jahren von 1481 bis 1808 durch die Inquisition in Spanien etwa 40.000 Personen als Ketzer verbrannt wurden. Erst die Toleranzidee der Aufklärung führte zur Beseitigung der gerichtlichen Verfolgung anderer Glaubensmeinungen und -bekenntnisse. Papst → Paul III. übertrug 1542 die Inquisition einer Kommission von Kardinälen, die noch heute existiert und die Glaubenslehren zu überwachen hat.

Insignien (lat.), Kennzeichen und Ehrenzeichen hochgesteller Amtsträger. Die Insignien des → Bischofs sind die → Mitra, der → Bischofsstab und der Ring.

Installation (lat.), in der katholischen Kirche die feierliche Amtseinführung. Ursprünglich bezeichnete das Wort die Einweisung eines Domkapitulars auf seinen Platz im Chorgestühl (= stallum).

Interdikt (lat., »Untersagung«), die kirchenrechtliche Strafmaßnahme des Papstes gegen einzelne Personen, Gemeinschaften und Länder. Das Interdikt verbietet, Gottesdienste abzuhalten und → Sakramente zu spenden, es sei denn in Todesgefahr.

Inthronisation (lat., »Throneinsetzung«), in der katholischen Kirche die feierliche Besitzergreifung des päpstlichen oder bischöflichen Stuhles (thronus, → cathedra). Die Inthronisation des Papstes fand gewöhnlich im Anschluß an die → Konsekration (Weihe) des Papstes in der Peterskirche statt, indem der neugewählte Papst die cathedra Petri, den Stuhl Petri, bestieg. Bis 1059 (unter → Nikolaus II.) durfte der Papst erst nach der Inthronisation Amtshandlungen vornehmen. In der Avignonischen Gefangenschaft war die Inthronisation nicht möglich. Sie wurde später nicht wieder eingeführt.

Investitur (lat., »Einkleidung«), Einsetzung des → Bischofs oder eines Klerikers (→ Klerus) in sein Amt. Ende des 9. Jahrhunderts setzten Laien → Bischöfe und Äbte in ihr Amt ein. So übertrug der König den Bischöfen durch Übergabe des Stabes und Ringes die Regalien

Bildliche Darstellung der Investitur eines Bischofs durch den König.

(die weltlichen Güter und Rechte der Kirche) und damit auch die geistlichen Amtsrechte. 1059 verbot die Kirche die Investitur durch Laien, und es kam zum Investiturstreit. Das Bestreben der Kirche war es, die weltlichen Rechte von den geistlichen zu trennen. Dem König sollte nur die Verleihung der Regalien, symbolisiert durch das Zepter, vorbehalten bleiben, die geistlichen Amtsrechte, symbolisiert (→ Symbol) durch Ring und Stab, dem → Metropoliten.

Investiturstreit → Investitur.

Irenäus hl., → Kirchenvater, einer der ältesten Zeugen kirchlicher Überlieferung, um 130 in Kleinasien geboren. Er war Schüler des → Bischofs Polykarp von Smyrna, welcher noch den → Apostel → Johannes gekannt haben soll. Um 177 wurde er Nachfolger des Bischofs Pothinus in Lyon und leitete fünfundzwanzig Jahre hindurch die Mission in Gallien. Hier kämpfte Irenäus vor allem gegen die häretischen (→ Häresie) Lehren der Valentianer (→ Valentin) und schrieb sein berühmtes Werk »Gegen die Irrlehrer«. Er betonte den katholischen Grundsatz von der Überlieferung (→ Tradition): »Zu glauben ist, was in allen katholischen Gemeinden unvermindert und unverändert seit der Zeit der Apostel als christliche Lehre von einer Generation an die andere weitergegeben wird. Wo die Kirche ist, da ist der Geist Gottes.« Außerdem betonte der Kirchenvater die Vorrangstellung des Bischofs von Rom. Im → Osterfeststreit zwischen der morgenländischen und der abendländischen Kirche trat Irenäus vermittelnd ein und bat, Milde walten zu lassen. Um 202 dürfte er unter dem Kaiser Septimius Severus den → Märtyrertod erlitten haben. Der Heilige, dessen Name »der Friedfertige« bedeutet, verfaßte auch die früheste »→ Papstliste«, die Aufzählung der Päpste von → Petrus bis Papst → Eleutherius (175–189). Das Fest des »Vaters der katholischen Dogmatik« wird am 28. Juni gefeiert.

Isaak Jogues hl., einer der sieben französischen → Jesuitenmissionare, die in den Jahren 1642 bis 1649 im Gebiet der Indianerstämme der Irokesen und Huronen zwischen Kanada und den Vereinigten Staaten den → Märtyrertod fanden. Auch Johannes de Brébeuf befand sich unter diesen. 1931 wurden die sieben Märtyrermissionare von Papst → Pius XI. heiliggesprochen.

Isidor hl., von Sevilla, um 560 zu Cartagena in Spanien geboren. Sein Bruder, der hl. Leander, Erzbischof von Sevilla, übernahm nach dem Tode des Vaters Severian die Erziehung des jüngeren Bruders. Der wissenschaftlich interessierte Isidor, den die Liebe zu den Büchern auszeichnete, kämpfte leidenschaftlich gegen die arianischen Lehren. Nach dem Tode seines Bruders übernahm er um 600 das Amt des → Bischofs von Sevilla. Sein Bestreben galt der wissenschaftlichen Bildung des → Klerus, um diesen die geistigen Waffen zur Bekämpfung der Arianer (→ Arianismus) zu verschaffen. In seinen zahlreichen Schriften suchte er das Wissen des Altertums zusammenzufassen. Der letzte abendländische → Kirchenlehrer starb an den Stufen des Altars am 4. April 636 und wurde im Dom zu Sevilla begraben. Erst 1596 erfolgte seine → Heiligsprechung. Den »großen Schulmeister des Mittelalters« – seine zwanzigbändige Etymologiae wurde auch ins Althochdeutsche übersetzt – erhob 1722 Papst → Innozenz zum doctor ecclesiae. Am 4. April wird sein Fest gefeiert.

J

Jakobus der Ältere hl., → Apostel, der ältere Bruder des Apostels → Johannes, Sohn des Fischers Zebedäus und der Maria Salome. Jesus nannte die beiden Brüder wegen ihres Temperamentes »Donnersöhne«. Jakobus war einer der wenigen Jünger, die bei der Verklärung Jesu und bei seinem Gebet am Ölberg anwesend waren. In Jerusalem und Samaria verkündete er das → Evangelium, bis er um das Jahr 44 als erster Apostel unter König Herodes Agrippa I. das Martyrium (→ Märtyrer) erlitt. Nach der Überlieferung soll er enthauptet und seine Gebeine nach Spanien übergeführt worden sein. Seit dem 11. Jahrhundert zählt sein Grab in Santiago de Compostela in Nordspanien zu einem der berühmtesten Wallfahrtsorte. Der Heilige wird meist mit Buch, Pilgermuschel, langem Stab, Reisetasche und Flasche, mit Pilgerhut und Mantel dargestellt. Manchmal reitet er auch auf einem weißen Pferd, da er, der → Legende nach, den Spaniern auf diese Weise gegen die Sarazenen zu Hilfe gekommen sein soll. Jakobus ist der Patron der Pilger und der Nationalheilige Spaniens. Sein Fest wird am 25. Juli gefeiert.

Jakobus der Jüngere hl., einer der 12 → Apostel, Sohn des Alfäus, »der Jüngere« genannt, weil er später als Jakobus der Ältere von Jesus berufen wurde. Nicht geklärt ist, ob er derselbe ist wie der »Herrenbruder« und Verfasser des Jakobusbriefes. Der »Bruder des Herrn« war erster → Bischof von Jerusalem und nahm eine bedeutende Stellung beim Apostel→ konzil in Jerusalem ein. → Paulus nennt ihn im Galaterbrief »Säule der Kirche«. Zwischen 60 und 64 starb er als → Märtyrer. Dargestellt wird der Apostel mit Keule oder Tuchmacherstange, einem Buch und den → Insignien eines Bischofs von Jerusalem. Sein Fest wird zusammen mit dem des hl. → Philippus am 3. Mai gefeiert.

Hl. Jakobus d. J. Stich von Odoardo Fialetti.

Jansenismus, theologische Richtung, im 17. und 18. Jahrhundert in Frankreich, Holland und Belgien, benannt nach dem niederländischen Theologen Cornelius Jansen (gest. 1638), die sich stark an die Lehren des hl. → Augustinus anlehnte. Sie betonte die sittliche Strenge, eine mystische Frömmigkeit und die Hl. Schrift, lehnte hingegen die Philosophie ab und war romfeindlich. 1656 und 1713 wurde der Jansenismus von Rom verurteilt.

Januarius hl., auch Gennaro, → Bischof von Benevent, 304 unter der Christenverfolgung des Kaisers Diokletian in Puteoli bei Neapel enthauptet. Zuvor versuchte man ihn, der → Legende nach, in einem glühenden Ofen zu verbrennen und durch wilde Tiere zerreißen zu lassen, was mißlungen sein soll. Seit 1497 befinden sich seine → Reliquien in Neapel. Schon seit 1389 gibt es Berichte über das berühmte »Blutwunder«, das auch heute noch beobachtet werden kann: Das Blut des Heiligen, das sich eingetrocknet in einem Gefäß befindet, erscheint flüssig, wenn es in die Nähe des Hauptes gebracht wird. Zweimal im Jahr, am 1. Mai und am 19. September, strömen auch heute noch Pilger nach Neapel, um dieses »Blutwunder« zu sehen. Eine Erklärung für diesen Vorgang ist bis jetzt nicht gefunden worden. Januarius wird als Patron von Neapel und der Goldschmiede verehrt. Er soll gegen Erdbeben und Ausbrüche des Vesuvs schützen. Dargestellt wird der Heilige als Bischof mit Schwert, von Löwen umgeben, auch im glühenden Ofen, weiters mit einem Fläschchen, gefüllt mit seinem Blut, oder mit Bischofsstab und Evangelienbuch (→ Evangelium), im Hintergrund sieht man manchmal auch den ausbrechenden Vesuv. Das Fest des Heiligen fällt auf den 19. September.

Jeanne d'Arc (Johanna von Orléans), die Nationalheldin Frankreichs, erst 1920 heiliggesprochen, eine der umstrittensten Heiligengestalten der Kirche. Um 1412 als Bauerstochter in Domrémy in Lothringen geboren, wuchs Jeanne d'Arc ohne jede Schulbildung auf (sie konnte weder lesen noch schreiben), war fromm, doch sehr natürlich. Mit dreizehn Jahren vernahm sie im Garten ihrer elterlichen Behausung die Stimme des Erzengels Michael, der ihr die Erscheinung zweier Heiliger, der hl. → Katharina und der hl. → Margaretha, ankündigte, was diese auch taten. Bei ihrem Prozeß beteuerte Jeanne d'Arc, daß alles, was sie getan hatte, auf Befehl der Stimmen geschehen war. Diese Stimmen forderten unaufhörlich, daß Johanna dem König von Frankreich und ihrem Vaterland zu Hilfe kommen sollte. Fünf Jahre wehrte sich Jeanne,

Das Flüssigwerden des Blutes des hl. Januarius.

bis sie im Jänner 1429 heimlich ihr Vaterhaus verließ und Karl VII. von Frankreich aufsuchte. Dieser ließ ihre Aussagen von Theologen überprüfen, bevor er ihnen Glauben schenkte. Im Juni 1429 vertrieb die Heilige, die die Soldaten begeisterte, die Engländer aus dem Loire-Gebiet und führte danach Karl VII. nach Reims zur Krönung. Intrigen vereitelten ihren Versuch, Paris zu stürmen, und am 23. Mai 1430 geriet Jeanne in die Gefangenschaft der Burgunder, die sie an die Engländer auslieferten. In Rouen wartete sie im Kerker auf ihren Prozeß, der vom 21. Februar bis 24. Mai 1431 dauern sollte. Man entriß Jeanne ein Schuldbekenntnis, das sie jedoch bald widerrief. Dennoch wurde sie vom → Bischof von Beauvais für schuldig befunden, exkommuniziert und am 30. Mai dem weltlichen Gericht ausgeliefert, das sie zum Tod auf dem Scheiterhaufen verurteilte. Karl VII. bemühte sich nach ihrem Tode, ihre Ehre wiederherzustellen. Ein Revisionsverfahren erwies den Justizmord an Jeanne, die fortan als Heldin, später als Heilige Frankreichs verehrt wurde. Jeanne d'Arc, selbst nannte sie sich Jeanne la Pucellé, kämpfte sicher im guten Glauben den »heiligen Krieg« gegen die Engländer. Wieweit dies mit der Forderung des → Evangeliums nach Feindesliebe und Verbot des Tötens übereinstimmt, sei dem Urteil jedes einzelnen überlassen. Die römisch-katholische Kirche feiert ihr Fest am 30. Mai. Auf Darstellungen sieht man die kriegerische Heilige in Männerrüstung, mit Fahne, Schwert auf einem Pferd.

Die Jungfrau von Orleans in Begleitung eines Knappen und Bogenschützen. Nach einer Tapisserie in Orleans.

Jesuiten (lat. Societas Jesu, SJ), katholischer → Orden, vom hl. → Ignatius von Loyola am 15. August 1534 auf dem Montmartre in Paris gegründet, 1540 von Papst → Paul III. bestätigt. 1541 trat Ignatius das Amt des Generaloberen an und arbeitete die Ordenssatzungen aus. Besonders betont wird darin der absolute Gehorsam der Mitglieder gegenüber ihren Oberen. Es wird auf eine eigene Ordenstracht und auf das Chorgebet verzichtet. Die Aufnahme in den Orden erfolgt erst nach langer Probezeit, die Zugehörigkeit zum Orden ist in verschiedene Grade eingeteilt. Der General wird auf Lebenszeit gewählt. Zu den drei Gelübden der Armut, Keuschheit und Gehorsam kam ein viertes hinzu: der besondere Gehorsam gegenüber dem Papst. Der Orden breitete sich rasch aus. Neben der gewöhnlichen Seelsorge kam der Unterricht an Gymnasien und Universitäten hinzu. Jesuiten wurden Beichtväter der Fürsten und Könige und nahmen großen Einfluß auf die Politik ihrer Beichtkinder. Weitere Aufgaben der Gesellschaft waren das Abhalten von → Exerzitien, Heidenmission und wissenschaftliche Arbeit. Durch ihren großen politischen Einfluß kam es 1773 zur Aufhebung des Ordens durch Papst → Clemens XIV. In Preußen und Weißrußland wurde durch Einspruch Friedrichs II. und Katharinas II. das → Breve der Aufhebung nicht verkündet, so daß der Orden gegen den päpstlichen Willen und unter Verletzung des vierten Ordensgelübdes weiterbestand. 1814 stellte Papst → Pius VII. den Orden wieder als Ganzes her. Der Orden brachte viele Heilige hervor: Außer dem Gründer sind noch besonders zu nennen: → Franz Xaver, → Petrus Kanisius, → Robert Bellarmin, → Aloisius v. Gonzaga.

Joachim hl. und Anna hl., Eltern der Gottesmutter Maria, in der Bibel nicht genannt. Erst gegen 200 n. Chr. tauchen die Namen Joachim und Anna in einer Schrift auf, die zur Verehrung Marias geschrieben wurde. Seit dem 10. Jahrhundert breitete sich die Verehrung der hl. Anna in der abendländischen Kirche aus, im 16. Jahrhundert kommt die des hl. Joachim dazu. Im 14. Jahrhundert entstanden die Andachtsbilder »Anna Selbdritt«. Berühmt sind die Darstellungen Leonardos und Raffaels: Anna wird meist als vornehme Dame dargestellt, die mädchenhafte → Maria auf dem einen, das Jesukind auf dem anderen

Papst Paul III. bestätigt den Jesuitenorden.

Arm, auf dem Schoß oder neben sich. Das → Attribut des Buches soll sie als Erzieherin Marias ausweisen. Anna ist die Patronin der Mütter und der Bergleute. Das Fest beider Heiligen wird am 26. Juli gefeiert.

Johanna Franziska von Chantal hl., → Ordensgründerin, als Tochter des Barons von Frémyot, des Präsidenten des burgundischen Parlaments, am 23. Jänner 1572 in Dijon geboren. Schon früh verlor sie ihre Mutter, und so zog der strenggläubige Vater selbst seine Kinder groß. Mit zwanzig Jahren heiratete Johanna Franziska den Baron Christoph von Chantal, mit dem sie von 1592 bis zu seinem Tode im Jahre 1601 in glücklicher Ehe zusammenlebte. Die verzweifelte Witwe blieb mit vier Kindern zurück und mußte erst von ihrem Vater an ihre Pflichten wieder erinnert werden. 1604 lernte Johanna Franziska den → Bischof → Franz von Sales kennen, der in Dijon die Fastenpredigten hielt. Er wurde fortan ihr Seelenführer und gründete mit ihr den → Orden von der Heimsuchung → Mariens (Salesianerinnen), der 1618 von Rom bestätigt wurde. Ursprünglich sollten die Ordensfrauen ohne Klausur in der Krankenpflege tätig sein, doch erregte dies dermaßen Anstoß, daß Franz von Sales die Klausur einführen mußte und statt der Krankenpflege die Erziehung von Mädchen als Aufgabe gewählt wurde. Johanna Franziska starb am 13. Dezember 1641 in Moulins. Wie ihr geistiger Führer, der hl. Franz von Sales, ruht sie in der Kirche in Annecy. Papst → Clemens XII. sprach Johanna Franziska 1767 heilig. Dargestellt wird sie in der Tracht der → Salesianerinnen, im schwarzen gefältelten Kleid, weißem Brusttuch und zwei vom Gürtel nach vorn herabhän-

Der hl. Johannes auf Patmos. Gemälde von Diego Velazquez.

genden Tuchstreifen. Sie hält meist ein Herz mit dem Namen Jesu in der einen, ein Buch in der anderen Hand. Die Heilige, deren Fest am 12. Dezember gefeiert wird, ist Patronin ihres Ordens und wird für glückliche Entbindungen angerufen.

Johannes hl., → Apostel und → Evangelist, ein Bruder des Apostels → Jakobus des Älteren, Sohn des Fischers Zebedäus aus Betsaida. Jesus nannte ihn und seinen Bruder wegen ihres heftigen Temperaments »Donnersöhne«. Johannes gehörte der Jüngerschar um → Johannes dem Täufer an, bevor er Jesus folgte. Er dürfte der Jünger gewesen sein, »den Jesus liebte« (Joh. 20,2) und der beim Abendmahl an der Brust Jesu ruhte (Joh. 21,20). Der Lieblingsjünger Jesu wird im → Evangelium nie mit Namen genannt, doch setzt die christliche Kirche schon früh Johannes, den Sohn des Zebedäus, mit diesem gleich. Der Überlieferung nach ist der Apostel Johannes auch der Verfasser des vierten Evangeliums und dreier Briefe. Der → Legende nach soll Johannes in Kleinasien gewirkt haben und während der Verfolgung unter Kaiser Domitian, als er nicht auf dem Altar der Artemis in Ephesos opfern wollte, verhaftet und nach Rom gebracht worden sein. An der Porta latina (heute S. Giovanni a Porta Latina) sollte er in einem Kessel voll siedendem Öl sterben. Johannes entstieg jedoch unversehrt und wurde nach Patmos verbannt, wo er, so die → Legende, das Buch der Geheimen Offenbarung (die Apokalypse) geschrieben haben soll. Unter Kaiser Nerva durfte er nach Ephesus zurückkehren, wo er um das Jahr 100 in hohem Alter eines natürlichen Todes gestorben sein soll. Auf Darstellungen sieht man den Apostel mit dem Adler, dem Symbol des vierten Evangeliums, mit einem Kessel oder als Greis, der vom Hl. Geist inspiriert das Evangelium schreibt. Am häufigsten wird er jedoch als Jüngling an der Seite Jesu dargestellt. Johannes ist der Patron der Schriftsteller, Schreiber, Buchhändler, Bildhauer, Maler, Korbmacher, Glaser, Notare, Buchdrucker, Buchbinder und Weingärtner. Er soll bei Epilepsie, Vergiftungen, Fußleiden, Hagel und für die Fruchtbarkeit der Felder helfen. An seinem Festtag, dem 27. Dezember, wird in vielen Gegenden der Johanneswein gesegnet.

Johannes I. hl., 53. Papst, Sohn des Constantius aus Tuszien, trat am 13. August 523 die Nachfolge des Papstes → Hormisdas an. Als erster Papst fuhr Johannes im Jahre 525 nach Konstantinopel. Theoderich der Große hatte ihn gezwungen, zu Kaiser Justinos I. zu

Papst Johannes I.

gehen, um die Maßnahmen gegen die Arianer aufheben zu lassen. Der Kaiser bereitete Johannes einen ehrenvollen Empfang und gestattete dem Papst, ihm am Osterfest die Krone aufs Haupt setzen zu dürfen. In den Verhandlungen erreichte der Papst die Rückgabe der Kirchen an die Arianer (→ Arianismus), dies war aber dem Ostgotenherrscher Theoderich zu wenig. Als Johannes nach Ravenna zurückkehrte, starb er nach wenigen Tagen, am 18. Mai 526. Ob ihn Theoderich, der ihn wegen des glanzvollen Empfanges in Konstantinopel des Hochverrates verdächtigte, in den Kerker werfen ließ und Johannes den → Märtyrertod starb, ist historisch nicht bewiesen und wahrscheinlich → Legende. Sein Fest wird am 27. Mai gefeiert.

Johannes II., 56. Papst, eigentlich Mercurius, römischer → Presbyter, der erste Papst, der seinen Namen änderte, da sich sein heidnischer Name schlecht für die Nachfolge Petri geeignet hätte. Seine Wahl erfolgte am 2. Jänner 533, erst nachdem der römische Senat (zum letzten Mal) durch ein Dekret und der Ostgotenkönig Athalarich gegen die simonistischen (→ Simonie) Wahlstreitigkeiten eingeschritten waren. Ein Glaubensdekret Justinians I. fand durch Papst Johannes II. seine Billigung, wodurch der theopaschitische Streit beigelegt wurde. Johannes starb am 8. Mai 535.

Johannes III., 61. Papst, Sohn des Anastasius, eines vornehmen Römers, bestieg am 17. Juli 561 den Stuhl Petri. Da Kaiser Justinian nach der Eroberung Italiens sich die Bestätigung der Papstwahl vorbehalten hatte, kam es erst vier Monate nach dem Tode → Pelagius' I. zur Weihe Johannes' III. Die Kirchen von Mailand, Ravenna und einige afrikanische Kirchen kehrten dank seiner Bemühungen wieder in die Gemeinschaft mit Rom zurück. Mit dem Eindringen der Langobarden in Italien im Jahre 568 begann auch für das Papsttum wieder eine schwierige Zeit. Nach dreizehnjährigem → Pontifikat starb Johannes III. am 13. Juli 574.

Johannes IV., 72. Papst, Dalmatiner aus Salona, am 24. Dezember 640 zum Papst gewählt. Noch vor seiner Weihe schrieb er an die irischen Bischöfe und verurteilte mehrere von ihnen, da sie sich betreffs der Osterfeier nicht an den im ersten Konzil von Nicäa festgelegten Termin halten wollten. 641 hielt Johannes eine → Synode in Rom gegen den → Monotheletismus (nur ein Wille in Christus) und rechtfertigt in einem Brief an Kaiser Konstantin II. die Rechtgläubigkeit → Honorius' I., der ebenfalls von einem Willen in Christus sprach, worauf sich die Anhänger des Monotheletismus beriefen. Johannes IV. starb am 12. Oktober 643 (642?).

Johannes V., 82. Papst, Syrer aus Antiochia, war schon als → Diakon unter Papst Agathos auf dem sechsten Allgemeinen → Konzil in Konstantinopel. Nach seiner Wahl zum Papst am 23. Juli 685 konnte er durch die Bestätigung des Exarchen von Ravenna, da Kaiser Konstantinos IV. auf persönliche Bestätigung der Wahl verzichtete, rasch geweiht werden. Während seines → Pontifikates unterwarfen sich die → Bischöfe Sardiniens der römischen Vormachtstellung. Johannes V. starb am 2. August 686. Er war der erste einer Reihe von neun Päpsten östlicher Abstammung, was in der west-östlichen Kirchenspannung nicht gänzlich ohne Bedeutung war.

Johannes VI., 85. Papst, Grieche, seit dem 30. Oktober 701 auf dem päpstlichen Thron, konnte sich gegen den → Exarchen Theophylaktos behaupten und einen offenen Bruch mit Byzanz vermeiden. Als der Exarch in Rom erschien und den Papst bedrohte, stellte sich die Miliz schützend vor Johannes. Als dann die wütenden Römer gegen Theophylakt vorgehen wollten, entzog ihn der Papst der Wut des Volkes. Durch Zahlungen bewog der Papst den Langobardenherzog Gisulf I. von Benevent, der mit seinen Scharen plündernd durch Kampanien zog, zur Umkehr und verschonte das Land dadurch vor weiteren Verwüstungen. Am 11. Jänner 705 starb Papst Johannes VI.

Johannes VII., 86. Papst, Grieche aus vornehmem Haus, von großer Bildung, nach dem Tode → Johannes VI. (701 – 705) ab dem 1. März 705 Papst. Er konnte wieder friedliche Beziehungen zu den Langobarden herstellen. König Aripert II. gab besetztes Kirchengut in den Kottischen Alpen zurück. Weniger glücklich war sein Verhalten gegenüber Byzanz. Als ihm Justinian II. die Disziplinarbeschlüsse der Trullanischen → Synode von 692 übersandte, in denen abendländische Bräuche schroffe Ablehnung erfuhren, sandte Johannes VII. die 102 Kanones unverändert zurück, was einer Anerkennung der romfeindlichen Beschlüsse gleichkam. Die Angst vor dem Zorn des Kaisers dürfte dabei den Ausschlag gegeben haben. In Rom entfaltete der Papst eine rege Bautätigkeit und förderte die Mosaikkunst. In den Vatikanischen Grotten befindet sich ein sehr gutes zeitgenössisches Mosaikporträt Johannes VII. Er starb am 18. Oktober 707.

Papst Johannes VII. Mosaik in der Vatikanischen Grotte.

Johannes (→ Gegenpapst), römischer → Diakon, bemächtigte sich im Jänner 844, nach dem Tode Papst Gregors IV., mit Hilfe einer Volksmenge des → Laterans. Der → Klerus und die Adelspartei wählten hingegen → Sergius II. (844 – 847) der sich, ohne die Zustimmung des Kaisers abzuwarten, noch am selben Tage weihen ließ. Johannes wurde von ihm in ein Kloster verwiesen.

Johannes VIII., 107. Papst, langjähriger → Archidiakon der römischen Kirche und Sohn des Römers Gundo, bestieg am 14. Dezember 872 den päpstlichen Thron. Weihnachten 875 krönte er Karl II. den Kahlen zum Kaiser in der Peterskirche zu Rom. Unter dem Druck der italienischen Fürsten, die Rom besetzten und den Papst einige Zeit gefangenhielten, mußte Johannes nach Frankreich fliehen, wo er den Sohn Karls des Kahlen, Ludwig den Stammler, 878 zum König von Frankreich krönte. Mit großem Eifer betrieb der Papst die Abwehr der Sarazenen, indem er unter anderem die Pauls→basilika mit Mauern umgeben ließ und die Kriegsflotte ausbaute. 881 krönte er Karl III. den Dicken, den Sohn Ludwigs des Deutschen, zum Kaiser. Von ihm enttäuscht, schloß Johannes mit Byzanz Frieden, mußte dadurch aber einige Zugeständnisse machen. Schützend stellte sich Johannes vor den Slawenapostel →Methodius, der von der bayrischen →Synode zu Regensburg 870 verurteilt worden war und genehmigte 880 die slawische Sprache in der →Liturgie. Verwandte versuchten den greisen Papst zu vergiften, und da dies nicht glückte, erschlugen sie ihn schließlich am 16. Dezember 882.

Johannes IX., 116. Papst, eigentlich Johannes von Tivoli, Benediktinerabt. Als Papst Theodor II. starb, versuchte der skrupellose Graf von Tusculum, Sergius, der spätere Papst →Sergius III. (904–911), den päpstlichen Thron zu usurpieren. Nach dessen Vertreibung konnte Johannes IX. im Jänner 898 geweiht werden, der sich unter den Schutz Kaiser Lamberts stellte. Er versuchte wieder Ordnung zu schaffen und hielt eine →Synode in Rom und Ravenna (898) ab, bei der er neuerdings den Papst →Formosus rehabilitierte, die Kaiserkrönung Arnulfs für ungültig erklärte und Lambert als Kaiser anerkannte. Um die Papstwahl zu sichern, beschloß man, daß →Bischöfe und →Klerus unter Zustimmung des Volkes den Papst wählen sollten. Die →Konsekration des Papstes sollte in der Gegenwart kaiserlicher Gesandter erfolgen, was der Anordnung Kaiser Lothars I. von 824 gleichkam. Doch blieben diese Bestimmungen ohne praktische Bedeutung. Als Lambert auf der Jagd tödlich verunglückte und ohne Erben war, riß Berengar von Friaul die Herrschaft an sich, wodurch der päpstliche Stuhl erneut gefährdet war. Johannes starb im Jänner 900.

Johannes X., 123. Papst, eigentlich Johannes von Tossignano (Romagna), Erzbischof von Ravenna, gelangte im März 914 unter dem Einfluß Theodoras der Älteren auf den Stuhl Petri. Nach dem Bericht Luitprands von Cremona soll der Papst in einem Liebesverhältnis zu Theodora d. Ä., der Gattin des Theophylakts, gestanden haben. Johan-

Papst Johannes X.

nes gelang es, ein italienisches Bündnis gegen die Sarazenen zu erreichen. Persönlich nahm er an den Schlachten teil, und der entscheidende Sieg am Garigliano von 915 soll zu einem guten Teil seinem Verdienste zuzuschreiben sein. Berengar von Friaul krönte er im

Dezember 915 zum Kaiser, doch wurde dieser alsbald von den einfallenden Ungarn ermordet. Das Bestreben des Papstes, sich von der herrschenden Adelspartei unabhängig zu machen, führte seinen Untergang herbei. Vor seinen Augen wurde sein Bruder erdrosselt und er selbst von der nun in Rom unumschränkt herrschenden Tochter Theodoras d. Ä., Marozia, ins Gefängnis geworfen und dort Mitte 928 ermordet. Johannes X. erhob einen 5jährigen Knaben zum Erzbischof von Reims. Damit war der Anfang zu einer Reihe von Mißbräuchen gemacht, denn Könige und Fürsten verlangten nun häufig die Einsetzung von Kindern in hohe Kirchenämter, um sich die reichen Pfründe zu sichern.

Johannes XI., 126. Papst, eigentlich Alexander, Sohn der mächtigen Herrscherin Roms, Marozia, die sich auch Patricia und Senatrix nennen ließ. Sein Vater soll Papst → Sergius III. gewesen sein. Im März 931 kam er auf den päpstlichen Thron. Alberich II. von Tuszien, der Sohn Marozias, fürchtete nach Wiederverheiratung seiner Mutter mit König Hugo von der Provence um seine Krone und vertrieb König Hugo 932. Seine Mutter und seinen Halbbruder, Papst Johannes, ließ er in den Kerker werfen und im Dezember 935 umbringen. Flodoard beschrieb das → Pontifikat Johannes XI. als »ohne Gewalt, des Glanzes bar, nur mit geistlichen Dingen beschäftigt«.

Papst Johannes XI.

Johannes XII., 131. Papst, eigentlich Octavian, Sohn Alberichs II., war schon früh zum Geistlichen bestimmt worden. Vor seinem Tod ließ Alberich die Großen Roms schwören, nach dem Tode Papst → Agapets II. seinen Sohn zum Papst zu wählen. Der kaum 18jährige Jüngling bestieg am 16. Dezember 955 den Stuhl Petri, nannte sich Johannes XII. und übte zunächst die weltliche und geistliche Herrschaft in Rom aus. Unter seinem → Pontifikat wurde der → Lateran zum Bordell, und seine Liederlichkeit und Unreife brachten auch politischen Schaden. Da Berengar und dessen Sohn Adalbert 960 den Kirchenstaat bedrohten, rief Papst Johannes Otto I. nach Italien, wo er Otto am 2. Februar 962 die Kaiserkrone aufs Haupt setzte, die seitdem mit dem deutschen Königstum verbunden blieb. Im Privilegium Ottonianum bestätigte der Kaiser die Rechte und den Umfang des Kirchenstaates, sicherte sich aber auch die Rechte des Kaisers bei der → Papstwahl. Johannes schloß bald darauf ein Bündnis mit Adalbert von Ivrea gegen den Kaiser, so daß dieser erneut in Rom erschien und Johannes mit dem Kirchenschatz flüchtete. Auf der kaiserlichen → Synode in der Peterskirche am 6. November 963 wurde Johannes wegen seiner zahlreichen Verbrechen verurteilt und abgesetzt. Die Versammlung wählte →Leo VIII. (963–965), einen →Laien, zum neuen Papst, der an einem Tag alle Weihen empfing. Doch nach Ottos Abzug kehrte Papst Johannes nach Rom zurück und übte fürchterliche Rache an seinen Gegnern. Am 14. Mai 964 wurde der Papst, beim Ehebruch ertappt, vom wütenden Ehemann erschlagen.

Johannes XIII., 134. Papst, →Bischof von Narni, Sohn Theodoras der Jüngeren, der Schwester Marozias, Vetter Alberichs II., am 1. Oktober 965 von den Römern einmütig mit dem Kaiser zum Papst gewählt. Des Schutzes Kaiser Ottos des Großen gewiß, regierte er allzu selbstherrlich und wurde daher im Dezember 965 bei einem Aufstand von den Römern gefangengenommen. Johannes konnte jedoch am Anfang des Jahres 966 fliehen und mit Hilfe des Kaisers im November wieder nach Rom zurückkehren, wo Otto d. Gr. über die Aufrührer ein strenges Gericht hielt. Der Kaiser stellte die Ordnung im Kirchenstaate wieder her und führte einige Gebiete wieder zurück. Weihnachten 967 krönte Johannes den jungen Otto II. zum Kaiser. Durch die Eheschließung Ottos II. mit der byzantinischen Prinzessin Theophanu im Jahre 972 gelang es Papst Johannes, das Einvernehmen zwischen den beiden großen Mächten herzustellen. 968 erhob der Papst die Lieblingsstiftung Ottos, Magdeburg, zum Erzbistum und stattete es mit reichen Privilegien aus. Johannes XIII. starb am 6. September 972.

Johannes XIV., 137. Papst, eigentlich Petrus Canipanova, Erzkanzler für Italien und →Bischof von Pavia, wurde im Dezember 983 auf den päpstlichen Stuhl erhoben. Wie Kaiser Otto II. war Johannes reformfreudig und von würdevoller Natur, doch konnte er sich nach dem Tode Ottos nicht mehr gegen seine Feinde behaupten. Der plötzlich in Rom erschienene →Gegenpapst →Bonifaz VII. (984–985) bestieg mit Hilfe der Adelspartei der Crescentier den päpstlichen Thron und ließ Papst Johannes einkerkern. Am 20. August 984 verhungerte Johannes XIV. in der Engelsburg (möglicherweise ließ ihn Bonifaz auch vergiften).

Johannes XV., 139. Papst, Sohn des römischen →Presbyters Leo, gelangte mit Hilfe →Johannes Crescentius II. im August 985 zu päpstlichen Würden. Johannes XV., gebildet und den →Cluniazensern wohlgesinnt, wurde jedoch bald wegen seiner Geldgier und seinem übertriebenen →Nepotismus vom römischen →Klerus gehaßt. Nach einer Auseinandersetzung mit Crescentius floh der Papst nach Tuszien und rief Otto III. zu Hilfe, dem er die Kaiserkrone versprach. Noch vor Ankunft Ottos starb Johannes im März 996. Er war der erste Papst, der eine feierliche →Kanonisation vornahm. Er sprach im Jahre 993 den →Bischof →Ulrich von Augsburg heilig.

Johannes XVI. (→Gegenpapst), eigentlich Johannes Philagathos, Grieche aus Rossano in Kalabrien, hielt sich ein Jahr als Gegenpapst. Von Kaiserin Theophanu begünstigt, wurde er 988 Erz→bischof von Piacenza und leitete mehrere Jahre die italienische Kanzlei. Als →Gregor V. von Rom abwesend war, ließ sich Johannes von Crescentius II. im Mai 997 als Gegenpapst aufstellen. Als Otto III. 998 nach Rom zurückkehrte, floh Johannes XVI., wurde jedoch gefangen. Mit eigener Hand zerriß

Papst Gregor V. dessen Bischofsgewand. Hierauf wurde der Unglückliche verkehrt auf einen Esel gesetzt und unter Beschimpfungen durch die Straßen geführt. Hierauf ließ ihm Gregor die Nase, Ohren und Zunge abschneiden und die Hände abhacken. Im Kerker eines römischen Klosters soll Johannes noch 15 Jahre gelebt haben.

Johannes XVII., 142. Papst, eigentlich Sicco, aus Rom. Nach dem Tod → Silvesters II. (999 – 1003) brachte → Crescentius III. ihn im Juni (Mai?) 1003 auf den Stuhl Petri. Da der → Gegenpapst → Johannes XVI. in der Papstliste mitgezählt wurde, wird er als Johannes XVII. geführt. Sein → Pontifikat verlief ohne besondere Ereignisse und endete bereits nach einem halben Jahr im Dezember (November?) 1003.

Johannes XVIII., 143. Papst, eigentlich Johannes Fasanus aus Rom, wurde von Crescentius III. am 25. Dezember 1003 zum Papst erhoben. In sein → Pontifikat fallen die Wiederherstellung des Bistums Merseburg (1004) und die Bestätigung des von Heinrich II. gegründeten Bistums Bamberg (1007). Im → Benediktinerkloster St. Paul in Rom starb Papst Johannes XVIII. im Juni 1009, wo er auch beigesetzt wurde.

Johannes XIX., 146. Papst, eigentlich Romanus, Graf von Tusculum, Consul und Dux von Rom, Bruder Papst → Benedikts VIII. (1012 – 1024), erkaufte sich nach dessen Tod im Juni 1024 die päpstliche Würde und ließ sich an einem Tag alle Weihen geben. Er vereinigte die weltliche und geistliche Macht Roms in seiner Person. Der habgierige Papst trieb einen schamlosen Handel mit Ämtern und Privilegien. Ob er jedoch dem → Patriarchen von Konstantinopel den in Rom stets abgelehnten Titel eines ökumenischen Patriarchen um viel Geld verkaufte, ist nicht bewiesen. Doch wurde der Name des Papstes seit dieser Zeit nicht mehr in den Diptychen (Papstlisten) von Byzanz genannt, was den tatsächlichen Bruch mit Rom bedeutete. Zu Ostern 1027 krönte Johannes XIX. Konrad II. zum Kaiser, der sich häufig in kirchliche Angelegenheiten einmischte. Im August 1032 schied Johannes XIX. aus dem Leben.

(Johannes XX.) fehlt in der Papstliste. Irrtümlich hatte man nämlich vor Johannes XV. einen weiteren Papst Johannes eingeschoben. Als man den Irrtum bemerkte, gab man den Päpsten des 10. und 11. Jahrhunderts ihre richtige Reihenzahl, beließ aber für Papst Johannes XXI. und die folgenden Johannespäpste die von diesen selbst gewählte Ordnungszahl.

Johannes XXI., 188. Papst, eigentlich Petrus Juliani, auch Petrus Hispanus genannt, um 1210 in Lissabon geboren,

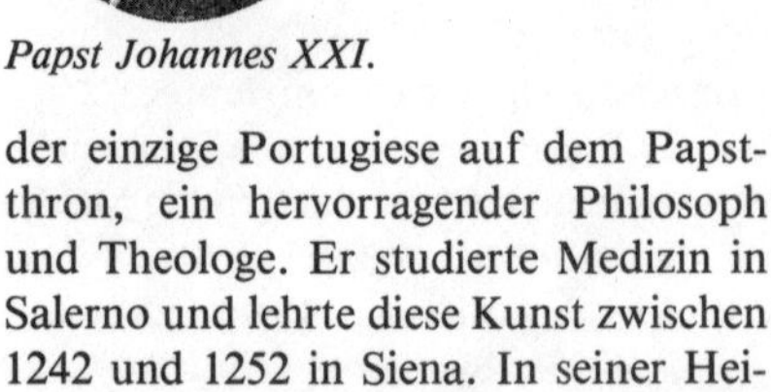

Papst Johannes XXI.

der einzige Portugiese auf dem Papstthron, ein hervorragender Philosoph und Theologe. Er studierte Medizin in Salerno und lehrte diese Kunst zwischen 1242 und 1252 in Siena. In seiner Heimatstadt war er seit 1261 Dekan, bevor er 1273 zum Erzbischof von Braga und → Kardinal→ bischof von Tusculum geweiht wurde. Am 8. September 1276 bestieg er den päpstlichen Thron. Neben einem logischen Kompendium sind uns auch viele wertvolle medizinische Schriften von diesem gelehrten Papst erhalten. Johannes war sehr um die Erhaltung der Union mit der Ostkirche bemüht und wollte einen neuen → Kreuzzug beginnen. Er suchte den Frieden zwischen Philipp von Frankreich und Alfons von Kastilien zu vermitteln, ermahnte den griechischen Kaiser Michael Paläologus zur Bestätigung des → Konzils von Lyon und den Groß-Khan der Tartaren zur Milde gegen die Christen. Der Tod ereilte ihn in Viterbo am 20. Mai 1277, als die Decke seines Schlafgemaches einstürzte. Er ruht in der S.-Laurenzius-Kirche in Viterbo.

Johannes XXII., 197. Papst, → Bischof von → Avignon und Kardinalbischof von Porto, nach zweijährigem → Konklave, nach dem Tode → Clemens V. (1305 – 1314), von den Kardinälen am 7. August 1316 im Dominikanerkloster von Lyon zum Papst gewählt. Als Sohn eines Schusters um 1245 in Cahors geboren, hatte er schon frühzeitig gute Beziehungen zum Hof von Anjou. Obwohl Johannes vor seiner Wahl die baldige Rückkehr des Papstes nach Rom versprochen hatte, hielt er sich nicht daran. Unnachgiebig und rücksichtslos verfolgte diese kraftvolle Herrschernatur ihre kirchenpolitischen Ziele, im Glauben an die mittelalterliche Universalherrschaft des Papsttums. Bei → Kardinalsernennungen bevorzugte er Franzosen, wie auch seine Politik die französische Politik unterstützte. So griff er in die Kämpfe der Kaiserwahl ein und bevorzugte Friedrich den Schönen gegenüber Ludwig dem Bayern. Als Ludwig im Jahre 1322 als Sieger der Wahl hervorging, verweigerte der Papst die Anerkennung und exkommunizierte ihn. 1327 zog Ludwig nach Rom, um sich

Papstwappen Johannes' XXII.

vom Volk zum Kaiser krönen zu lassen, da der Papst abwesend war. Unter dem Einfluß seines Ratgebers, Marsilius von Padua, der die radikalste kirchenpolitische Schrift des Mittelalters »Defensor Pacis« verfaßte, in der die Unterordnung der weltlichen unter die geistliche Macht geleugnet wird, erklärte Ludwig IV. der Bayer bald nach seiner Krönung den Papst für abgesetzt und ließ an seiner Stelle den → Minoriten Pietro Rainalducci durch das Volk zum Papst erheben, welcher sich → Nikolaus V. nannte. Als sich der → Gegenpapst nach zwei Jahren unterwarf, behielt ihn Johannes bis zu seinem Tod in Avignon in Haft. Dem → Nepotismus verfallen, betrieb Johannes XXII. außerdem eine maßlose Steuerpolitik und suchte Geld auf jede nur mögliche Art zu bekommen. In den Armutsstreit des → Franziskanerordens griff er hart ein, sprach den → Dominikaner → Thomas von Aquin 1323 heilig und verurteilte 26 Sätze des Meisters Eckehart 1329. In die → Tiara, die päpstliche Krone, fügte er den dritten Kronreif ein. Der neunzigjährige Papst verschied am 4. Dezember 1334 in Avignon und hinterließ einen Schatz von 16 Millionen gemünzten Goldes und 17 Millionen an Gold- und Silberbarren (etwa fünfundfünfzig Millionen Deutsche Mark).

Johannes XXIII. (→ Konzilspapst), eigentlich Baldassarre Cossa, → Kardinal → diakon von S. Eustachio, wurde nach dem Tode → Alexanders V. gegen den in → Avignon regierenden → Benedikt XIII. und den in Rom herrschenden Papst → Gregor XII. am 17. 5. 1410 in Bologna zum Papst gewählt.

Papst Johannes XXIII.

Um 1360 in Neapel aus adeligem Geschlecht geboren, war er ursprünglich Matrose und Soldat und kam unter → Bonifatius IX. an die Kurie. Von Natur aus ehrgeizig und skrupellos, erlangte er bald die Kardinalswürde (1402). Als Johannes XXIII. durch König Ladislaus von Neapel aus Rom vertrieben wurde, ging er notgedrungen auf die Forderung des deutschen Königs Sigismund ein, ein Allgemeines → Konzil in Konstanz abzuhalten. Als das Konzil alle drei Päpste zum Abdanken zwingen wollte, suchte sich Johannes am 20. März 1415 mit Hilfe Herzog Friedrichs von Tirol durch eine abenteuerliche Flucht zu retten und wollte so das Konzil sprengen. Sigismund vereitelte dies und ließ Johannes vom Konzil absetzen und gefangennehmen. 1419 ging Johannes zu → Martin V. und unterwarf sich nach dem Scheitern neuer Intrigen am 13. Mai knieend dem Papste. Als Kardinal → bischof von Tusculum starb Johannes am 22. Dezember 1419 in Florenz und erhielt von Cosimo de Medici ein prachtvolles Grabmal, geschaffen von Donatello und Michelozzo, welches Johannes, »zwar groß in weltlichen Dingen, aber untauglich für alles Kirchliche«, kaum verdiente.

Johannes XXIII., 262. Papst, eigentlich Angelo Giuseppe Roncalli, am 25. November 1881 in Sotto-il-Monte in der Provinz Bergamo geboren. Nach Studien der Theologie in Bergamo und in Rom promovierte er 1904 zum Doktor der Theologie. Im gleichen Jahr empfing er am 10. August die → Priesterweihe. Ab 1905 unterrichtete er als Professor im Seminar von Bergamo und war Sekretär von → Bischof Radici-Tedéschi. Während des Ersten Weltkrieges rückte er bei der Sanität ein und wurde später Feldgeistlicher. Ab 1921 an der Propaganda Fidei tätig, unterrichtete Roncalli auch Patrologie am Römischen Seminar. Seine Weihe zum Titular-Erz → bischof von Arepolis empfing er 1925, als er zum Apostolischen Visitator von Bulgarien ernannt wurde. Während der deutschen Besetzung Griechenlands im Zweiten Weltkrieg konnte er als Apostolischer Delegat in Athen viel Gutes tun und die Deportation griechischer Juden verhindern. Zum → Nuntius 1944 in Paris ernannt, bewahrte er französische Bischöfe vor der Willkür des NS-Regimes und

Papst Johannes XXIII. bei seiner Ansprache am 2. Vatikanischen Konzil.

half auch im Krieg deutschen Kriegsgefangenen. 1953 erhob ihn Papst → Pius XII. (1939 bis 1958) zum → Kardinal und ernannte ihn zum Erzbischof und → Patriarchen von Venedig. Nach viertägigem → Konklave wählten die Kardinäle am 28. Oktober 1958 Johannes XXIII. zum neuen Papst. Am 11. Oktober 1962 eröffnete er das einundzwanzigste Allgemeine → Konzil, das zweite Vaticanum, um die Kirche den neuzeitlichen Erfordernissen anzupassen. Seine Enzyklika »Pacem in terris« vom 11. April zeigte, wie seine Liebe zu allen Menschen sein ganzes Denken und Wirken durchdrang. Von persönlicher Schlichtheit, nannte der Papst sich »Bruder Johannes«, womit er eine Brücke zu allen Menschen, auch den Andersgläubigen und Nichtglaubenden, schlug. Von allen geliebt, starb er am 3. Juni 1963 und ruht in den Vatikanischen Grotten neben Pius XII., den er an Menschlichkeit weit überragte.

Johannes Baptist de la Salle hl., 1651 in Reims geboren. Als er das Elend eines großen Teils der Bevölkerung unter Ludwig XIV. sah, fühlte er sich diesen ärmsten Schichten verpflichtet. Nach seiner → Priesterweihe sorgte er vor allem für ihre Fortbildung. Er gründete Volksschulen, Schulen für Erwachsene und Lehrerseminare. Trotz großer Schwierigkeiten, vor allem auch in kirchlichen Kreisen, verbot er die Prügelstrafe und führte die Muttersprache statt Latein im Unterricht ein. Johannes de la Salle, ein Bahnbrecher moderner Erziehung, gründete die Genossenschaft der Christlichen Schulbrüder. Er starb in der Karwoche des Jahres 1719. Der → Ordensgründer, dessen Fest am 7. April gefeiert wird, wurde 1900 heiliggesprochen.

Johannes Bosco hl., als Kind armer Bauern am 15. August 1815 zu Becchi in Piemont geboren. Früh mußte er schon mit seiner Hände Arbeit für seinen Unterhalt sorgen. Es zeigte sich aber auch seine Begabung, Menschen zu führen, gab er doch den Ton bei seinen Spielkameraden an. Eine → Vision, die der Neunjährige hatte, ließ in ihm den Wunsch reifen, → Priester zu werden. Mit 16 Jahren gelang es Johannes, aufs Gymnasium in Chieri zu kommen, das er hervorragend absolvierte. Auch im Priesterseminar zeichnete er sich durch seinen Studieneifer aus. Nach der Priesterweihe am 6. Juni 1841 ging er nach Turin, um sein Wissen zu vertiefen. Bald schon sammelte sich eine Schar elternloser und verwahrloster Jugendlicher um ihn, mit denen er spielte, sie unterrichtete und die hl. Messe feierte. Den Obdachlosen verschaffte er Unterkunft, den Arbeitslosen suchte er eine Lehrstelle, besonders aber lag ihm die sittlich-religiöse Erziehung der Jugendlichen am Herzen. Bald reichte seine eigene Arbeitskraft nicht mehr aus, so daß er sich nach Helfern umsah. Er gründete die »Fromme Gesellschaft vom heiligen Franz von Sales« (heute unter »Salesianer Don Boscos« bekannt), die von Rom 1874 anerkannt wurde. Mit der hl. Maria Domenica Mazzarello rief er die → Kongregation der Don-Bosco-Schwestern (Mariahilf-Schwestern) ins Leben, da er auch die Mädchen in seine Arbeit mit einschließen wollte. Auch eine Art Dritter Orden sollte sein Werk durch Gebet und Opfer unterstützen. Auf das Bildungswesen Italiens und auch Südamerikas wirkte er entscheidend ein, gab eine eigene Zeitung heraus und beriet die Päpste in heiklen Fragen. Am 31. Jänner 1888 starb der »Apostel der Jugend« in Turin. Sein Leben war öfters in Gefahr gewesen, doch hatten ihn seine Begabung für das Übernatürliche und manchmal auch der legendenumwobene »Graue«, ein wolfsartiger Hund, vor Üblem verschont. 1934 fand seine → Heiligsprechung statt, sein Fest wird am 31. Jänner gefeiert.

Johannes Chrysostomus hl., → Kirchenlehrer, mit dem Beinamen »Goldmund« (Chrysostomus), um 350 in Antiochien in Syrien geboren. Er studierte Rhetorik und die antike Rechtslehre und empfing im Alter von ca. 19 Jahren (369) die Taufe. 374 zog sich Johannes als → Eremit auf einen Berg in der Umgebung von Antiochien zurück, 386 empfing er die → Priesterweihe und war bald wegen seiner Predigten weithin berühmt. 397 wurde Johannes Chrysostomus zum → Patriarchen von Konstantinopel erhoben. Er sorgte für die Armen und Kranken und lebte weiterhin bescheiden. Als er gegen den Luxus der vornehmen Damen predigte, fühlte sich die Kaiserin von Byzanz, Eudokia, betroffen und ließ ihn absetzen. Johannes wurde verbannt, konnte kurz zurückkehren und wurde schließlich endgültig in die Verbannung nach Armenien gebracht. Am 14. September 407 starb er an Erschöpfung. Der Heilige wird als griechischer → Bischof mit Buch, Bienenkorb, Taube und Engel dargestellt. Sein Fest feiert die Kirche am 13. September.

Johannes de Brébeuf hl. → Isaak Jogues hl.

Johannes Eudes hl., 1601 in der Normandie geboren, trat 1623 dem Oratorium bei und empfing 1625 die → Priesterweihe. Johannes widmete sich eifrig der Volksmission und gründete 1643 eine Weltpriesterkongregation, die sich die Priesterausbildung zur Aufgabe stellte. Die »→ Kongregation der Schwestern zum Guten Hirten« geht ebenfalls auf die Gründung Johannes Eudes zurück. Johannes starb am 19. August 1680 in Caen. Der Heilige galt als glühender Anhänger der Verehrung der Herzen Jesu und Mariens. Das Fest des 1925 heiliggesprochenen → Ordensgründers wird am 19. August gefeiert.

Johannes Leonardi hl., → Ordensgründer, 1541 bei Lucca in der Toskana geboren. Er lernte zuerst Apotheker und begann erst mit 26 Jahren sein Theologiestudium. 1571 empfing er die → Priesterweihe. Johannes Leonardi arbeitete vorzüglich in den Gefängnissen und Spitälern, sorgte sich aber auch um die religiöse Erziehung der Jugendlichen. Für den Religionsunterricht schrieb er 1574 ein eigenes Handbuch. Eine von ihm gegründete Laiengenossenschaft, die später von Papst → Clemens VIII. bestätigt wurde, sollte seine Arbeit unterstützen. Seine 1574 gegründeten »Regular→ kleriker von der Mutter Gottes« wurden später mit den vom hl. → Josef von Calasanza gegründeten Piaristen vereinigt. Von Lucca wegen seiner Reformpläne vertrieben, ging Johannes Leonardi nach Rom. Clemens VIII. beauftragte ihn mit der Reform einiger Orden. Das Kolleg der Propaganda Fidei – der Glaubensverbreitung – geht in seinem Ursprung auf die Gründung des hl. Johannes Leonardi zurück. Das Fest des Heiligen, der 1609 in Rom starb, feiert die Kirche am 9. Oktober.

Johannes Maria Vianney hl., der »Pfarrer von Ars«, am 8. Mai 1786 bei Lyon in Frankreich geboren. Seine erste Kommunion empfing er während der Französischen Revolution im Elternhaus bei verschlossenen Fensterläden. Mit 19 Jahren begann der Bauernsohn Johannes Maria zu studieren, um → Priester zu werden. Das Lernen fiel ihm aber sehr schwer, so daß er als Dummkopf galt, und nur seine Frömmigkeit war ausschlaggebend für die Zulassung zur Priesterweihe, die er 1815 empfing. Als Pfarrer wurde Johannes in die verwahrloste Pfarrei Ars geschickt, wo er in großer Armut sein Amt versah. Trotz des großen Andranges bei seinem Beichtstuhl und obwohl ihn viele hilfsbedürftige Menschen aufsuchten, fühlte sich Vianney seinem Beruf oft nicht gewachsen und wollte wiederholt in einen kontemplativen (→ Kontemplation) Orden eintreten. Allein seine Pfarrgemeinde hinderte ihn daran. Mit 73 Jahren

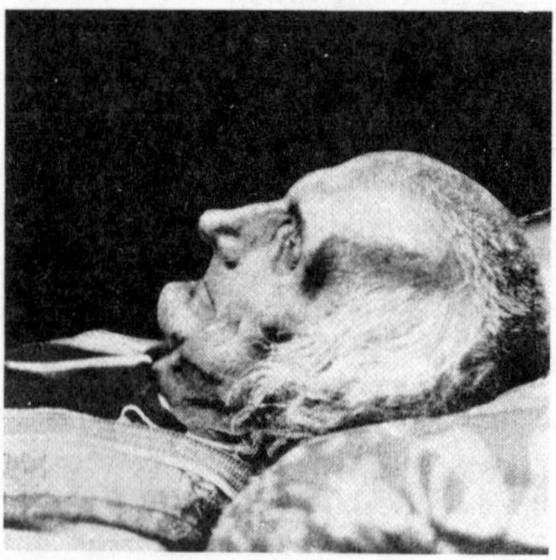

Johannes Maria Vianney.

starb er am 4. August 1859 in Ars, wo er auch begraben liegt. → Pius XI. ernannte den Heiligen zum Patron der Seelsorger. Sein Fest wird am 4. August gefeiert.

Johannes Nepomuk hl., studierte in Prag und zählte seit 1370 zum → Klerus der Stadt. Er stammte aus Pomuk (Nepomuk) in Böhmen und erreichte das Amt eines Generalvikars. Er wurde in die Streitigkeiten des Königs Wenzel mit dem Prager Erz→bischof hineingezogen und exkommunizierte einen Günstling des Königs. Daraufhin ließ ihn dieser foltern und wahrscheinlich schon tot am 20. März 1393 in die Moldau werfen. Daß Johannes Nepomuk der Beichtvater der Königin war und das Beichtgeheimnis dem König nicht preisgeben wollte, gehört in den Bereich der → Legende und ist historisch nicht nachweisbar. 1729 wurde Johannes heiliggesprochen. Seine Gebeine ruhen im Veitsdom in Prag. In Österreich, Böhmen und Süddeutschland finden wir viele Nepomukstatuen auf Brücken, die vielfach eine Nachbildung der 1693 auf der Karlsbrücke in Prag aufgestellten Statue sind. Der »Brückenheilige« wurde vor allem in der Zeit der Gegenreformation sehr verehrt. Dargestellt wird er als Beichtvater im Chorhemd, das Kreuz in der Hand und ein → Birett auf dem Kopf. Er gilt als Patron der → Priester und Beichtväter, der Schiffer, Müller und Brücken. Sein Fest fällt auf den 16. Mai.

Johannes Paul I., 264. Papst, eigentlich Albino Luciani, am 17. Oktober 1912 in Forno di Canale geboren. Der Vater war Sozialist und mußte zeitweise in der Schweiz im Exil leben. Am 7. Juli 1935 empfing Luciani die → Priesterweihe, und zwanzig Jahre später wurde er → Bischof von Vittorio Veneto. 1969 übernahm er den → Patriarchenstuhl von Venedig, von dem aus bereits einige Päpste, so auch → Johannes XXIII., zum höchsten Amt in der Kirche aufstiegen. Luciani betonte Journalisten gegenüber, daß seine Kirche eine »Kirche der Armen« wäre. Er fühlte sich

Papst Johannes Paul I.

nicht als großer Redner, wäre aber gerne Journalist geworden, um ein größeres Publikum zu erreichen. Am 26. August 1978 folgte er → Paul VI. (1963 bis 1978) auf den Bischofsstuhl von Rom und nannte sich Johannes Paul I. Als er noch Kardinal Luciani war, hatte der Papst in der Zeitschrift »Messaggero di San Antonio« fiktive Briefe an berühmte Persönlichkeiten geschrieben, die während seines → Pontifikates gesammelt in einem Bändchen mit dem Titel »Illustrissimi« (Die Berühmtesten) erschienen. Darin setzte er sich mit Fragen der Erziehung, des Terrorismus, der Beziehung zwischen Kirche und der KPI sowie mit der Frage, wie ein Bischof und ein Papst sein sollten, auseinander. Johannes Paul I., der »Papst mit dem Lächeln«, trat in seinem kurzen Pontifikat entschieden gegen Unterdrückung und Armut auf. In seiner schlichten Art, er war mehr Seelsorger als Diplomat, lehnte er jeden überflüssigen Pomp ab. Völlig überraschend starb er nach nur dreiunddreißig Tagen Regierung am 28. September 1978 an Herzversagen.

Johannes Paul II., 265. Papst, eigentlich Karol Josef Wojtyla, nach über 450 Jahren, nach → Hadrian II., der erste nicht aus Italien stammende Papst. Er wurde am 18. Mai 1920 in Wadowice in Polen geboren. Mit neun Jahren verlor er bereits seine Mutter, und so mußte sich der Vater, ein pensionierter Berufsoffizier, um die Erziehung von drei Kindern kümmern. 1938, nach bestandener Matura, zog die Familie nach Krakau, und Karol schrieb sich an der philosophischen Fakultät ein. Der Krieg unterbrach seine Studien. Mit Freunden gründete Karol »das Rhapsodische Theater«, das während des Krieges im Untergrund spielte, und trat darin selbst als Schauspieler auf. Sein Brot verdiente er sich als Arbeiter in den Steinbrüchen von Zakczowek und in den chemischen Werken von Solway in Borek Falecki. Karol half bei der Rettung von Juden, die von den Nazis verfolgt wurden, indem er ihnen gefälschte Pässe besorgte. Schließlich mußte er selbst Zuflucht im Keller der bischöflichen Residenz suchen. 1942 begann Wojtyla dort sein Theologiestudium und wurde am 1. November 1946 zum → Priester geweiht. Als → Kaplan studierte er zwei Jahre in Rom und schrieb seine Doktorarbeit in Moraltheologie. Von 1949 bis 1951 führte er die Florianskirche von Krakau als Vikar. Als ordentlicher Professor der Philosophie wirkte Karol von 1954 an der katholischen Universität von Lublin und empfing am 28. September 1958 die → Bischofsweihe. → Paul VI.

Papst Johannes Paul II. inmitten begeisterter Jugendlicher.

ernannte Wojtyla 1963 zum Erzbischof von Krakau und 1967 zum → Kardinal. Johannes Paul II. wurde am 16. Oktober 1978 zum Papst gewählt. Er ist der erste polnische Papst und der erste Papst aus einem kommunistischen Land. Von Beginn seines → Pontifikates an bemühte er sich um die Verständigung der Menschen und um den Frieden unter den Völkern. Die zahlreichen Reisen ins Ausland sollen dazu beitragen und der römisch-katholischen Kirche zu vermehrtem Ansehen in der Welt verhelfen. Der konservative, doch sehr lebenslustige Pole findet durch seine volksverbundene Art überall rasch Sympathie.

Johannes der Täufer hl., »Wegbereiter« und »Vorläufer« Christi an der Schwelle vom Alten zum Neuen Bund. Er gilt als letzter Prophet. Der → Evangelist Lukas bringt die Kindheitsgeschichte des Johannes: Seine Eltern Zacharias und Elisabeth, beide schon hochbetagt, empfangen in wunderbarer Weise noch einen Sohn. Dem zweifelnden und deshalb bis zur Geburt stummen Zacharias wird von einem Engel der Name genannt, den er seinem Sohn geben soll – Johannes. Als die schwangere → Maria ihre Base Elisabeth besuchte, soll deren Kind (Johannes) im Leibe gehüpft sein. Johannes zog sich in die Wüste zurück, tat Buße und rief die anderen zur Buße auf, um das Volk auf das Kommen Jesu vorzubereiten. Am Jordan spendete er den Bußwilligen die Bußtaufe, der sich auch Jesu unterzog. Die ersten Jünger Jesu kamen aus den Reihen der Jünger des Johannes. König

»Taufe Christi« von Rogier van der Weyden. ▷

Herodes Antipater ließ Johannes gefangennehmen, da er ihm die unrechtmäßige Verbindung mit seiner Schwägerin vorgeworfen hatte. Herodias, voll Haß, bewog ihre Tochter Salome, von ihrem Vater, als dieser, von Salomes Herz entzückt, ihr einen Wunsch gewährte, das Haupt Johannes des Täufers zu fordern. Auf einer Schüssel brachte Salome ihrer Mutter das Haupt des Johannes. Der »Rufer in der Wüste« wurde von Jesus als der Größte unter allen Menschen bezeichnet. Dargestellt wird Johannes meist in Verbindung mit der Taufe Jesu im Fellkleid und mit Kreuzstab. Man sieht ihn auch mit einem Lamm, da er Jesus als das »Lamm Gottes« bezeichnete. Oft spielt Johannes auf Darstellungen als Knabe mit einem Lamm, mit dem Jesuskind. Auch Salome mit dem Haupt des Johannes wird manchmal abgebildet. Johannes der Täufer gilt als Patron vieler Gemeinden. Er ist Schutzheiliger der Bauern, Architekten, Gastwirte, Hirten, Kaminkehrer, Schneider, Zimmerleute, Weber, Winzer und vieler anderer. Er soll gegen Epilepsie, Kinderkrankheiten, Furcht und Hagel schützen. Sein Fest wird am 24. Juni gefeiert.

Johannes von Capestrano hl., 1386 in Capestrano in den Abruzzen geboren. Nach dem Studium der Rechtswissenschaften war er als Richter tätig. Er trat bei den → Franziskanern (Observanten) ein und empfing 1420 die → Priesterweihe. Johannes gilt neben → Bernhardin von Siena als einer der bedeutendsten Wanderprediger des 15. Jahrhunderts. Er zog durch Italien, Deutschland, Böhmen, Polen und Österreich und predigte den → Kreuzzug gegen die Türken. Bei Belgrad war er 1456 wesentlich am Sieg gegen die Muselmanen beteiligt. Noch im selben Jahr starb Johannes am 23. Oktober in Ilok an der Donau. Trotz seinem kriegerischen und intoleranten Charakter sprach ihn die Kirche 1690 heilig. Johannes wird als Franziskaner dargestellt, mit Heeresfahne und Kreuz in den Händen. Sein Fest feiert die Kirche am 23. Oktober.

Johannes von Damaskus hl., Kirchenlehrer, der klassische Dogmatiker (→ Dogma) der griechischen Kirche. Er wurde um 650 in Damaskus geboren. Sein Vater war Christ und arbeitete als Beamter bei islamischen Arabern, die zu dieser Zeit das Land beherrschten. Johannes trat zunächst ebenfalls in den Dienst des Kalifen, wurde aber später Mönch im Sabaskloster in Jerusalem. Dort schrieb Johannes viele Bücher und Hymnen. Sein berühmtes Werk »über den orthodoxen Glauben« gilt heute als theologische Richtschnur in der griechischen Kirche. Im Bilderstreit trat Johannes für die Verehrung der Bilder ein. Johannes starb um 750. → Leo XIII. erhob ihn 1890 zum → Kirchenlehrer. Sein Fest wird am 4. Dezember gefeiert.

Johannes von Gott hl., eigentlich Johannes Ciudad, am 8. März 1495 zu Montemór o Novo bei Evora nahe Lissabon geboren. Als Achtjähriger lief der abenteuerlustige Johannes seinen braven, doch armen Eltern fort. In Spanien diente er bei einem Gutsbesitzer in Oropesa zunächst als Schweinehirt, doch zog es ihn bald wieder fort, und er ging zu den Soldaten. Er liebte das Würfelspiel und den lockeren Lebenswandel und zog mit seinen Kameraden nach Frankreich und gegen die Türken. Ein Sturz vom Pferd verletzte ihn lebensgefährlich, und es überkam ihn die Reue. Nach Hause zurückgekehrt, erfuhr er vom Tod seiner Eltern, und er beschloß, Buße zu tun. In Afrika verdingte er sich als Handlanger und, nach Spanien zurückgekehrt, führte Johannes einen → Devotionalienladen. Eine Predigt des berühmten andalusischen Kanzelredners Johannes von Avila erschütterte ihn am Sebastiantag des Jahres 1539 so sehr, daß er sein mühsam aufgebautes Geschäft zerstörte und sich wie ein Besessener aufführte. Mitleidige Männer brachten ihn in eine Irrenanstalt, wo man mit Schlägen die vermeintlichen → Dämonen austreiben wollte. Doch Johannes von Avila, dem der Vorfall zu Ohren gekommen war, befreite den Unglücklichen und nahm ihm die Lebensbeichte ab, so daß er seinen inneren Frieden wiederfand. Von nun an stellte er sein Leben ganz in den Dienst der Armen und Kranken. Zusammen mit Gleichgesinnten – Papst → Pius V. gab ihnen 1572 den kirchlichen Segen – gründete er Armenspitäler und kostenlose Obdachlosenasyle und war in der Behandlung von Geisteskranken seiner Zeit weit voraus. Als er im Februar 1550 einen Knaben vor dem Ertrinken rettete, erkältete sich der fünfundfünfzigjährige Johannes schwer, so daß er am 8. März seinem Fieber erlag. Der → Ordensgründer der »Barmherzigen Brüder« wurde 1690 heiliggesprochen. Papst → Leo XIII. erhob ihn zum Patron der Krankenhäuser, der Kranken und der Krankenpfleger. Auch die Buchhändler wählten ihn zu ihrem Schutzheiligen. Dargestellt wird der hl. Johannes von Gott mit zwei Töpfen um den Hals gehängt und Körben am Rücken, wie er für seine Schützlinge um Almosen bettelt. Öfters sieht man ihn auch mit dem Jesuskind abgebildet, das einen offenen Granatapfel in Händen hält, dem Sinnbild für Granada, wo, wie die → Legende erzählt, ihm das göttliche Kind den Tod vorhersagte. Das Fest des heiligen Ordensgründers wird am 8. März gefeiert.

Johannes von Krakau hl., 1390 in Kety bei Krakau geboren, studierte dort Theologie. In seiner Heimatstadt empfing er auch die → Priesterweihe und unterrichtete als Theologieprofessor an der theologischen Fakultät. Johannes zeichnete sich durch seine große Liebe zu den Armen aus. Er starb am 24. Dezember 1473 in Krakau. Im Jahre 1767 heiliggesprochen, feiert die Kirche sein Fest am 23. Dezember.

Johannes vom Kreuz hl., → Kirchenlehrer und → Mystiker, 1542 in Fontivera in der Provinz Avila (Spanien) geboren. Er studierte bei den → Jesuiten, mußte sich aber im Krankenhaus seinen Lebensunterhalt nebenbei selbst verdienen. 1563 trat Johannes in Medina del Campo ins Karmeliterkloster ein. Zum Studium der Philosophie und Theologie schickte ihn der → Orden nach Salamanca. Nach seiner Weihe zum → Priester lernte Johannes 1568 die hl. → Theresia von Avila kennen. Gemeinsam beschlossen sie den Karmel (→ Karmeliter) zu reformieren. Dabei kam Johannes in Schwierigkeiten und wurde sogar von seinen Mitbrüdern geschlagen und eingesperrt. Johannes machte eine innere Wandlung durch und fand dabei zu sich selbst. Er verfaßte etliche geistliche Schriften, unter anderem die mystische (→ Mystik) Schrift »Aufstieg zum Berge Karmel«, die zur Weltliteratur zählt. Von den Oberen verkannt und mißhandelt starb Johannes am 14. Dezember 1591 in Ubeda. Seine → Heiligsprechung erfolgte 1726. Genau zweihundert Jahre später wurde er zum → Kirchenlehrer erhoben. Sein Fest feiert die

Kirche am 14. Dezember. Dargestellt wird der »doctor mysticus« im braunen Karmeliter→habit mit Federkiel und Buch; auch sieht man öfters Christus an seiner Seite oder einen Adler zu seinen Füßen.

Johanniterorden → Kreuzzüge.

John Fisher hl., englischer → Märtyrer, um 1469 geboren. Er war Professor der Theologie, bevor er 1504 zum → Bischof von Rochester erhoben wurde. Seine Sorge galt neben der Wissenschaft und der Seelsorge vor allem den Armen. Als er sich der Ehescheidung König Heinrich VIII. widersetzte und ihn nicht als Haupt der Kirche von England anerkannte, ließ ihn dieser am 22. Juni 1535 hinrichten. Sein Fest feiert die Kirche zusammen mit dem des hl. → Thomas Morus am 22. Juni.

Josaphat hl., 1580 in Wlodzimierz (heutige UdSSR) geboren. Der Sohn des Stadtrats ging nach Wilna in die Kaufmannslehre, wurde aber 1604 Basilianermönch und trat zu der mit Rom vereinten ruthenischen Kirche über. 1624 stand er bereits dem Kloster in Wilna vor. 1618 wurde er zum Erz→bischof von Polozk ernannt. Josaphat trat entschieden für die Union der Orthodoxen mit Rom ein und wurde 1623 von fanatischen Gegnern seiner Bemühungen auf einer Visitationsreise getötet. Das Fest des Heiligen feiert die Kirche am 12. November.

Josef hl., der Pflegevater Jesu, in der Heiligen Schrift nur bei den → Evangelisten → Matthäus und → Lukas erwähnt. Die Übersetzung des hebräischen Namens bedeutet »der Vermehrer«. Nach den Evangelien stammte Josef aus dem Hause David. Er wird als gerechter Mann bezeichnet, der bescheiden und im schweigsamen Gehorsam den Willen Gottes erfüllt. Er verläßt die schwangere Maria nicht und begleitet sie anläßlich der Volkszählung unter Kaiser Augustus nach Bethlehem. Mit dem Kinde und Maria flieht er auf Geheiß des Engels nach Ägypten. Nach Nazareth zurückgekehrt, behütet er den Knaben Jesu in seinen Kindheitsjahren, die Stelle des Vaters vertretend. Zuletzt wird Josef bei der Jerusalemwallfahrt des zwölfjährigen Jesus erwähnt. Der hl. Josef, dessen Fest erstmalig im Martyrologium von Reichenau in der Mitte des 9. Jahrhunderts erwähnt wurde, fand erst 1621 in den römischen Kalender Eingang. 1870 erklärte ihn → Pius XI. zum Schutzpatron der gesamten Kirche. Der 19. März — in heidnischer Zeit Festtag der Göttin Minerva, der Göttin der Handwerker — gilt seit 1621 als Festtag des hl. Josef. → Pius XII. führte 1956 zusätzlich den 1. Mai als Festtag Josefs des Arbeiters ein. Der Nährvater Jesu wird mit dem Jesuskind, Stab und Lilie oder mit Zimmermannswerkzeugen dargestellt.

Josef von Calasanza hl., Gründer der Piaristen, 1556 in Nordspanien geboren. Er empfing 1583 die → Priesterweihe und war schon wenige Jahre später Generalvikar des Bistums Urgel. Sein → Bischof schickte ihn 1592 nach Rom, wo er die verwahrlosten Kinder der Stadt kennenlernte und in sich die Berufung spürte, ihnen zu helfen. 1597 gründete er mit zwei anderen Priestern die erste unentgeltliche Volksschule Europas und die → Kongregation der Piaristen (Clerici Regulares Scholarum Piarum), die 1617 von Papst → Paul V. anerkannt wurde. Neben den drei → Gelübden versprechen die Mitglieder, der christlichen Erziehung der Jugend zu dienen. Josef starb 1648, als sich der

→ Orden wegen Verleumdungen in einer schweren Krise befand. Sein Fest feiert die Kirche am 25. August.

Josephinismus, die, nach Kaiser Joseph II. benannte, aufgeklärte katholische Staatskirchenpolitik des 18. und 19. Jahrhunderts in Österreich.

Jubeljahr → Jubiläumsablaß.

Jubiläumsablaß, vollkommener → Ablaß aller Sündenstrafen im Heiligen Jahr (Jubeljahr), der allen, die bußbereit nach Rom wallfahren, fromme Spenden darbringen und bestimmte Kirchen besuchen, gewährt wird. Das Heilige Jahr ist eine Nachahmung des jüdischen Jubeljahrs – »Jahr des Widderhorns« – des Alten Testamentes, das mit Hörnerschall – deshalb auch »Halljahr« – alle 50 Jahre begangen wurde (3 Mose 25,10–12). Papst → Bonifatius VIII. feierte es erstmals 1300. Seit → Sixtus V. (1585) wurde es vielfach Sitte, bei außerordentlichen Anlässen – Thronbesteigung der Päpste oder Jahrhundertwende – ein außerordentliches Heiliges Jahr zu feiern. In neuerer Zeit wird alle 30 Jahre ein Jubeljahr gefeiert. Aus diesem Anlaß wird die »Heilige Pforte« der Hauptkirchen Roms (→ Lateran→ basilika, S. Maria Maggiore, S. Paolo, → St. Peter), die sonst vermauert sind, durch den Papst mit einem Hammerschlag geöffnet.

Judas Thaddäus hl., einer der zwölf → Apostel, die Jesus sich erwählt hatte. Er war mit → Jakobus verwandt, wahrscheinlich sein Sohn, doch sind um seine Person viele Verwechslungen und Verschmelzungen mit anderen Personen in der Überlieferung genannt. Judas stammte wahrscheinlich aus nationalistischen Kreisen und erwartete in Jesus zunächst einen nationalen Befreier. Manche bezeichnen ihn auch als Verwandten Jesu. Judas Thaddäus richtete an Jesus beim Letzten Abendmahl die Frage: »Herr, wie kommt es, daß du Willens bist, dich uns zu offenbaren und nicht der Welt?« (Joh. 14,22–24). Dargestellt wird der Apostel mit Buch und einer Keule, dem Werkzeug seines Martyriums (→ Märtyrer). Oft sieht man ihn auch zusammen mit dem heiligen → Simon beim Erleiden des Martyriums. Er ist Schutzpatron für den glücklichen Ausgang hoffnungsloser Angelegenheiten. Sein Fest feiert die Kirche zusammen mit dem heiligen → Simon am 28. Oktober.

Julius I. hl., 35. Papst, Nachfolger von Papst → Markus (335–336), gelangte am 6. Februar 337 auf den päpstlichen Stuhl. Er wies entschieden die Forderung der Eusebianer nach Absetzung des → Athanasius zurück. 340 hielt er eine Versammlung mit mehr als fünfzig → Bischöfen ab, wobei man die Anerkennung des umstrittenen Athanasius aussprach, was den Unwillen der Stadt Antiocheia erregte. Dortselbst hielten nun über 97 Bischöfe eine → Synode ab, durch welche Julius bewogen werden sollte, die Sache neu zu überdenken. Doch scheiterten seine Bemühungen bei der folgenden Synode von Sardica 341, so daß kein Frieden zwischen den Arianern (→ Arianismus) und Athanasius zustande kam und der Papst von den Arianern mit dem → Anathem belegt wurde. Die übrigen Bischöfe anerkannten die oberste Jurisdiktionsgewalt Roms. Bald nach dem Tod Julius' I., am 12. April 352, wurde er als Heiliger verehrt, so daß er schon nach zwei Jahren in den römischen Kalender aufgenommen wurde. Sein Fest feiert die Kirche am 12. April.

Julius II., 217. Papst, eigentlich Giulia-

Öffnung der Heiligen Pforte im Jahre 1700 durch Innozenz XII. ▷

LES
CEREMONIES DE L'ANNEE
SAINTE
BONIFATIVS. VIII. PONT. MAX.
CLEMENS. VI. PONT. MAX.
BONIFACIVS. IX. PONT. MAX.
MARTINVS. III. DICTVS. V. PONT. MAX.
NICOLAVS. V. PONT. MAX.
SIXTVS. IIII. PONT. MAX.
ALESSANDRO. VI. PONT. MAX.
CLEM. VII. PONT. MAX.

E JUBILÉ DE 1700. SOUS LE PONTIFICAT D'INNOCENT XII
PER EAM. IVSTI. INTRABVNT.
premier
CLEMENS. VIII. PONT. MAX.
VRBANVS. VIII. PONT. MAX.
INNOCENT. 10. Celebra le 24. en 1650.

Julius II. Kopie Tizians nach einem Gemälde von Raffael.

no della Rovere, Sohn mittelloser Eltern und Neffe → Sixtus IV., am 5. Dezember 1443 in Albissola bei Savona geboren. Er wurde zunächst → Franziskaner und eignete sich ein profundes Wissen an. Von seinem päpstlichen Onkel 1471 zum → Kardinal erhoben, bekam er noch reichliche Pfründe, die ihm bei seiner Wahl zum Papst sehr zustatten kamen. Trotz seiner eigenen simonistischen (→ Simonie) Wahl erklärte er drei Jahre später alle simonistisch gewählten Päpste als ungültig und drohte mit schweren Strafen für alle simonistischen

Wähler. Voll geistiger und körperlicher Kraft, war Julius II. einer der gewaltigsten Renaissancepäpste, jedoch mehr Staatsmann und Feldherr als → Priester. Sein Bestreben war die Rückgewinnung des zersplitterten Kirchenstaates. In dem er seinen Neffen und seine drei leiblichen Töchter mit den mächtigsten Adelshäusern verheiratete und die Herrschaft Bolognas und Perugias durch einen Feldzug 1506 brach, gelang ihm schließlich dieses Vorhaben. Gleich einem römischen Triumphator ließ der Papst seinen Sieg feiern. Um ein drohendes → Schisma zu verhindern, berief der Papst 1512 das fünfte Allgemeine → Lateran→ konzil ein. Als Liebhaber der Künste und sehr auf seinen eigenen Ruhm bedacht, beschäftigte Julius II. namhafte Männer wie Bramente, Michelangelo und Raffael, die für den Papst ihre Meisterwerke schufen. 1506

Papstwappen Julius' II.

Medaille anläßlich der Grundsteinlegung der neuen Petersbasilika, geprägt 1506.

legte »Il Terribile«, der Schreckliche, wie Julius wegen seines jähzornigen Charakters vom Volk genannt wurde, den Grundstein zum Bau der neuen Peterskirche nach den Plänen Bramantes. Der neunundzwanzigjährige Michelangelo wurde von Julius beauftragt, ein monumentales Grabmal für ihn zu schaffen. Drei Jahre später, 1508, zwang ihn der Papst, die Sixtinische Kapelle zu bemalen. Zur gleichen Zeit schuf Raffael die Fresken in den Stanzen, wo auch der Papst Julius II. porträtiert erscheint. Der Feldherr auf dem Thron Petri starb am 21. Februar 1513. Von seinem Grabmal sind nur Teile fertiggestellt. Der berühmte Moses des Michelangelo in San Pietro in Vincoli läßt die Gewaltigkeit des Gesamtwerkes erahnen. Michelangelo soll auch der Schöpfer der Uniformen der → Schweizergarde sein, die Julius II. 1506 gründete.

Julius III., 222. Papst, eigentlich Giovanni Maria del Monte, 1487 in Rom ge-

Papstwappen Julius' III.

boren, kam nach Studien in Perugia und Siena als Kammerherr an den Hof Julius II. Als 1511 sein Onkel zum → Kardinal erhoben wurde, verzichtete dieser zugunsten seines Neffen Giovanni auf den → Bischofsstuhl von Siponto. Papst → Paul III. erhob ihn 1536 zum Kardinal. Als päpstlicher → Legat eröffnete er 1545 das → Konzil von Trient. Nach monatelangem Ringen wurde er schließlich im sechzigsten Wahlgang am 8. Februar 1550 zum Papst gewählt. Von heiterer Natur, gab sich Julius III. bald dem weltlichen Treiben hin und liebte prunkvolle Feste und Jagden. Übel nahm man ihm, daß er seinen Affenwärter, den er aus der Gosse aufgelesen hatte, von seinem Bruder adoptieren ließ und den Siebzehnjährigen zum Kardinal kreierte, was zu allerlei Vermutungen Anlaß gab. Politisch versuchte Julius III. zu vermitteln und neutral zu sein. Dem Papsttum schadete er vor allem durch seinen zeitraubenden Krieg gegen Ottavio Farnese. 1551 berief er das Trientiner Konzil zur zweiten Tagung ein. Den schönen Künsten zugetan, berief Julius Palestrina als Kapellmeister an St. Peter. Die Villa Giulia erinnert heute noch an diesen recht leichtsinnigen Papst, der am 23. März 1555 verstarb.

Julius III. Fresko aus dem 16. Jh.

Jurisdiktion (lat.), geistliche Gerichtsbarkeit und Rechtssprechung, im kirchlichen Bereich vor allem den → Bischöfen und → Ordensoberen zugestanden. Bis zur Zeit der Aufklärung hatten die Fürstbischöfe oft auch die weltliche Rechtssprechung. Im heutigen Kirchenrecht bezeichnet Jurisdiktion nur die Hirtengewalt, die ihr Recht von der Weihegewalt ableitet.

Jurisdiktionsprimat (lat.), oberste Hirtengewalt des Papstes, die keiner anderen Gewalt unterworfen ist.

Justin hl., um das Jahr 100 in Nablus in Palästina geboren, entstammte einer heidnisch-griechischen Familie. Er war ein Sucher nach der Wahrheit, doch wurde er von allen Philosophen enttäuscht. Im Christentum fand er endlich die einzig wahre und allein zuverlässige Philosophie. Justin strebte nicht nach dem Priestertum (→ Priester), sondern verkündete als Wanderlehrer den christlichen Glauben. Er suchte zwischen der griechischen Philosophie und dem Christentum zu vermitteln. Von Palästina zog Justin über Kleinasien und Griechenland nach Rom. Seine Schriften sind leider nur in Abschriften des Hochmittelalters vorhanden, doch vermitteln diese einen ausreichenden Eindruck in seine philosophischen Gedankengebäude. Daraus erfahren wir aber auch, wie in Rom um das Jahr 165 der Sonntagsgottesdienst gefeiert wurde. Kaiser Marc Aurel ließ ihn 165 in Rom enthaupten. Der erste große → Apologet der Kirche wird im Mantel der Philosophen mit einem Buch in der Hand dargestellt und ist Schutzheiliger des Philosophenstandes. Die Kirche feiert sein Fest am 1. Juni.

K

Kajetan hl., eigentlich Gaetano von Thiene, 1480 in Vicenza geboren, studierte in Padua die Rechtswissenschaften, wo er auch 1504 zum Doktor promovierte. Papst → Julius II. ernannte ihn zum Protonotar der römischen Kurie. 1516 zum → Priester geweiht, kehrte er alsbald in seine Heimatstadt zurück. In Venedig gründete Kajetan einige Jahre später ein Spital für unheilbar Kranke, wo er auch selbst Dienst tat. Gemeinsam mit dem späteren Papst → Paul IV. gründete er darauf in Rom eine → Kongregation von Klerikern, die die Armut geloben und für religiöse Bildung des → Klerus und des Volkes wirken sollten. Paul IV. war damals noch → Bischof von Theate und deshalb erhielt die Kongregation den Namen Theatiner, aber mancherorts wurden sie auch Kajetaner genannt. Die letzten Jahre vor seinem Tod verbrachte Kajetan in Neapel, wo er am 7. August 1547 starb. Auf Darstellungen erkennt man den Heiligen am schwarzen → Talar mit weißen Strümpfen, ein Buch oder das Jesuskind in Händen, manchmal auch eine Lilie oder ein geflügeltes Herz. Weitere → Attribute sind Rosenkranz und Totenkopf. Kajetan ist der Patron Bayerns (Theatinerkirchen in München). Sein Fest feiert die Kirche am 7. August.

Kalixtiner (lat. calix, »Kelch«), auch Utraquisten genannt, die gemäßigte Richtung der Hussiten (→ Hus, Johannes), die 1420 den Laienkelch, das heißt die Kommunion nicht nur unter der Gestalt des Brotes, sondern auch unter der des Weines forderten.

Kalvarienberg, Nachahmung der Kreuzigungsstätte Christi, Kalvaria (das heißt Schädelstätte, auch Golgatha), an Wallfahrtsorten. Besonders in der Barockzeit entstanden vielerorts Kalvarienberge mit oft sehr kunstvollen Statuen und Bildern der einzelnen Kreuzwegstationen.

Kamaldulenser, ein vom hl. → Romuald im Tale Camaldoli bei Arezzo in den Apenninen um 1018 gestifteter und 1072 von Papst → Alexander III. bestätigter katholischer → Orden. Er verbreitete sich zuerst in Italien und von da aus auch in Frankreich, Deutschland und Polen. Anfangs nur zum Einsiedlerleben in abgesonderten Klausen bestimmt, ging dieser Orden mit zunehmendem Reichtum und Zuwachs zum gesellschaftlichen Klosterleben über und unterteilte sich in Einsiedler, → Observanten und Konventualen, welche zwar 1513 zu einem Ganzen vereinigt, dem Oberen des Stammklosters Camaldoli untergeben und, durch Ausschließen der Konventualen, reformiert wurde. Bald jedoch trennten sich die verschiedenen Zweige wieder unter einem eigenen Generaloberen. Gemeinsam sind ihnen das weiße Kleid und die verschärfte → Benediktinerregel.

Kamillus von Lellis hl., → Ordensgründer, 1550 in den Abruzzen geboren. Wie sein Vater schlug Kamillus zunächst die Militärlaufbahn ein und wurde Soldat in der Republik Venedig, wo er von 1569 bis 1574 gegen die Türken kämpfte. Er liebte das leichte Soldatenleben, verspielte sein Geld und verdingte sich eine Zeitlang als Handlanger, bis er schließlich in Venedig bei den Kapuzinern (→ Mindere Brüder) eintrat. Ein schlimmes Fußleiden führte jedoch zu seiner baldigen Entlassung. Im Jakobusspital in Rom wurde er geheilt und arbeitete dort weiterhin als Krankenwärter. → Philipp Neri zeigte ihm seine wahre Berufung, und so gründete er 1582 eine Gemeinschaft von Krankenpflegern, aus der der Orden der Kamillianer hervorging. Mit 34 Jahren (1584) empfing Kamillus die → Priesterweihe. Seine ganze Sorge galt den Kranken, Armen und Gefangenen und der Reform des Spitalwesens. Am 14. Juli 1614 starb der Heilige in Rom. Kamillus wird als Schutzpatron der Kranken und Sterbenden, der Krankenpfleger und Krankenhäuser verehrt. Auf Darstellungen erkennt man den Heiligen an seiner → Ordenskleidung, wie er Kranke pflegt, wobei ihm manchmal ein Engel zur Seite steht. Auch neigt sich auf einigen Abbildungen Christus vom Kreuz ihm entgegen. Sein Fest wird am 14. Juli gefeiert.

Kanon (lat., »Maßstab« oder »Richtschnur«). 1. feststehender, gleichbleibender Teil der hl. Messe. 2. Verzeichnis der Hl. Bücher des Alten und Neuen Testaments, welche im Gegensatz zu den häretischen (→ Häresie) Büchern im Laufe der Zeit und der Überlieferung von der Kirche anerkannt wurden. Der Kanon des Neuen Testamentes wurde 367 durch → Athanasius in seinem Umfang von 27 Schriften festgelegt. 3. in der Musik: Kettengesang.

Kanoniker, Domherren, Stiftsherren oder Kapitularen, wurden wegen ihres kanonischen, an die → Gelübde der Keuschheit, der Armut und des Gehorsams gegen die Oberen gebundenen Lebens die Mitglieder des Domkapitels genannt, die zusammen mit dem → Bischof das Domstift bildeten.

Kanonisation → Heiligsprechung.

kanonisch (lat.), im Gegensatz zu apokryph (→ Apokryphen) die zum Kanon der Hl. Schrift gehörenden Bücher oder Schriften, aber auch alle Angelegenheiten, die Regeln und Vorschriften entsprechen.

Kapitel → Kapitular.

Kapitular, Mitglied eines Kapitels (Domkapitels, Domkapitulare = Domherren). Kapitel wird die Vereinigung der Geistlichen einer Kirche bezeichnet. Im → Orden werden von den Mitbrüdern Vertreter (Kapitulare) zum Ordenskapitel (gesetzgebende Versammlung des Ordens) gewählt.

Kaplan (lat.), in der römisch-katholischen Kirche der Hilfsgeistliche eines Pfarrers oder ein Geistlicher, der mit einer besonderen Aufgabe (Militär, Gefängnis, Spital etc.) betraut ist.

Kappadozier, Bezeichnung für die drei → Kirchenväter → Basilius der Große, → Gregor von Nazianz und → Gregor von Nyssa, die in ihrer Lehre sehr ähnlich sind.

Kapuzinerorden → Mindere Brüder.

Kardinal (lat. cardinalis = vorzüglich oder vornehm), unter dem römischen Kaiser Theodosius der Titel der höchsten Staatsbeamten. In der katholischen Kirche galt dieser Titel bis zum 11. Jahrhundert allgemein für alle Geistlichen, die als wirkliche → Priester angestellt waren. Von dieser Zeit an bildeten die Päpste ein Kollegium, gewissermaßen einen geheimen Rat von Geistlichen höheren Ranges, denen bald der → Kardinalstitel vorzugsweise verblieb und die 1160 unter → Alexander III. auch das ausschließliche Recht der → Papstwahl erhielten. → Innozenz IV. gab ihnen den Rang von → Bischöfen und den roten Hut, → Bonifaz VIII. am Anfang des 14. Jahrhunderts den Fürstenmantel und → Urban VIII. 1631 den Titel → Eminenz. Die Kardinäle bilden mit dem Papst das *heilige Kollegium* und unterteilen sich in folgende drei Gruppen: *Kardinalbischöfe, Kardinalpriester* und *Kardinaldiakone.* Kardinalbischöfe sind jeweils die Bischöfe von

Einzug der Kardinäle in das Konklave.

Ostia, Porto, Sabina, Palestrina, Frascati und Albano, wobei Ostia dem Rangältesten (Kardinaldekan) zufällt. Der Anteil der Kardinäle an der Kirchenregierung besteht teils in einer beratenden Tätigkeit, mit welcher sie dem Papst in allen wichtigeren Angelegenheiten zur Seite stehen und die sie in den Konsistorien ausüben, teils in einem mehr selbständigen Einfluß auf die kirchliche Verwaltung durch Leitung der päpstlichen Gerichtshöfe und Verwaltungskollegien und durch die → Kongregationen. Ihre Zahl wurde 1586 von → Sixtus V. auf 70 festgesetzt. Papst → Johannes XXIII. überschritt diese Zahl erstmals (1958). Die Wahl oder Promotion der Kardinäle hängt allein vom Papst ab. Den Gewählten wird ihre Wahl durch die Übersendung des Kardinalshutes bekanntgegeben. Insignien der Kardinäle sind der Kardinalspurpur ihrer Kleidung und der rote Kardinalshut. Kardinäle aus dem → Ordens→ klerus tragen die Farbe ihrer Ordenstracht.

Kardinaltugenden, in der altgriechischen Philosophie die vier Grundtugenden: Weisheit, Tapferkeit, Gerechtigkeit und Mäßigkeit. Die drei christlichen Kardinaltugenden sind: Glaube, Hoffnung und Liebe.

Karl Borromäus hl., 1538 in der Burg Arona am Lago Maggiore geboren, Sohn des Grafen Gilberto Borromeo und der Patrizierin Margherita Medici. Er studierte Rechtswissenschaft in Pavia, danach holte ihn sein Onkel Papst → Pius IV. als Sekretär nach Rom. 1563 wurde Karl zum → Priester und → Bischof geweiht. In seiner → Diözese Mailand wirkte er vor allem in der Seelsorge, reformierte den → Klerus und sorgte für die Armen und Kranken im Pestjahr 1576. Mit 46 Jahren starb er völlig entkräftet am 3. November 1584 in Mailand. Dargestellt wird der Heilige im → Kardinalsgewand, mit einem Kreuz in der Hand. Manchmal sieht man ihn die → Kommunion an die Pestkranken austeilen. Karl Borromäus wird als Schutzpatron der Seelsorger und Priesterseminare angerufen, er ist auch Patron von Mailand und der Universität Salzburg. Sein Fest wird am 4. November gefeiert.

Karl Lwanga hl., 1865 in Uganda geboren. Mit zwanzig Jahren erhielt er die Taufe. Unter König Mwenga erlitt er gemeinsam mit zwölf Freunden den → Märtyrertod. Da sich die Pagen den perversen Wünschen des Königs widersetzten, wurden sie lebendig verbrannt. Karl ist seit 1934 Patron der Katholischen Aktion der Jugend Afrikas. 1964 wurde der Märtyrer von Uganda heiliggesprochen. Sein Fest feiert die Kirche am 3. Juni.

Karmeliten, → Orden Unserer Lieben Frau vom Berge Karmel, Mönchsorden, der ursprünglich aus der → Eremitenvereinigung auf dem Berg Karmel hervorging und 1209 eine mit der Regel des → Basilius meist übereinstimmende Regel erhielt, die von Papst → Honorius III. 1226 bestätigt wurde. Der Sage nach schreiben die Karmeliten die Stiftung ihres Ordens dem Propheten Elias zu. Seit dem 15. Jahrhundert tragen die Karmeliten eine braune Ordenstracht. 1462 wurde der Karmeliterinnenorden gegründet, der 1562 von der hl. → Theresia von Avila reformiert wurde. Den Männerorden reformierte der hl. → Johannes vom Kreuz. Der Karmeliterinnenorden ist einer der strengsten heute noch existierenden Frauenorden.

Karmeliterinnen → Theresia von Avila hl.

Kartäuserorden, katholischer Mönchsorden, gegründet durch den hl. → Bruno, der 1084 in der Einöde la Chartreuse mehrere Klausen baute und mit sechs Gefährten ein strenges Einsiedlerleben führte. Die Brüder lebten in großer Armut, trugen grobe Kutten und genossen nur pflanzliche Nahrung und Brot. Nach ihrem Stammsitz wurden sie Kartäuser und ihre Klöster Kartausen genannt. 1128 schrieb ihnen Guigo (Guido), der fünfte Prior, neben den gewöhnlichen Mönchs→gelübden ewiges Stillschweigen und Einsamkeit vor. Der große Kreuzgang schließt die Mönche von der Außenwelt ab. Acht Stunden am Tag wird dem Gebet und den geistlichen Übungen gewidmet, Gespräche sind ihnen nur an Sonn- und Feiertagen und beim gemeinsamen wöchentlichen Spaziergang erlaubt. Fleischspeisen sind immer, Milchspeisen an Freitagen und in der Fastenzeit verboten. Einmal in der Woche wird bei Wasser und Brot gefastet. Die Kartäuserkleidung besteht aus einem weißen → Habit mit Gürtel, Kapuze und → Skapulier, das seitlich durch ein breites Stoffband zusammengehalten wird. Zentrum des → Ordens ist die Grande Chartreuse in der Nähe von Grenoble, deren Prior auch Ordensgeneral ist. Alle zwei Jahre findet dort unter seinem Vorsitz das Ordenskapitel statt. Der Kartäuserorden wurde seit seiner Gründung nicht mehr reformiert.

Kasel (lat.), das in Form eines Überwurfes getragene Meßgewand des katholischen → Priesters.

Kasimir hl., 1458 als zweiter Sohn des Königs Kasimir IV. von Polen und der Habsburgerin Elisabeth in Krakau geboren. Unter der Führung des Johannes Dlugosz, dem Geschichtsschreiber und geistigen Lehrer Polens, lernte der junge Prinz schon früh, sich der christlichen Tugenden zu befleißigen. Als er 1471 zum König von Ungarn gewählt wurde, konnte er sich nicht durchsetzen, da er Machtstreben und dynastischen Ehrgeiz ablehnte. Sein Vater, darüber erzürnt, hielt ihn einige Monate in regelrechter Haft. In Krakau führte Kasimir dann bei Abwesenheit seines Vaters doch die Staatsgeschäfte und gab so dem Volk das Beispiel eines Heiligen. Er lud die Armen in den Hof des Palastes und spendete ihnen persönlich Almosen, so daß die Höflinge sich darüber erzürnten. Das polnische Volk liebte seinen Prinzen und verehrte ihn schon zu Lebzeiten als Heiligen. Die Heirat mit der Tochter Kaiser Friedrich III. schlug Kasimir aus, da er schon als Kind das → Gelübde der Keuschheit abgelegt hatte. Am 4. März 1482 starb der erst Vierundzwanzigjährige an Schwindsucht. Er ruht im Dom zu Wilna und wurde 1522 heiliggesprochen. Seit 1602 ist er offizieller → Patron von Polen und Litauen. Auf Bildern sehen wir ihn als jungen Prinzen in polnischer Landestracht dargestellt, eine Lilie, dem → Symbol der Jungfräulichkeit, in Händen. Er gilt als Helfer der Jugend und der Keuschheit sowie gegen Feinde des Vaterlandes. Sein Fest feiert die Kirche am 4. März.

Katakombe (griech.), die unterirdischen Begräbnisstätten der ersten Christen, vor allem in Rom, Neapel und Sizilien, die auch oft zu geheimen Treffpunkten der Christen in den Verfolgungszeiten wurden. Hier wurden in den ersten Jahrhunderten des Christentums die Gedächtnistage der → Märtyrer gefeiert. Als das Christentum später anerkannt wurde, entstanden oft aus den

Katakomben Kirchen und prächtige Grabmäler. In Rom wurden die Katakomben zum größten Teil bei der Belagerung der Stadt durch die Langobarden im 8. Jahrhundert zerstört. Die Päpste → Paul I. und → Paschalis I. ließen viele Leichname der darin befindlichen Heiligen entfernen und in Kirchen beerdigen. Die bedeutendsten Katakomben in Rom sind die des hl. → Sebastian, die Domitilla-, die Priscilla- und Calixtuskatakombe.

Katechismus, Lehrbuch des christlichen Glaubens im Frage-Antwort-Schema. Es wurde früher vor allem zum Unterricht in Schulen und Kirchen verwendet.

Katechumenen (griech.), in der ersten Zeit der christlichen Kirche die bekehrten Juden und Heiden, die die Taufe noch erhalten sollten. Sie hatten in der Kirche einen besonderen Platz und durften bei der Austeilung des Abendmahls nicht zugegen sein.

Katharer (griech., »Reine«), eine altkirchliche → Sekte am Anfang des 11. Jahrhunderts, die im Gegensatz zur herrschenden Kirche stand. Aus diesem Namen bildete sich dann das deutsche Wort Ketzer. Übrigens stand die vielfach verzweigte Sekte nicht überall der Kirche gleich fern; manche Katharer dachten manichäisch (→ Manichäer), andere dagegen nur altgnostisch (→ Gnosis) oder gar nur montanistisch (→ Montanismus). Gemeinsam war allen die Vergeistigung der → Dogmen und des → Evangeliums. Die verwarfen den äußeren Ritus, die Disziplin und den Ehestand. Zu den Katharern werden unter anderen → Arnold von Brescia, vor allem aber die → Albigenser gezählt, die gegen die → Hierarchie im 13. Jahrhundert einen Vernichtungskrieg führten.

Katharina von Alexandrien hl., erlitt bei der Christenverfolgung unter Kaiser Maximianus oder unter seinem Sohn Maxentius um 310 den → Märtyrertod. Historisch ist über sie wenig überliefert. Die → Legende erzählt, daß Katharina dem Herrscher Vorwürfe wegen seiner Grausamkeit gemacht habe. Fünfzig Philosophen ließ der Kaiser gegen Katharina antreten, doch konnten sie gegen ihre Weisheit nicht bestehen. Der Kaiser ließ alle verbrennen, Katharina aber übergab er zur Räderung. Als das Rad zerbrach, ließ er sie enthaupten. Im orthodoxen Katharinenkloster auf dem Berge Sinai werden ihre → Reliquien verehrt. Katharina zählt zu den → Vierzehn Nothelfern. Sie ist Patronin der Schneiderinnen, der Modistinnen, der Fakultäten, Bibliotheken und Schulen. Auch die Wagner und Müller haben sie zu ihrer Schutzpatronin erwählt. Dargestellt wird die frühchristliche Heilige, die auch gegen Migräne und Zuckerkrankheiten helfen soll, mit zerbrochenem Rad, mit Buch, Schwert, Palme und Krone. Sie zählt im Volksmund zu den → »Drei heiligen Madln«. Ihr Fest wird am 25. November begangen.

Katharina von Siena hl., am 25. März 1347 als dreiundzwanzigstes Kind des Wollfärbers Benincasa in Siena geboren. Schon früh hatte sie den Wunsch, in ein Kloster einzutreten, und mit sieben Jahren begannen ihre ersten Visionen. Dabei gelobte sie Christus, jungfräulich zu bleiben. Alle Versuche ihrer Eltern, sie zur Eheschließung zu bewegen, blieben erfolglos. 1365 trat sie in den Dritten Orden des hl. → Dominikus ein und führte ein Leben harter Buße und Entbehrung. Drei Jahre lebte sie in völliger Abgeschiedenheit in einer Klosterzelle, bis 1360 ihr eine göttliche

Hl. Katharina von Alexandrien. Kirchenfenster aus dem 15. Jh.

Stimme befohlen haben soll, in die Welt hinauszugehen. Katharina nahm sich nun besonders der Armen, Kranken und Sterbenden an und betreute während des Jahres 1374 die Pestkranken. Unermüdlich bemühte sie sich um den Frieden und wurde zur Beraterin bedeu-

Hl. Katharina von Siena. Holzschnitt aus dem 15. Jh.

tender weltlicher und geistlicher Persönlichkeiten. Sie regte die innere Erneuerung der Kirche an und bemühte sich um die Rückkehr des Papstes aus Avignon. Als Gesandte von Florenz erschien sie vor dem Papst, und es gelang ihr, ihn 1377 zur Rückkehr nach Rom zu bewegen. Katharina zählt mit ihren Briefen und dem Buch von der göttlichen Vorsehung zu den Klassikern der italienischen Literatur. Völlig erschöpft starb sie am 29. April 1380, kaum dreiunddreißig Jahre alt. In der Dominikanerkirche S. Maria sopra Minerva in Rom fand Katharina ihre letzte Ruhestätte. Ihre → Heiligsprechung fand 1461 statt, 1939 erhob sie → Pius XII. zur Patronin Italiens, → Paul VI. ernannte sie zur → Kirchenlehrerin. Dargestellt wird die Heilige als → Tertiarin der → Dominikaner mit Dornenkrone auf dem Haupt und die Wundmale Christi an den Händen. Weitere → Attribute sind Kreuz, Buch und ein Herz, aus dem ein Kruzifix wächst. Am 29. April feiert die Kirche ihr Fest.

Kathedrale (griech.), die bischöflichen und erzbischöflichen Hauptkirchen in romanischen und angelsächsischen Ländern. Im deutschen Sprachraum nennt man sie Münster oder Dome.

katholisch (griech., »allgemein«, »die ganze Erde umfassend«), hauptsächlich auf die römisch-katholische Kirche angewandt.

Katholische Aktion, eine von Papst → Pius XI. 1925 ins Leben gerufene Organisation der → Laien. Pius XI. definierte die Katholische Aktion als »die Mitarbeit und die Teilhabe der Laien am hierarchischen Apostolat der Kirche«. Es entstanden in fast allen katholischen Ländern Männer-, Frauen-, Jungmänner- und Mädchenvereine, die mit dem Namen Katholische Aktion bezeichnet wurden und durch soziale und geistliche Arbeit der Förderung des Gottesreiches dienten.

Ketzer – der Name leitet sich von der → Sekte der → Katharer ab – nannte man im Mittelalter jene Christen, die einen Glaubenssatz der katholischen Kirche leugneten.

Kilian hl., irischer Abstammung, wurde im Kloster erzogen. Im 7. Jahrhundert kam er mit dem → Priester Kolonat und dem → Diakon Totnan als Wanderbischof nach Germanien, in die Gegend von Würzburg. Dort soll er sich mit der ansässigen Herzogsfamilie überworfen haben, da Kilian gegenüber dem Herzog auf die Einhaltung des kirchlichen Eherechts beharrte. Daraufhin ließ ihn die Herzogin um 689 mit seinen Gefährten ermorden. Kilian ist der Schutzpatron des ganzen Frankenlandes und von Würzburg. In der Domkirche von Würzburg ruhen seine Gebeine. Auf Darstellungen sieht man den Heiligen als → Bischof mit Schwert und → Märtyrerpalme. Der »Frankenapostel«, dessen Fest am 8. Juli gefeiert wird, soll gegen Gicht und Rheumatismus helfen.

Kirchenlehrer, jene Männer und Frauen der katholischen Kirche, die sich durch Rechtgläubigkeit der Lehre, Heiligkeit ihres Lebens und hervorragende wissenschaftliche Leistung auszeichnen und ausdrücklich von der Kirche als »Kirchenlehrer« anerkannt werden. Die römische Kirche verehrt heute zweiunddreißig Kirchenlehrer: → Ambrosius, → Hieronymus, → Augustinus, → Gregor I., → Athanasius, → Basilius, → Gregor von Nazians, → Johannes Chrysostomus, → Thomas von Aquin, → Bonaventura, → Anselm von Canterbury, → Isidor von Sevilla, → Petrus Chrysologus, → Leo d. Gr., → Petrus Damiani, → Bernhard von Clairvaux, → Hilarius von Poitiers, → Alfons von Liguori, → Franz von Sales, → Cyrill von Alexandrien, → Cyrill von Jerusalem, → Johannes von Damaskus, → Beda Venerabilis, → Ephräm der Syrer, → Petrus Kanisius, → Johannes vom Kreuz, → Robert Bellarmin, → Albertus Magnus, → Antonius von Padua, → Laurentius von Brindisi, → Theresia von Avila, → Katharina von Siena.

Kirchenmodell, manchen Heiligen als → Attribut in die Hand gegeben. Dies weist darauf hin, daß dieser Heilige eine Kirche oder ein Kloster gestiftet, gegründet oder erbaut hat.

Kirchenstaat (Patrimonium Petri) wird das unter der päpstlichen Oberhoheit stehende, unabhängige Staatsgebilde in Italien bezeichnet. Aus den Besitzungen der katholischen Kirche und Schenkungen der Karolinger (historisch angezweifelt) und der deutschen Kaiser zusammengefügt, war der Kirchenstaat seit Papst → Innozenz III. vom deutschen Reich unabhängig. Er umfaßte mit Ausnahme der Toskana fast ganz Mittelitalien. Mit dem Entstehen des italienischen Königreiches 1870 verlor der Kirchenstaat vorübergehend seine Eigenständigkeit. Mit den Lateranverträgen unter Mussolini wurde 1929 der unabhängige → »Vatikanstaat« geschaffen.

Kirchenväter (lat. patres ecclesiae), im engeren Sinn die Lehrer und Schriftsteller der alten Kirche, welche vom 2. bis 6. Jahrhundert lebten, im weiteren Sinne alle Schriftsteller und Lehrer der christlichen Kirche bis zu den → Scholastikern (11. Jh.). Die Wissenschaft über die Kirchenväter, ihr Leben und ihre Werke, nennt man Patristik oder Patrologie. Die älteren Kirchenväter waren meist Philosophen oder Rhetoriker gewesen, bevor sie sich dem Christentum zuwendeten. Ihre Schriften beschäftigten sich mit der Verteidigung der christlichen Religion und der Kirche, Erklärung der Heiligen Schrift, Darlegung der Glaubens- und Sittenlehre, mit der Geschichte des Christentums und der Kirche und mit Lebensbeschreibungen von Heiligen. Die berühmtesten unter den *griechischen* Kirchenvätern sind → Clemens Alexandrinus, → Origenes, Eusebius, → Athanasius und → Chrysostomus; unter den *lateinischen:* Tertullian, Cyprian, Ambrosius, → Augustinus, → Hieronymus und → Gregor der Große.

Klara hl., 1194 als Tochter des Grafen dei Sciffi in Assisi geboren. Mit achtzehn Jahren ließ sie sich von → Franziskus und seinem Armutsideal so beeindrucken, daß sie selbst ein Leben in Armut führen wollte. Am Palmsonntag 1212 legte sie in der Portiunculakapelle die → Gelübde ab und zog eine Kutte aus Sackleinwand an. Da ihr Vater sich diesem Schritt heftig widersetzte, versteckte sie Franziskus zunächst in einem → Benediktinerkloster. Bald folgten ihrem Beispiel auch ihre Schwestern Agnes und Beatrix sowie die Mutter Hortulana, nachdem ihr Gatte gestorben war. Franziskus sammelte Almosen und kaufte für sie das Klösterchen San Damiano, wo die ersten »Klarissen« ihre Unterkunft fanden. In Strenge und äußerer Armut, jedoch immer fröhlich, lebte Klara dort mit ihren Mitschwestern nach einer vom hl. Franziskus ausgearbeiteten Regel, die Papst → Innozenz III. bestätigte. 27 Jahre nach dem Tod des hl. Franz starb Klara am 11. August 1253. Die Heilige wird in einem braunen oder schwarzen Wollkleid, mit einem Strick umgürtet, eine Lilie oder eine Monstranz in Händen, abgebildet. Weitere → Attribute sind Kreuz, Buch oder eine brennende Lampe. Das Fest der hl. Klara, die Patronin der Wäscherinnen, Sticker und Vergolder ist und gegen Fieber und Augenleiden helfen soll, wird am 11. August gefeiert.

Klarissen → Klara hl.

Klausur (lat., »Verschluß«) werden in den Klöstern die abgeschlossenen Wohn- oder Arbeitsräume bezeichnet, die Fremde nicht betreten dürfen.

Klemens Maria Hofbauer hl., am 26. Dezember 1751 als neuntes Kind arbeitsamer, armer Eltern in Taßwitz bei Znaim in Mähren geboren. Er erlernte zunächst das Bäckerhandwerk, doch verspürte er bald den Wunsch, nur Gott zu dienen. Er führte eine Zeitlang das Leben eines Einsiedlers und entschloß sich schließlich zum Theologiestudium. Bei den Redemptoristen in Rom erlangte er mit 34 Jahren die → Priesterweihe.

Klemens Maria Hofbauer. Stich von Alois Petrak.

Klemens war der erste deutsche Redemptorist und stand ab 1788 seiner → Kongregation im Norden als Generalvikar vor. Zunächst wirkte der temperamentvolle und fröhliche Ordensmann in Warschau und kam schließlich nach Wien, wo er bald bei den Gebildeten wie auch bei den einfachen Leuten großen Anklang fand. Als Prediger und Beichtvater zog er Scharen von Menschen an, die gerne seinen Rat suchten. Als Seelsorger war er für alle da – für Arme und Reiche, Kinder und Erwachsene –, keinen schloß er von seiner Liebe aus. Eine Typhusepidemie raffte ihn am 15. März 1820 dahin. Der Stadtpatron Wiens fand seine letzte Ruhestätte 1862 in der Kirche Maria am Gestade. Sein Fest fällt auf den 15. März.

Klemenspäpste → Clemens.

Klerus (griech., »Los«, »Eigentum«), der geistliche Stand im Gegensatz zu den → Laien. Das Wort war eine Bezeichnung, die im Urchristentum dem ganzen christlichen Volke zukam. Im 2. Jahrhundert wurde diese Bezeichnung für die → Priesterschaft, als einem besonderen Stand, angewandt. Der Klerus mit den Laien zusammen bilden die Kirche.

Knud von Dänemark hl., Knud IV., König von Dänemark, um 1040 geboren. Als Jüngling bekämpfte er erfolgreich die Seeräuberei. Seine Tapferkeit und Güte brachten ihn auf den Thron von Dänemark, auf dem er sich als tüchtiger Herrscher erwies. Knud ließ viele Kirchen bauen und sorgte für Ordnung und Zucht in seinem Lande. Seine Strenge brachte ihm bald mächtige Feinde, die das Volk gegen ihn aufwiegelten. In der St.-Albans-Kirche in Odense wurde er während der Messe am 10. Juli 1086 ermordet. 1101 erklärte Papst → Paschalis II. ihn zum ersten → Märtyrer Dänemarks. Der Heilige wird als König mit Lanze und Pfeil dargestellt. Sein Fest feiert die Kirche am 10. Juli.

Das Sakrament der hl. Kommunion. Alter französischer Stich.

Kodratos → Apostolische Väter.

Kolumban hl., Missionar, um 543 in Irland geboren. Im Kloster Bangor erhielt er seine Ausbildung und ging um 590 mit zwölf Gefährten nach Gallien, wo er Luxeuil und mehrere andere Klöster gründete. Kolumban zog den Rhein aufwärts zum Bodensee, wo er den Schwaben das → Evangelium verkündete. In Oberitalien gründete er 612 in der Nähe von Parma die Abtei Bobbio. Dort starb der Glaubensbote um 615. Der Heilige wird meist mit einem Bären dargestellt, da er eine Bärenhöhle bewohnte, oft auch mit einer strahlenden Sonne über sich. Das Fest des hl. Kolumban, der gegen Überschwemmungen und Geisteskrankheiten helfen soll, wird von der Kirche am 23. November gefeiert.

Kommunion (lat., »Gemeinschaft«), im engeren Sinn der Empfang des Altar→sakramentes, der → Eucharistie.

Konfession (lat.), Bekenntnis, vorzugsweise ein schriftlich abgefaßtes Glaubensbekenntnis (daher Augsburger Konfession, Helvetische K. etc.). Das Wort wird auch für Glaubensgruppen verwendet. So sagt man römisch-katholische, protestantische, helvetische Konfession. Auch das Sündenbekenntnis wird in der katholischen Kirche mit Konfession bezeichnet.

Kongregation (lat.), in der katholischen Kirche kirchliche Gemeinschaften mit einfachen → Gelübden, ebenso Bezeichnung für die mit der Verwaltung einzelner Gebiete der geistlichen und weltlichen Staatsverwaltung vom Papst beauftragten höchsten Behörden des Kirchenstaats, denen entweder der Papst selbst oder Kardinäle als Präfekten vorstehen, z. B. Kongregation für Außerordentliche Kirchenangelegenheiten, Kongregation für die Glaubensverbreitung und vieles andere. Diese Kongregationen werden auch → Kardinalskongregationen genannt. – Die Vereinigung mehrerer selbständiger Klöster unter demselben Obern in den Mönchsorden wird ebenfalls Kongregation genannt.

Konklave (lat., »abgeschlossener Raum«), während der Papstwahl wird die → Kardinalsversammlung von der Außenwelt abgeschlossen. Das Konklave soll verhindern, daß von außen Einfluß auf die Wahl des Papstes genommen wird.

Konkordat (lat., »Übereinkommen«) wird ein Vertrag zwischen der römisch-katholischen Kirche und einem Staat bezeichnet.

Konon, 83. Papst, entstammte einer Offiziersfamilie und wurde in Sizilien erzogen. Der vornehme und gebildete Mann wurde am 21. Oktober 686 als Kompromißkandidat vom → Klerus und der römischen Miliz zum Papst gewählt. Da Konon schon hochbetagt und sehr kränklich war, blieb sein → Pontifikat ohne besondere Auswirkung. Er starb am 21. September 687.

Konrad hl., soll als Sohn des Grafen Heinrich von Altdorf, des Gründers der Abtei Weingarten, um 900 geboren worden sein. Er erhielt seine Ausbildung in Konstanz und wurde 934 von seinem Freund, dem → Bischof → Ulrich von Augsburg, zum Bischof von Konstanz geweiht. Dreimal pilgerte Konrad nach Jerusalem. In seiner → Diözese war er milde und wohltätig gegen die Armen. 948 weihte er die erste Kirche von Einsiedeln ein. Am 26. November 975 starb er nach über vierzigjähriger Tätigkeit als Bischof. Darstellungen zeigen den hl.

Am Beginn des Konklaves werden die Türen der Sixtinischen Kapelle geschlossen.

Konrad mit → Mitra, Stab, Buch und Kelch, auf dessen Rand eine Spinne sitzt – der → Legende nach hatte der Heilige ohne Scheu während der Messe eine in den Kelch gefallene Spinne zusammen mit dem konsekrierten (→ Konsekration) Wein geschluckt. Beim Mittagstische war das Tier unversehrt wieder aus seinem Mund gekrochen. Das Fest des heiligen Konrad wird am 26. November gefeiert.

Konrad von Parzham hl., eigentlich Johann Birndorfer, am 22. Dezember 1818 zu Parzham, Pfarrei Weng, als Sohn einfacher Bauern geboren. Fromm erzogen, zog der junge Mann die Kirche dem Wirtshaus vor und wurde von seinen Altersgenossen als Betbruder verspottet. Mit dreißig Jahren verließ Johann das väterliche Anwesen und trat 1849 bei den → Kapuzinern in Altötting als Bruder Konrad ein. Vierzig Jahre lang, bis zu seinem Tode, versah er den Dienst des Pförtners. Geduldig, freundlich und hilfsbereit tat Konrad den Pilgern, Wallfahrern und Armen viel Gutes: »In Gottes Namen«. Der bescheidene Klosterbruder starb am 21. April 1894 an der Klosterpforte, den Blick durchs Fenster auf das Gnadenbild der Kirche gerichtet. Bruder Konrad wurde 1934 heiliggesprochen. Er wird in brauner Kapuzinerkutte, mit weißem Bart und Kreuz dargestellt. Sein Fest wird von der Kirche an seinem Todestag, dem 21. April, gefeiert. Der → Patron des Seraphischen Liebeswerkes und des Katholischen Burschenvereines soll in jeglicher Not helfen.

Konsekration (lat., »Einweihung« oder »Einsegnung«). In der katholischen Kirche wird die Lehre vertreten, daß die Verwandlung von Brot und Wein bei der hl. Messe durch die Konsekration, das heißt durch das Sprechen der Einsetzungsworte erfolgt. Im übertragenen Sinn spricht man auch bei der Weihe von → Bischöfen, Kirchen und Altären von Konsekration.

Konsistorium, in der römisch-katholischen Kirche die Kardinalsversammlung unter Vorsitz des Papstes.

Konstitutionen (lat.), in der römisch-katholischen Kirche päpstliche Erlässe, die Gesetzeskraft haben. Die Konstitutionen eines → Ordens sind die Auslegungen und Erweiterungen der Ordensregeln.

Kontemplation (lat., »Betrachtung«, »Schauen«). Bei den → Mystikern anschauende Versenkung des Geistes unter Ausschaltung allen Wollens. Kontemplative → Orden bezeichnet man Ordensgemeinschaften, die sich vor allem der Betrachtung und dem Gebet widmen und nur wenig oder keine aktive Seelsorge betreiben.

Konventualen (lat.), 1. Alle Mitglieder eines Mönchs- oder Bettelordens, die stimmberechtigt sind und am Konventskapitel teilnehmen können. 2. Offizieller Name für den ältesten Zweig des → Ordens des hl. → Franz von Assisi. Im deutschsprachigen Gebiet werden die Konventualen auch Minoriten genannt. 3. Bei den → Karmeliten jener Ordenszweig, der der milderen Regel folgte, gegenüber den Observaten, die die ursprünglich strengere Regel vertraten.

Konzil, die Versammlung hoher katholischer Würdenträger zur Beratung und Regelung wichtiger kirchlicher Angelegenheiten. Wenn die Repräsentanten der gesamten Kirche bei einer solchen Versammlung zugegen sind, wird diese ökumenisch genannt.

Bischöfe und Kardinäle beim 2. Vatikanischen Konzil.

Die 21 Ökumenischen Konzile und ihre wichtigsten Beschlüsse:

1.	325	Erstes Konzil von Nicaea	Gottheit Christi
2.	381	Erstes Konzil von Konstantinopel	Gottheit des Hl. Geistes
3.	431	Konzil von Ephesus	Gottesmutterschaft Mariens
4.	451	Konzil von Chalcedon	Christus – *eine* Person in zwei Naturen
5.	553	Zweites Konzil v. Konstantinopel	Dreikapitelstreit: Das Verhältnis der zwei Naturen in Christus
6.	680/81	Drittes Konzil v. Konstantinopel	Letzte Klärung der Christologie (der Wille Christi). Verurteilung des → Monotheletismus
7.	787	Zweites Konzil v. Nicaea	Erlaubtheit und Sinn der Bilderverehrung
8.	869/70	Viertes Konzil v. Konstantinopel	Das → Schisma des Photius wird beseitigt
9.	1123	Erstes Laterankonzil	Bestätigung des Wormser Konkordates im → Investiturstreit
10.	1139	Zweites Laterankonzil	→ Schisma → Anaklet II.
11.	1179	Drittes Laterankonzil	Zweidrittelmehrheit bei der Papstwahl notwendig
12.	1215	Viertes Laterankonzil	Glaubensbekenntnis gegen die → Katharer; Wesensverwandlung in der → Eucharistie; jährlich mindestens einmal Beichte und Kommunion
13.	1245	Erstes Konzil von Lyon	Bannung und Absetzung Kaiser Friedrichs II.
14.	1274	Zweites Konzil von Lyon	→ Kreuzzug; → Konklaveordnung; Griechenunion
15.	1311/12	Konzil von Vienne	Reformdekrete; Armutsstreit der → Franziskaner; Aufhebung des Templerordens
16.	1414 bis 1418	Konzil von Konstanz	Beseitigung des Abendländischen Schismas; Rücktritt → Gregors XII.; Absetzung → Johannes' XXIII. und → Benedikts XIII.; Wahl Martins V.; Verurteilung Johannes → Hus'; Dekret über die Oberhoheit des Konzils über den Papst
17.	1431 bis 1442	Konzil von Basel/Ferrara/Florenz	Reformen; Union mit den Griechen, Armeniern und Jakobiten
18.	1512 bis 1517	Fünftes Laterankonzil	Reformdekrete; Gegen das schismatische Konzil von Pisa (1511/12)

19.	1545 bis 1563	Konzil von Trient	Lehre von Schrift und Tradition, Erbsünde und Rechtfertigung, Meßopfer, → Sakramente, Heiligenverehrung; Reformdekrete
20.	1869/70	Erstes Vatikanisches Konzil	Definition der Lehre vom katholischen Glauben (Dogmenlehre) und vom → Primat und der Unfehlbarkeit des Papstes
21.	1962 bis 1965	Zweites Vatikanisches Konzil	Konstitutionen über → Liturgie, göttliche Offenbarung, die Kirche; Dekrete über Ökumenismus, das → Laienapostolat, das → Priesteramt u. a.; Erklärungen über religiöse Freiheit, die nichtchristlichen Religionen und die christliche Erziehung

Konziliarismus, eine im 12. und 13. Jahrhundert vertretene Theorie, die besagt, daß das Konzil über dem Papst stehe. Bei den sogenannten Reformkonzilien des 15. Jahrhunderts (z. B. Konzil von Konstanz) wurde diese Lehre von der Oberhoheit des ökumenischen Konzils über den Papst in der Praxis angewandt und drei Päpste von der Kirchenversammlung abgesetzt. Beim Ersten Vatikanischen → Konzil wurde der Konziliarismus endgültig verurteilt.

Kosmas und Damian hl., → Märtyrer, über die keine sicheren Berichte überliefert wurden. Schon zu Beginn des 5. Jahrhunderts standen die beiden Heiligen im Orient in hohen Ehren. Der → Legende nach waren sie Zwillingsbrüder, die als Ärzte in Kliniken tätig waren. Sie erhielten den Beinamen »die Unentgeltlichen« (anárgyroi), weil sie Kranke unentgeltlich behandelten. Unter der Christenverfolgung des Kaisers Diokletian sollen sie den Märtyrertod durch Enthauptung gestorben sein. Dargestellt werden die beiden Märtyrer als junge, bartlose Ärzte mit Salbenbüchsen, Mörser, Stößel und dem Schlangenstab. Die beiden Patrone der Ärzte und Apotheker waren auch Schutzheilige der Familie Medici von Florenz. Ein Mosaik in der ihren Namen tragenden, von Papst → Felix IV. um 530 errichteten Kirche in Rom gilt als erste Darstellung der heiligen Zwillinge. Ihr Fest feiert die Kirche am 27. September.

Kreuzzüge, bewaffnete Pilgerfahrten ins Heilige Land. Wallfahrten ins Heilige Land gab es schon zur Zeit des Kaisers Konstantin am Beginn des 4. Jahrhunderts. Auch die neubekehrten germanischen Völker pilgerten gerne zu den heiligen Stätten. Auch nach der arabischen Eroberung des Heiligen Landes 637 nahm der Pilgerstrom nicht ab. Erst im 11. Jahrhundert änderte sich die Lage unter den christenfeindlichen türkischen Seldschuken. Als Berichte über die Mißhandlung von Christen ins Abendland drangen, entschloß man sich, beeinflußt von der asketischen Richtung des Klosters → Cluny, bewaffnete Pilgerfahrten zu unternehmen. Der erste Kreuzzug fand 1096 bis 1099 statt, bei dem Jerusalem erobert und ein eigenes Königreich Jerusalem eingerichtet wurde. Sieben Kreuzzüge, der letzte 1270, zählt die Kirchengeschichte. Der Kreuzzugsfanatismus ging so weit, daß selbst Kinder einen Kreuzzug unternahmen (1212), der für die meisten in die mohammedanische Sklaverei führte. Eigene → Orden wurden gegründet, die Ritterorden (der → Templerorden, Deutsche Orden, Johanniterorden, → Malteserorden u. a.), die den Kampf gegen die Ungläubigen oder auch die Krankenpflege der verletzten Kämpfer als → Ordensziel hatten.

Kunigunde hl. → Heinrich hl.

Kurie (lat., »Versammlung«), in der römisch-katholischen Kirche die päpstliche Behörde und Beamtenschaft zur Regierung und Verwaltung der Kirche. Kurialismus wird das Bestreben zur Steigerung der päpstlichen Macht genannt.

L

Laie, vom griechischen Wort »laos« = Volk bzw. »laikos« = zum Volk gehörig. In der Kirche wird es für den Nicht-Theologen und Nicht-Kleriker gebraucht. Heute wird das Wort, das im Laufe der Geschichte einen negativen Sinn bekam (Laie = der Unkundige), wieder positiv verwendet als: Glied des Gottesvolkes.

Laieninvestitur → Investitur.

Laienkelch → Kalixtiner.

Lambert hl., um 625 in Maastricht als Sohn wohlhabender Eltern geboren. Seine Lehrer waren der hl. Landoald und der hl. → Bischof Theodard von Maastricht-Tongern, der 670 am Rhein ermordet wurde. Da Lambert beim Volk beliebt war, wurde er zum Nachfolger Theodards erwählt. Von 676 bis 681 lebte er in der Verbannung, da er durch den Tyrannen Ebroin vertrieben wurde. Im Kloster Stablo führte er mit den → Benediktinern ein einfaches Mönchsleben. In seine Bischofsstadt zurückgekehrt, brachte er zunächst seine → Diözese in Ordnung und unternahm mit dem hl. → Willibrord Missionsreisen nach Nordholland. Am 17. September 705 durchbohrte Lambert ein Speer, als er in einer Kirche in Lüttich betete. Der Heilige wird als → Märtyrer verehrt und ist der Stadtpatron von Lüttich. Die Zahnärzte, Chirurgen und Bandagisten haben sich ihn ebenfalls zum Schutzpatron erwählt. Dargestellt wird Lambert als Bischof, kniend, von einer Lanze durchbohrt. Als weitere → Attribute trägt er glühende Kohlen im Chorhemd und eine brennende Lampe in der Hand. Das Fest des Heiligen, der gegen Nierenleiden helfen soll, feiert die Kirche am 18. September.

Lando, 122. Papst, langobardischer Grafensohn, von Juli 913 bis Februar 914 Papst. Vollkommen abhängig von Theodora der Älteren machte er ihren Günstling, den späteren Papst → Johannes X., zum Erz→ bischof von Ravenna.

Lateran, der außerhalb der → Vatikanstadt in Rom gelegene Papstpalast mit der → Basilika S. Giovanni in Laterano. In ihm wurden bereits mehrere → Konzile abgehalten.

Die Lateranbasilika.

Laurentius (→ Gegenpapst), römischer Archi→ presbyter, wurde nach dem Tode → Anastasius' II. (496 – 498) am 22. November 498 von der ultrabyzantinischen Partei, also den Anhängern → Anastasius' II., zum Gegenpapst von Papst → Symmachus (498 – 514) gewählt. Theoderich der Große unterstützte schließlich doch den zwielichtigen Symmachus und überließ Laurentius im Frühjahr 499 in Kampanien das Bistum Nocera. 501 kam es zu neuen Streitigkeiten zwischen den beiden Parteien, die die römische → Synode von 502 nicht beilegen konnte. Laurentius kehrte mit Erfolg nach Rom zurück und zog sich erst 506 auf Befehl Theoderichs zurück. Auf dem Landgut seines Protektors Festus verbrachte er in strenger → Askese den Rest seiner Tage.

Laurentius hl., berühmter römischer → Märtyrer, → Diakon, erlitt unter Kaiser Valerian wahrscheinlich am 10. August 258 den Märtyrertod. Die → Legende erzählt, daß Papst → Sixtus II. sei-

Martyrium des hl. Laurentius. Kupferstich von A. Raimundi.

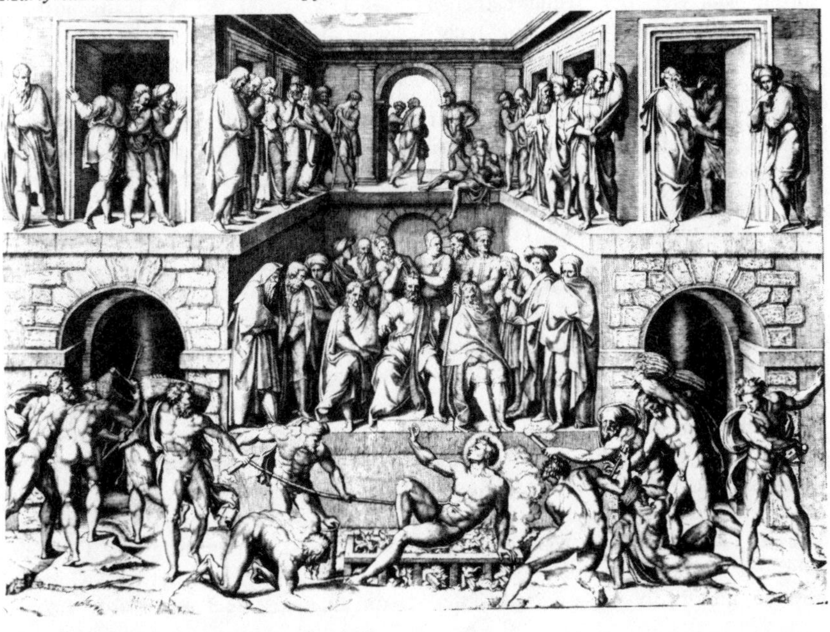

nem →Archidiakon Laurentius, der ihm tiefbekümmert zur Hinrichtung folgen wollte, den Auftrag gab, den Kirchenschatz an Arme zu verteilen, und ihm prophezeite, daß Laurentius in drei Tagen ebenfalls den Märtyrertod erleiden werde. Kaiser Valerian stellte selbst Ansprüche auf den Schatz und ließ Laurentius geißeln (→Geißelung), um ihn zur Herausgabe der Schätze zu zwingen. Der Diakon erbat drei Tage Zeit. Als er wieder vor dem Kaiser erschien, wies er auf die mit den Schätzen beschenkten Armen hin, die er als den wahren Schatz der Kirche bezeichnete. Valerian verurteilte den Heiligen zum Tod auf einem glühenden Rost. Durch Kaiser Konstantin wurde über seinem Grab 330 die Kirche S. Lorenzo fuori le mura in Rom errichtet. In der Krypta birgt ein antiker Sarkophag die →Reliquien des Heiligen. Laurentius war einer der meistverehrten Märtyrer der frühchristlichen Kirche. Er wird als Diakon mit rechteckigem Rost, Evangelienbuch, Palme und Kreuz dargestellt. Die Bibliothekare haben ihn zum Schutzpatron, da er die Kirchenbücher zu verwalten hatte. Die Feuerwehr und Köche erwählten sich ihn zum Schutzheiligen, da er auf einem glühenden Rost den Tod fand. Laurentius gilt auch wegen seiner Mildtätigkeit als Patron der Armen. Das Fest des Märtyrers, der gegen Brandwunden, Feuer, Fieber, Rückenschmerzen und im Fegefeuer helfen soll, feiert die Kirche am 10. August.

Laurentius von Brindisi hl., →Kirchenlehrer, 1559 in Brindisi geboren. Mit sechzehn Jahren trat er in den →Kapuzinerorden ein, studierte in Padua und Venedig, wobei er die griechische und hebräische Sprache besonders gründlich erlernte, da sein Interesse vor allem der Heiligen Schrift gehörte. Nach seiner →Priesterweihe im Jahr 1582 galt er als hervorragender Prediger und Lehrer der Theologie. Seine Mitbrüder erwählten ihn zum Provinzial und später von 1602 bis 1605 zum →Ordensgeneral. Auf sein Betreiben hin wurde der Kapuzinerorden in Österreich und Böhmen eingeführt. Laurentius, der großen Einfluß auf die katholischen Fürsten bei der Auseinandersetzung mit dem Protestantismus nahm, starb am 22. Juli 1619 im Alter von 60 Jahren. Papst →Johannes XXIII. ernannte ihn 1959 zum →Kirchenlehrer. Das Fest des heiligen Kapuziners feiert die Kirche am 21. Juli.

Legat (lat.), päpstlicher Gesandter – meist ein →Kardinal –, der einen bestimmten Auftrag im Namen des Papstes zu erfüllen hat (legatus a latere). Ein päpstlicher Gesandter, der sich ständig in einem Land als diplomatischer Vertreter des Vatikans aufhält, wird als Nuntius bezeichnet.

Legende (lat., »das Vorzulesende«), Geschichten aus dem Leben der Heiligen, die an Heiligenfesten im Gottesdienst verlesen wurden und mit Berichten über Wundertaten ausgeschmückt waren. Die Legenden hatten vielfach unglaubwürdigen und sagenhaften Charakter.

Leo I. hl., 45. Papst, genannt der Große, in Tuscien geboren, versah unter Papst →Coelestin I. (422–432) den Dienst eines →Archidiakons. Die Reinhaltung der Lehre und die Wahrung des →Primates sowie der Kampf gegen →Manichäer und Pelagianer (→Pelagianismus) waren ihm ein Herzensanliegen. Gegen →Nestorius bewog er Johannes Cassianus zur Abfassung einer Streitschrift »De incarnatione Domini« (= über die Menschwerdung Christi). Am 29. September 440 wurde Leo in

Rom geweiht. Energisch griff er in die hierarchischen Verhältnisse Galliens, Nordafrikas und Illyriens ein, wo er den römischen Primat zu wahren wußte. Bei der → »Räubersynode« 449 in Ephesus mußte er jedoch von Eutyches und den → Monophysiten, die die menschliche Natur Christi leugneten, eine schwere Niederlage einstecken. Um immer über die kirchliche Lage im Osten orientiert zu sein, setzte er am byzantinischen Kaiserhof einen Apokrisiar, einen ständigen Geschäftsträger, ein. Heftig wehrte sich Leo gegen den → Kanon 28 des Konzils von Chalcedon, das 451 eine Erhöhung des → Patriarchenranges von Konstantinopel beschlossen hatte. Als Rom und Italien im Jahre 452 von den Hunnen Attilas und im Jahre 455 von dem Vandalenkönig Geiserich bedroht war, rettete die Unerschrockenheit des Papstes die Gebiete, was das Ansehen des Papsttums in aller Welt hob. Seine Schriften zeichnen sich vor allem durch die Klarheit des Stils und die Rhythmik der Sprache aus. Sie sind kraftvoll und formvollendet. → Benedikt XIV. ernannte 1754 Papst Leo den Großen zum → Kirchenlehrer. Er starb am 10. November 461 und wurde als erster Papst in der alten St.-Peters-Kirche begraben. Papst → Clemens XI. ließ die → Reliquien 1715 auf den Leoaltar übertragen, den ein berühmtes Relief des Bildhauers Algardi schmückt, das Leo darstellt, wie er Attila gegenübersteht. Sein Fest wird am 11. April und am 28. Juni gefeiert.

Begegnung zwischen Papst Leo I. und Attila. Nach einem Fresko von Raffaello Santi.

Leo II. hl., 80. Papst, gebürtiger Sizilianer, vor Dezember 681 zum Papst gewählt, konnte aber, da Byzanz seine Bestätigung absichtlich verzögerte, erst am 17. August 682 zum Papst geweiht werden, nachdem die Zustimmung des Papstes zum sechsten Allgemeinen → Konzil von Konstantinopel erfolgt war. Mit der Bestätigung der Konzilsbeschlüsse verurteilte Leo II. auch seinen Vorgänger → Honorius I. (625–638), der für mitschuldig am → Monotheletismus befunden wurde. Das von Kaiser Konstans II. heraufbeschworene → Schisma mit Ravenna konnte Leo II. in kürzester Zeit beilegen. Dem kaiserlichen Reichskirchenregime ergeben, führte Papst Leo II. ein friedliches → Pontifikat. Er ließ die Kirche S. Sabina in Rom restaurieren und erbaute für die Griechen San Giorgio in Velabro. Leo starb am 3. Juli 683. Sein Fest feiert die römische Kirche am 3. Juli.

Leo III. hl., 96. Papst, am Begräbnistag seines Vorgängers Papst → Hadrian I. (772–795) am 26. Dezember 795 einstimmig zum neuen Papst gewählt. Leo, der vorher → Kardinal→ presbyter von Santa Susanna gewesen war, sandte sofort nach seiner Wahl die Schlüssel zum Grab des hl. → Petrus und ein Banner Roms an den Frankenkönig Karl den Großen, deren → Symbolik im Mittelalter große Bedeutung zukam. Da die Anhänger seines Vorgängers ihn wegen seines Lebenswandels schwerer Angriffe aussetzten, versuchte Leo durch Geschenke an den »patricius Romanorum«, den Frankenkönig günstig zu stimmen. Bei einer öffentlichen Prozession im Jahre 799 versuchte ein Neffe Hadrians I. mit einigen Gefährten, den Papst zu ermorden. Der verletzte Papst floh nach Paderborn zu Karl dem Großen und bat um Schutz und Rache. Karl sagte ihm beides zu, und reich beschenkt kehrte Leo nach Rom zurück. Seine Gegner klagten ihn der Unzucht, des Ehebruches und des Meineides an und erklärten ihn für unwürdig, Papst oder auch nur → Priester zu sein. Da Karl der Große gerade mit seinem Feldzug gegen die Sachsen beschäftigt war, ließ er die Sache durch → Bischöfe und Hofbeamte untersuchen, die den Papst für unschuldig erklärten. Seine Ankläger warf man als Verleumder ins Gefängnis. Am 23. Dezember 800 saß Karl der Große mit einer Versammlung von Bischöfen in der Peterskirche zu Rom zu Gericht über die Verleumder, und somit auch über Leo III., der sich durch einen Reinigungseid von jeglicher Schuld befreite. Der Papst wurde losgesprochen und seine Gegner zum Tode verurteilt. Am Weihnachtsfest desselben Jahres nahm Leo III. plötzlich während eines feierlichen Gottesdienstes eine prachtvolle Krone vom Altar, setzte sie dem überraschten Karl aufs Haupt und salbte ihn zum römischen Kaiser, bevor er selbst vor ihm niederkniete. Hintergründe und Motive dieser von Leo eigenwillig gesetzten Handlung konnte die Geschichtsforschung bis heute nicht restlos klären, und es bleibt die Vermutung bestehen, daß die erste Amtshandlung des neuen Kaisers – die Bestrafung der Verleumder – in engem Zusammenhang mit der erfolgten Kaiserkrönung steht. Das neue römische Kaisertum, eine alleinige Schöpfung Leos III., ist wohl die historisch wichtigste Einführung während seines → Pontifikates, die Karl dem Großen wegen der Einschränkung auf *römisch* eigentlich nicht ganz gelegen kam. Ein allumfassendes byzantinisch-römisches Kaiserreich zu schaffen mißlang Leo, da Kaiserin Irene von Byzanz, die er mit Karl vermählen wollte, frühzeitig gestürzt wurde. Im Streit um das → filioque – daß der Hl. Geist vom Vater »und auch vom Sohne« ausgehe – verhielt sich Leo III. diplomatisch, indem er die Lehre zwar bejahte, die Einfügung in das

Glaubensbekenntnis jedoch ablehnte. Leo III. verschied am 12. Juni 816, nicht ganz zwei Jahre nach Karl dem Großen, und wurde im Vatikan beigesetzt. Sein Fest feiert die römische Kirche am 12. Juni.

Karl d. Große wird von Papst Leo III. zum römischen Kaiser gekrönt.

Leo IV. hl., 103. Papst, → Benediktiner aus dem Kloster zu St. Martin, der Sohn des Römers Raduald, bestieg am 10. April 847 als Leo IV. den Stuhl Petri. Unter Papst → Sergius II. (844–847) erlangte er die Würde eines → Kardinal→ priesters. Wegen der Sarazeneneinfälle wurde er ohne vorherige Zustimmung Kaiser Lothar I. zum Papst geweiht. Eine seiner ersten Amtshandlungen war, daß er die Stadt Rom befestigen ließ. Reste der Leonidischen Mauer kann man heute noch sehen. Die von ihm befestigte Vorstadt mit St. Peter hieß lange Zeit die Leostadt. Auch die Küsten schützte Leo durch eine Flotte gegen die Sarazenen, deren Schiffe 849 in einem Sturm vor Ostia vernichtet wurden. Leo IV. krönte 850 Ludwig II., den Sohn Kaiser Lothars, ohne daß vorher wie üblich der Vater den Sohn gekrönt hatte. Die durch die Sarazenen

Siegel Papst Leos IV.

846 ausgeraubten Kirchen versah Leo mit neuem Schmuck. Auch ließ er die zerstörte Hafenstadt Civitavecchia als »Leopolis« neu erbauen. Leo IV., der auf die unbegrenzte Ausübung der päpstlichen Autorität bestand, starb am 17. Juli 855. Das Fest des Heiligen, dessen Porträt in San Clemente in Rom erhalten ist, wird am 17. Juli gefeiert.

Leo V., 118. Papst, aus Ardea, war nur kurze Zeit Papst, vom Juli bis zum September 903. Sein Nachfolger, Papst → Christophorus (903 – 904), den Leo zum Hofkaplan machte, wollte selbst Papst werden und zwang seinen Wohltäter unter dem Vorwande, er habe nicht Kraft und Geschick genug zum Regieren, vom päpstlichen Stuhl zurückzutreten und in sein Kloster zu Brandallo zurückzukehren. Allein er ließ ihm nicht einmal Zeit dazu, sondern kerkerte ihn ein. Im Kerker wurde Leo V. von seinem Unterdrücker nach einem Monat ermordet. Einer bretonischen → Legende nach soll Leo identisch mit dem hl. Tugdal sein, der als Rompilger zum Papst gewählt worden sein soll (Leo Britigena).

Leo VI., 124. Papst, Nachfolger Papst → Johannes X. (914 – 928), der von der Alleinherrscherin Roms, Marozia, ermordet wurde. Er, der Sohn des Römers Primicerius Christophorus, regierte nur ein halbes Jahr, von Mai bis Dezember 928. Er war ein willenloses Werkzeug Marozias ohne besondere Bedeutung für die Kirche.

Leo VII., 127. Papst, Römer, aus dem → Orden des hl. → Benedikt, gelangte mit Hilfe Alberichs II. am 3. Jänner 936 auf den päpstlichen Stuhl und war auch weiterhin von diesem abhängig. Der Papst sowie Alberich förderten die Reformbestrebungen von → Cluny. Abt Odo von Cluny kam während Leos → Pontifikat nach Rom, um mit dem Papst gemeinsam die religiöse Erneuerung vorzubereiten. Leo VII. starb am 13. Juli 939.

Leo VIII., 132. Papst, ein → Laie, wurde von der römischen → Synode nach der Absetzung → Johannes XII. (955 – 963) am 6. Dezember 963 unter dem Einfluß Kaiser Ottos I. zum neuen Papst gewählt. Johannes zettelte jedoch einen Aufstand in Rom an, der vom Kaiser im Jänner 964 zunächst niedergeschlagen wurde. Als die kaiserlichen Truppen abzogen, kehrte Johannes XII. nach Rom zurück, worauf Leo VIII. zum Kaiser flüchtete. Auf der → Synode vom 26. Februar 964 ließ Johannes seinen Gegner Leo absetzen. Als Johannes drei Monate später plötzlich starb, wählte man in Rom → Benedikt V. (964) zum neuen Papst. Otto I. stand jedoch nach wie vor hinter Leo und brachte ihn nach Rom zurück. Benedikt wurde abgesetzt und verbannt. Bis zu seinem Tode am 1. März 965 verlief nun das → Pontifikat Leo VIII. ohne große Schwierigkeiten. Die berühmten Urkunden »Privilegium maius« und »minus« sowie »Cessatio donationum«, welche Leo VIII. zugeschrieben wurden, sind Fälschungen aus der Zeit des → Investiturstreites während der Regierungsperiode Heinrichs IV.

Leo IX. hl., 152. Papst, eigentlich Bruno, Graf von Egisheim und Dagsburg, der Vetter Heinrichs III., am 21. Juni 1002 in Egisheim im Elsaß geboren. Als junger Kleriker kam er an den Hof Kaiser Konrads II. und wurde mit vierundzwanzig Jahren → Bischof von Toul. Im Sinne der → Cluniazensischen Reform führte er in zahlreichen Klöstern Erneuerungen durch. Auf dem

Reichstag zu Worms im Dezember 1048 wurde er mit Hilfe Kaiser Heinrichs III. zum Papst gewählt, doch bestand Leo auf die Bestätigung durch den → Klerus und das Volk von Rom. Barfuß zog er mit dem → Benediktinermönch Hildebrand, dem späteren Papst → Gregor VII. (1073 – 1085), in die Stadt ein. Am 12. Februar 1049 fand die Krönung im

Papst Leo IX.

→ Lateran statt. Mit Hilfe Hildebrands als Staatssekretär und Finanzminister und dem hl. → Petrus Damianus kämpfte Leo IX. gegen Priesterehe, → Simonie und → Laien→ investitur. Er reiste viel in Europa umher und ging scharf gegen die Mißstände im Klerus vor. Nur wenige Monate seines → Pontifikates verbrachte Leo IX. in Rom, da er um regen Kontakt mit dem Volk bemüht war. Als Benevent sich um seinen Schutz bemühte, machte ihn der Kaiser zum Statthalter dieser von den Normannen arg bedrängten Stadt. Bei Civitate wurde Leo 1053 von den Normannen geschlagen und geriet in ihre Gefangenschaft. Einen Monat vor seinem Tod am 19. April 1054 konnte er nach Rom zurückkehren. In Leos Pontifikat fällt die endgültige und formelle Trennung der griechischen von der abendländischen Kirche. Schon bald nach seinem Tod wurde dieser bedeutendste deutsche Papst des Mittelalters als Heiliger verehrt. Sein Fest fällt auf den 19. April.

Leo X., 218. Papst, eigentlich Giovanni de'Medici, als zweiter Sohn des Lorenzo il Magnifico am 11. Dezember 1475 in Florenz geboren und schon früh zum geistlichen Stand bestimmt. Schon mit vierzehn Jahren ließ ihn sein Vater zum → Kardinal ernennen und mit reichen Pfründen ausstatten. Von den hervorragenden Humanisten am Hofe der Medici, Marsilio Ficino und Angelo Poliziano, erzogen, war Giovanni de Medici ein fein gebildeter und für alle schönen Künste aufgeschlossener Kirchenfürst. Nach dem Sturz seiner Familie im Jahre 1494 floh Giovanni nach Bologna und bereiste anschließend Deutschland, Frankreich und die Niederlande, wo er sich mit Erasmus von Rotterdam befreundete. Als Gegner Papst → Alexanders VI. (1492 – 1503) konnte Giovanni de'Medici erst nach

Papstwappen Leos X.

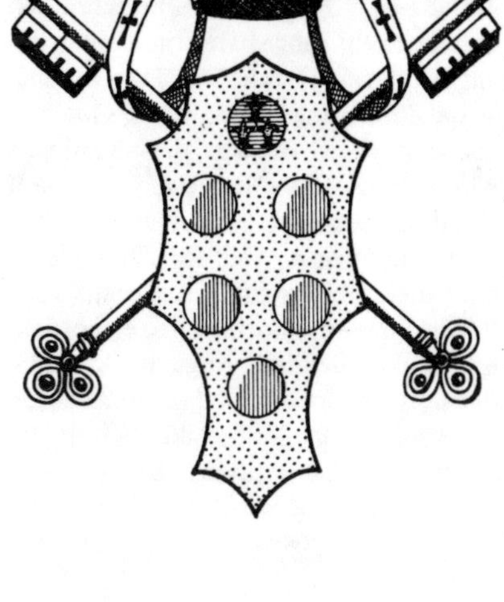

dessen Tod sich in Rom entfalten. → Julius II. (1503–1513) bestellte ihn zum päpstlichen → Legaten von Bologna und der Romagna. Als Befehlshaber des spanisch-päpstlichen Heeres, welches die Franzosen aus Italien vertreiben sollte, geriet Giovanni de' Medici 1512 nach der verlorenen Schlacht von Ravenna in Gefangenschaft, der er jedoch in Mailand entfliehen konnte. Bis zu seiner Wahl zum Papst Leo X. am 11. März 1513 regierte er zusammen mit seinem Bruder Giulio in seiner Heimatstadt Florenz. Seine Wahl erfolgte ohne → Simonie in einem kurzen → Konklave, doch erfüllten sich die hohen Erwartungen der Anhänger der Reform nicht. Leo X., um Frieden bemüht und nachsichtig gegen Feinde, war jedoch weit weniger erfolgreich beim Versuch, die Macht des Papsttums in Italien zu stärken, als sein Vorgänger Julius II. Er neigte als Oberhaupt des Hauses Medici zu übertriebenem → Nepotismus und verband die Politik von Florenz mit der von Rom. Daher galt er als unzuverlässig und doppelzüngig. 1515 mußte Leo nach der Niederlage bei Marignano Parma und Piacenza an Franz I. von Frankreich abtreten, doch konnte er ein Jahr später ein Konkordat mit Frankreich schließen. Da Leo sich in die Regierung Sienas einmischte, indem er dem Bruder des Kardinals Alfons Petrucci die Regierung der Stadt abnahm, kam es zu einer Verschwörung gegen den Papst. Der Kardinal plante mit mehreren seiner Kollegen, den Papst im Konsistorium zu ermorden. Im entscheidenden Augenblick fehlte Petrucci jedoch der Mut, und durch seine eigene Unvorsichtigkeit wurde der ganze Anschlag entdeckt. Er und noch andere Kardinäle wurden verhaftet und gefoltert. Die Verbündeten Petruccis erlangten nach Zahlung von je 25.000 Dukaten Verzeihung vom Papst. Petrucci selbst wurde am 23. Juni 1517 nachts im Kerker erwürgt. Inzwischen war die Macht der Türken stets im Wachsen begriffen, und Sultan Selim II. bedrohte Europa. Leo rief wiederholt zum Kreuzzug auf, jedoch kam es zu keiner Aktion. Keine klare Linie verfolgte Leo bei der Kaiserwahl des Jahres 1519. Anfangs unterstützte er Franz I. von Frankreich, später den sächsischen Kurfürsten Friedrich den Weisen. Schließlich schloß Leo mit Karl V., dem Sohn Maximilians I., 1521 ein Bündnis gegen Frankreich. Den weltlichen Vergnügungen zugetan, vernachlässigte der Papst die drängenden kirchlichen Aufgaben. Die Reformvorschläge des 5. Allgemeinen → Laterankonzils blieben nur auf dem Papier bestehen, so daß die Selbstreform der Kirche ausblieb. Acht Monate nach Beendigung des → Konzils schlug Martin Luther am 31. Oktober 1517 seine Thesen an die Kirchentüre von Wittenberg und entfachte damit den großen abendländischen Glaubenskampf. Anlaß dazu war der schändliche Ablaßhandel, der zur Finanzierung des Neubaus der Peterskirche und zur maßlosen päpstlichen Hofhaltung diente. Der Lebemann auf dem Papstthron und seine Berater erkannten den Ernst und die Tragweite der Ereignisse in Deutschland nicht. Die Bann→ bulle »Decet Romanum Pontificem« vom 3. Jänner 1521 gegen → Luther konnte der Entwicklung keinen Einhalt mehr gebieten. In einem Manifest trat der englische König Heinrich VIII. gegen Luther auf und erhielt dafür von Leo X. den Titel »Defensor fidei« – Verteidiger des Glaubens – verliehen. Auch trat Karl

Leo X. Druck nach einem Gemälde von Raffael.

V. weit wirksamer und entschiedener als der Papst für die katholische Glaubenseinheit ein. Als Leo X. zwei Wochen nach der Einnahme Mailands mit Hilfe deutscher, spanischer, Schweizer und päpstlicher Truppen am 1. Dezember 1521 plötzlich starb, hatte er den von Julius II. angehäuften Kirchenschatz durch seine luxuriöse Lebensführung verpraßt und stand vor dem Bankrott.

Martin Luther vor der Schloßkirche zu Wittenberg, stößt mit großer Feder dem Papst die Tiara vom Haupt. Nach einem Holzschnitt aus dem Jahre 1617.

Ohne große Begräbnisfeierlichkeiten setzte man ihn bei. Sein Grabmal in Santa Maria sopra Minerva besitzt keine Inschrift und ist ohne künstlerischen Wert. Leo, der nach dem Grundsatz »Laßt uns das Papsttum genießen, da Gott es uns verliehen hat« lebte, förderte großzügig Gelehrte, Dichter und Künstler wie Michelangelo und Raffael. Leo X. förderte das Theater und bevorzugte besonders das Komödienspiel. Bei all seiner Verschwendungssucht blieb Leo jedoch hilfsbereit gegenüber den Armen und nahm die Juden unter seinen besonderen Schutz. Das → Pontifikat dieses ästhetischen Genießers muß jedoch als eines der verhängnisvollsten der Kirchengeschichte bezeichnet werden.

Leo XI., 233. Papst, eigentlich Alessandro Ottaviano de'Medici, Sohn einer Nichte → Leos X. (1513 – 1521), am 2. Juni 1535 in Florenz geboren. Der Lieblingsschüler → Philippo Neris vertrat unter → Pius V. (1566 – 1572) und → Gregor XIII. (1572 – 1585) den Großherzog Cosimo de'Medici an der römischen → Kurie. Der feingebildete, geistvolle Mann mit scharfem toskanischem Witz erlangte 1573 die → Bischofswürde von Pistoia, und ein Jahr später wurde er zum Erzbischof von Florenz gewählt. Als → Kardinal → legat → Clemens' VIII. (1592 – 1605) handelte er klug gegen die hugenottischen Einflüsse in Frankreich und hatte entscheidenden Anteil an dem Zustandekommen des Friedens von Vervin zwischen Spanien

Papstwappen Leos XI.

und Frankreich. Als er unter französischer Mithilfe am 1. April 1605 zum Papst als Leo XI. gewählt wurde, setzten die Römer große Hoffnungen in den stattlichen Mann mit dem lauteren Sinn

Leo XI. Ölgemälde von Antonio Scalvati.

und der aufrichtigen Frömmigkeit. Außer der großen Unterstützung, die Leo Kaiser Rudolf II. gegen die Türken zukommen ließ, verlief sein → Pontifikat von nur siebenundzwanzig Tagen ohne weitere Bedeutung. Der Siebzigjährige starb an den Folgen einer Erkältung, die er sich bei der feierlichen Besitznahme des → Laterans zugezogen hatte, am 27. April 1605. Im linken Seitenschiff von St. Peter steht das von Alessandro Algardi errichtete Marmorgrabmal des Papstes. Nach Leo XI., der ein großer Mäzen war, ist die Villa Medici auf dem Monte Pincio in Rom benannt.

Leo XII., 253. Papst, eigentlich Annibale Graf della Genga, am 22. August 1760 auf Schloß Genga bei Spoleto geboren, Geheimkämmerer → Pius VI., seit 1793 Titularerz→bischof von Tyros. Er verbrachte mehrere Jahre als Nuntius in Deutschland und Frankreich und wurde 1820 als → Kardinalvikar nach Rom berufen. Am 28. September 1823 wählten die reaktionären »Zelanti« den Grafen della Genga als Leo XII. zum neuen Papst und besiegten damit die fortschrittliche Partei des Consalvi. → Inquisition und Spitzelwesen wurden wieder eingeführt, die Juden in ein Ghetto gesperrt, gedemütigt und der Inquisition unterworfen. Die Reichen unter ihnen wanderten aus, was die Staatsfinanzen in Schwierigkeiten brachte. Eifrig trat Leo gegen die Bibelgesellschaften auf, die die Bibel in der Übersetzung aus dem hebräischen und griechischen Urtext verbreiteten. In einem Rundschreiben an die Bischöfe heißt es: »Die Bibel wird in die Landessprachen übersetzt und dadurch in ein → Evangelium der Menschen oder, was noch schlimmer ist, des Teufels (!!) verwandelt. Bewahren Sie also Ihre Herde

Papstwappen Leos XII.

vor solcher tödlicher Weide mit allem Ernste.« – In scharfer Form richtete Leo XII. seine → Bulle »Quo graviora« vom 13. März 1825 gegen die geheimen Gesellschaften der Freimaurer und der Carbonari. Sein Kardinallegat Rivarola, der in der Romagna gegen die geheimen Gesellschaften einschreiten sollte, verurteilte in einem Vierteljahr fünfhundertacht Personen zur Hinrichtung, lebenslangem Kerker und Verbannung. Viele durften ihr Haus nur zu bestimmten Tageszeiten verlassen, mußten sich alle vierzehn Tage bei der Polizei melden, alle vier Wochen beichten und sich durch Beichtzettel darüber ausweisen und jedes Jahr für drei Tage zu → Exerzitien in ein Kloster gehen. Zuwiderhandelnde wurden zu dreijähriger Zwangsarbeit verurteilt. Leo XII. verbot auch die von Consalvi eingeführte Pockenimpfung nicht als unnütz oder gesundheitswidrig, sondern als »gottlos«, weil durch dieselbe Eiter eines Tieres mit dem menschlichen Blut vermengt werde. Die ansteigende Sterblichkeitsziffer ließ ihn dabei gleichgültig. Wegen der grausamen Exekutionen der politisch Verdächtigen und Geheimbündler flohen die Einwohner Ravennas aus ihrer Stadt, um sich vor den päpstlichen Schergen in Sicherheit zu bringen. Reaktionär ging Leo auch in der staatlichen Verwaltung vor und schuf die Provinzialräte ab, indem er die bischöfliche Gerichtsbarkeit wiederherstellte. Das von Pius VII. geplante »Strafgesetz- und bürgerliche Gesetzbuch« kam nicht zustande. Positiv muß man das Bestreben Leos auf dem Gebiet des Kranken-, Armen- und Schulwesens vermerken. Er bekämpfte das Banditenunwesen, setzte die Steuern herab und kontrollierte die Beamten strenger. In der auswärtigen Politik suchte Leo XII. die Stellung des päpstlichen Stuhles zu festigen und anerkannte die verschiedenen neuentstandenen Staatsformen, so die von Spanien

Papst Leo XII.

losgesagten südamerikanischen Republiken. Mit Hannover und den Niederlanden schloß er Konkordate. Als der kleinliche, engstirnige und verbohrte Mann am 20. Februar 1829 kurz vor dem Karneval starb, spotteten die erbosten Römer: »Drei Übel fügt' uns zu der Heilige Vater: Er nahm die Krone an, lang leben tat er, den Karneval im Tod verdorben hat er.«

Leo XIII., 257. Papst, eigentlich Gioacchino Vincenzo Pecci, am 2. März 1810 in Carpineto bei Anagni geboren, studierte seit 1824 am Römischen Kolleg und an der Adelsakademie in Rom Philosophie, Jura und Theologie. Als kurz vor dem Tode → Pius VII. die → Basilika San Paolo fuori le mura in Flammen stand, erweckte der junge Kleriker Erstaunen, als er den Brand mit zweihundert improvisierten lateinischen Hexametern besang. 1837 wurde der ehrgeizige und hochbegabte Gioacchino

Papstwappen Leos XIII.

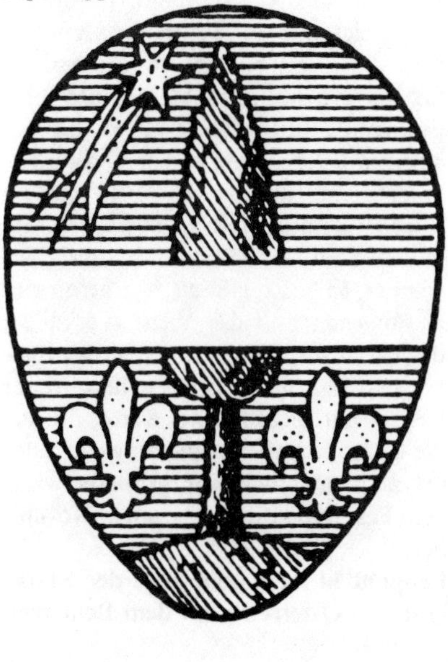

Papst Leo XIII.

zum Priester geweiht. Aus seinem Versuch, mit selbstbewußtem Streben möglichst schnell die Leiter der Hierarchie und Würde emporzusteigen, machte der junge Geistliche kein Hehl. Seine dreijährige Tätigkeit als → Nuntius in Brüssel stand jedoch unter keinem günstigen Stern, so daß er 1846 von → Gregor XVI. (1831 – 1846) abberufen und zum → Bischof von Perugia ernannt wurde. Das parlamentarische und industrielle Europa lernte Pecci nur während seiner kurzen Reisen nach London, Paris und Köln kennen. In den dreißig Jahren seiner Tätigkeit als Bischof von Perugia (von 1846 bis 1878) reifte seine eigentliche Persönlichkeit heran. Er zeigte sich fortschrittlich und versöhnlich, blieb aber dogmatisch (→ Dogma) dem italienischen Neuthomismus verhaftet. 1853 wurde er zum → Kardinal gewählt und wurde nach dem Tode seines Feindes, des Kardinals Antonelli, Camerlengo. Am 20. Februar 1878 wählten ihn die Kardinäle im dritten Wahlgang als Vertreter des gemäßigten

Flügels zum Papst. Als Leo XIII. richtete der Neugewählte versöhnliche Worte an die Staatsoberhäupter in aller Welt und wurde deshalb auch von Kirchengegnern im Ausland gepriesen. In Italien selbst stieß er bei den Antiklerikalen auf harten Widerstand, so daß er 1881 sogar daran dachte, aus Rom zu fliehen und bei den Österreichern Schutz zu suchen. Als Leo 1886 die Wiederherstellung der päpstlichen Souveränität forderte, reagierte der italienische Ministerpräsident Francesco Crispi mit antipäpstlichen Maßnahmen. Den Höhepunkt dieser Auseinandersetzung bildeten die freimaurerischen Demonstrationen und die Errichtung des Denkmals Giordano Brunos im Jahre 1889. Mehr Geschick zeigte Leo XIII. bei der Beilegung des Kulturkampfes in Deutschland und in seinen Beziehungen zur Schweiz, zu Rußland, Spanien, England, Österreich, den lateinamerikanischen Staaten und vor allem zu den USA. Seine Frankreichpolitik, die sich auf das Ralliement – die den Katholiken empfohlene Politik der Zusammenarbeit mit der Republik – stützte, mißlang jedoch. Leos Weisung an den → Klerus, sich politisch zurückzuhalten und sich mit den jeweiligen Staatsformen zu versöhnen, wurde allzuoft mißachtet. In der Sozialenzyklika »Rerum novarum« vom Jahre 1891 ging Leo auf die Arbeiterfrage ein, betonte die Menschenwürde gegenüber dem Materialismus und verurteilte den Sozialismus. Leo förderte die Verehrung des »Herzens Jesu« und das Rosenkranzgebet, verwarf den Rationalismus und schuf in den letzten Jahren seines → Pontifikates eine Bibelkommission, die die katholischen Exegeten (→ Exegese) scharf überwachen sollte. Die vatikanische Bibliothek wurde durch die Ankäufe der Bibliotheken Barberini und Borghese erweitert und die vatikanischen Archive 1883 für Gelehrte aller Konfessionen geöffnet. Der Literat auf dem Stuhl Petri beherrschte Dantes Göttliche Komödie auswendig und verfaßte noch auf seinem Sterbelager Verse. Am 20. Juli 1903 starb der über dreiundneunzigjährige Leo und ruht seit 1924 in seinem Grabmal im → Lateran.

Leonhardiritte → Leonhard hl.

Leonhard hl., der Einsiedler, lebte im sechsten Jahrhundert im heutigen St.-Léonard-de-Noblat im Bistum Limoges. Der → Legende nach entstammte er einer fränkischen Adelsfamilie und war Schüler des hl. Remigius von Reims. Er zog sich als Einsiedler in die Wälder von Limoges zurück. Durch seine tugendhafte Lebensart zog er bald viele Leute an, die Rat und Trost bei ihm suchten. Bald entstand um die Einsiedelei eine Klostersiedlung, der Leonhard als Abt vorstand. Besonders sorgte sich der Heilige um die Gefangenen, die er oft besuchte und ihnen ihr Los zu erleichtern trachtete. Nach ihrer Entlassung vertraute er ihnen die Rodung und Bebauung seiner Klosterländereien an, um sie vor lasterhaftem Leben und Rückfall zu bewahren. Im hohen Alter starb Leonhard am 6. November 559. Er gilt als → Patron der Gefangenen und des Viehs (vor allem der Pferde – Leonhardiritte), der Bauern und Fuhrleute. Dargestellt wird der Heilige mit zerbrochener Kette, die auf die Gefangenenbefreiung hinweist, aber oft auch als Viehkette gedeutet wird. Sein Fest feiert die Kirche am 6. November.

Leopold hl., Leopold III., der Markgraf von Österreich mit dem Beinamen

Ein Spaziergang des Papstes Leo XIII. in den Gärten des Vatikans. Originalzeichnung von Gino de Bini.

»der Fromme«, wurde 1075 wahrscheinlich bei Melk (Gars?) geboren. Er entstammte dem Geschlecht der Babenberger und wurde von → Bischof Altmann von Passau erzogen. Kaiser Heinrich IV. gab ihm 1105 seine Tochter Agnes zur Frau. Der Ehe entsprossen 18 Kinder, darunter die Bischöfe Konrad II. von Salzburg und Otto von Freising, einer der berühmtesten Geschichtsschreiber des Mittelalters. Leopold stiftete das Chorherrenstift Klosterneuburg, das → Zisterzienserkloster Heiligenkreuz bei Wien und die → Benediktinerabtei Klein-Mariazell. Durch seine kluge Politik schuf der Markgraf die Voraussetzungen zu der künftigen Größe Österreichs. Als Leopold als Nachfolger Kaiser Heinrichs V. vorgeschlagen wurde, verzichtete der fromme Markgraf 1125 offiziell auf die ihm angebotene Kaiserwürde. Auf der Jagd starb Leopold am 15. November 1136 und wurde in der Krypta von Klosterneuburg begraben. Der Landespatron Österreichs wird als Markgraf mit Fahne und → Kirchenmodell dargestellt. Sein Fest feiert die Kirche seit ihn Papst → Innozenz VIII. 1485 heiliggesprochen hatte am 15. November.

Liber Pontificalis (lat., »Papstbuch«), eine Papstgeschichte in Form von aneinandergereihten Biographien der Päpste.

Liberius, 36. Papst, bestieg am 17. Mai 352 den römischen → Bischofsstuhl. Damals waren die Auseinandersetzungen zwischen → Athanasius und Arius (→ Arianismus) auf ihrem Höhepunkt angelangt. Liberius trat für die Lehre Athanasius des Großen ein, doch bekam er die Arianer-freundliche Politik Kaiser Konstantius' II. stark zu spüren, als dieser auf den von ihm erzwungenen → Synoden von Arles (353) und Mailand (355) Athanasius verurteilen ließ. Liberius, der in Mailand standhaft blieb, wurde vom Kaiser nach Beroia verbannt. Konstantius ließ in Rom → Felix II. als → Gegenpapst wählen, der jedoch 358 bei der Rückkehr des Liberius fliehen mußte. In den drei Jahren der Verbannung gab Liberius jeden Widerstand auf, unterwarf sich dem Kaiser und unterschrieb eine Glaubensformel, nach der Gottsohn Gottvater dem Wesen nach und in allem ähnlich sei. Außerdem stimmte Liberius der Verurteilung des Athanasius zu, worauf er nach Rom zurückkehren durfte. Hilarius von Poitiers überlieferte uns fünf Exilsbriefe des Liberius, die in erschütternder Weise den seelischen Kampf des Verbannten widerspiegeln. Erst die Toleranzpolitik Kaiser Julian Apostatas gestattete Liberius, sich wieder zur nicäischen Glaubensformel zu bekennen und die häretische (→ Häresie) zu verurteilen. Liberius ließ 352 die großartige → Basilika Santa Maria Maggiore errichten, die auch Basilika Liberiana genannt wird. Nach der Legende soll die Mutter Gottes Liberius im Traum befohlen haben, für sie dort eine Kirche zu bauen, wo er am fünften August Schnee finden würde, weshalb die Kirche auch Santa Maria ad Nives benannt wurde. Liberius starb am 24. September 366 und hinterließ eine in ihrer Ordnung gelockerte Kirche. → Legenden des sechsten Jahrhunderts bezeichnen Liberius vielfach als Verräter und Felix II. als Held.

Linus hl., 2. Papst, der erste Nachfolger des hl. → Petrus. Er wird in allen → Papstkatalogen angeführt und soll nach dem Liberianischen Katalog in der Zeit von 64 bis 79, nach dem → Liber Pontificalis in den Jahren 56 bis 67 regiert haben. Nach letzterer Quelle soll Linus aus Tuszien stammen und Vikar des hl. Petrus gewesen sein. Im dritten Buche des mehrbändigen Werkes »Gegen die → Häresien« schrieb der hl. → Irenäus (Eirenaios): »Nachdem die seligen → Apostel die Kirche gegründet und eingerichtet hatten, übertrugen sie dem Linus den → Episkopat zur Verwaltung der Kirche. Diesen Linus erwähnte Paulus in seinem Brief an Timotheus (2 Tim 4,21). Auf ihn folgte Anacletus.« Dieser zur Regierungszeit des Kaisers Kommodus zwischen 180 und 192 n. Chr. niedergeschriebene Papstkatalog ist das älteste Dokument, das die Reihenfolge der Päpste von Petrus bis → Eleutherus (175–189) aufzählt. Linus soll am 23. September 67 den → Märtyrertod gestorben sein, doch sind alle Angaben über sein Leben nicht zuverlässig überliefert. Das Fest des Heiligen feiert die Kirche am 23. September.

Lioba hl., Äbtissin, entstammte einer vornehmen angelsächsischen Familie aus Wessex. Durch ihre Mutter Ebba war sie mit dem hl. → Bonifatius verwandt. Im Kloster Wimborne erhielt sie ihre Erziehung und folgte dem Ruf des hl. Bonifatius, ihn bei seiner Missionsarbeit auf dem Festland zu unterstützen. Dem → Benediktinerinnenkloster in Tauberbischofsheim stand sie als erste Äbtissin vor. Als gütige und gewissenhafte Oberin sorgte sie für die geistige Ausbildung ihrer Mitschwestern. Auch als Erzieherin und Lehrerin war sie beliebt und geschätzt. Lioba starb am 28. September 782 und wurde in Fulda auf dem Petersberg in der Nähe ihres großen Lehrers Bonifatius begraben. Einige Briefe der Heiligen an Bonifatius sind heute noch erhalten. Dargestellt wird Lioba als Benediktineräbtissin mit einem Buch, auf dem eine → Glocke ruht. Ihr Fest wird am 28. September gefeiert.

Liturgie (griech., »Dienst am Volk«), Gottesdienst mit Gebeten, Lesungen und Wechselgesang zwischen → Priester und Gemeinde.

Liudger hl., auch Ludger, ein Schüler Alkuins, um 742 in Friesland geboren. 777 zum → Priester geweiht, missionierte Liudger zunächst in der Gegend von Dokkum, wo der hl. → Bonifatius das Martyrium (→ Märtyrer) erlitten hatte. Durch den Sachsenherzog Widukind in seiner Tätigkeit gestört, zog Liudger nach Rom und führte mehrere Jahre das Leben eines Büßers in der Abtei auf dem Montecassino. Karl der Große beauftragte ihn 792 mit der Missionierung der Friesen und Sachsen. Zu Münster baute er den Dom und das Domstift und wurde der erste → Bischof dieser → Diözese. Liudger gründete außerdem die → Benediktinerabteien Helmstedt und Werden und das Frauenkloster Nottuln. Am 26. März 809 starb er in Billerbeck und wurde gemäß seinem Wunsche im Kloster Werden beigesetzt. Dargestellt wird der Schutzpatron der westfälischen Bauern als Bischof mit → Brevier und → Kirchenmodell, manchmal auch mit zwei Gänsen. Sein Fest fällt auf den 26. März.

Lizentiat, alter, von theologischen Fakultäten verliehener Titel, der jetzt durch den Dr. theol. ersetzt wird. In den päpstlichen Fakultäten wird der Titel Lizentiat heute noch vergeben und kommt dem Titel eines Magisters der Theologie gleich.

Logos (griech., »Wort«, »Begriff«, »Vernunft«), in der Hl. Schrift im Neuen Testament im Sinne von »Wort Gottes« gebraucht, welches der Inhalt der christlichen Botschaft ist und in den Schriften des → Johannes den überweltlichen Christus bezeichnet.

Löwe, Zeichen der Macht und Stärke. Attribut des → Evangelisten → Markus, des hl. → Hieronymus, des hl. → Januarius, des hl. → Vitus.

Lucia hl. (»die Leuchtende«) von Syrakus dürfte am 13. Dezember 304 während der Christenverfolgung des Kaisers Diokletian das Martyrium erlitten haben. Ihr Leben und ihr → Märtyrertod wurden durch → Legenden reich ausgeschmückt. Mit ihrer Mutter unternahm Lucia eine Wallfahrt an das Grab der hl. → Agatha nach Catania. Dort wurde die kranke Mutter geheilt, und Lucia versprach, ihr Vermögen den Armen zu opfern und jungfräulich zu bleiben. Ihr erzürnter Verlobter zeigte sie beim römischen Präfekten an und wollte sie in ein Dirnenhaus bringen lassen. Doch die Gefesselte konnte von einem Ochsengespann und »tausend Männern« nicht von der Stelle bewegt werden. Auch siedendes Öl und Feuer konnten ihr nichts anhaben. Schließlich wurde sie mit einem Schwert durch die Kehle gestochen. Dargestellt wird die Heilige mit Palmzweig, Öllämpchen und einer Schüssel, auf der zwei Augen liegen. Sie wird als Schutzheilige gegen Blindheit des Leibes und der Seele und bei Augenleiden angerufen. »Santa Lucia« ist die Patronin von Syrakus, aber auch in Rom, Ravenna und Venedig genießt sie große Verehrung. Wei-

Hl. Lucia.

ters ist sie Schutzheilige der Blinden, Bauern, Dirnen, Kutscher, Glaser und Näherinnen. Ihr Fest wird am 13. Dezember gefeiert.

Lucius I. hl., 22. Papst, eigentlich Linus, der Sohn des römischen Bürgers Porphyrius, regierte vom 25. Juni 253 bis 5. März 254. Er wurde sofort nach seiner Wahl von Kaiser Gallus verbannt und konnte erst bei Amtsantritt des Kaisers Valerianus nach Rom zurückkehren. Gegenüber den strengen → Novatianern vertrat Lucius die mildere Richtung in der Bußpraxis. Sein Martyrium scheint der → Legende anzugehören, doch rühmte der hl. Cyprian von Karthago seinen Bekennermut. Lucius I., der in der Calixtuskatakombe begraben liegt, steht am 4. März im Heiligenkalender verzeichnet.

Lucius II., 167. Papst, eigentlich Gherardo Caccianemici, in Bologna geboren, Nachfolger → Coelestins II. (1143–1144). Unter → Honorius II. (1124–1130) war er zum → Kardinal erhoben worden und als → Legat → Innozenz' II. (1130–1143) mehrmals nach Deutschland gegangen. Vor seiner Wahl zum Papst am 12. März 1144 übte er das Amt eines Kanzlers und Bibliothekars der römischen Kirche aus. In Rom hatte Lucius II. viele Feinde. → Arnold von Brescia hatte durch seine Freiheitspredigten die Römer wieder an die Zeit ihrer alten Republik erinnert, und das Volk bestand darauf, daß die Päpste mit der weltlichen Regierung nichts zu schaffen haben sollen. Es wählte aus seinen Vertrauensmännern einen Senat (den »Hl. Senat«) und übte wieder die höchste Gewalt aus. Die alten Adelsgeschlechter aber, sonst rebellisch gegen die päpstliche Regierung, scharten sich um den päpstlichen Thron, um diesen gegen die republikanische Verfassung zu schützen. Das Volk setzte auf dem Kapitol einen Patrizier ein, und zwar

Papst Lucius II.

Giordano Pierleoni, den Bruder → Anaklets II., und wies ihm die Kircheneinkünfte zu, da der Papst mit den Zehenten und den Opfern nach seiner Meinung mehr als genug habe. Papst Lucius rief seine Scharen zusammen, um das Volk aus dem Kapitol zu vertreiben, aber durch einen Steinwurf schwer verwundet starb er am 15. Februar 1145.

Lucius III., 172. Papst, eigentlich Ubaldo Allucingoli, ein in Lucca geborener → Zisterziensermönch, er-

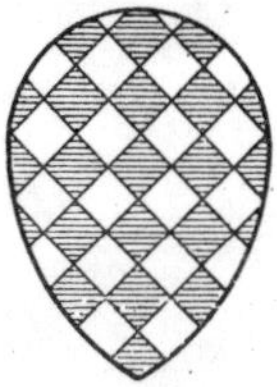

Papst Lucius III.

langte 1141 die → Kardinalswürde und war seit 1159 Kardinalbischof von Ostia. Nach seiner Wahl zum Papst am 1. September 1181 konnte sich Lucius III. wegen der republikanischen Revolte nur wenige Monate in Rom halten. In Verona beschloß er im Jahre 1184, gemeinsam mit Kaiser Friedrich Barbarossa gegen die → Katharer und → Waldenser vorzugehen und die → Inquisition einzuführen. Im Streit um die Güter der Markgräfin Mathilde, die zuerst dem Papst und dann dem Kaiser vermacht worden waren, konnte keine befriedigende Einigung erzielt werden. Der Verlobung von Barbarossas Sohn Heinrich VI. mit Konstanze von Sizilien, der Tochter Rogers II., wirkte Lucius nicht entgegen. Im Gegenteil dürfte er die Vereinigung beider Reiche im Interesse des Friedens und wegen der Erleichterung eines → Kreuzzuges begrüßt haben. Lucius starb am 25. November 1185 während der Vorbereitung zu einem neuen Kreuzzug in Verona, wo er auch begraben liegt.

Ludwig hl., König Ludwig IX. von Frankreich, 1214 in Poissy geboren. Mit zwölf Jahren kam er auf den Herrscherthron von Frankreich, doch regierte während seiner Minderjährigkeit seine Mutter Blanca von Kastilien, eine fromme, doch energische Frau. Ludwig heiratete mit neunzehn Jahren Margarete von der Provence, wodurch der Süden mit dem Norden Frankreichs zu einem Reich zusammengeführt wurde. Der Ehe entsprossen elf Kinder, sie lebten sehr einfach und verbrachten viel Zeit mit religiösen Übungen. Ludwig schloß sich dem → Dritten Orden der → Franziskaner an und trug unter seinem Kleid die Kutte des → Minderbrüderordens. Den Armen war er ein Freund, für Kranke ließ er Spitäler bauen, den Bettlerorden war er ein eifriger Förderer. Ludwig war der Stifter zahlreicher Dome und Abteien, außerdem rief er die Universitäten von Toulouse und die Sorbonne ins Leben. Für die Dornenkrone Christi, eine im Mittelalter hochgeschätzte → Reliquie, ließ König Ludwig die »Sainte-Chapelle« in Paris errichten. Von seinem Herrscheramt hatte er eine hohe Auffassung, und so sorgte er für Gerechtigkeit und Ordnung in seinem Lande, indem er selbst mit dem besten Beispiel voranging. Auf seinem zweiten → Kreuzzug starb der heilige König am 25. August 1270 vor den Mauern von Tunis an einer furchtbaren Seuche. Sein Haupt ruht in der von ihm erbauten »Sainte-Chapelle« neben der Dornenkrone. Dargestellt wird Ludwig meist als König, mit der Dornenkrone Christi in Händen. Er gilt als Patron der Buchdrucker, Buchbinder, Blinden und Pilger. Sein Fest feiert die Kirche am 25. August.

Lukas hl., → Evangelist, der Verfasser des dritten → Evangeliums und der Apostelgeschichte, wahrscheinlich als Heide in Antiochien in Syrien geboren. Im Kolosserbrief (4,14) wird er als Arzt bezeichnet. Er begleitete → Paulus auf seiner zweiten und dritten Missionsreise und war auch während der römischen Gefangenschaft in dessen Nähe. Die → Legende läßt ihn zum Maler des er-

Ludwig IX., König von Frankreich.

sten Madonnenbildes werden und den → Märtyrertod erleiden. Andere Quellen, so auch der hl. → Hieronymus, berichten, daß Lukas nach Abfassung seines Evangeliums im Alter von 84 Jahren in Bithynien (oder in Böotien) friedlich verschieden ist. Dargestellt wird der → Apostel mit dem Stier, dem → Symbol des dritten Evangeliums, und einem

Hl. Lukas, die Madonna malend.

Buch. Seit dem Mittelalter finden sich auch viele Darstellungen, auf denen Lukas die Muttergottes malt. Lukas wird als Patron der Ärzte und Künstler verehrt. Sein Fest feiert die Kirche am 18. Oktober.

Luther, Martin, der Begründer des deutschen Protestantismus, 1483 in Eisleben als Sohn eines Bergmannes geboren. Er trat bei den → Augustinermönchen ein und war Lehrer an der Universität Wittenberg, wo er 1517 durch den Anschlag seiner 95 Thesen an der Schloßkirche vor allem gegen den → Ablaßhandel auftrat. Seine Thesen führten gemeinsam mit seinen drei großen Schriften »An den christlichen Adel deutscher Nation«, »Von der Freiheit eines Christenmenschen« und »Von der Babylonischen Gefangenschaft der Kirche« zu einer gewaltigen religiösen Erneuerungsbewegung – der Reformation. Papst → Leo X. belegte ihn 1520 mit dem Kirchenbann. Auf dem Reichstag zu Worms (1521) verteidigte Luther seine Anschauungen und ließ nur mehr die Heilige Schrift als Glaubensgrund-

Martin Luther. Nach Lukas Cranach.

lage gelten. Darauf belegte ihn der Kaiser mit der Reichsacht. Der Kurfürst von Sachsen gewährte ihm Schutz, und Luther fand Zuflucht auf der Wartburg in Thüringen, wo er die Bibel ins Deutsche übersetzte. Diese Übersetzung, die erste in deutscher Sprache, fand große Verbreitung und trug viel zur Vereinheitlichung der deutschen Sprache bei. Die Reformation führte zur großen westeuropäischen Glaubensspaltung und dem Dreißigjährigen Krieg. Luther, der sich mit einer ausgetretenen Nonne verheiratete, starb 1546 in Eisleben.

Luzius hl., → Märtyrerbischof, stammte wahrscheinlich aus dem Norden von Churrätien. Von seinem Leben ist nur so viel bekannt, als daß er im 5. oder 6. Jahrhundert in der Umgebung von Chur missionierte. Der Überlieferung nach war er der erste → Bischof dieser Stadt. Luzius, dessen → Reliquien in St. Luzi in Chur aufbewahrt werden, ist Patron der Stadt und des Bistums Chur. Er wird vielfach mit dem gleichnamigen britischen König Luzius verwechselt, der im 2. Jahrhundert in Chur den Märtyrertod gefunden haben soll. Das Fest des hl. Bischofs Luzius feiert die Kirche am 2. Dezember.

M

Manichäer, die Anhänger der von dem Perser Mani im 3. Jahrhundert nach Christi gegründeten dualistischen (→ Dualismus) Mischreligion. Mani hielt sich für den letzten großen Propheten.

Marcella hl. → Hieronymus hl.

Marcellinus hl., erlitt zusammen mit dem hl. → Märtyrer → Petrus unter Kaiser Diokletian um 303 das Martyrium. Petrus soll Exerzist, Marcellinus → Priester gewesen sein. An der Via Merulana in Rom steht zwischen dem → Lateran und S. Maria Maggiore eine → Basilika, die die Namen beider Heiligen führt. Ihr Fest feiert die Kirche am 2. Juni.

Marcellinus hl., 29. Papst, möglicherweise aus dem Hause Colonna, doch ist vieles aus seinem Leben ungeklärt. Seine Regierungszeit als römischer → Bischof wird von 296 bis 304 festgesetzt. Am Beginn der großen diokletianischen Christenverfolgung soll er am 16. Jänner 304 gestorben sein, jedoch nicht als → Märtyrer, wie einige Quellen angeben. Sein Grab befindet sich in den Priszillakatakomben. Ende des vierten Jahrhunderts beschuldigten ihn die → Donatisten, an Weihrauchopfern teilgenommen und heilige Bücher ausgeliefert zu haben. Auch der → Liber Pontificalis bezeichnet Marcellinus als Tradi-

Amore et studio elucidande veritatis: hec subscripta disputabuntur Wittenberge. Presidente R. P. Martino Luther: Artiũ et S. Theologie Magistro: eiusdemq; ibidem lectore Ordinario. Quare petit: vt qui non possunt verbis presentes nobiscũ disceptare: agant id literis absentes. In noĩe dñi nostri hiesu chri. Amẽ.

M.D.xvij.

Die 95 Thesen des Martin Luther.

tor (Überläufer), doch läßt er ihn zur Sühne den Märtyrertod sterben. Einige Papstkataloge führen Marcellinus nicht an. Möglicherweise ist Marcellinus auch mit → Marcellus I. identisch. Im Sacramentarium Gelasianum wird sein Fest am 16. Jänner genannt.

Marcellus I. hl., 30. Papst, gelangte im Mai 307 (Juni 308?) nach der wahrscheinlich längsten → Sedisvakanz der Kirchengeschichte, die durch die Wirren der diokletianischen Christenverfolgung und die inneren Zerrüttungen der Kirche durch Parteienkämpfe und Bußstreitigkeiten bedingt war, auf den römischen Bischofsstuhl. Die Überlieferung der vorhandenen Quellen ist so dürftig, daß weder über die Regierungszeit noch über die Person Marcellus Sicheres ausgesagt werden kann. Nach dem → Liber Pontificalis soll Marcellus die Kirchenordnung in Rom neu gestaltet haben. Wegen Uneinigkeit in der römischen Christengemeinde soll er von Kaiser Maxentius in die Verbannung geschickt worden sein, wo er am 16. Jänner 308 starb. Sein Grab befindet sich in den Priszillakatakomben. Möglicherweise ist Marcellus I. mit → Marcellinus personengleich. Die Kirche feiert sein Fest am 16. Jänner.

Marcellus II., 223. Papst, eigentlich Marcello Cervini, am 6. Mai 1501 in Montefano bei Marcerata geboren, änderte auch nach seiner Wahl zum Papst, am 9. April 1555, seinen Namen nicht. Seit 1539 → Kardinal→ priester von Santa Croce in Gerusalemme, wurde Marcello 1543 zum päpstlichen → Legaten am Tridentiner → Konzil ernannt. Marcello, der mit hervorragenden Geistesgaben ausgezeichnet war, hatte in Siena Mathematik, Architektur, Astronomie und Altertumskunde studiert und

Papstwappen Marcellus' II.

beschäftigte sich nebenbei noch mit Modellieren, Schnitzen und Zeichnen. Der Gelehrte wurde 1548 zum Präfekten der Vatikanischen Bibliothek ernannt. Seine Wahl als Nachfolger → Julius' III.

Marcellus II. Ölgemälde eines anonymen Künstlers.

(1550–1555) wurde von der kirchlichen Reformpartei überaus freudig begrüßt, da man von ihm die lang ersehnte Erneuerung in der Kirche erhoffte. Marcellus II. war auch von übergroßem Reformwillen durchdrungen, doch starb er schon zweiundzwanzig Tage nach seiner Wahl am 1. Mai 1555. Seine zarte Gesundheit wurde durch die niederdrückende Bürde der schweren Verantwortung in diesem Amt allzu schnell aufgezehrt. Auf ihn, der sich jede Festlichkeit bei seiner Krönung verbat und dem Vetternwirtschaft (→ Nepotismus) so verhaßt war, daß seine Verwandten nicht einmal in Rom erscheinen durften, wurden vom Historiker Panvinius die Worte Vergils angewandt: »Das Schicksal wollte ihn nur zeigen.« Palestrina setzte diesem Papst in seiner berühmten Missa Papa Marcelli ein würdiges Andenken. Marcellus II. ruht in einem einfachen, altchristlichen Marmorsarkophag, der beim Umbau des Petersdomes gefunden wurde, in den Vatikanischen Grotten.

Marcion → Marcioniten.

Marcioniten, die Anhänger des Marcion (* 85 – †160), der sich 144 von der Kirche lossagte und eine gnostische (→ Gnosis) Gegenkirche gründete. Marcion lehnte das Alte Testament ab, »reinigte« das Neue Testament von jeglichem jüdischen Einfluß und stellte einen eigenen → Evangelien→ kanon auf. Schroff trat Marcion gegen jede jüdisch-sinnliche Auffassung des Christentums auf. Seine Grundidee war es, das Wesen der wahren Religion, die nur in freier Liebe zum Guten bestehe, sei erst durch das Christentum offenbart worden (→ Evangelium statt Gesetz, erlösende Liebe statt Strafgerechtigkeit). Die Marcioniten behielten die hierarchische Ordnung bei, forderten jedoch, da sie der Sexualität ablehnend gegenüberstanden, Ehelosigkeit, strengste Fasten→ askese und Bereitschaft zum Martyrium (→ Märtyrer).

Marcus hl., 34. Papst, aus Rom, der möglicherweise schon seit → Miltiades in der römischen Gemeinde führend war. Nur zehn Monate (vom 18. Jänner bis 7. Oktober 336) dauerte sein → Pontifikat. Marcus, über den wenig bekannt ist, verlieh nach dem → Liber Pontificalis das → Pallium, welches vom Papst und den Bischöfen getragen wird, an den → Bischof von Ostia und machte ihn damit zum Konsekrator der römischen Bischöfe. Noch heute ist mit dem Bistum Ostia das Amt des → Kardinaldekans verbunden. Als er am 7. Oktober 336 starb, begrub man ihn in der von ihm erbauten → Basilika Santa Balbina an der Via Ardeatina. Nach dem Brand der Basilika San Paolo fuori le mura im Jahre 1823 ist das Bildnis Papst Marcus' eines der wenigen, die erhalten blieben. Das Fest des Heiligen wird am 7. Oktober gefeiert.

Margareta hl., von Antiochien, als Jungfrau und → Märtyrerin verehrt, eine der → Vierzehn Nothelfer. Sie wurde um 305 während der Christenverfolgung des Kaisers Diokletian hingerichtet. Über ihr Leben sind keine genauen Nachrichten erhalten. Die → Legende sieht in ihr die Königstochter, die der hl. → Georg in seinem Kampf mit dem Drachen befreit hat. Deshalb wird auch die Heilige mit dem Drachen dargestellt, den sie mit dem Kreuze besiegt. Ferner sieht man sie als Königstochter mit Perlenkrone, mit Fackel und Kamm, mit Palmzweig und Siegeskrone dargestellt. Margareta zählt zu den → »Drei heiligen Madln« und ist Patronin der Bauern,

Hl. Margareta.

der Jungfrauen. Diese Heilige soll bei der Geburt und gegen Unfruchtbarkeit helfen. Ihr Fest wird von der Kirche am 20. Juli gefeiert.

Margareta Maria Alacoque hl., als Tochter eines Notars als fünftes von sieben Kindern 1647 in Lauthecour in Burgund geboren. Nach überstandener Krankheit gelobte sie, jungfräulich zu leben, und trat schließlich 1671 in das Kloster der Heimsuchung in Paray-le-Monial bei Digoin an der Loire ein. Die schweigsame und unscheinbare Nonne hatte bald mystische Erlebnisse, was das Mißtrauen ihrer Mitschwestern und Oberen weckte. In ihren → Visionen sah sie Jesus und sprach auch mit ihm. Sie erhielt den Auftrag, die Verehrung des Herzens Jesu, dem → Symbol für die Liebe Jesu zu den Menschen, zu verbreiten. Trotz anfänglicher Ablehnung wurden ihre Visionen schließlich doch von der Kirche anerkannt. Die Einführung des Herz-Jesu-Freitags und Herz-Jesu-Festes gehen auf ihr Bemühen zurück. Margareta starb am 16. Oktober 1690 nach langem Leiden. Dargestellt wird die Heilige mit Christus, wobei er ihr sein offenes, von Flammen umzüngeltes und von einer Dornenkrone umgebenes Herz zeigt. Ihr Fest feiert die Kirche am 16. Oktober.

Margareta von Schottland hl., Großnichte des englischen Königs Eduard des Bekenners, um 1046 in Reska bei Nádasd in Ungarn geboren. Ihr Vater Eduard Atheling hatte dort Zuflucht vor den Dänen genommen. Mit zehn Jahren kam sie nach England an den Hof ihres Großonkels. Um 1070 heiratete sie in Schottland den König Malcolm, mit dem sie neun Kinder hatte. Margareta war ihren Untertanen eine gute Landesmutter, sorgte für die Armen, reformierte das kirchliche Leben, förderte Erziehung und Kultur und nahm einen guten Einfluß auf ihren Gemahl. Mit 46 Jahren starb die heilige Königin nach schmerzhafter Krankheit am 16. November 1093. Noch am Totenbett empfing sie die Nachricht vom Tod ihrer Söhne und ihres Gatten, die in einer Schlacht gefallen waren. Von den Schotten hoch verehrt, wurde Margareta 1249 heiliggesprochen. Ihr Haupt war einige Zeit im Besitz von Maria Stuart, bevor es nach Antwerpen und später nach Douai gelangte. Margareta wird meist mit Hermelinmantel und Krone dargestellt, Kranke und Arme umsorgend. Ihr Fest feiert die Kirche am 16. November.

»Maria mit dem Kind« von Hans Memling.

Maria hl., die Mutter Jesu, Tochter des hl. → Joachim und der hl. → Anna, wohnte als junges Mädchen in Nazareth und war mit → Josef verlobt. Ob sie selbst aus dem Hause David stammte wie Josef kann nicht ganz ausgeschlossen werden. Daß sie als Kind das → Gelübde der Jungfräulichkeit ablegte, wie der hl. → Augustinus behauptete, ist kaum anzunehmen. Der Engel Gabriel brachte ihr Botschaft, daß sie einen Sohn gebären werde, den sie Jesus nennen solle und der der Sohn des Allerhöchsten wäre. Der Hl. Geist werde über sie kommen, und die Kraft des Höchsten werde sie überschatten. Demütig unterwarf sie sich dem Willen des Höchsten, und sie soll nach der Überlieferung Jesus in ihrem 15. Lebensjahr geboren haben. Über ihre erzieherische Tätigkeit sowie über ihren Charakter läßt sich aus den → Evangelien nichts Bestimmtes erkennen. Ihr stilles Aufmerken auf die geistige Entfaltung Jesu und ihre Seelenstärke bei seinem Tod sind jedoch unverkennbar. Daß sie danach elf Jahre im Hause des → Johannes gelebt habe und 59 Jahre alt geworden wäre, zuletzt gegen Himmel aufgefahren sei, ist teils unverbürgte Nachricht, teils später entstandene → Legende. Schon gegen Ende des 4. Jahrhunderts entstanden unter den Christen Parteien, welche Maria entweder zu viel oder zu wenig Verehrung erwiesen. Thrakische und skythische Christen übertrugen auf sie den Jungfrauenkult der Cybele, dienten ihr mit Gebet, Prozessionen und Opfern, wobei sie kleine Kuchen darbrachten. Aber auch die strenggläubigen Theologen begannen die Meinung, daß Maria ewig Jungfrau geblieben sei, als Glaubenslehre zu verfechten und nannten eine im arabischen Raum aufkommende Partei, welche Maria als wirkliche Ehefrau Josefs und nicht ohne biblische Grundlage als Mutter mehrerer, mit ihm gezeugter Kinder (Mt. 13, 55f. u. a.) betrachtete, Antidikomarianiten, d. h. Widersacher der Maria. Die Verehrung Mariens steigerte sich namentlich vom 5. Jahrhundert an, als ihr die Kirche den Namen Mutter Gottes beifügte. Im 6. Jahrhundert fing man an, Feste zur Ehre Mariens zu feiern, die im Laufe der Jahrhunderte immer zahlreicher wurden. Nach der → Liturgiereform der römisch-katholischen Kirche (1960) sind nur mehr wenige davon geblieben. Am 1. Jänner feiert die Kirche das Hochfest der Gottesmutter Maria, am 11. Februar das Fest »Unserer Lieben Frau in Lourdes«, am 2. Juli das Fest Mariä Heimsuchung, am 16. Juli das Fest »Unserer Lieben Frau auf dem Berge Karmel«, am 15. August das Fest Mariä Aufnahme in den Himmel, am 22. August das Fest Maria Königin, am 8. September Mariä Geburt, am 12. September das Fest Mariä Namen, am 15. September das Gedächtnis der Schmerzen Mariens, am 7. Oktober das Fest »Unserer Lieben Frau vom Rosenkranz«, am 21. November den Gedenktag »Unserer Lieben Frau in Jerusalem« und am 8. Dezember das Hochfest der ohne Erbsünde empfangenen Jungfrau und Gottesmutter Maria. Das Fest des Unbefleckten Herzens Mariä wird am Samstag nach dem Herz-Jesu-Fest gefeiert. Der Monat Mai gilt als Marienmonat und wird in der katholischen Kirche durch Maiandachten begangen.

Im Mittelalter artete die Verehrung Mariens in völlige Gleichstellung mit Christus aus. Zugleich kam das Gerücht von der Wundertätigkeit mehrerer alter

Marienbilder auf. Mehrere geistliche → Orden wurden zu Ehren Mariens gegründet (Serviten, und alle weiblichen Orden, die sich nach »Unserer Lieben Frau« nennen). Berühmte Marienwallfahrtsorte sind heute noch Zeugen dieser großen Marienverehrung, wie Fatima, Lourdes, Loretto, Czestochowa, Mariazell, Altötting u. v. a. Es gibt in der Ost- und Westkirche unzählige Mariendarstellungen. Es sei nur auf die Farbensymbolik des Mittelalters hingewiesen. Blauer Mantel und purpurnes Kleid weisen auf die »Königin des Himmels« hin, das weiße Kleid, meist bei Darstellungen der Geburt Christi, auf die Jungfräulichkeit, weißgold auf die Krönung Mariens. Einen roten Mantel und ein rotes Kleid mit Edelsteinen und Perlen umsäumt, sieht man manchmal bei der Anbetung der Könige. Diese Art findet sich vor allem in der niederländischen Malerei des 15. Jahrhunderts, die Bezug auf die → Vision des Heinrich Seuse nimmt, der Maria in purpurrotem Gewand und mit orientalischem Schmuck gesehen hatte. Maria gilt als Schutzpatronin fast aller Länder, in denen die katholische Kirche Fuß fassen konnte.

Maria Goretti hl., am 16. Oktober 1890 als drittes von sieben Kindern in Corni Corinaldo bei Ancona geboren. Sie hatte eine schwere Jugendzeit, denn schon mit zehn Jahren verlor sie ihren Vater. Während die Mutter durch Feldarbeit den Lebensunterhalt verdiente, mußte Maria die Hausarbeit besorgen und auf ihre jüngeren Geschwister aufpassen. Mit zwölf Jahren fiel sie einer Vergewaltigung zum Opfer, der sie energisch Widerstand leistete. Am 6. Juli 1902 erlag sie ihren Verletzungen. Als sie 1950 von Papst → Pius XII. heiliggesprochen wurde, lebte ihr Mörder noch. Im Sterben hatte die Heilige ihm noch verziehen: »Ich werde vom Himmel aus für seine Bekehrung beten. Um Jesu willen will ich ihn nahe bei mir im Paradies haben.« Die katholische Kirche feiert das Fest der → Märtyrerin und Jungfrau Maria Goretti am 6. Juli.

Maria Magdalena hl., Maria von Magdala, im → Lukas→ evangelium als Begleiterin Jesu genannt, der sie geheilt hatte und den sie fortan unterstützte.

Die hl. Maria Magdalena salbt Christus die Füße.

Seit Papst → Gregor dem Großen wird sie in der römischen Kirche mit der Sünderin, die Jesus die Füße wusch und mit ihren Haaren abtrocknete, und oft auch mit Maria, der Schwester des Lazarus und der → Marta, gleichgesetzt, was jedoch nicht sicher ist. Eindeutig geht jedoch aus der Hl. Schrift hervor, daß Maria Magdalena mit der Mutter Jesu unter dem Kreuze stand und ihr der auferstandene Herr zuerst erschienen ist. Dargestellt wird die Heilige mit Salbgefäß, Jesus mit ihren Haaren die Füße trocknend, im Gespräch mit ihm unter dem Kreuz, beim Grab oder mit dem Auferstandenen. Oft sieht man sie auch als Büßerin in einer Höhle, mit Totenkopf, Kreuz, Buch, → Geißel und aufgelösten Haaren. Maria Magdalena ist Patronin der Sünderinnen und Verführten, der Frauen, der Friseure, der Parfümfabrikanten, der Handschuhmacher, der Weinhändler und Gärtner. Das Fest der Heiligen, deren Gebeine in Vézelay in Frankreich ruhen, feiert die römische Kirche am 22. Juli.

Maria Magdalena von Pazzi hl., hieß eigentlich Catarina. Sie wurde 1566 in Florenz geboren und führte schon von Kindheit an ein frommes, gottgeweihtes Leben. Mit sechzehn Jahren trat sie in den → Orden der → Karmeliterinnen ein und erhielt den Namen Maria Magdalena. Körperliche und seelische Leiden ertrug sie tapfer und gottergeben. Bald stellten sich mystische (→ Mystik) Erlebnisse ein. Ihre Mitschwestern schrieben ihre → Visionen, die sich vor allem auf die Menschwerdung Christi und das Mysterium der Dreifaltigkeit bezogen, sorgsam nieder. Drei Jahre dauerte der Todeskampf der heiligen Nonne, bis sie am 25. Mai 1607 endlich von ihren Leiden erlöst wurde. Die Ordensfrau Maria Magdalena von Pazzi wird mit brennender Kerze und einer Dornenkrone in Händen dargestellt. Ihr Fest feiert die Kirche am 25. Mai.

Marinus I., 108. Papst, irrtümlich auch als → Martin II. gezählt. Seit dem zwölften Lebensjahr diente Marinus, der Sohn eines → Priesters aus Gallese in der Toskana, in der römischen Kirche. Auf dem 4. → Konzil von Konstantinopel (869 – 870) weilte er als → Legat → Hadrians II. (867 – 872), wurde darauf Schatzmeister der römischen Kirche und schließlich → Bischof, der auf den römischen Stuhl gewählt wurde, was bisher streng verpönt war. Nach der Ermordung Papst → Johannes VIII. (872 – 882) wurde er am 16. Dezember 882, also noch am selben Tag, zu dessen Nachfolger gewählt. Marinus begnadigte den Bischof Formosus, der sich der Verschwörung des Adels gegen Johannes VIII. angeschlossen hatte, und gab ihm das Bistum Porto zurück. Der Papst salbte Alfred den Großen von England zum König und gewann die Anerkennung Karls des Dicken. Marinus I. starb am 15. Mai 884, am Beginn des Saeculum obscurum, dem Ende des karolingischen Zeitalters und dem Beginn der Gregorianischen Reform (= Zeitraum zwischen 880 und 1046).

Marinus II., 129. Papst, irrtümlich auch als → Martin III. gezählt. Über Marinus, der vom 30. Oktober 942 bis Mai 946 regierte, ist fast nichts überliefert. Er dürfte von Alberich II. von Spoleto abhängig gewesen sein, da ihn dieser auf den Papstthron erhoben hatte.

Markos → Valentin(os).

Markus hl., Johannes Markus, einer der vier → Evangelisten, dürfte der Sohn einer gewissen Maria gewesen sein. Die Urgemeinde von Jerusalem versammelte

Hl. Markus. Stich-Entw. von Adriaan de Weerdt.

sich öfters in ihrem Hause. Wahrscheinlich am Pfingstfest bekehrt, begleitete Markus seinen Verwandten → Barnabas und den → Apostel → Paulus auf ihrer ersten Missionsreise. Er dürfte → Petrus nach Rom begleitet und die Erinnerungen des → Apostels in seinem → Evangelium niedergeschrieben haben. Das Markusevangelium ist das kürzeste der vier Evangelien und enthält weder die Kindheitsgeschichte noch die Bergpredigt. Es dürfte noch vor der Zerstörung Jerusalems im Jahre 70 n. Chr. abgefaßt worden sein. Markus gilt als Gründer der Kirche von Alexandrien und soll dort als → Bischof der Stadt im Jahre 67 den → Märtyrertod erlitten haben. 828 wurden seine → Reliquien auf abenteuerliche Weise nach Venedig gebracht, wo sie im Markusdom ruhen. Der Schutzherr Venedigs wird außerdem als Patron der Bauarbeiter und Maurer, der Korbmacher, Notare und Schreiber verehrt. Sein Fest feiert die Kirche am 25. April. Als → Attribut hat er den Löwen.

Marta hl., die Schwester des Lazarus und der → Maria. Sie wird in den → Evangelien als eine sehr gewissenhafte, eifrig besorgte Hausfrau geschildert. Am Grabe ihres Bruders legte sie das Bekenntnis vor Jesus ab: »Ich glaube, daß du der Messias bist, der Sohn Gottes, der in die Welt kommen soll.« Auf Darstellungen symbolisiert (→ Symbol) Marta das tätige Leben, im Gegensatz zu ihrer Schwester Maria, die das beschauliche Leben verkörpert. Marta wird auch oft mit Kochlöffel, Schlüsselbund, Weihwasserkessel und Drachen abgebildet. Das Fest der Schutzpatronin der italienischen Hoteliers, der Arbeiterinnen, Hausfrauen, Wäscherinnen und Köchinnen feiert die

Hl. Marta.

Kirche am 29. Juli. Ihr Grab wird in Tarascon in der Provence verehrt.

Martin I. hl., 74. Papst, in Todi in Umbrien geboren, war wie etliche seiner Vorgänger Apokrisiar (päpstlicher Nuntius) in Konstantinopel. Da er während des Monotheletenstreites ohne Genehmigung aus Byzanz im Juli 649 geweiht wurde, hatte er Kaiser Konstans II. gegen sich. Bald nach seinem Amtsantritt hielt Martin eine noch von → Theodor I. (642–649) vorbereitete → Lateran- → synode im Oktober 649 ab, die den → Monotheletismus verwarf. Diese Demonstration gegen den Kaiser Ostroms blieb nicht ungestraft. Der erzürnte Konstanz II. beauftragte den → Exarchen Olypios, Martin zu verhaften, doch führte dieser den Befehl nicht aus, so daß der Kaiser an dessen Stelle den Exarchen Theodoros Kalliopas nach Rom sandte, der bereit war, die Befehle seines Herrn auszuführen. Am 17. Juni 653, als Martin, der eben krank darnieder lag, sich und sein Bett in die → Lateran→ basilika bringen ließ, um Ruhe und Sicherheit zu finden, drang der Exarch in die Kirche ein und schleppte den schwerkranken Mann gefangen fort. Anfänglich brachte man ihn nach Naxos, wo er ein Jahr lang im Elend schmachtete, darauf führte man ihn nach Konstantinopel. Auf der Überfahrt mißhandelte man ihn und gab ihm nur die Matrosenkost. Einen ganzen Tag lang ließ man Martin in der Sonnenhitze auf dem Verdeck des Schiffes stehen und das herbeieilende Volk verhöhnte und beschimpfte ihn. Erst spät am Abend brachte man ihn an Land, schleppte ihn in ein Gefängnis, wo er 93 Tage schmachtete, bis man ihn endlich einem Verhör unterzog. Der Verschwörung gegen den Kaiser angeklagt, wurde er für schuldig befunden und zum Tode verurteilt. Hierauf riß man ihm seine priesterlichen Kleider vom Leib, hüllte ihn in einen schlechten Kittel und legte ihn in einen von Mördern und Räubern überfüllten Kerker. Nur auf Fürbitte des → Patriarchen Paulos II. entging Martin dem Henker, doch wurde er mit Ketten und einem Halseisen beschwert durch die ganze Stadt geführt, während der Henker vor ihm mit dem bloßen Schwerte ging. Im Frühjahr 654 deportierte man den todkranken Papst nach Cherson (in Südrußland), wo er nach einem Jahr am 16. September 655 nach unmenschlicher Behandlung vom Tod erlöst wurde. Seine Leiche gelangte später nach Rom, wo sie in der Kirche S. Martino a Monti beigesetzt wurde. Noch zu seinen Lebzeiten wählte der römische Klerus unter dem Druck Kaiser Konstans' II. → Eugen I. am 10. August 654 zum Papst. Martin, der sich damit abfand, mußte während seiner Verbannung viel unter der bitteren Enttäuschung über seine einstigen Freunde und Untergebenen leiden. Martin I. wird von der römischen wie auch von der griechischen Kirche als → Märtyrer verehrt. Sein Fest wird am 12. November, bei den Griechen am 13. April gefeiert.

Martin II. und Martin III., hat es nie gegeben, da → Papstkataloge des Spätmittelalters irrtümlich die Päpste → Marinus I. und II. unter die Martinpäpste zählten.

Martin III. → Martin II.

Malteserorden → Kreuzzüge.

Martin IV., 190. Papst, eigentlich Simon de Brion, aus Brion bei Angers stammend, seit 1260 Großsiegelbewahrer und Kanzler König Ludwigs IX. von Frankreich. Ein Jahr später ernannte ihn → Urban IV. zum → Kardinal von

Papst Martin IV.

Santa Cecilia. Als →Legat mehrerer Päpste am französischen Hof führte er auch die Verhandlungen zur Übernahme des Königreichs Sizilien durch Karl I. von Anjou. Dessen Einfluß bewirkte auch, daß Simon de Brion am 22. Februar 1281 im →Konklave zu Viterbo zum Papst gewählt wurde. Er nannte sich Martin IV., da damals die Päpste →Marinus I. und II. fälschlich zu den Martinpäpsten gezählt wurden. Während seines →Pontifikates blieb Martin dem französischen König völlig abhängig, wodurch dieser wieder zu den Gebieten kam, die er an →Nikolaus III. (1277–1280) verloren hatte. Martin mußte in Orvieto gekrönt werden, da ihm die erzürnten Römer den Zutritt verweigerten. Am Ostersonntag des Jahres 1282 traf den Papst ein schwerer Schlag, als die »Sizilianische Vesper«, ein blutiger Aufstand der Sizilianer, der verhaßten Herrschaft der Anjous auf Sizilien ein Ende bereitete und Peter III. von Aragon auf den Thron brachte. Martin IV. ließ gegen Peter III. den →Kreuzzug predigen und bannte ihn, was zur Folge hatte, daß sich weite Teile Italiens gegen die Franzosenherrschaft erhoben, da der Papst weiterhin zu Karl von Anjou hielt. Martin unterstützte auch die Angriffspläne Karls gegen Ostrom und bannte Kaiser Michael VIII. Palaiologos, wodurch die 1274 unter →Gregor X. (1271–1276) auf dem Konzil von Lyon erreichte Union mit Byzanz völlig zerfiel. Die Beziehungen mit Rudolf I. von Habsburg zum Papst können als gut bezeichnet werden. Am 28. März 1285 starb Martin, der nie in Rom, sondern in Orvieto residiert hatte, in Perugia. Frei von →Nepotismus, unterstützte Martin auch den →Orden der →Minderen Brüder, deren Seelsorgetätigkeit er durch die →Bulle »Ad fructus uberes« 1281 besonders förderte.

Martin V., 207. Papst, eigentlich Oddo Colonna, 1368 in Genazzano bei Rom geboren, →Kardinal→diakon von San Giorgio in Velabro, wurde auf dem →Konzil von Konstanz am 11. Novem-

Papstwappen Martins V.

ber 1417 nach fast zweieinhalbjähriger →Sedisvakanz nach dreitägigem →Konklave zum Papst gewählt. Obwohl sich →Gegenpapst →Benedikt III. seiner Absetzung widersetzte und auf der spanischen Feste Peñiscola residierte, fand Martin V. allgemeine Anerkennung, womit das Abendländische → Schisma ein Ende fand. Am 16. Mai 1418 verließ Martin Konstanz, nachdem er auf dem Konzil die Kurie neu geordnet und Reformdekrete erlassen hatte. Bevor Martin im September 1420 in Rom einziehen konnte, mußte er zuvor in Mantua und in Florenz residieren. Unter seiner energischen Regierung nahm das halbzerstörte Rom wieder einen schnellen Aufstieg, so daß das Kunstgewerbe bald zu blühen begann und die ersten großen Maler der Frührenaissance sich in der Stadt niederließen. Neben Mailand, Venedig, Neapel und Florenz wollte Martin den Kirchenstaat zur fünften Macht in Italien machen. Mit Erfolg bekämpfte er das Banditenunwesen und bewährte sich als

Martin V. Gemälde von Masolino da Panicale.

hervorragender Verwaltungspolitiker. 1431 berief er ein Reformkonzil nach Basel, das vor allem die Verwaltung der Kurie einschränken und strenge Ordnung in der Geschäftsgebarung bringen sollte. Ohne jeden Luxus, fast schon an Geiz grenzend, lebte Martin im Palast neben der → Basilika SS. Apostoli. In Rom ließ er viele Kirchen restaurieren und etliche Brücken, Straßen und Befestigungen anlegen. Martin starb am 20. Februar 1431. Sein Grabmal, von Simone Ghinis, einem Schüler Donatellos, geschaffen, steht in der → Lateranbasilika.

Martin hl., → Bischof, um 316 in Sabaria (Steinamanger) in Ungarn als Sohn eines römischen Offiziers geboren. Mit einem römischen Reiterregiment wurde der fünfzehnjährige Martin nach Gallien versetzt. Der → Legende nach teilte er seinen Soldatenmantel mit einem frierenden Bettler vor dem Stadttor von Amiens. Im Traum erschien ihm Christus, bekleidet mit dem abgeschnittenen Mantelstück, was den Ausschlag zur Taufe Martins gegeben haben soll. 356 schied er aus dem Heeresdienst aus und wurde vom Bischof → Hilarius von Poitiers in seine pannonische Heimat zurückgeschickt, wo er seine Mutter bekehrte. 361 gründete Martin Ligugé, das erste Kloster Italiens. Die Legende erzählt, daß Martin, als er zum Bischof von Tours gewählt wurde (373), sich, um dieser Würde zu entgehen, in einem Gänsestall versteckt haben soll. Als man nach ihm suchte, verrieten die Gänse durch ihr Geschnatter, wo Martin sich befand. Auf diese Begebenheit ist der Brauch zurückzuführen, daß zu Martini eine Gans verspeist wird. Als Bischof widmete sich Martin der Missionierung der noch heidnisch verbliebenen Gebiete

»Die Marter der Zehntausend« von Albrecht Dürer.

Galliens. 375 gründete er das Kloster Marmoutier an der Loire. Auf einer Visitationsreise starb der Heilige am 8. November 397 und wurde in Tours begraben. Martin, einer der beliebtesten Heiligen in Europa, wird meist auf einem weißen Pferd sitzend in römischer Soldatenkleidung dargestellt, wie er mit einem Bettler seinen Mantel teilt. Auch als Bischof mit Schwert und Gans kann man ihn sehen. Als Patron der Bettler, Soldaten, Schneider und anderer Gewerbe wird sein Fest am 11. November gefeiert.

Martin von Porres hl., Sohn des spanischen Adeligen Juan de Porres und einer Negerin, 1569 in Lima in Peru geboren. Mit zwölf Jahren kam er als Gehilfe zu einem Arzt und pflegte die Kranken. Stundenlang betete er in der Nacht vor einem Kreuze, und schließlich entschloß er sich, dem → Dritten Orden des hl. → Dominikus beizutreten. Als → Laienbruder schloß Martin sich später dem → Dominikanerorden an und widmete sich ganz den Kranken und Armen. Er starb am 3. November 1639 in Lima. Sein Fest feiert die Kirche am Tag seines Todes.

Märtyrer (griech.), ein Blutzeuge des christlichen Glaubens und ein wegen seiner Überzeugung Verfolgter.

Martyrologium (griech.), liturgischer (→ Liturgie) Katalog der → Märtyrer- und Heiligenfeste.

Mathilde hl., Tochter des Sachsenherzogs, um 900 in Egern geboren und im Kloster Herford erzogen. Mathilde schloß 909 mit Heinrich dem Vogler den Bund der Ehe. Dieser erlangte neun Jahre später die deutsche Kaiserkrone. Von ihren drei Söhnen wurde der älteste, Otto, zum deutschen Kaiser gewählt (Otto I.), der zweite, Bruno, bestieg den → Bischofssitz von Köln und wird von der römischen Kirche als Heiliger verehrt. Als deutsche Königin war Mathilde voll Liebe zu ihren Untertanen erfüllt und übte Barmherzigkeit an den Armen und Kranken. Sie galt als gute Hausfrau, war sparsam und fleißig und nahm sogar auf Reisen ihr Spinnrad mit. Mathilde bedachte die Kirche mit zahlreichen Schenkungen und stiftete die Klöster Quedlinburg, Nordhausen, Egern und Pölde. Als nach dem Tode ihres Gatten ihre Söhne Otto und Heinrich im Streite lagen, hielt sie zunächst zu ihrem Lieblingssohn Heinrich, doch söhnte sie sich schließlich mit beiden aus. Otto erlangte die Königswürde, und Heinrich bekam das Herzogtum Bayern. Doch bald wandten sich die beiden gegen ihre Mutter, der sie Verschwendungssucht vorwarfen, und entzogen ihr ihre Güter und Einkünfte. Mathilde zog sich in ein Kloster zurück. Otto und Heinrich sahen jedoch bald ihr Unrecht ein, holten ihre Mutter zurück und setzten sie in ihre alten Rechte ein. Mathilde starb am 14. März 968 und wurde in der Krypta des Domes von Quedlinburg neben ihrem Gatten beigesetzt. Die Heilige, die am 14. März gefeiert wird, erkennt man auf Darstellungen an ihrem königlichen Gewand und an den → Attributen Geißel (→ Geißelung), Hahn, Hirschkuh und → Kirchenmodell.

Matthäus hl., → Apostel und → Evangelist, gilt nach der Überlieferung als Verfasser des ersten → Evangeliums. Es ist anzunehmen, daß er im Dienste des König Herodes Antipas stand und für diesen als Zöllner die Steuern eintrieb. Im → Markusevangelium wird er Levi, Sohn des Alfäus, genannt. Matthäus gab für Jesus und seine Begleiter nach seiner Berufung ein Gastmahl, wobei

Jesus von den Pharisäern zu Rede gestellt wurde, da er bei einem Sünder einkehrte (die Zöllner wurden bei den Pharisäern zu den Sündern gezählt). Jesus erwiderte ihnen, daß er nicht gekommen sei, die Gerechten zu berufen, sondern die Sünder. Der → Legende nach soll Matthäus später in Persien und Äthiopien das Evangelium verkündet haben. Um das Jahr 70 soll er in Äthiopien das Martyrium (→ Märtyrer) erlitten haben.

Hl. Matthäus.

Im Dom von Salerno werden seine → Reliquien verehrt. Dargestellt wird Matthäus als Apostel mit Buch, Schwert, Lanze, Zahlbrett oder Geldbeutel. Sein → Attribut ist ein Engel (genauer ein Mensch mit Flügeln). Matthäus gilt als Patron der Zoll-, Steuer- und Finanzbeamten sowie der Bankiers und Buchhalter. Sein Fest feiert die Kirche am 21. September.

Matthias hl., → Apostel, wurde, wie in der Apostelgeschichte berichtet wird, an Stelle des ausgeschiedenen Apostels Judas Iskariot vom Apostelkollegium hinzugewählt. Zwischen den Männern, die »zusammen waren all die Zeit, da der Herr Jesus unter uns (den Aposteln) ein- und ausging und Zeuge der Auferstehung wurden«, entschied das Los zwischen → Barnabas und Matthias für den letzteren. Der → Legende nach soll der Apostel in Äthiopien gewirkt haben und dort den → Märtyrertod erlitten haben. Kaiserin Helena ließ seine → Reliquien nach Trier bringen, wo sie in der → Benediktinerabtei St. Matthias noch heute verehrt werden. Es ist übrigens das einzige Grab eines Apostels in Deutschland. In Rom in der → Basilika S. Maria Maggiore wird das Haupt des Heiligen aufbewahrt. Er gilt als Schutzpatron der Bau- und Zimmerleute. Auf Bildern erkennt man ihn an einem Buch, Steinen, Schwert und einer Hellebarde. Sein Fest wird am 24. Februar begangen.

Mauritius hl., → Märtyrer, Anführer der Thebaischen Legion, die sich vorwiegend aus oberägyptischen Christen zusammensetzte. Als sich die Soldaten, die sich auf einem Feldzug in Gallien aufhielten, weigerten, vor der Schlacht, wie es bei den Römern üblich war, den Göttern ein Opfer darzubringen, wurde ein Teil der christlichen Legion hingerichtet. Da auch die übriggebliebenen Christen das heidnische Opfer ablehnten, mußten auch sie sterben. Unter diesen Christen befand sich Mauritius, der mit seinen Kameraden um 285 in der

Nähe von St. Maurice (St. Moritz) den Märtyrertod erlitt. Dargestellt wird der Heilige als römischer Soldat mit einer Fahne, die manchmal sieben Sterne aufweist. Auch als bewaffneter Mohr, wie ihn zum Beispiel der Maler Matthias Grünewald abbildete, ist er manchmal zu sehen. Das Fest des Heiligen, der Patron der Färber, Soldaten, Schmiede, Weber, Maler und Wäscher ist und gegen Gicht, Ohrenleiden und bei Pferdekrankheiten helfen soll, feiert die Kirche am 22. September.

Maximilian Kolbe sel., am 7. Jänner 1894 in Zdunska-Wola bei Lódz in Mittelpolen als zweites Kind einer Arbeiterfamilie geboren. Raymund, so hieß er mit dem Taufnamen, trat 1910 siebzehnjährig in den → Orden der → Minderen Brüder des hl. → Franz von Assisi (→ Minoritenorden) ein und bekam den Namen Maximilian. Er studierte erfolgreich in Rom und gründete 1917 eine geistliche Kampfgruppe, die »Militia Immaculatae« einen »→ Kreuzzug der Unbefleckten Jungfrau Maria« gegen die Freimaurer. Diese »Miliz« konnte P. Maximilian in Polen und später auch in Japan erfolgreich ausbauen. In Polen schenkte ihm Fürst Drucki-Lubecki 1927 westlich von Warschau Land, wo P. Kolbe eine eigene Pressestadt, Niepokalanów – wörtlich »Stadt der Unbefleckten« – mit seinen Mitbrüdern aufbaute. Zehn Jahre später zählt diese Ordensstadt bereits über 700 Minoriten. Seine Zeitung »Rycerz« (»Der Ritter«) erlangte eine Auflage von einer Million Exemplaren. In Japan wurde P. Kolbes »Seibo no Kishi« bald zur meistgelesenen katholischen Zeitschrift. Immer mehr junge Leute bewarben sich in Polen um Aufnahme in den Minoritenorden. An die 2000 Männer wollten inner-

Pater Maximilian Kolbe. Gestorben für einen Familienvater im KZ Auschwitz am 14. August 1941.

halb der letzten drei Lebensjahre P. Kolbes in Niepokalanów eintreten. Im Jahre 1941 verschleppte ihn die deutsche Gestapo am 28. Mai ins KZ von Auschwitz. Man gab ihm die Häftlingsnummer 16.670. An Stelle eines zu Tode verurteilten Familienvaters, Franz Gajowniczek, ging P. Maximilian freiwillig in den Hungerbunker. Am 14. August 1941 starb er dort in der Zelle 18 an den Folgen einer Phenolspritze. In all dieser schweren Zeit versuchte er durch ermunternde Worte seine Leidensgenossen aufzurichten und lehrte sie, Haß durch Liebe zu erwidern. Papst → Paul VI. erhob den Minoritenpater Maximilian Kolbe am 17. Oktober 1971 unter die Schar der Seligen. Dargestellt wird P. Maximilian als Minoritenpater in schwarzem → Habit oder als KZ-

Häftling mit der Nummer 16.670. Er ist Schutzpatron der »Militia Immaculatae« und der »Missio Minorum, der franziskanisch-ökumenischen → Laienbewegung zur Betreuung von Gefangenen und Strafentlassenen«, sowie aller politischen Gefangenen und Dissidenten. Sein Fest wird am 14. August gefeiert.

Meinrad hl., in der zweiten Hälfte des 8. Jahrhunderts als Sohn des Grafen Zollern auf der Burg Sülchen am Neckar (Württemberg) geboren, wurde schon früh zu den Mönchen des Klosters Reichenau gebracht und dort erzogen. Er begeisterte sich bald für die Ideale des heiligen → Benedikt und trat in den → Orden ein. Nach Erlangen der → Priesterweihe lehrte Meinrad an derselben Klosterschule, wo er selbst einst Schüler war, doch zog es ihn immer mehr in die Einsamkeit. Nach dem Vorbild der Wüstenväter wollte er in völliger Abgeschiedenheit Gott dienen. Als die Mönche aus Bollingen am Züricher See einen Lehrer suchten und sich an das Kloster Reichenau wandten, fiel die Wahl auf Meinrad. Um 835 bekam er schließlich die Erlaubnis, in einer Einsiedelei im »Finsteren Wald« zu leben. Seine Klause am Berg Etzel, am Südufer des Züricher Sees, wurde jedoch bald von Pilgern aufgesucht, die vom frommen Klausner gehört hatten. Damit war seine ersehnte Ruhe dahin, und so flüchtete Meinrad erneut. Bei den Mythenstöcken errichtete er sich eine Klause, wo er für einige Jahre für sich ganz allein Gott dienen konnte. Als seine Einsiedelei schließlich doch entdeckt wurde, war er innerlich bereits so gefestigt, daß ihn der Besuch der Menschen nicht mehr stören konnte. Bald wurde er ein gefragter Ratgeber und Beichtvater. Im Wald bei seiner Klause ließ die Äbtissin von Fraumünster in Zürich eine kleine Kapelle errichten und schmückte sie mit einem schönen alten Marienbild (→ Maria), der »schwarzen Madonna von Einsiedeln«. Viele Pilger brachten dem frommen Mönch Gaben dar, die Meinrad wiederum für die Armen verwendete. Zwei Räuber erwarteten sich, bei ihm reiche Beute zu machen, und überfielen am 21. Jänner 861 den heiligen Mann, der sie als Gäste aufgenommen hatte. Kaltblütig erschlugen ihn die Eindringlinge und nahmen das Wenige, das sie fanden, mit. Ursprünglich auf der Insel Reichenau begraben, wurden die Gebeine Meinrads 1039 nach Einsiedeln übertragen. Um die Zelle des Heiligen entstand bald ein Kloster mit einer Stiftskirche und Bibliothek. Heute zählt Maria Einsiedeln in der Schweiz zu den berühmtesten Wallfahrtsorten Mitteleuropas. Das Fest des Heiligen wird am 21. Jänner gefeiert.

Meister Eckehart → Eckehart.

Mennoniten, eine Täuferbewegung, die auf Menno Simons (1492–1559) zurückgeht und sich durch ernste Frömmigkeit, Verweigerung des Waffendienstes und des Eides, Trennung von Kirche und Staat und durch zuchtvolles Leben auszeichnet. Die zuerst im holländischen Friesland aufgetretene Sekte ist heute über viele Gebiete der Erde verstreut.

Messe hl., in der alten Kirche jeder Teil des öffentlichen Gottesdienstes. Man unterschied die belehrende Messe der → Katechumenen und die → Kommunionfeier, an der nur die getauften Gläubigen teilnehmen durften. Am Schlusse beider rief ein Kirchendiener »Ite, missa est«, d. h. gehet, ihr seid entlassen. Dieses Wort missa übertrug man später auf den ganzen Gottesdienst, bei dem Brot und Wein in den Leib und das Blut Christi verwandelt wird. Papst → Gregor der Große bildete die Meßgebräuche aus, und bereits im 8. Jahrhundert kamen die Privatmessen auf, bei denen der → Priester allein das Abendmahl feierte, was nach dem 2. Vatikanischen Konzil von der katholischen Kirche untersagt ist und nur in Notfällen gestattet wird. Ist Musik mit der Messe verbunden, so wird sie Singmesse, in feierlicher Form gefeiert Hochamt genannt. Die griechische Kirche weicht in mehreren Meßgebräuchen von der römisch-katholischen ab. Die evangelische Kirche kennt nur die Abendmahlfeier in beiderlei Gestalt in besonders einfacher Form. Große Tonkünstler haben die katholische Messe vertont. Die in Musik gesetzten Teile sind: das Kyrie, das Gloria, das Credo, das Sanctus mit dem Benedictus und das Agnus Dei. Das Meßgewand der Priester in der katholischen Kirche wird in den Farben der liturgischen Jahreszeit gefeiert: violett – in der Advent- und Fastenzeit sowie bei Totenmessen; rot – an Festtagen des Hl. Geistes und an → Märtyrerfesten sowie am Karfreitag; weiß oder gold – an Festtagen: grün – an allen übrigen Tagen des Kirchenjahres.

Methodius hl., der ältere Bruder des großen Slawen→apostels Cyrill, aus Thessalonike, dem heutigen Saloniki in Griechenland. Er wurde 815 als Sohn des Patriziers Leo und seiner Gattin Maria geboren. Als Statthalter war er zunächst für die unter byzantinischer Herrschaft stehenden Slawengebiete zuständig. Doch verließ er die weltliche Laufbahn und wurde Mönch. Gemeinsam mit seinem Bruder ging er auf die Krim am Schwarzen Meer, um die heidnischen Chasaren zu bekehren. Kaiser Michael III. sandte die Brüder 862 nach Ungarn und Mähren, um den Slawen das → Evangelium zu predigen. Sie verwendeten dabei die slawische Sprache in der → Liturgie, die von den westlichen Bischöfen stark angefeindet wurde. Papst → Hadrian II. machte dem Streit ein Ende, indem er die slawische Sprache beim Gottesdienst erlaubte. Nach dem Tode seines Bruders Cyrill in Rom im Februar 869 weihte ihn der Papst zum → Bischof und sandte ihn als päpstlichen → Legaten nach Ungarn und Mähren. Doch machte der Salzburger Erzbischof seine Ansprüche auf Pannonien (Ungarn) geltend und ließ Methodius gefangennehmen. Zweieinhalb Jahre saß der Slawenapostel in Haft, bis Papst → Johannes VIII. ihn freibekam und wieder in sein Amt einsetzte. In der → Bulle vom Jahre 880 bestätigte der Papst die slawische Sprache als Kirchensprache. Am 6. April 885 starb Methodius in Welehrad und ruht in der dortigen Marienkirche. Dargestellt wird der Heilige mit einem Bild des Jüngsten Gerichtes in Händen, welches er der → Legende nach bei seinen Bekehrungen als mahnendes Beispiel verwendet hatte. Er gilt wie sein Bruder als Helfer bei Gewitter. Sein Fest wird zusammen mit Cyrill am 14. Februar gefeiert.

Metropolit (griech.), der → Bischof einer Hauptstadt; in der Ostkirche wird der oberste Geistliche (= Erzbischof) Metropolit genannt.

Miltiades hl., 32. Papst, auch Melchiades genannt, war in der Zeit von 310 bis 314 → Bischof von Rom. Nach einigen Quellen war er Afrikaner, doch dürfte er nach neuerer Forschung doch römischer Herkunft gewesen sein. In seine Regierungszeit fällt die Schlacht an der Milvlischen Brücke im Jahre 312, bei der Konstantin über Maxentius siegte und damit eine bedeutende Wende für die Christenheit eintrat. Auch das Mailänder Toleranz→ edikt (313), das der Kirche zur raschen Ausbreitung verhalf, fällt in sein → Pontifikat. Auf einer von Konstantin I. dem Großen bestellten Versammlung im → Lateran, bei der Miltiades und weitere drei gallische und 15 italienische Bischöfe anwesend waren, wurden die → Donatisten verurteilt, die die Wirksamkeit der → Sakramente von der sittlichen Würde des Spenders abhängig machten. Die Kirche feiert das Fest des heiligen Miltiades am 10. Dezember.

Mindere Brüder (lat. Fratres Minores), der von Franz von Assisi gegründete → Orden. Damit wollte er die Brüder zur Demut und Einfachheit des Lebens anleiten. Der Name hat sich für den ältesten der drei Zweige des Ordens erhalten, der Minoriten oder → Konventualen (OFM Conv.) genannt wird. Bis 1517 bildete der Orden, der 1223 bestätigt wurde, eine Einheit, obwohl schon bald nach der Gründung die Auffassung über das Armutsideal innerhalb des Ordens variierte. Seit 1517 bestehen die nichtreformierten Konventualen als eigener Orden weiter, seit 1528 gilt der Reformzweig der → Kapuziner (OFM Cap.) als eigene Ordensgemeinschaft. Papst → Leo XIII. vereinigte 1897 verschiedene Reformzweige – so die Spiritualen, Reformaten, Discalceaten und Rekollekten – zu einem gemeinsamen Orden, dem → Franziskanerorden (OFM). Alle drei Ordenszweige zusammen bilden den mitgliederstärksten Orden der katholischen Kirche. Hauptaufgabe ist neben dem Zeugnis, das durch die gelebte Armut gegeben werden soll, die Seelsorge in allen Bereichen. Viele große Heilige sind aus dem Orden der Minderen Brüder hervorgegangen, so unter anderen der hl. → Antonius von Padua, der hl. → Bonaventura, der hl. → Bernhardin von Siena, der hl. → Johannes von Capistrano und der sel. → Maximilian Kolbe. Besondere Bedeutung gewann auch die Laienbewegung des → Dritten Ordens des hl. Franz von Assisi.

Minoriten → Mindere Brüder.

Missale Romanum (lat.), Römisches Meßbuch, das die Lesungen, Gebete und Gesänge beinhaltet, die von der katholischen Kirche 1570 festgelegt wurden und später wiederholt reformiert wurden.

Missio minorum → Maximilian Kolbe sel.

Mitra (griech.), ursprünglich eine Binde, die von alten asiatischen Völkern als Kopfbedeckung getragen wurde. In der christlichen Kirche wurde die Mitra zur Bischofsmütze, auch Inful genannt.

Modernismus, in der katholischen Kirche eine liberale, wissenschaftliche Reformbewegung, die von Papst → Pius X. verurteilt wurde (1907). Wer ein kirchliches Amt anstrebte, mußte den Antimodernisteneid ablegen.

Modalismus, eine altkirchliche Lehre, ähnlich dem → Monarchianismus, die Christus nur als Erscheinungsform Gottes ansah und nach welcher der eine Gott ausschließlich hinsichtlich seiner Wirkungsweisen (modus = Weise) zum dreifaltigen Gott wurde.

Molinismus, die nach dem spanischen → Jesuiten Luis de Molina (1535 – 1600) benannte Lehre, die besagt, daß die göttliche Gnade die menschliche Willensfreiheit nicht ausschließe, da Gott die freie menschliche Entscheidung voraussieht und seinen Beistand zur Verfügung stellt.

Monarchianismus, altkirchliche Lehre, ähnlich dem → Modalismus, die Christus als bloße Erscheinungsform Gottes oder als vergöttlichten Menschen ansah. Der Monarchianismus vertrat die Einheit und Alleinherrschaft Gottes und verwarf die → Trinitätslehre.

Monika hl., die Mutter des hl. → Augustinus, 332 in Tagaste in Nordafrika geboren. Christlich erzogen, heiratete sie mit achtzehn Jahres den jähzornigen und sinnlichen Heiden Patricius. Der Ehe entsprossen zwei Söhne, Augustinus und Navigius, und eine Tochter mit Namen → Perpetua. Mit Sorge wachte die Mutter über ihre Kinder. Von Augustinus wissen wir, daß sie für seine Bekehrung – er führte in seiner Jugend ein ausschweifendes Leben – betete und viele Tränen vergoß. Als ihr Gatte starb, folgte sie Augustinus nach Rom und später auch nach Mailand. Auf der Rückreise nach Afrika starb Monika im Herbst 387 im Alter von 56 Jahren in Ostia bei Rom. Ihre → Reliquien werden in der Kirche S. Agostino in Rom verehrt. Dargestellt wird die hl. Monika als römische Matrone mit Schleier, mit einem Buch in den Händen, oft auch im Gespräch mit ihrem Sohn. Ihr Fest feiert die Kirche am 27. August.

Monismus, im Gegensatz zum → Dualismus die All-Einheitslehre. Die Wirklichkeit sei von einer Grundbeschaffenheit und einheitlich. Die Welt selbst sei das Absolute und Selbstverständliche, das sich aus sich selbst erkläre. 1906 wurde in Jena der dem Materialismus nahestehende Monistenbund gegründet.

Monophysiten (griech., mone physis, »eine einzige Natur«), die Anhänger einer vielfach verzweigten christlichen Partei, die nach dem seit → Athanasius aufgekommenen und besonders in Ägypten geltenden Sprachgebrauch nur *eine* (Mensch gewordene göttliche) Natur in der Person Christi sah und ihre Ansicht namentlich im Streit gegen Nestorius (→ Nestorianer) entwickelte. Hatte schon → Cyrill v. A. behauptet, daß das Fleisch des Logos wesentlich zu seiner Person gehöre, so sprach Eutyches von einer Vergottung des Fleisches Christi und setzte mit Hilfe des → Bischofs Dioskurus von Alexandria die Bestätigung der Lehre von *einer* Natur auf der sogenannten → Räubersynode zu Ephesus im Jahre 449 durch. Eutyches wurde nebst all seinen Anhängern auf der Kirchenversammlung zu Chalcedon 451 als Ketzer verurteilt. Dennoch konnte der Streit durch die Bestimmung dieses → Konzils – daß in Christus zwei Naturen ohne Vermischung, Verwandlung und Trennung zu *einer* Person und → Hypostase vereinigt sind – nicht beendet werden. Der Monophysitismus lebt heute noch in den koptischen und armenischen Christen fort.

Monotheismus (griech.), Glaube an einen einzigen Gott unter Verneinung der Existenz anderer Götter. Er beinhaltet auch die Lehre von dem einen, persönlichen Gott. Gegensatz dazu ist der Polytheismus, der Vielgötterglaube.

Monotheletismus (griech.), altkirchliche Lehre von einem einzigen Willen in Christus. Christus hat nach dieser Anschauung wohl zwei Naturen, aber nur *ein* gottmenschlicher Wille soll in ihm wirksam gewesen sein.

Monstranz (lat. monstrare, »zeigen«), meist reichgeschmücktes Gefäß, in dem die katholische Kirche die geweihte Hostie zeigt oder auch bei Prozessionen umherträgt.

Montanismus, eine nach Montanus genannte, kleinasiatische → Sekte, die sittenstreng und schwärmerisch war. Sie war auf das Weltende ausgerichtet und verbot, sich nach dem Tod eines Ehepartners noch einmal zu verheiraten, übte strenges Fasten und lehnte die kirchliche → Hierarchie zugunsten des charismatischen (→ Charisma) Prophetentums ab. Der → Kirchenvater → Tertullian gehörte den Montanisten an.

Mystik (griech., »geheimnisvoll«), das Bemühen, das Göttliche und Übersinnliche durch Abwendung von der Sinnenwelt und Versenkung in die Tiefe des eigenen Seins zu erfassen, um schließlich mit Gott eins zu werden. Bedeutende deutsche Mystiker waren Meister Eckehart, Tauler und Jakob Böhme. Viele Heilige zählen zu den Mystikern, wie → Therese von Avila, → Johannes vom Kreuz, → Franz von Assisi u. v. a.

N

Nepotismus (lat.), vor allem bei den Renaissancepäpsten geübte Vetternwirtschaft. Der Name Nepotismus rührt daher, daß diese Ungerechtigkeit hauptsächlich von der römischen Kirche und den Päpsten geübt wurde, die ihre Nepoten (Neffen) oder Enkel, natürliche Söhne und nächsten Verwandten, unter Zurücksetzung verdienter Männer, zuweilen aus dem niedrigsten Stand zu den höchsten geistlichen und weltlichen Ehren erhoben.

Nestorianer, die Anhänger der Lehre des → Patriarchen Nestorius von Konstantinopel (gest. um 450), die besagt, daß die menschliche und göttliche Natur in Christus getrennt sei. Der Mensch Jesus, der nach dieser Lehre habe sündigen können, sei erst zum Lohn für seine Bewährung (indem er nicht sündigte) in den Besitz der realen göttlichen → Attribute (Eigenschaften) gekommen.

Nestorius → Nestorianer.

Nikolaus hl., → Bischof von Myra in Kleinasien. Über ihn gibt es kaum geschichtliche Zeugnisse, doch dürfte er im 4. Jahrhundert gelebt haben. Im Westen und Osten viel verehrt, ranken sich um seine Gestalt viele → Legenden. Die bekannteste davon läßt ihn als mildtätigen Bischof drei goldene Kugeln (Goldbarren oder Äpfel) durch ein geöffnetes Fenster drei armen Mädchen zuwerfen, deren Vater sie an ein Freudenhaus verkaufen wollte. Ein andermal soll der Heilige drei von einem Metzger geschlachtete und in ein Faß eingepökelte Jünglinge wieder zum Leben erweckt haben. Nikolaus starb um 350. Im Jahre 1087 brachten Seeräuber seine → Reliquien, die sie aus der Kirche von Myra gestohlen hatten, nach Bari in Apulien. Dargestellt wird der hl. Nikolaus als Bischof mit den drei goldenen Kugeln, mit Buch oder drei Broten, ferner mit drei aus einem Faß steigenden Knaben oder mit Schiff und Anker. Das Fest des hl. Nikolaus wird am 6. Dezember gefeiert. Er gilt als → Patron der Seeleute, Weber und Schneider, Juristen und Gefangenen, Metzger und Kinder. Bei falschem Urteil, Verlust von Gegenständen und für eine glückliche Heirat wird er vielfach angerufen.

Nikolaus I., 105. Papst, ein vornehmer Römer, am 24. April 858 in Anwesenheit Kaiser Ludwigs II. zum Nachfolger → Benedikts III. (855 – 858) gewählt.

Papst Nikolaus I.

Nikolaus wird als eine der bedeutendsten Persönlichkeiten zwischen → Gregor I. (590 – 604) und → Gregor VII. (1073 – 1085) bezeichnet, da er unerschütterlich die Vorrechte des apostolischen Stuhles und die sittlichen Grundsätze des Christentums verteidigte. Besonders scharf wandte er sich gegen die Mätresse König Lothars II., Walrada, und setzte deshalb sogar die dem König ergebenen Erz → bischöfe Gunthar von Köln und Theutgaud von Trier im Jahre 863 ab. In der Beziehung zur Ostkirche kam es mit → Photius und wegen des → »filioque« – daß nämlich der Hl. Geist vom Vater und vom Sohne ausgehe – zum Bruch. 866 wandte sich der eben bekehrte Bulgarenfürst Boris nach Rom, damit ihm Glaubensboten, die das Christentum verbreiten sollten, geschickt würden, worauf Nikolaus I. seinem Wunsch entsprach. Photius, der die Gefahr spürte, daß sich das Bulgarenreich dem politischen wie kirchlichen Einfluß Byzanz' entziehen könnte, erhob heftige Angriffe gegen die abendländische Kirche in bezug auf das Samstagsfasten und das → Zölibat. 867 erwirkte Photius, daß Nikolaus I. abgesetzt wurde. Auch leugnete er den → Primat Roms, da der Kaisersitz nach Konstantinopel verlegt wurde und den kirchlichen Primat mit sich ziehen würde. Nikolaus I. starb am 13. November 867. Sein Gegner Photius wurde nach dem Sturz des Kaisers Michael in ein Kloster verbannt.

Nikolaus II., 156. Papst, eigentlich Gerhard von Burgund, → Bischof von Florenz, am 6. Dezember 1058 von der Reformpartei zum Papst gewählt. Nach dem Tode → Stephans IX. (1057 – 1058)

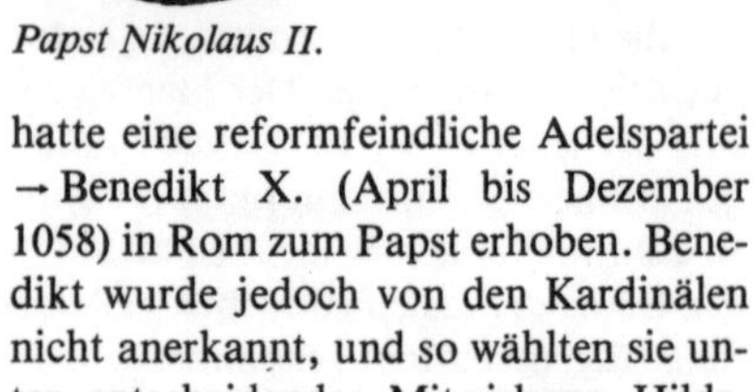

Papst Nikolaus II.

hatte eine reformfeindliche Adelspartei → Benedikt X. (April bis Dezember 1058) in Rom zum Papst erhoben. Benedikt wurde jedoch von den Kardinälen nicht anerkannt, und so wählten sie unter entscheidender Mitwirkung Hildebrands in Siena Nikolaus II. Nach der Flucht Benedikts aus Rom konnte der neue Papst am 24. Jänner 1059 feierlich gewählt werden. Auf Betreiben Hildebrands beschloß die → Lateransynode zu Ostern 1059 das Papstwahldekret, wonach der → Klerus und das Volk nur noch die Zustimmung zur Wahl der Kardinäle geben konnten. Damit war das → Kardinalskollegium zum eigentlichen Wahlgremium geworden. Außerdem beschloß die Synode Bestimmungen gegen → Simonie, Priesterehe und, noch etwas unklar umrissen, das Verbot der Annahme von Kirchenämtern aus der Hand von → Laien. Nikolaus schloß im Sommer 1059 auf der → Synode von Melfi Frieden mit den Normannenfürsten und erhob Robert Guiscard zum Herzog und belehnte ihn mit Apulien, Kalabrien und Sizilien, Richard von Aversa aber mit Kapua. Die beiden Normannenfürsten ihrerseits leisteten den Vasalleneid und versprachen dem Papst militärischen Schutz. Nikolaus gelang es mit Hilfe der Pataria, einer religiösen Mailänder Schwurgemeinschaft, die kirchliche Reformideen gewaltsam durchsetzen wollte, dem Mailänder Erzbischof seine Sonderrechte zu nehmen, und zwang ihn, sich Rom zu unterwerfen. Damit war auch dem Kaiser der Rückhalt in Oberitalien genommen. Der deutsche → Episkopat und Kaiserhof reagierte auf die Anordnungen Nikolaus' mit einer 1061 in Worms abgehaltenen Synode, bei der das → Papstwahldekret und die sonstigen Anordnungen des Papstes für ungültig erklärt wurden. Nikolaus II. starb überraschend am 27. Juli 1061.

Nikolaus III., 189. Papst, eigentlich Giovanni Gaetano Orsini, Sohn des Senators Matteo Rosso Orsini, welcher 1241 ein grausames → Konklave über die → Kardinäle verhängt hatte, bei dem mehrere zu Tode kamen, bestieg am 25. November 1277 als dritter Papst des Hauses Orsini nach halbjähriger → Sedisvakanz in Viterbo den Stuhl Petri.

Papst Nikolaus III.

Als ausgezeichneter Herrscher und Politiker suchte er die Unabhängigkeit und Freiheit des päpstlichen Stuhles zu erlangen. Er entzog Karl von Anjou seine Rechte in Tuscien und Rom, von Rudolf I. von Habsburg erlangte er den Verzicht auf die Romagna. Dem → Orden der → Minderbrüder des hl. → Franz von Assisi zugetan, versuchte Nikolaus deren Streitigkeiten zu schlichten. Der Papst ließ die Capella Santa Sanctorum erbauen und die Vatikanischen Gärten anlegen. Außerdem ließ er Restaurierungsarbeiten am → Lateran und an der Peterskirche durchführen. Nikolaus III., der am 22. August 1280 starb, pflegte einen ausgedehnten → Nepotismus, weswegen ihn Dante auch in seine Hölle versetzte.

Nikolaus IV., 192. Papst, eigentlich Girolamo Masci, geboren in Lisciano bei Ascoli, der erste Ordensgeneral der → Minderbrüder des hl. → Franz von Assisi auf dem Stuhl Petri. 1272 war er zum Provinzial von Dalmatien gewählt worden und als → Legat in Byzanz tätig gewesen. Zwei Jahre darauf wählte ihn sein → Orden als Nachfolger des hl. → Bonaventura zum Generaloberen. → Nikolaus III. (1277 – 1280) erhob ihn 1278 zum → Kardinal, unter → Martin IV. (1281 – 1285) bestieg er 1281 den

→ Bischofsstuhl von Palestrina. Der bescheidene und friedfertige Mann wurde nach elfmonatiger → Sedisvakanz am 22. Februar 1288 als Nikolaus IV. zum Papst gewählt. Zu Rieti krönte er im Mai 1289 Karl II. von Anjou zum König von Neapel und Sizilien, doch blieb die Insel weiterhin im Besitze Aragons.

Papst Nikolaus IV.

Seine Verhandlungen mit Rudolf von Habsburg scheiterten ebenso wie seine → Kreuzzüge. Mit dem Fall von Akkon am 13. Mai 1291 ging auch die mittelalterliche Kreuzzugsidee unter. Nikolaus IV., an der Kunst und Wissenschaft interessiert, gründete die Universitäten von Lissabon und Montpellier und veranlaßte die Ausschmückung der Apsiden (→ Apsis) der → Lateran → basilika und von S. Maria Maggiore, wo auch seine Bildnisse zu finden sind. Beim Tod Nikolaus am 4. April 1292 waren die Zustände in Rom durch die Rivalität der großen Adelshäuser Orsini und Colonna überaus unerfreulich, wobei Nikolaus die Partei der Colonna begünstigt hatte.

Nikolaus V. (→ Gegenpapst), eigentlich Pietro Rainalducci, → Minorit, letzter kaiserlicher Gegenpapst, wurde am 12. Mai 1328 auf Betreiben Ludwigs IV. von Bayern in Aracoeli in Rom vom Volk gewählt. Pietro, in Corvaro bei Rieti geboren, war fünf Jahre verheiratet, bevor er sich dem → Orden der → Minderen Brüder des hl. → Franz von Assisi anschloß. Er gehörte dem Konvent von S. Maria in Aracoeli (Rom) an, wo er auch durch Akklamation durch das römische Volk zum Papst erhoben wurde. Ludwig der Bayer, der Papst → Johannes XXII. (1316–1334) einen Gegenpapst entgegenstellen wollte, bestätigte die Wahl, worauf die feierliche Krönung am 22. Mai in St. Peter in Rom vorgenommen wurde. Nikolaus, der wenig Anhang hatte, zog mit dem Kaiser nach Pisa und unterwarf sich schließlich am 25. August 1330 in Avignon seinem Gegner → Johannes XXII. Dieser hielt ihn in Haft, in der er auch am 16. Oktober 1333 verschied.

Nikolaus V., 209. Papst, eigentlich Tommaso Parentucelli, Sohn eines Arztes aus Sarzana, geboren am 15. November 1397. In Florenz Hauslehrer und Bibliothekar, studierte Tommaso auch in Bologna, wo er zwanzig Jahre im Dienste des → Bischofs und → Kardi-

Papstwappen Nikolaus' V.

Krönung Friedrichs III. zum römischen Kaiser durch Nikolaus V.

nals Niccolò d'Albergati stand. 1426 ging er mit diesem auch an die → Kurie. Durch sein Wissen und seine Sprachkenntnisse lenkte er die Aufmerksamkeit Papst → Eugens IV. (1431 – 1447) auf sich, der ihn zum Nachfolger Albergatis auf den Bischofsstuhl von Bologna erhob (1444). Als päpstlicher → Legat erreichte er in Deutschland die Anerkennung Eugens IV., der ihn 1446 in das Amt eines Kardinalpriesters von S. Susanna einsetzte. Am 6. März 1447 wählten ihn die Kardinäle zum Nachfolger Eugen IV. Mit Nikolaus V. bestieg der erste Humanist den Stuhl Petri. Er stellte die päpstliche Autorität mit Hilfe → Nikolaus' von Kues und → Johannes' von Capestrano und einiger anderer wieder her und erreichte bald die Anerkennung König Friedrichs III., den er am 19. April 1452 zum Kaiser krönte. Es war dies die letzte Krönung eines Kaisers in Rom. Im Wiener Konkordat vom 17. Februar 1448 zwischen Friedrich und dem Heiligen Stuhl hatte Nikolaus bereits das kirchliche Stellenbesetzungsrecht in Deutschland regeln können. 1449 resignierte der → Gegenpapst → Felix V., und das Rumpf→ konzil von Basel erkannte Nikolaus als rechtmäßigen Papst an. Unter den Feinden des Papstes war der Römer Stefano Porcaro, der längere Zeit Podestà in Anagni gewesen war. Er gedachte Roms einstige Freiheit wiederherzustellen und faßte den Entschluß, Rom gewaltsam zu befreien. Er warb Söldner und Banditen an und ging im Jänner 1453 mit diesen nach Rom. Die Häupter der Verschwörung wollten das Kapitol besetzen, dann die Engelsburg und endlich die ganze Stadt erobern. Der Papst und die Kardinäle sollten ermordet werden. Der Plan wurde jedoch verraten und Porcaro nebst seinen Mitverschwörern vor der Engelsburg aufgeknüpft. Es gab noch viele Hinrichtungen, und auf die Köpfe der Flüchtigen setzte der Papst einen Preis. Eine weitere Erschütterung erlebte Nikolaus V. durch den Fall Konstantinopels am 29. Mai 1453. Das christliche Abendland fand sich jedoch bald damit ab, und die Aufrufe des Papstes zum → Kreuzzug blieben unbeantwortet. Der Humanist auf dem Stuhl Petri versammelte hervorragende Männer der Wissenschaft und der Künste um sich, so daß Rom ihm die Erhaltung und den Neubau vieler Kirchen verdankt. Der Neubau der → Peterskirche und des → Vatikans wurden unter Nikolaus V. konzipiert und die heutige Vatikanische Bibliothek gegründet. Wichtige kirchliche Erneuerungen unterblieben jedoch.

Papst Nikolaus V., dem Gegenpapst Felix V. in Gestalt eines Wolfes die päpstliche Fahne entführt.

Über Nikolaus' Charakter schrieb Enea Piccolomini, der spätere Papst → Pius II. (1458 – 1464): »Im Reden war er aufrichtig und schonte keinen, der lügenhaft oder ungeschickt redete. Von sich selbst dachte er zu hoch und wollte alles selber tun. Schön ausgestattete Bücher und kostbare Kleider liebte er. Kränkungen rächte er und vergaß es auch nicht. Er brauste leicht auf, doch bereute er es sofort wieder.« In ständiger Angst vor neuen Verschwörungen starb Nikolaus am 24. März 1455 nach schwerem Gichtleiden im Vatikan. Die Geschichtsschreiber L. von Pastor und Gregorovius bezeichnen ihn als einen der freigebigsten Männer seines Jahrhunderts.

Nikolaus von Cusa (Cusanus), → Kardinal und berühmter Gelehrter des Mittelalters, 1401 in Kues an der Mosel geboren. Er vertrat die Ansicht, daß der Papst nicht über dem → Konzil stehe, sondern diesem untergeordnet sei. Papst → Eugen IV. gewann ihn jedoch für den Apostolischen Stuhl und gab ihm den Auftrag, die Klosterzucht in Deutschland wiederherzustellen. Papst → Nikolaus V. erhob ihn 1448 zum Kardinal und → Bischof von Brixen. Außerordentlich für seine Zeit waren seine mathematischen Kenntnisse. So lehrte er schon zweihundert Jahre vor Galilei, daß sich die Erde um die Sonne drehe. Nikolaus starb am 11. August 1464 in Todi in Umbrien.

Nikolaus von Flüe hl., Einsiedler, 1417 in Flüeli in der Schweiz geboren. Als Bauer lebte er mit seiner Frau und zehn Kindern ein Leben wie jeder andere seines Standes, übte aber dazu noch das Amt eines Richters und Ratsherrn aus. Als Soldat kämpfte er gegen die Österreicher und wurde wegen seines Mutes ausgezeichnet und zum Offizier befördert. Mit fünfzig Jahren, am 16. Oktober 1467, verließ er seine Frau und seine Kinder und zog sich in die Einsamkeit zurück, doch gab er seinen Landsleuten, die oft zu ihm kamen, gerne einen guten Rat. In einer einsamen Schlucht des Melchaatals, im »Ranft«, lebte »Bruder Klaus« in einer selbstgezimmerten Blockhütte fast zwanzig Jahre ohne Nahrung, außer der hl. → Kommunion. Der hl. Einsiedler starb nach schwerer Krankheit am 21. März 1487 im Ranft. Der Schweizer Nationalheilige wurde erst 1947 von → Pius XII. offiziell heiliggesprochen, doch verehrten ihn seine Landsleute schon zu Lebzeiten als einen heiligen Mann. Dargestellt wird er als Einsiedler mit Bart, Krückstock und Rosenkranz. Das Fest des Heiligen, dessen Grab sich in der Pfarrkirche von Sachseln im Kanton Unterwalden befindet, feiert die Kirche am 25. September.

Nimbus (lat.), Heiligenschein. Im Altertum jene Wolke, in die sich die Götter zu hüllen pflegten, wenn sie auf die Erde stiegen. Auch der Strahlenkranz, mit dem umgeben man sich die Häupter gewisser Gottheiten, namentlich des Apoll und des Helios, vorstellte und den man auch in der Kunst darstellte, wurde Nimbus genannt. Bei den Römern wurde dieser Strahlenkranz das Kennzeichen aller vergötterten Imperatoren von Julius Cäsar an. Dies war auch Vorbild zu dem Lichtkreis, der schon auf den ältesten christlichen Denkmälern das Haupt Christi und aller Heiligen umgibt. In letzterem Sinn nennt man diesen Nimbus auch Heiligenschein, Glorie oder Auréole.

Norbert von Xanten hl., → Bischof, um 1082 in Xanten am Niederrhein geboren. Seine adeligen Eltern sorgten für eine geistliche Ausbildung, und bald erlangte Norbert das Amt eines Hofkaplans (→ Kaplan) bei Heinrich V. Dem Tod durch einen Sturz vom Pferde knapp entronnen, begann er fortan ein Leben der Buße zu führen. In einem Wald in der Nähe von Prémontré gründete er einen Reformorden der → Augustiner-Chorherren, aus dem sich der → Prämonstratenserorden entwickelte. Als gewaltiger Prediger reiste Norbert durch Frankreich, Belgien und Deutschland. Papst → Honorius II. bestätigte 1126 seinen → Orden, und der Reichstag zu Speyer ernannte ihn zum Bischof von Magdeburg. Anfangs hatte der strenge Reformbischof Norbert das Volk gegen sich, doch konnte er es bald für sich gewinnen. Kaiser Lothar ernannte ihn zum Kanzler von Italien. Nach längerer Krankheit starb Norbert am 6. Juni 1134 in Magdeburg. In der → Prämonstratenserabtei Strahow bei Prag werden seine → Reliquien verehrt. Norbert, der 1582 heiliggesprochen wurde, wird meist als → Bischof oder Prämonstratensermönch dargestellt, mit Kelch in Händen, mit Spinne und gefesselten Häretikern (→ Häresie). Er gilt als Patron seines Ordens und als Schutzheiliger der Wöchnerinnen. Am 6. Juni feiert die Kirche sein Fest.

Novatian (→ Gegenpapst), → Presbyter, hochbegabter Schriftsteller. Während → Cornelius (251–253) nach dem → Märtyrertod des Papstes → Fabianus (236–250) und einer fünfzehn Monate dauernden → Sedisvakanz zum Papst gewählt wurde, erhob eine Minderheit Novatian zum Gegenpapst. Seine Briefe zeigen seine Vorliebe für Vergil und die stoische Philosophie. Novatian schrieb mit seinem Hauptwerk »De Trinitate« die erste theologische Abhandlung in lateinischer Sprache und beeinflußte damit die Theologie und Terminologie des Westens. Außer dem persönlichen Gegensatz der beiden Päpste spielte auch noch die Bußfrage eine bedeutende Rolle. Cornelius neigte zur milderen Auffassung, indem er die in der Verfolgung Abgefallenen und reumütig Zurückkehrenden wieder in die Kirchengemeinschaft aufnahm. Novatian dagegen verfolgte die strengere Linie. Er soll sogar Sterbenden die Rekonziliation verweigert haben. Die Anhänger Novatians schlossen sich in einer »Kirche der Reinen« zusammen, und jeder, der zu ihnen übertrat, wurde wiedergetauft. Auf einer → Synode in Rom schlossen im Jahre 251 die versammelten 60 → Bischöfe Novatian aus der Kirche aus. Danach ist wenig von ihm bekannt. Möglicherweise erlitt er den → Märtyrertod unter Valerian.

Novatianer → Novatian.

Novize (lat., »Neuling«), Mönch oder Nonne während der Probezeit im → Orden. Das Kloster für Novizen, mit eigenem Unterricht und Novizenmeister, heißt Noviziat.

Nuntius → Legat.

O

Observanten (lat. observare, »einhalten«) – auch Brüder von der Observanz –, die Anhänger der strengen Richtung in einem Mönchs→orden, insbesondere bei den Franziskanern (→ Mindere Brüder), werden Observanten genannt.

Odilia hl., auch Ottilia, Äbtissin, als Tochter des Herzogs Adalrich um 660 auf Schloß Hohenburg im Elsaß geboren. Auf ihrem väterlichen Schloß gründete sie das Kloster Odilienberg und am Fuße des Odilienberges das Kloster Niedermünster. Bis zu ihrem Tode um 720 stand Odilia den beiden Klöstern als Äbtissin vor. Der → Legende nach wurde Odilia blind geboren und erst bei ihrer Taufe sehend. Die Heilige wird deshalb auch bei Augenleiden angerufen, und die Wallfahrer benetzen gerne ihre Augen am Odilienbrunnen am Odilienberg. Die Landespatronin von Elsaß wird auch in Südwestdeutschland sehr verehrt. Auf Darstellungen sieht man sie in Äbtissinnentracht mit zwei Augen auf einem Buch. Das Fest der hl. Odilia feiert die Kirche am 13. Dezember.

Ökumenische Konzile, → Konzile der gesamten katholischen Kirche.

Olaf von Norwegen hl., König Olaf II. von Norwegen, auch »der Dicke« genannt, um 995 als Sohn Haralds von Westfold geboren. Mit besonderer Strenge führte er die Christianisierung Norwegens durch und wurde, da er scharf gegen jene vorging, die sich nicht taufen ließen, 1028 vertrieben. Als er mit Gewalt wieder in seine Heimat zurückkehren wollte, fiel Olaf in einer Schlacht bei Stiklestad im Werdal am 29. Juli 1030. Das Fest dieses gewalttätigen »Heiligen«, der im Dom von Drontheim begraben liegt, feiert die römische Kirche am 10. Juli.

Oratorianer → Philipp Neri hl.

Orden, eine klösterliche Gemeinschaft, in der feierliche → Gelübde abgelegt werden. In den Gelübden zur Befolgung der → Evangelischen Räte liegt eine freiwillig übernommene Pflicht zum Erstreben der christlichen Vollkommenheit. Die Orden kann man einteilen *nach ihrem Stand:* in → Priester- und → Laienorden; *nach ihrem Apostolat:* in beschauliche und tätige Orden, je nachdem, ob das äußere Apostolat bevorzugt oder ausgeschlossen wird, bzw. gemischte Orden, wenn neben dem beschaulichen Leben auch äußeres Apostolat geübt wird; und *nach ihrem Wesen:* a) Regularkanoniker: → Augustiner-Chorherren, → Prämonstratenser, → Kreuzherren; b) Mönchsorden: → Benediktiner, → Kamaldulenser, Vallumbrosaner, Silvestriner, Olivetaner, → Zisterzienser, → Trappisten, → Kartäuser; c) Bettelorden: → Dominikaner, → Mindere Brüder, → Augustiner-Eremiten, → Karmeliten, Trinitarier, Mercedarier, Serviten, → Barmherzige Brüder; d) Regularkleriker-Orden: Theatiner, → Barnabiten, → Jesuiten, Somasker, Kamillianer, Caraccioliner, Regularkleriker von der Mutter Gottes, Piaristen; e) Ritterorden: Johanniter (→ Malteser), Deutscher Orden.

Ritterorden vom Hl. Grab in Jerusalem.

Die Männerorden sind fast alle → Priesterorden, denen meist ein weiblicher Zweig angeschlossen ist. Zu den wichtigsten selbständigen Frauenorden zählen die Annunziaten, die → Salesianerinnen, der Brigittenorden und die Ursulinen.

Ordensregel → Orden.

Origenes, der bedeutendste Lehrer der frühen griechischen Kirche, um 185 in Alexandrien geboren. Er wurde auch Adamantios – »Mann von Diamant« – wegen seines eisernen Fleißes genannt und erhielt von seinem Vater Leonidas Unterricht im Christentum und in der Wissenschaft. Von Klemens von Alexandrien dürfte er seine griechische und bibelkundliche Ausbildung erhalten haben. Als sein Vater unter Kaiser Serverus der Religion wegen ins Gefängnis geworfen wurde, ermahnte er ihn, eher den → Märtyrertod zu erleiden als dem Christentum zu entsagen. Nach dem Tod des Vaters gab Origenes Unterricht in Grammatik, um für seine Mutter und Schwester den Lebensunterhalt zu verdienen. Bereits mit 19 Jahren war er Katechet in Alexandrien, wo er allgemeines Aufsehen erregte. Aus falschem asketischem (→ Askese) Eifer entmannte er sich. Auf einer Reise nach Palästina wurde er zum Priester geweiht. Dies gab die erste Veranlassung zu den Verfolgungen, die sein Leben verbitterten. Der → Bischof von Alexandrien, Demetrius, behauptete, daß es nur ihm zukomme, Origenes zu weihen, enthob ihn im Jahre 232 des → Priesteramtes und exkommunizierte ihn. Diese Verurteilung wurde in Rom und von den meisten anderen Bischöfen gebilligt. in Cäsarea durfte Origenes weiterhin die Hl. Schrift auslegen. Während der Christenverfolgung des Kaisers Decius wurde er eingekerkert und gemartert. Erschöpft durch diese Mißhandlungen starb er um 254 in Tyrus. Wenige Menschen sind so bewundert und geachtet und doch so hart angegriffen und verfolgt worden wie Origenes, sowohl während seines Lebens wie nach seinem Tode. Man beschuldigte ihn, daß er die Wahrheiten der christlichen Religion durch platonische Ideen verfälscht habe. Er hat zwar ein auf die Philosophie des Platon gegründetes System aufgebaut, doch stellte er seine Meinung nur als Möglichkeit zur Diskussion. Überdies hatten, wie Origenes selbst sagt, die Ketzer seiner Zeit seine Schriften verfälscht. Über seine Rechtgläubigkeit haben sich viele Streitigkeiten erhoben. Im 4. Jahrhundert beriefen sich die Arianer (→ Arianismus) auf ihn, um die Wahrheit ihrer Lehrsätze zu beweisen. Sowohl unter seinen Verteidigern als auch unter seinen Gegnern finden sich die gelehrtesten und berühmtesten Kirchenväter, wie z. B. → Hieronymus, der den Ruf als Ketzer fürchtete und sich deshalb gegen ihn erklärte. Von den zahlreichen Schriften des Origenes ist nur ein Bruchteil erhalten, die Hälfte davon in schlechter Übersetzung. Die meisten Bücher des Origenes sind Erklärungen zur Hl. Schrift. Seine Schrift »Gegen Celsus« hat die vollständigste und beste Verteidigung des Christentums, welche das Altertum aufzuweisen hat.

Orthodoxe Kirche (orthodox: griech., »der richtigen Lehrmeinung folgend«), die seit 1054 von Rom getrennte (→ Schisma) morgenländische oder griechische Kirche.

Osterfeststreit, Streit um den Termin des Osterfestes zwischen der West- und Ostkirche, hatte bereits unter Papst → Anicet begonnen und beschäftigte die Päpste bis → Victor I. Die Erregung beider Parteien war so groß, daß sie bald zu einem → Schisma geführt hätte. Der hl. Irenäus bewog Papst Victor I., die Kleinasiaten, die wegen der Nichtannahme des römischen Ostertermins mit dem Kirchenbann bestraft werden sollten, zu verschonen. Dadurch wurde der Streit endgültig beigelegt.

Otto hl., Otto von Bamberg, wahrscheinlich aus schwäbischem (fränkischem?) Adel, um 1062 geboren. 1090 trat Otto in den Dienst Kaiser Heinrichs IV., wurde Hofkaplan und im Jahre 1101 Kanzler. Schon ein Jahr darauf bestieg er den Bischofssitz von Bamberg und erhielt 1106 von Papst → Paschalis

II. die Bischofsweihe. Im → Investiturstreit zwischen dem Papst und Heinrich V. trat Bischof Otto als Vermittler auf. Als der Polenherzog Boleslaw III. Pommern dem Christentum zuführen wollte, beauftragte er den der slawischen Sprache mächtigen → Bischof Otto mit der Mission. Otto wirkte erfolgreich und konnte das Christentum in Pommern festigen. 1139 starb der Heilige in Bamberg und ruht in seiner Klostergründung Michelsberg. Dargestellt wird Otto als Bischof mit Pfeilen, → Kirchenmodell und einem Löwen. Sein Fest feiert die Kirche am 30. Juni. Otto gilt als Schutzpatron gegen Tollwut und Fieber.

P

Pallium (lat. »Hülle«), das Amtszeichen eines katholischen Erz→ bischofs. Es ist eine um die Schulter gelegte weiße Binde mit sechs schwarzen Kreuzen.

Pantaleon hl. → Vierzehn Nothelfer.

Pantheismus (griech.), die Lehre, daß Gott und Wirklichkeit (= die Welt) dasselbe sind. Da in dieser Allgottlehre die Gegenüberstellung von Gott (als der Schöpfer) nicht besteht, gibt es für den konsequent denkenden Pantheisten keine Anbetung, keine Verantwortung gegenüber seinem Schöpfer, daher auch kein Schuldbekenntnis usw.

Papalismus, eine kirchenrechtliche Meinung, nach der dem Papst die volle Gewalt in der Kirche zusteht, im Gegensatz zum Episkopalismus (→ Episkopat), der die Meinung vertritt, daß die entscheidende Gewalt in der Kirche bei den → Bischöfen liegt.

Papias von Hierapolis, → Bischof, in Phrygien um 60/70 geboren, wurde von → Irenäus als Hörer des hl. → Johannes und Zeitgenosse des → Polykarp erwähnt. Er nahm durch seine Schriften bedeutenden Einfluß auf die Theologen → Hippolyt von Rom und → Irenäus von Lyon. Papias wird von manchen zu den → Apostolischen Vätern gezählt. Er starb um 120/130.

Papstkatalog → Papstliste.

Papstliste (auch → Irenäus hl.)

Hl. → Petrus 64/67 (?)
Hl. → Linus 64 – 79 (?)
Hl. → Anaklet (Anenkletos) I. 79 – 90/92 (?)
Hl. → Clemens I. 90/92 – 101 (?)
Hl. → Evaristus 99/101 – 107 (?)
Hl. → Alexander I. 107 – 116 (?)
Hl. → Sixtus (Xystus) I. 116 – 125 (?)
Hl. → Telesphorus 125 – 138 (?)
Hl. → Hyginus 138 – 142 (?)
Hl. → Pius I. 142 – 154/155 (?)
Hl. → Anicet (Aniketos) 154/155 – 166 (?)
Hl. → Soter 166 – 174 (?)
Hl. → Eleutherus 174 – 189 (?)
Hl. → Victor I. 189 – 198/199 (?)
Hl. → Zephyrinus 199 – 217 (?)
Hl. → Calixtus I. 217 – 222
Hl. → Hippolytos (Gegenpapst) 217 – 235
Hl. → Urban I. 222 – 230
Hl. → Pontianus 230 – 235
Hl. → Anterus 235 – 236
Hl. → Fabianus 236 – 250
Hl. → Cornelius 251 – 253
→ Novatianus (→ Gegenpapst) 251 – 258 (?)
Hl. → Lucuis I. 253 – 254
Hl. → Stephanus I. 254 – 257

Die älteste, heute noch existierende Papstliste aus der Nationalbibliothek in Paris.

Hl. → Sixtus (Xystus) II. 257 – 258
Hl. → Dionysius 259/260 – 267/268
Hl. → Felix I. 268/269 – 273/274
Hl. → Eutychianus 274/275 – 282/283
Hl. → Cajus (Gaius) 282/283 – 295/296
Hl. → Marcellinus 296 – 304
Hl. → Marcellus I. 307 – 308 (?)
Hl. → Eusebius 308 (309, 310)
Hl. → Miltiades (Melchiades) 310 – 314
Hl. → Silvester I. 314 – 335
Hl. → Marcus 336
Hl. → Julius I. 337 – 352
Hl. → Liberius 352 – 366
→ Felix II. (Gegenpapst) 355 – 358 (†365)
Hl. → Damasus I. 366 – 384
→ Ursinus (Gegenpapst) 366 – 367
Hl. → Siricius 384 – 399
Hl. → Anastasius I. 399 – 402
Hl. → Innozenz I. 402 – 417
Hl. → Zosimus 417 – 418
→ Eulalius (Gegenpapst) 418 – 422
Hl. → Bonifatius I. 418 – 419
Hl. → Coelestin I. 422 – 432
Hl. → Sixtus III. 432 – 440
Hl. → Leo I. 440 – 461
Hl. → Hilarus 461 – 468
Hl. → Simplicius 468 – 483
Hl. → Felix II. (III.) 483 – 492
Hl. → Gelasius I. 492 – 496
→ Anastasius II. 496 – 498
Hl. → Symmachus 498 – 514
→ Laurentius (Gegenpapst) 498 – 506
Hl. → Hormisdas 514 – 523
Hl. → Johannes I. 523 – 526
Hl. → Felix III. (IV.) 526 – 530
→ Bonifatius II. 530 – 532
→ Dioskur (Gegenpapst) 530
→ Johannes II. (Mercurius) 533 – 535
Hl. → Agapet I. 535 – 536
Hl. → Silverius 536 – 537
→ Vigilius 537 – 555
→ Pelagius I. 556 – 561
→ Johannes III. 561 – 574
→ Benedikt I. 575 – 579
→ Pelagius II. 579 – 590
Hl. → Gregor I. 590 – 604
→ Sabinian 604 – 606

→ Bonifatius III. 607
Hl. → Bonifatius IV. 608 – 615
Hl. → Deusdedit (Adeodatus) 615 – 618
→ Bonifatius V. 619 – 625
→ Honorius I. 625 – 638
→ Severinus 640
→ Johannes IV. 640 – 643
→ Theodor I. 643 – 649
Hl. → Martin I. 649 – 653
Hl. → Eugen I. 654 – 657
Hl. → Vitalianus 657 – 672
→ Adeodatus II. 672 – 676
→ Donus 676 – 678
Hl. → Agatho 678 – 681
Hl. → Leo II. 682 – 683
Hl. → Benedikt II. 684 – 685
→ Johannes V. 685 – 686
→ Konon 686 – 687
→ Theodor (Gegenpapst) 687
→ Paschalis (Gegenpapst) 687 – 692
Hl. → Sergius I. 687 – 701
→ Johannes VI. 701 – 705
→ Johannes VII. 705 – 707
→ Sisinnius 708
→ Constantinus I. 708 – 715
Hl. → Gregor II. 715 – 731
Hl. → Gregor III. 731 – 741
Hl. → Zacharias 741 – 752
→ Stephan II. (Gegenpapst) 752
→ Stephan II. (III.) 752 – 757
Hl. → Paul I. 757 – 767
→ Constantinus II. (Gegenpapst) 767 – 768
→ Philipp (Gegenpapst) 768
→ Stephan III. (IV.) 768 – 772
→ Hadrian I. 772 – 795
Hl. → Leo III. 795 – 816
→ Stephan VI. (V.) 816 – 817
Hl. → Paschalis I. 817 – 824
→ Eugen II. 824 – 827
→ Valentin 827
→ Gregor IV. 827 – 844
→ Johannes (Gegenpapst) 844
→ Sergius II. 844 – 847
Hl. → Leo IV. 847 – 855
→ Benedikt III. 855 – 858
→ Anastasius III. (Gegenpapst) 855
Hl. → Nikolaus I. 858 – 867
→ Hadrian II. 867 – 872
→ Johannes VIII. 872 – 882
→ Marinus I. (Martin II.) 882 – 884
Hl. → Hadrian III. 884 – 885
→ Stephan V. (VI.) 885 – 891
→ Formosus 891 – 896
→ Bonifatius VI. 896
→ Stephan VI. (VII.) 896 – 897
→ Romanus 897
→ Theodor II. 897
→ Johannes IX. 898 – 900
→ Benedikt IV. 900 – 904
→ Leo V. 903
→ Christophorus 903 – 904
→ Sergius III. 904 – 911
→ Anastasius III. 911 – 913
→ Lando 913 – 914
→ Johannes X. 914 – 928
→ Leo VI. 928
→ Stephan VII. (VIII.) 929 – 931
→ Johannes XI. 931 – 935
→ Leo VII. 936 – 939
→ Stephan VIII. (IX.) 939 – 942
→ Marinus II. (Martin III.) 942 – 946
→ Agapet II. 946 – 955
→ Johannes XII. 955 – 963
→ Leo VIII. 963 – 965
→ Benedikt V. 964
→ Johannes XIII. 965 – 972
→ Benedikt VI. 973 – 974
→ Bonifatius VII. (Franco) (Gegenpapst) 974
→ Benedikt VII. 974 – 983
→ Johannes XIV. 983 – 984
→ Bonifatius VII. 984 – 985
→ Johannes XV. 985 – 996
→ Gregor V. 996 – 999
→ Johannes XVI. (Gegenpapst) 997 – 998

→ Silvester II. 999 – 1003
→ Johannes XVII. 1003
→ Johannes XVIII. 1003/1004 – 1009
→ Sergius IV. 1009 – 1012
→ Benedikt VIII. 1012 – 1024
→ Gregor VI. (Gegenpapst) 1012
→ Johannes XIX. 1024 – 1032
→ Benedikt IX. 1032 – 1045
→ Silvester III. (Gegenpapst) 1045
→ Gregor VI. 1045 – 1046
→ Clemens II. 1046 – 1047
→ Damasus II. 1048
Hl. → Leo IX. 1049 – 1054
→ Victor II. 1055 – 1057
→ Stephan IX. (X.) 1057 – 1058
→ Benedikt X. 1058 – 1059
→ Nikolaus II. 1058 – 1061
→ Alexander II. 1061 – 1073
→ Honorius II. (Gegenpapst) 1061 – 1071/72
Hl. → Gregor VII. 1073 – 1085
→ Clemens III. (Gegenpapst) 1080 – 1100
Sel. → Victor III. 1086 – 1087
Sel. → Urban II. 1088 – 1099
→ Paschalis II. 1099 – 1118
→ Theoderich (Gegenpapst) 1100 – 1102
→ Albert (Gegenpapst) 1102
→ Silvester IV. (Gegenpapst) 1105 – 1111
→ Gelasius II. 1118 – 1119
→ Gregor VIII. (Gegenpapst) 1118 – 1121
→ Calixtus II. 1119 – 1124
→ Honorius II. 1124 – 1130
→ Coelestin II. (Gegenpapst) 1124
→ Innozenz II. 1130 – 1143
→ Anaklet II. (Gegenpapst) 1130 – 1138
→ Victor IV. (Gegenpapst) 1138
→ Coelestin II. 1143 – 1144
→ Lucius II. 1144 – 1145
Sel. → Eugen III. 1145 – 1153
→ Anastasius IV. 1153 – 1154
→ Hadrian IV. 1154 – 1159
→ Alexander III. 1159 – 1181
→ Victor IV. (Gegenpapst) 1159 – 1164
→ Paschalis III. (Gegenpapst) 1164 – 1168
→ Calixtus III. (Gegenpapst) 1168 – 1178
→ Innozenz III. (Gegenpapst) 1179 – 1180
→ Lucius III. 1181 – 1185
→ Urban III. 1185 – 1187
→ Gregor VIII. 1187
→ Clemens III. 1187 – 1191
→ Coelestin III. 1191 – 1198
→ Innozenz III. 1198 – 1216
→ Honorius III. 1216 – 1227
→ Gregor IX. 1227 – 1241
→ Coelestin IV. 1241
→ Innozenz IV. 1243 – 1254
→ Alexander IV. 1254 – 1261
→ Urban IV. 1261 – 1264
→ Clemens IV. 1265 – 1268
Sel. → Gregor X. 1271 – 1276
Sel. → Innozenz V. 1276
→ Hadrian V. 1276
→ Johannes XXI. 1276 – 1277
→ Nikolaus III. 1277 – 1280
→ Martin IV. 1281 – 1285
→ Honorius IV. 1285 – 1287
→ Nikolaus IV. 1288 – 1292
Hl. → Coelestin V. 1294
→ Bonifatius VIII. 1294 – 1303
Sel. → Benedikt XI. 1303 – 1304
→ Clemens V. 1305 – 1314
→ Johannes XXII. 1316 – 1334
→ Nikolaus V. (Gegenpapst) 1328 – 1330
→ Benedikt XII. 1334 – 1342
→ Clemens VI. 1342 – 1352
→ Innozenz VI. 1352 – 1362
Sel. → Urban V. 1362 – 1370
→ Gregor XI. 1370 – 1378
→ Urban VI. 1378 – 1389

→ Clemens VII. (Gegenpapst) 1378–1394
→ Bonifatius IX. 1389–1404
→ Benedikt XIII. 1394–1403
→ Innozenz VII. 1404–1406
→ Gregor XII. 1406–1415
→ Alexander V. 1409–1410
→ Johannes XXIII. 1410–1415
→ Martin V. 1417–1431
→ Clemens VIII. (Gegenpapst) 1423–1429
→ Eugen IV. 1431–1447
→ Felix V. (Gegenpapst) 1439–1449
→ Nikolaus V. 1447–1455
→ Calixtus III. 1455–1458
→ Pius II. 1458–1464
→ Paul II. 1464–1471
→ Sixtus IV. 1471–1484
→ Innozenz VIII. 1484–1492
→ Alexander VI. 1492–1503
→ Pius III. 1503
→ Julius II. 1503–1513
→ Leo X. 1513–1521
→ Hadrian VI. 1522–1523
→ Clemens VII. 1523–1534
→ Paul III. 1534–1549
→ Julius III. 1550–1555
→ Marcellus II. 1555
→ Paul IV. 1555–1559
→ Pius IV 1559–1565
Hl. → Pius V. 1566–1572
→ Gregor XIII. 1572–1585
→ Sixtus V. 1585–1590
→ Urban VII. 1590
→ Gregor XIV. 1590–1591
→ Innozenz IX. 1591
→ Clemens VIII. 1592–1605
→ Leo XI. 1605
→ Paul V. 1605–1621
→ Gregor XV. 1621–1623
→ Urban VIII. 1623–1644
→ Innozenz X. 1644–1655
→ Alexander VII. 1655–1667
→ Clemens IX. 1667–1669
→ Clemens X. 1670–1676
Sel. → Innozenz XI. 1676–1689
→ Alexander VIII. 1689–1691
→ Innozenz XII. 1691–1700
→ Clemens XI. 1700–1721
→ Innozenz XIII. 1721–1724
→ Benedikt XIII. 1724–1730
→ Clemens XII. 1730–1740
→ Benedikt XIV. 1740–1758
→ Clemens XIII. 1758–1769
→ Clemens XIV. 1769–1774
→ Pius VI. 1775–1799
→ Pius VII. 1800–1823
→ Leo XII. 1823–1829
→ Pius VIII. 1829–1830
→ Gregor XVI. 1831–1846
→ Pius IX. 1846–1878
→ Leo XIII. 1878–1903
Hl. → Pius X. 1903–1914
→ Benedikt XV. 1914–1922
→ Pius XI. 1922–1939
→ Pius XII. 1939–1958
→ Johannes XXIII. 1958–1963
→ Paul VI. 1963–1978
→ Johannes Paul I. 1978
→ Johannes Paul II. 1978–

Papstwahl, Geschichte: In den frühesten Zeiten der christlichen Kirche hatte wie andernorts auch in Rom das Volk an der Wahl des → Bischofs großen Anteil. Seit dem 10. Jahrhundert stand die Papstwahl gänzlich unter dem Einfluß des römischen Adels, bis Papst → Nikolaus II. 1059 den Kardinälen allein das Recht zusprach, den Papst zu wählen, der nach einer späteren Bestimmung dem Kardinalskollegium angehören mußte. Dabei behaupteten die deutschen Kaiser bis ins 12. Jahrhundert sich in dem Recht, den gesetzlich erwählten Papst zu bestätigen. Erst Papst → Alexander III. gab 1179 die genaueren Bestimmungen zur Papstwahl, die von → Gregor X., → Julius II., → Pius IV.,

→ Gregor XV., → Urban VIII. und → Clemens XII. vervollständigt wurden und im wesentlichen noch heute gelten. → Pius X. schaffte 1904 das Vetorecht weltlicher Mächte (zuletzt machte Kaiser Franz Josef I. von Österreich-Ungarn davon Gebrauch) endgültig ab. Geltende Bestimmungen: Nach dem Tod eines Papstes, bei dem der Fischerring zerbrochen wird, versammeln sich die Kardinäle 16, spätestens 19 Tage danach in der Sixtinischen Kapelle im Vatikan zu einem → Konklave. Jeder Kardinal darf einen Sekretär ins Konklave mitnehmen. Alle im Konklave versammelten Personen müssen einen Eid leisten, strengstes Stillschweigen über die Vorgänge im Konklave zu halten. Radio, Fernsehen, Telefon, Tonbandaufnahmen, Fotoapparate sind verboten.

Wählbar ist jeder getaufte, männliche, rechtgläubige Katholik, ausgenommen Geisteskranke und Unmündige. Es gibt drei Wahlformen: 1. die einstimmige, mündliche Wahl durch alle Konklavekardinäle. In diesem Fall kann kein anwesender → Kardinal gewählt werden, da eine Selbstwahl verboten ist. Die Form wird »gleichsam durch Inspiration durch den Hl. Geist« genannt (quasi per inspirationem). 2. die Wahl durch Kompromiß: die Konklavekardinäle übertragen nach genau festgelegten Regeln einstimmig und schriftlich auf drei, fünf oder sieben Kardinäle das absolute Wahlrecht. 3. Wahl mit Stimmzettel: diese am häufigsten verwendete Wahlform schließt ebenfalls die Selbstwahl aus. Gewählt ist, wer zwei Drittel der Stimmen auf sich vereinigen kann.

Für 111 Kardinäle begann am 25. 8. 1978 mit einem Gebet in der Sixtinischen Kapelle das Konklave.

Der Außenwelt wird jeder abgeschlossene Wahlgang mit Rauchzeichen sichtbar gemacht. Schwarzer Rauch bedeutet einen erfolglosen Wahlgang, weißer Rauch zeigt die Wahl eines neuen Papstes an. Der Gewählte kann Bedenkzeit erbitten. Der neugewählte Papst nimmt meist einen neuen Namen an. Darauf huldigen ihm die Kardinäle, auf der Loggia der Peterskirche wird der Name des neuen Papstes verkündet, und der Papst gibt den ersten Segen »→ urbi et orbi«. Sollte er noch nicht → Bischof sein, werden die Weihen nachgeholt. Mit der Annahme der Wahl bekommt der neugewählte Papst die volle päpstliche → Jurisdiktionsgewalt. Da Papst → Paul VI. seine → Tiara den Armen verschenkt hatte, wird statt der feierlichen Krönung nur noch eine einfache Amtseinführung während einer feierlichen Messe vorgenommen.

Papsttum, der → Bischof von Rom, das Oberhaupt der römisch-katholischen Kirche, gilt als Nachfolger des hl. → Petrus und wird heute von der Versammlung der → Kardinäle im sogenannten → Konklave gewählt (→ Papstwahl). Die Kleidung des Papstes besteht aus einem weißen → Talar und roten Schuhen; seine → Insignien sind das Brustkreuz, → Fischerring, ein zu einem Kreuz auslaufender Hirtenstab, früher die → Tiara, die Papstkrone, jetzt die → Mitra. Seit 313 durch das Mailänder Edikt den Christen die Religionsfreiheit im Römischen Reich gewährt wurde, bekam der Bischof von Rom immer mehr Einfluß und Macht, die ihren Höhepunkt Mitte des 13. Jahrhunderts erreichte. Der Kirchenstaat breitete sich über halb Italien aus, doch verlor der Papst 1870 auf Grund nationaler Strömungen die Herrschaft über die Gebiete. Seit 1929 erkennt der italienische Staat den Papst als Oberhaupt des Vatikanstaates an. Mit Petrus zählt die katholische Kirche 265 Päpste. → Papstliste und Einleitung.

Pankratius hl., → Märtyrer. Über ihn ist uns nur wenig überliefert worden. Die → Legende erzählt, daß er aus Phrygien in Kleinasien stammte und der Sohn begüterter Eltern war. Nach dem Tod derselben mußte er zu seinem Onkel nach Rom, wo er das Christentum kennenlernte. Papst → Cajus selbst soll ihm Unterricht im neuen Glauben gegeben und ihn getauft haben. Während der Diokletianischen Verfolgung soll er im Alter von vierzehn Jahren enthauptet worden sein. Am Ort seines Martyriums, an der Via Aurelia, ließ Papst → Symmachus um 500 eine → Basilika errichten. Seit dem 5. Jahrhundert findet sich das Fest des hl. Pankratius im römischen Festkalender. Er zählt zu den → Vierzehn Nothelfern und gilt als Eisheiliger, da zu seinem Festtag, am 12. Mai, oft noch Kälteeinbrüche stattfinden. Deshalb wird er auch als Patron bei Frostgefahr angerufen.

Paschalis (→ Gegenpapst), bestach nach dem Tode Papst → Konons (686–687) den → Exarchen von Ravenna, Johannes Platyn, mit 100 Pfund Gold, um als rechtmäßiger Papst anerkannt zu werden. Zur gleichen Zeit wählte eine zweite römische Partei den Archi→presbyter → Theodor, eine andere → Sergius I. (687–701) zum Papst. Da Paschalis die versprochene Summe nicht entrichtete, erpreßte der → Exarch das Geld von Sergius I., den er damit als rechtmäßigen Papst anerkannte. Der Gegenpapst Theodor unterwarf sich, doch mußte Paschalis erst mit Gewalt gefügig gemacht werden. Seines Amtes als Archi→diakon enthoben und der Zauberei beschuldigt, starb er nach fünfjähriger Kerkerhaft um 692.

Paschalis I. hl., 98. Papst, Abt des Klosters Santo Stefano bei St. Peter, wurde, als Papst → Stephan IV. (816 bis 817) am 24. Jänner starb, noch am selben Tag zum Nachfolger gewählt. Ludwig I. der Fromme erklärte sich damit einverstanden und schloß mit ihm das »Pactum Ludovicianum«, in dem die päpstliche Souveränität im Kirchenstaat bestätigt wurde. 823 krönte Paschalis Lothar, den Sohn Ludwigs, zum Kaiser. Paschalis, der ein harter und unbeliebter Papst war, ließ etliche römische Kirchen restaurieren und neu erbauen. In den Kirchen Santa Cecilia in Trastevere, Santa Prassede und Santa Maria in Dominica finden wir noch heute sein Mosaikbildnis. Nach seinem Tod am 11. Februar 824 folgten schwere Unruhen in Rom. Sein Fest wird am 14. Mai gefeiert.

Paschalis II., 161. Papst, eigentlich Rainer, aus Bieda di Galeata in der Romagna, → Cluniazensermönch, von → Gregor VII. zum Kardinal von San Clemente erhoben, wurde am 13. 8.

Papst Paschalis II.

1099 zum Nachfolger → Urbans II. (1088 – 1099) gewählt und am nächsten Tag als Papst Paschalis II. geweiht. Kurz zuvor hatten die Kreuzfahrer Jerusalem eingenommen. Paschalis konnte die → Gegenpäpste → Theoderich (1100), Albert (1102) und → Silvester IV. (1105) ohne große Schwierigkeiten überwinden. Große Sorge bereitete ihm der Kaiser Heinrich IV., der auf das Recht der königlichen → Investitur mit Ring und Stab beharrte. 1102 bannte Paschalis den Kaiser und sprach erneut das Investiturverbot aus. Auch Heinrich V. beharrte wie sein Vater auf das Recht der Investitur, während man sich in England und Frankreich mit dem Papst einigen konnte. Im Kondordat von Sutri, am 9. Februar 1111, kamen Papst und Kaiser darüber überein, daß einerseits der deutsche König auf die Investitur verzichte, andererseits sollte der Papst die Ländereien und königlichen Rechte, die an den päpstlichen Stuhl gekommen waren, zurückgeben und Heinrich zum Kaiser krönen. Als zehn Tage später in der Peterskirche der Vertrag verkündet wurde, gab es lauten Protest unter den → Bischöfen und Fürsten, so daß die geplante Krönung nicht zustande kam. Heinrich V. ließ Papst und Kardinäle gefangennehmen. Zwar entstand eine Volksaufruhr und Heinrich konnte nur mit knapper Not entfliehen, allein er nahm Paschalis und die meisten der → Kardinäle gefangen mit sich. Nach elftägiger Gefangenschaft sprach Paschalis dem Kaiser das → Investiturrecht mit Stab und Ring zu, wenn die Bischöfe in freier Wahl ohne → Simonie gewählt würden. Am 13. April erfolgte dann die feierliche Krönung Heinrichs. Bedrängt durch die erzürnten Gregorianer, erneuerte der Papst das Investiturverbot. 1117 mußte Paschalis vor Heinrich V. aus Rom nach Benevent fliehen. Nach Rom zurückgekehrt, starb er am 21. Jänner 1118 in der Engelsburg. Während seines → Pontifikates verbot Paschalis II. wie bereits Nikolaus I. die grausamen Gottesurteile. → Bernhard von Clairvaux gründete 1115 seine erste Niederlassung.

Paschalis III. (→ Gegenpapst), eigentlich Guido von Crema, gelangte durch einige kaisertreu gesinnte → Kardinäle am 22. April 1164 an die Macht. Friedrich I. Barbarossa, der den rechtmäßigen Papst → Alexander III. (1159 bis 1181) nicht anerkannte, unterstützte Paschalis. Am 1. August 1167 ließ sich Barbarossa zum zweiten Mal zum Kaiser krönen, ebenso seine Gemahlin Beatrix. Der Kaiser war es auch, der 1165 die → Heiligsprechung Karls des Großen durch Paschalis erreichte. Die Regierungszeit dieses Gegenpapstes dauerte bis zum 20. September 1168.

Patene (griech.), Hostienteller, in der katholischen Kirche die Schale, auf der die Hostie zu liegen kommt. Diese ist meist aus edlem Metall.

Patriarch (griech., »Erzvater«, »Vater des Aufgangs«), hoher geistlicher Würdenträger der Ostkirche. Alte Patriarchate sind die in Jerusalem, Konstantinopel und Alexandrien.

Patrick hl., auch Patricius, der → Apostel Irlands, um 385 im westlichen Britannien geboren. Er wurde im Alter von sechzehn Jahren bei einem Raubzug irischer Piraten gefangen und nach Irland verschleppt. Als Sklave verkauft, kam er in die Hände eines Druiden, dem er als Viehhirte dienen mußte. Es gelang Patrick, nach sechs Jahren in seine Heimat zu entfliehen, doch kehrte er 432 nach Irland zurück, um den Heiden das → Evangelium zu verkünden. Er zog wie ein Fürst durch das Land, mit großem Gefolge, um zuerst mit den Königen und Stammesfürsten zu verhandeln, denn ohne sie konnte er deren Untertanen nicht zum Christentum bekehren. Die heidnischen Druiden jedoch wehrten sich heftig gegen den Eindringling und trachteten ihm oft nach dem Leben. Aus Holz, Flechtwerk und Lehm ließ Patrick die ersten Kirchen bauen und teilte das zum Christentum bekehrte Land in kirchliche Sprengel ein. Bei Belfast gründete der Apostel um 444 den → Bischofssitz Armagh. Patrick starb 461 in Nordirland. Er wird als Patron von Island und Irland verehrt. Seit 1687 feiert die römische Kirche am 17. März sein Fest. Der irische Nationalheilige wird mit Kleeblatt, Schlange und Feuer dargestellt. Er gilt als Patron der Bergleute und Schmiede.

Patrimonium Petri → Kirchenstaat.

Patripassianismus (lat.), die Lehre, daß Gott der Vater in Jesus selbst gelitten habe. Sie hat im → Modalismus und → Monarchianismus ihren Ursprung.

Patristik → Kirchenväter.

Patron (lat.), Schutzherr, Gönner, Beschirmer. Ab dem Mittelalter galt Patron als Bezeichnung für Schutzheilige.

Patronat (lat.), Übernahme der Schutzherrschaft über eine Ortskirche, die zu einem Mitspracherecht bei der Besetzung der Pfarrstelle berechtigte, aber auch zur Erhaltung der Kirche verpflichtete.

Paul I. hl., 93. Papst, der zweite Papst des Hauses Orsini, am 29. Mai 757, kurz nach dem Tode seines Bruders → Stephan II. (752–757), gewählt. Paul I. setzte die politische Linie seines Bruders fort, indem er den jungen Kirchenstaat zu festigen suchte. Wiederholt wandte er sich um Hilfe an Pippin, der den Kirchenstaat gegen die Angriffe der Langobarden und Byzanz' schützen sollte. Paul zeigte seine Wahl nicht zuerst dem Kaiser in Konstantinopel, sondern dem Frankenkönig Pippin an, womit er mit einer alten Gewohnheit brach. Paul I. starb am 28. Juni 767 und war der erste Papst, den man bei St. Paul außerhalb der Stadtmauern begrub; doch überführte man ihn bald nach St. Peter, wo er in dem von ihm erbauten Oratorium beigesetzt wurde. Sein Fest fällt auf den 28. Juni.

Paul II., 212. Papst, eigentlich Pietro Barbo, 1418 in Venedig geboren, sollte ursprünglich Großkaufmann werden, doch sein Onkel, Papst → Eugen IV. (1431 – 1447), bestimmte ihn für die geistliche Laufbahn. Mit zweiundzwanzig Jahren war er bereits → Kardinal- → diakon von Santa Maria Nuova. Am 30. August 1464 bestieg er als Paul II. den päpstlichen Stuhl. Der neue Papst

Papst Paul II.

sollte nach einer im → Konklave beschlossenen Wahlkapitulation die Türkenkriege fortführen, binnen drei Jahren ein Allgemeines → Konzil einberufen und unter Ausschluß der Nepoten (→ Nepotismus) die Zahl des Kardinalkollegiums auf vierundzwanzig Mitglieder beschränken. Als Paul seinen Schwur nicht einlöste und die Bedingungen nicht erfüllte, hatte er das Kolleg gegen sich. Außerdem verstimmte er die Humanisten, allen voran Pomponius Laetus, als er das Abbreviatorenkolleg und das römische Kolleg auflöste. Der Papst, der unter anderem des Lateinischen nicht mächtig war, galt bei ihnen als Barbar und Feind der Wissenschaften und Künste. Paul, der prunkvolle Kleidung liebte, sammelte leidenschaftlich Gemmen und Münzen und gilt als Begründer der päpstlichen Antikensammlung. Er veranlaßte auch den Bau des Palazzo Venezia in Rom. Den heldenmütigen König Skanderbeg von Albanien unterstützte er mit finanziellen Mitteln in seinem Kampf gegen die Türken. Den »Hussitenkönig« (→ Hus) Georg von Poděbrad von Böhmen, der der Ketzerei beschuldigt war, entsetzte er seiner Würde und entband die Untertanen vom Treueeid, doch konnte sich Georg bis zu seinem Tode in Böhmen behaupten. Unter Paul kamen die ersten Buchdrucker nach Rom, und so gilt er als eigentlicher Begründer der Libreria Editrice Vaticana, der vatikanischen Druckerei. Während dringende Kirchenreformen unerledigt blieben, führte Paul II. bei den Kardinälen das rote → Birett ein und setzte für alle 25 Jahre ein → Jubeljahr fest. Am 26. Juni 1471 starb Papst Paul II. unerwartet.

Paul III., 221. Papst, eigentlich Alessandro Farnese, 1468 in Rom oder Canino bei Viterbo geboren, war Schüler des berühmten Humanisten Pomponius Laetus. Unter → Alexander VI. (1492 bis 1503) begann sein steiler Aufstieg, da Alessandros Schwester Giulia, genannt La Bella, die Mätresse des Borja-Papstes war. Dieser ernannte ihn 1492 zum Generalschatzmeister der römischen Kirche und erhob ihn ein Jahr später zum → Kardinal → diakon von SS. Cosma e Damiano. Erst 1519 wurde er zum → Priester geweiht. Alessandro Farnese besaß mehrere Bistümer und bekleidete seit 1524 als Kardinalbischof von Ostia das Amt des Dekans des hl. Kollegiums. Von seinen unehelichen Kindern, drei Söhnen und einer Tochter, wurden zwei von Papst → Julius II. (1503 – 1513) legitimiert. Nach einem kurzen → Konklave ging Alessandro Farnese am 13. Oktober 1534 als neuer Papst hervor. Paul III. war ein Kind der

Papstwappen Pauls III.

Renaissance. Als Freund der Wissenschaft und Kunst förderte er besonders Michelangelo, der unter ihm sein Jüngstes Gericht in der Cappella Sixtina und die Fresken in der Cappella Paolina schuf. Außerdem wurde Michelangelo mit dem Weiterbau der neuen Peterskirche betraut, für die er die herrliche Kuppel schuf. Auch oblag ihm die Konzeption des Platzes vor dem Kapitol. Paul wußte, daß eine innere Erneuerung der Kirche nottat und ihre Lehre rein erhalten werden mußte. Er förderte die Reformbestrebungen der → Orden, so der Theatiner, → Barnabiten, Ursulinen und vor allem der → Kapuziner, und bestätigte am 27. September 1540 den → Jesuitenorden. Am 13. Dezember 1545 wurde das schon längst fällige Allgemeine → Konzil zu Trient eröffnet. Die wichtigsten dogmatischen Beschlüsse dieser Versammlung waren: 1. die Tradition (Überlieferung) galt weiterhin neben der Bibel als Glaubensquelle, 2. die Festlegung des Kanons (Verzeichnisses) der Hl. Schrift, 3. die Lehre von der Erbsünde, den → Sakramenten und der Rechtfertigung. Wegen schwerer Zerwürfnisse mit Kaiser V. wurde das Konzil nach Bologna verlegt und am 14. September 1549 schließlich vom Papst aufgehoben. Unter Pauls → Pontifikat fällt der Bann gegen König Heinrich VIII. von England und seine Absetzung im Jahre 1538. Um die Glaubensreinheit bemüht, ließ Paul III. 1542 die römische → Inquisition neu organisieren, die streng gegen Irrlehren und selbst nur bei Verdacht auf Ausübung derselben ge-

»Laetare Jerusalem«. Päpstliche Bulle zur Einberufung des Konzils von Trient.

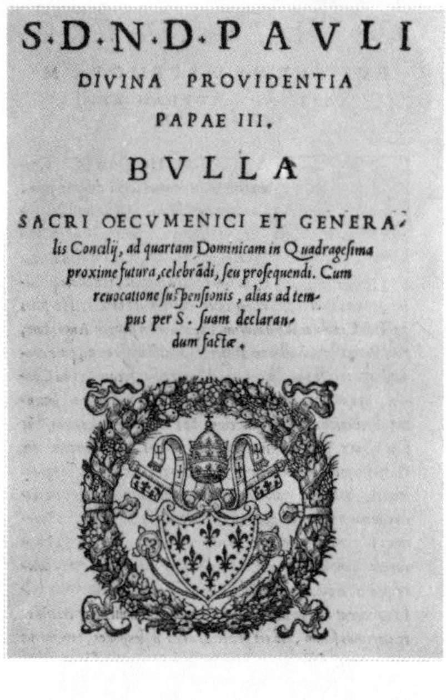

S·D·N·D·P A V L I
DIVINA PROVIDENTIA
PAPAE III.
BVLLA
SACRI OECVMENICI ET GENERA-
lis Concilij, ad quartam Dominicam in Quadragesima
proxime futura, celebrãdi, seu prosequendi. Cum
reuocatione suspensionis, alias ad tem-
pus per S. suam declaran-
dum factae.

Paul III. Gemälde von Tizian.

gen alle Beteiligten vorgehen sollte. Der schwerwiegendste Fehler Pauls III. war sein uneingeschränkter → Nepotismus. Seinen ausschweifenden Sohn Pier Luigi machte er zum Gonfaloniere, zum Bannerträger der Kirche, und übergab ihm Parma und Piacenza, die er vom Kirchenstaat lostrennte. Pier Luigi, der ein unerbittlicher Feind Spaniens und Karls V. war, starb 1547 durch kaiserliche Verschwörer. Seine jugendlichen Enkel erhob Paul zu Kardinälen, und der Enkel Ottavio bekam das Herzogtum Urbino. Auf diese Weise wollte der Papst der Familie Farnese einen dauernden Platz unter den italienischen Fürstenhäusern sichern. Der ärgste Schlag wurde Paul III. von seinem Enkel Ottavio zugefügt, als sich dieser mit dem Todfeind des Hauses Farnese, mit Ferrante Gonzaga, gegen den Papst verbündete. Am 10. November 1549 starb der Farnesepapst. Noch in der letzten Stunde quälte ihn die Reue, der Gedanke an seine Kinder; er könnte ruhiger sterben, meinte er, wenn er nie Vater geworden wäre. Tizian hat Paul III. in mehreren Bildnissen verewigt.

Paul IV., 224. Papst, eigentlich Gianpietro Caraffa, aus einem neapolitanischen Adelsgeschlecht, 1476 in Capriglio geboren. Bevor er am 23. Mai 1555 zum Papst gewählt wurde, war er → Bischof von Chieti und Erzbischof von Brindisi und von Neapel. Papst → Leo X. (1513 – 1521) sandte ihn als → Legaten an den Hof Heinrichs VIII. und als → Nuntius zu Ferdinand den Katholischen nach Madrid, wo sich sein leidenschaftlicher Haß gegen die spanischen Habsburger noch vertiefte. 1524 gründete er zusammen mit dem hl. → Kajetan von Thiene den → Orden der Theatiner und war deren erster Obere. 1536 ernannte ihn → Paul III. (1534 – 1549) zum → Kardinal und stellte ihn an die Spitze der neugeordneten → Inquisition (1542). Als Kardinalbischof von Ostia stand er auch dem hl. Kollegium seit 1553 als Dekan vor. Die Reformfreudigen begrüßten die Wahl des fast Achtzigjährigen, doch wurden sie in ihren Erwartungen enttäuscht. Papst Paul IV. entpuppte sich als grausamer Sadist auf

Papstwappen Pauls IV.

dem Papstthron, dessen unnachgiebige Härte im Kampf gegen vermeintliche → Häresien schon an Krankhaftigkeit grenzte. Seine Lieblingsbehörde, die → Inquisition, erweiterte er stark in ihrem Zuständigkeitsbereich. Ihr fielen viele tadellose und unschuldige Menschen zum Opfer. Von Paul ist der entsetzliche Ausspruch überliefert: »Selbst wenn mein eigener Vater Häretiker wäre, würde ich das Holz zusammentragen, um ihn verbrennen zu lassen.« 1559 gab er den ersten römischen Index (= Verzeichnis der »verbotenen« Bücher) heraus, der auf große Ablehnung stieß, da er sich mit der Indizierung etlicher Bücher lächerlich machte. Den Augsburger Religionsfrieden vom 25. September 1555 wollte Paul IV. nicht anerkennen und setzte auch das Trientiner → Konzil nicht fort, weil er das Inquisitionsgericht für das »einzig wahre Konzil für Ketzer« erklärte. Als Karl V. abdankte und Ferdinand I. die Nachfolge antrat, erklärte der Papst

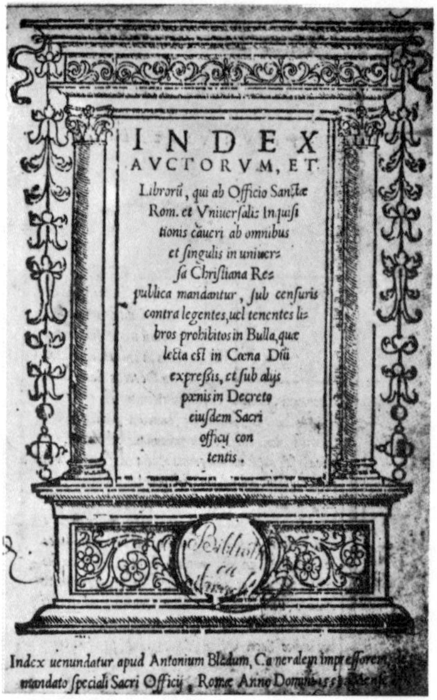

INDEX
AVCTORVM, ET
Librorũ, qui ab Officio Sanctæ
Rom. et Vniuersalis Inquisi
tionis caueri ab omnibus
et singulis in uniuer-
sa Christiana Re-
publica mandantur, sub censuris
contra legentes, uel tenentes li-
bros prohibitos in Bulla, quæ
lecta est in Cœna Dñi
expressis, et sub alijs
pœnis in Decreto
eiusdem Sacri
officij con
tentis.

Index uenundatur apud Antonium Bladum, Cameralem impressorem, de
mandato speciali Sacri Officij, Romæ Anno Domini

Titelblatt des römischen Index.

dies für ungültig und schloß ein Bündnis mit Heinrich II. von Frankreich. Herzog Alba rückte gegen den Kirchenstaat mit seinen spanischen Truppen vor und erzwang den Frieden von Cave (1557), wobei sich der Papst verpflichten mußte, künftig neutral zu bleiben und sich von Frankreich zu lösen. Dafür erhielt er die Gebiete des Kirchenstaates zurück. Paul IV., der überaus mißtrauisch war, pflegte wie viele seiner Vorgänger einen ausgedehnten → Nepotismus und überließ die politischen Geschäfte seinem skrupellosen Neffen Kardinal Carlo Carafa. Nicht selten schlug Paul die Kardinäle mit Stöcken, behandelte Gesandte wie Bediente und teilte an den römischen Statthalter Fußtritte aus. Er fluchte ärger als ein Fuhrknecht und tobte oft dermaßen, daß er den Atem verlor. Als der verhaßte und strenge Papst am 18. August 1559 starb, stürmte das Volk das Inquisitionsgebäude und das Kloster der → Dominikaner (die mit der Inquisition betraut waren), plünderte und sengte und schlug dem Standbild des Papstes vor dem Kapitol den Kopf ab. Unter Pauls IV. → Pontifikat wurden die Juden wieder ins Ghetto gedrängt und verpflichtet, gelbe Hüte zu tragen.

Paul IV. Kupferstich.

Paul V., 234. Papst, eigentlich Camillo, Sohn des aus Siena stammenden Grafen Marcantonio Borghese, geboren am 17. September 1552. 1597 ernannte ihn → Clemens VIII. (1592–1605) zum → Bischof von Jesi und 1603 zum Kardinalvikar von Rom und Inquisitor (→ Inquisition). Mit seinen 52 Jahren

Papstwappen Pauls V.

war Camillo Borghese bei seiner Wahl zum Papst am 16. Mai 1605 das jüngste Mitglied des Kardinalkollegiums und außer seiner starken Kurzsichtigkeit kerngesund. In Dankbarkeit an → Paul III. (1534 – 1549), der seine Familie gefördert hatte, nannte er sich Paul V. Seinen siebenundzwanzigjährigen Neffen Scipione Caffarelli ernannte er bald nach seiner Wahl zum → Kardinal und gab ihm den Namen der Familie Borghese. Dieser vermied als Staatssekretär jedes betonte Auftreten und verwendete seine enormen Einkünfte vor allem für seine Kunstsammlungen und für den Bau der berühmten Villa Borghese vor der Porta Pinciana. Bernini schuf eine hervorragende Marmorbüste dieses Papstneffen. Die Regierung Pauls V. begann mit der Auseinandersetzung mit Venedig. Venedigs Gesetz, daß kein unbewegliches Gut an die Kirche verkauft werden dürfe, war dem Papst ein Dorn im Auge. Ebenso die Rechtssprechung der Republik über Kleriker, die nach der Meinung des Papstes ihm zugestanden wäre. Paul belegte den Senat von Venedig mit dem Bann und die ganze Republik mit dem → Interdikt. Venedig ließ

Villa Borghese.

jedoch beide → Bullen nicht publizieren, und als die → Jesuiten und → Kapuziner dies dennoch wagten und auch das Interdikt befolgten, mußten sie die Stadt verlassen. Schließlich kam es unter Mithilfe von Spanien und Frankreich zu einem Frieden, der jedoch für Paul den Verlust seiner mittelalterlichen Ansprüche bedeutete. In diesem Streite hatte Paolo Sarpi mit dem ganzen Umfang seines Wissens und seiner scharfen Feder auf der Seite Venedigs gestanden. Ein 1607 an ihm verübtes Attentat überlebte er. Unter Paul V. ereignete sich 1605 die sogenannte Pulververschwörung zu London, bei der König und Parlament in die Luft gesprengt werden sollten. Der Anschlag wurde verraten und einige Jesuiten als mutmaßliche Täter hingerichtet. Den nun von Jakob I. von England geforderten Treueeid seiner Untertanen verbot Paul V. den Katholiken, doch mit wenig Erfolg. Im beginnenden Dreißigjährigen Krieg unterstützte der Papst die Katholische Liga unter der Führung des Kurfürsten Maximilian von Bayern. Paul begünstigte die Missionen in Kanada, China und Indien und unterstützte die neuen → Orden sowie die Weiterführung der Katholischen Reform. Er bemühte sich, den Handel und die Landwirtschaft im Kirchenstaat zu fördern, und baute Rom eine neue Wasserleitung (Acqua Paola). Maderna ließ er die Peterskirche vollenden und die beiden Fontänen auf dem Petersplatz errichten. Auch gilt Paul V. als eigentlicher Gründer des vatikanischen Geheimarchives. 1616 wurde die Idee des kopernikanischen Weltsystems im ersten Prozeß gegen Galileo Galilei verurteilt. Zur Feier der Schlacht am Weißen Berg (November 1620) ließ Paul V. eine feierliche Prozession abhalten, bei der er aber, vom Schlag gerührt, zusammenstürzte. Am 28. Jänner 1621 verschied der Papst im Quirinal und ruht seit 1622 in der Cappella Paolona in Santa Maria Maggiore.

Paul VI., 263. Papst, eigentlich Giovanni Battista Montini, am 26. September 1897 in Concesio bei Brescia als zweiter Sohn eines Rechtsanwaltes und Abgeordneten der Volkspartei geboren, studierte in Brescia Theologie und wurde dort auch am 29. Mai 1920 zum → Priester geweiht. In Mailand promovierte er im selben Jahr zum Doktor der Rechte. Seine weiteren theologischen Studien an der Gregoriana schloß er 1921 mit dem Titel eines Doktors der Theologie ab. Er besuchte anschließend die Accademia dei Nobili Ecclesiastici, wo er auch seit 1931 eine Professur für Geschichte der päpstlichen Diplomatie innehatte. Von 1937 bis 1954 war er in täglichem Kontakt mit Kardinalstaatssekretär Pacelli, dem späteren Papst → Pius XII. (1939–1958); zuerst als Substitut, dann 1944 als Leiter der Abteilung für ordentliche (innerkirchliche) Angelegenheiten, 1952 schließlich als Prostaatssekretär. Am 12. Dezember wurde er zum Erz→ bischof von Mailand gewählt. Als aufgeschlossener Seelsorger bemühte er sich um den Kontakt mit allen Schichten der Bevölkerung, vor allem zu den Industriearbeitern, und sorgte auch für eine liturgische Erneuerung. → Johannes XXIII. (1958 bis 1963) ernannt ihn am 5. Dezember 1958 zum → Kardinal. Im sechsten Wahlgang wählte die Zweidrittelmehrheit der 80 Kardinäle am 21. Juni 1963 den als fortschrittlich bekannten Kardinal von Mailand zum neuen Papst. Paul VI. führte das von seinem Vorgänger eröffnete 2. Vatikanische → Konzil zu Ende. Seine

Paul V. Ölgemälde evtl. von Caravaggio.

Krönung Papst Pauls VI.

größeren Pilgerreisen führten ihn 1964 nach Jerusalem, wo er mit Athenagoras I., dem Patriarchen von Konstantinopel, zusammentraf und den Bruderkuß wechselte – die letzte Begegnung der Oberhäupter beider Kirchen fand 1439 statt. Im Dezember des gleichen Jahres flog der »→ Apostel auf Wanderschaft« zum Eucharistischen Weltkongreß nach Indien. Oktober 1965 sprach er zum 20. Jahrestag der UNO vor der Vollversammlung, im Mai 1967 pilgerte er zum Marienwallfahrtsort Fatima in Portugal und im Juni in die Türkei, wo er abermals mit Athenagoras zusammentraf. August 1968 flog er zum Eucharistischen Kongreß nach Bogota und im Juli 1969 nach Uganda, zu Ehren der 22 heiliggesprochenen afrikanischen → Märtyrer. 1970 entging er nur knapp einem Attentatsversuch in Manila, als er während einer zehntägigen Weltreise Asien, Ozeanien und Australien besuchte. Von seinen Enzykliken wurden vor allem die Sozialenzyklika »Progressio populorum« – »Über den Fortschritt der Völker« und seine vieldiskutierte und weithin abgelehnte → Enzyklika über die Geburtenkontrolle bekannt. Letztere brachte ihm den Spitznamen »Pillen-Paul« in den deutschsprachigen Ländern ein. In den letzten Jahren seiner Regierung galt er vor allem beim jüngeren → Klerus als autoritär und rückständig, doch hat sein → Pontifikat wahrscheinlich mehr Neuerungen gebracht als je eines vor ihm. Vor allem auf dem Gebiete der → Liturgie führte er große Änderungen ein, was öfter auch zu Widerstand führte. So kam es zu einer Gruppierung der reaktionären Kräfte um den französischen Kardinal Lefevre, der dem Papst den Gehorsam versagte. Unter dem Pontifikat Pauls kam es zur Aussöhnung der deutschen und polnischen Bischöfe und zur Seligsprechung des polnischen → Minoritenpaters

Papst Paul VI. in Jerusalem.

Zusammentreffen Papst Pauls VI. mit dem Patriarchen von Konstantinopel.

→ Maximilian Kolbe, der im KZ von Auschwitz sein Leben opferte. Paul vereinfachte das päpstliche Zeremoniell, verschenkte die Papstkrone an die Armen und führte statt dem Krummstab ein Tragekreuz für den römischen Bischof ein. Am Abend des 6. August 1978 starb der »Papst des Zauderns und des Widerspruchs«, wie ihn die Medien in seinen letzten Lebensjahren bezeichneten, an Herzversagen in Castel Gandolfo. Am Samstag, dem 12. August, wurde er in der Krypta von St. Peter beigesetzt. Wegen Bombendrohungen mußte die italienische Polizei besondere Sicherheitsmaßnahmen treffen. Nach dem Tode Pauls VI. war das Kardinalskollegium auf 120 Würdenträger angewachsen, von denen, wegen der Altersklausel (80 Jahre), 115 stimmberechtigt waren.

Paul vom Kreuz hl., Ordensgründer, 1694 in Ovada in der Republik Genua geboren. Seine fromme Mutter erzog Paul christlich und prägte ihm eine tiefe Verehrung zu den Leiden Christi ein. Paul gedachte, gemeinsam mit den Venezianern gegen die heidnischen Türken in den Krieg zu ziehen, doch gab er dieses Vorhaben auf, da er in sich die Berufung zum → Priester spürte. 1720 erbat er vom → Bischof von Alessandria das schwarze Bußgewand, was dieser ihm auch nach eingehender Prüfung über die Echtheit seiner Berufung gewährte. Mit seinem Bruder Johannes Baptist erhielt Paul 1727 die Priesterweihe und die Erlaubnis, Novizen aufzunehmen. Seine erste Niederlassung gründete Paul 1737 in Orbetello. Papst → Clemens XIV. bestätigte 1769 die Regel des »→ Ordens vom Leiden Jesu« (Passionisten). Paul vom Kreuz übernahm das Amt des Ordensgenerals und zog als erfolgreicher Missionsprediger durch die Städte Italiens. 1775 starb er in Rom. Das Fest des Heiligen feiert die Kirche am 19. Oktober.

Paul Miki hl., Jesuit, erlitt gemeinsam mit sechsundzwanzig japanischen Christen am 6. Februar 1597 den → Märtyrertod in Nagasaki. Außer ihm wurden noch zwei seiner japanischen Mitbrüder, sechs spanische → Franziskaner und siebzehn → Tertiaren des hl. → Franziskus hingerichtet. Außerhalb der Stadt kreuzigte man sie auf einem Hügel. Mutig und voll Glaubenskraft predigte Paul noch vom Kreuze herab und gab seinen Leidensgefährten Mut, die schwere Prüfung durchzuhalten. Dankbar, im gleichen Alter wie sein geliebter Erlöser am Kreuze sterben zu dürfen, gab Paul noch sein letztes Glaubenszeugnis vor der Welt. 1862 wurden diese tapferen Märtyrer von der Kirche feierlich heiliggesprochen. Am 6. Februar wird ihr Fest gefeiert.

Paula hl. → Hieronymus hl.

Paulinus von Nola hl., → Bischof, als Sohn eines römischen Beamten um 353 in der Umgebung von Bordeaux geboren. Seine Eltern vermittelten ihm eine hervorragende Erziehung und Herzensbildung, die ihn befähigte, schon früh hohe Staatsämter zu übernehmen. Mit seiner Frau, die er um 385 ehelichte, zog er nach Spanien, nachdem er sich noch zuvor in Bordeaux taufen ließ. Erschüttert durch den Tod ihres einzigen Kindes verschenkten sie ihren Besitz an Arme und beschlossen, ein Leben in Armut und Enthaltsamkeit zu führen. In Barcelona erhielt Paulinus 394 die → Priesterweihe, doch übersiedelte er bald darauf nach Nola in der Nähe von Neapel. Im Jahre 409 (411?) wurde er zum Bischof von Nola gewählt, zu einer Zeit,

Bekehrung des hl. Paulus von Hans Baldung-Grien.

als die Westgoten Rom stürmten und auch Nola auf ihrem Feldzug nach Nordafrika besetzten. Zehn Jahre nach dem Tod des hl. → Augustinus starb Paulinus im Jahre 431. Sein Fest feiert die Kirche am 22. Juni.

Paulinus von Trier hl., → Bischof, trat um 346 sein Amt in Trier an. Er weigerte sich auf der → Synode von Arles (353), die von den Arianern (→ Arianismus) beherrscht wurde, → Athanasius zu verurteilen. Kaiser Konstantius II. verurteilte ihn deshalb und verbannte ihn nach Phrygien, wo er 358 nach langen Entbehrungen starb. Sein Sarg wurde in der Krypta des → Kanonikerstiftes St. Paulinus in Trier 1072 aufgefunden und dürfte aus dem 4. Jahrhundert stammen. Das Fest des hl. Bischofs wird am 31. August gefeiert.

Paulos von Samosata, ein Antitrinitarier (Gegner der → Trinitätslehre der Kirche), war seit dem Jahre 260 → Bischof von Antiochia und wurde teils wegen seines weltlichen Lebens, teils deshalb, weil er den → Logos nur für die in dem Menschen Jesus wirkende Vernunftkraft Gottes, also nicht für eine → Hypostase erklärte (→ Adoptianismus), auf den antiochenischen → Synoden in den Jahren 264 und 269 angeklagt und schließlich seines Amtes als Bischof enthoben. Anhänger seiner Lehre, die Samosatenianer, kamen noch vereinzelt bis in das 4. Jahrhundert vor.

Paulus hl., der große Heidenapostel, ursprünglich ein Pharisäer, Sohn jüdischer Eltern, welche in Tarsos in Kilikien wohnten und das römische Bürgerrecht auf ihn vererbten. In Jerusalem, wohin er als Jüngling ging, wurde er in das Studium der jüdischen Schriftausleger eingeweiht. Wie seine Briefe beweisen, dürfte er auch Bekanntschaft mit den griechischen Dichtern und Philosophen gemacht haben. Nebenbei übte er nach jüdischer Sitte ein Handwerk aus, wahrscheinlich die Zeltweberei, wodurch er sich seinen Unterhalt verdiente. Wenige Jahre nach dem Tode Jesu trat er als Verfolger der Christengemeinde öffentlich auf, zu deren Unterdrückung der Hohe Rat ihn beauftragt hatte. Bei der Steinigung des → Diakons → Stephanus, des ersten → Märtyrers der Kirche, dürfte er zugegen gewesen sein. Als Paulus, der damals noch Saulus hieß, sich mit Vollmachten des Hohen Rates zur Verhaftung von Christen auf dem Wege nach Damaskus befand, wurde er durch die Erscheinung (etwa 33 oder 35) bewogen, sich dem Christentum zuzuwenden und durch den Unterricht in christlicher Lehre Kenntnisse über den Vorzug dieser Religion zu erlangen. Seine Bekehrung bekannte er mit der Abänderung seines Namens Saul in Paulus, und er widmete sich fortan mit Begeisterung und unerhörtem Eifer dem → Apostelamt. Er bekehrte viele Heiden, wirkte in Arabien, Kleinasien, Zypern, Griechenland, Rom und Spanien. Nach häufiger Gefangennahme erlitt er wahrscheinlich im Jahre 67 in Rom das Martyrium durch Enthauptung. Seine → Reliquien befinden sich teils in St. Peter, teils in S. Paolo fuori le mura und sein Haupt im → Lateran. Seine 14 Briefe sind ein wertvolles Zeugnis des Urchristentums und bilden neben den vier → Evangelien den bedeutendsten Teil des Neuen Testamentes. Dargestellt wird der hl. Paulus mit Bart, Buch und Schwert. Oft sieht man ihn auf Darstellungen rechts vom Apostel Petrus stehen oder vom Pferd gestürzt am Boden liegend. Paulus gilt als Patron der Weber, Korbmacher, Seiler, Zeltmacher,

Antike Goldgläser mit den Bildnissen der Apostel Petrus und Paulus.

Theologen, der Presse und Arbeiterinnen. Er soll gegen Blitz und Hagel und gegen Schlangenbisse helfen. Das Hochfest des Apostels Paulus wird zusammen mit dem Fest des hl. → Petrus am 29. Juni gefeiert. Seine Bekehrung feiert die Kirche am 25. Jänner.

Pelagianismus, Lehre des irischen Mönchs Pelagius (354 – 418), daß es keine Erbsünde gäbe, daß der Mensch durch seinen freien Willen aus eigener Kraft Gutes tun könne. Diese Anschauung wurde von → Augustinus und seinen Schülern bekämpft und kirchlich verurteilt.

Pelagius → Pelagianismus.

Pelagius I., 60. Papst, römischer Adeliger, wurde nach dem Willen Justinianos I. am 16. April 556 zum Papst gewählt. Schon früh trat Pelagius in den Dienst der römischen Kirche. Er war Apokrisar und Vertreter Papst → Vigilius' (537 bis 555) in Konstantinopel. Die Lehren des → Origenes wurden dort unter seinem Einfluß verurteilt. 545 nahm er sich tatkräftig der notleidenden Römer an, als die Stadt durch den Ostgotenkönig Totila belagert wurde. Nach Konstantinopel 551 zurückgekehrt, verhielt er sich ebenso wie Vigilius wankelmütig in dem »Drei-Kapitel-Streit«. Als er auf kaiserlichen Befehl zum Papst gewählt wurde, stieß er auf heftigen Widerstand beim → Klerus und Volk von Rom, so daß er ein öffentliches Glaubensbekenntnis ablegte. Seine Hauptsorge galt der Linderung der Not in Italien, was ihm schließlich Anerkennung bei der Bevölkerung brachte. Seit Pelagius I. war jeder neugewählte Papst angehalten, vor seiner Weihe die Bestätigung des Kaisers einzuholen. So wurde er gleichsam als → Patriarch des Westens der Reichskirche eingegliedert. Von Afrika, Gallien und Oberitalien abgelehnt, starb Pelagius am 3. März 561.

Pelagius II., 63. Papst, der in Rom geborene Sohn des Goten Wunigild, wurde am 26. November 579 zum Nachfolger → Benedikts I. (575 – 579) gewählt. Ohne die vorgeschriebene kaiserliche Bestätigung einzuholen, wurde er während der Belagerung Roms durch die Langobarden geweiht. Da Konstantinopel durch die Perserkriege in Anspruch genommen war, konnte es Rom keine ausreichende Hilfe gewähren, weshalb sich Pelagius, als erster Papst in der Geschichte, an die Franken wandte, doch ohne Erfolg. Fast zwei Jahrhunderte sollte es noch dauern, bis die Franken die Rolle der Schutzherren übernehmen würden. Der Papst bemühte sich, das → Schisma in Oberitalien, das wegen des Dreikapitelstreites seines Vorgängers → Pelagius I. (556–561) entstanden war, zu beenden, doch konnte er nicht viel erreichen. In Rom ließ er einige Kirchen restaurieren und die → Basilika S. Lorenzo fuori le mura neu erbauen. Pelagius starb am 7. Februar 590 an der Pest, die nach einer Tiberüberschwemmung in Rom ausbrach.

Perpetua hl., eine junge Patrizierin aus Karthago, erlitt zusammen mit Felicitas, einer Sklavin, und vier männlichen Gefährten während der Christenverfolgung durch Kaiser Septimius Severus am 7. März 203 im Amphitheater von Karthago den → Märtyrertod. Beide waren erst einige Tage vor ihrer Gefangenschaft getauft worden. Vom Martyrium der beiden Frauen haben wir Berichte, teils von Perpetua selbst, teils von Augenzeugen. Nachdem Perpetua zusammen mit anderen Gefangenen in eine enge Kammer eingeschlossen worden war, zeigte man ihr ihren Säugling. Ihr alter Vater beschwor sie, des Kindes wegen vom Glauben abzufallen, doch blieb die junge Frau standhaft. Auch die Tränen ihres Vaters hatten keinen Erfolg. Die Sklavin Felicitas, hochschwanger, gebar noch im letzten Moment ihr Kind und konnte so mit den

Die alte Basilika St. Peter.

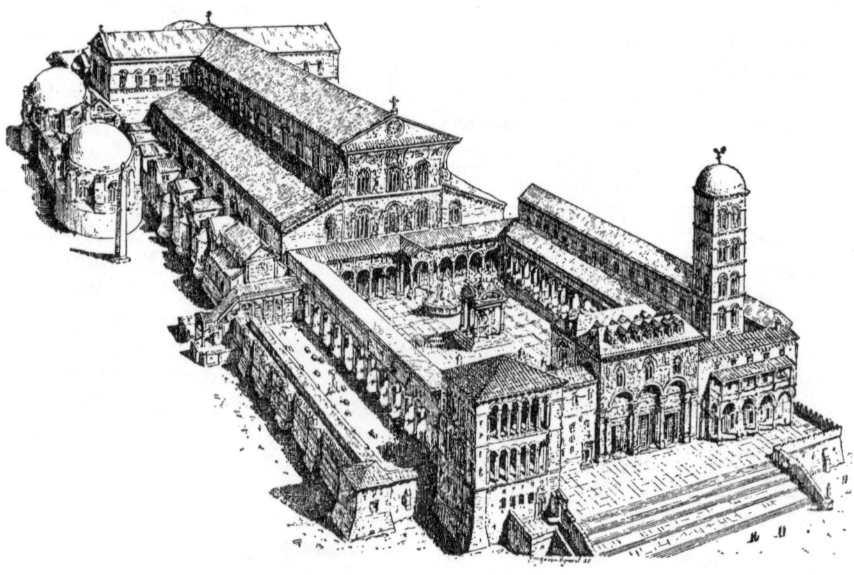

anderen in die Arena ziehen und die Krone des Martyriums erringen. Ihre Tochter wurde bei Verwandten großgezogen. Heiter gingen alle ihrem Tod entgegen und leisteten sich gegenseitig Hilfe. Als die wilden Stiere sie nicht zu töten vermochten, verlangte das Volk ihre Tötung durch das Schwert. Perpetua führte dem Soldaten, der sie verfehlt hatte, selbst den Dolch. Die beiden Frauen sind im ersten Kanon der hl. Messe erwähnt. Ihr Fest wird am 7. März gefeiert. Dargestellt werden die beiden Märtyrerinnen mit einer wilden Kuh. Perpetua weist mit ihrer Hand zum Himmel, Felicitas hält ein Kreuz in Händen und hat auf dem Schoß ein kleines Kind.

Peter Chanel hl., 1803 in Frankreich geboren. 1828 empfing er die → Priesterweihe und entschloß sich drei Jahre später, in den → Orden der Maristen einzutreten. 1837 ging er als Missionar nach Ozeanien und wirkte vor allem auf der Insel Futuna. Mit viel Fleiß und unter großen Mühen versuchte er die Inselbewohner zum Glauben an Christus zu bewegen, doch ohne Erfolg. Als sich der Sohn des Königs der Insel zum neuen Glauben bekehrte, ließ der Monarch aus Zorn darüber und aus Angst, seine Herrschaft zu verlieren, Peter Chanel 1841 ermorden. Schon wenige Monate nach dem Tode des ersten → Märtyrers Ozeaniens bekehrte sich die Insel zum katholischen Glauben. Sein Gedenktag ist der 28. April.

Peterskirche in Rom, die Grabkirche des Apostel → Petrus, ist die größte und bedeutendste Kirche der römisch-katholischen Christen. Alt-St. Peter wurde bereits um 320 unter Kaiser Konstantin dem Großen begonnen. → Julius II. ließ die alte Basilika abtragen und begann 1506 mit dem Neubau, der 1669 beendet wurde. An diesem gewaltigsten Machtsymbol der Päpste – es nimmt eine Fläche von 15.160 qm ein, ist 211,5 m lang und 136 m hoch – schufen bedeutende Künstler wie Bramante, Michelangelo (von ihm stammt die 42 m hohe Kuppel), Raffael, Maderna, Bernini und viele andere. An die Peterskirche schließt der → Vatikan mit dem Papstpalast und den prachtvollen Gärten an.

Petrus hl. (→ Märtyrer) → Marcellinus hl.

Petrus hl., Apostel, 1. Papst. Als Jesus Petrus zu seinem Jünger berief, wohnte dieser in Kapharnaum und war wie sein Bruder → Andreas Fischer. Petrus hieß von Geburt Simon und war der Sohn eines Jona aus Bethsaida. Aus der Hl. Schrift geht hervor, daß er eine führende Position unter den Jüngern einnahm, was auch von Jesus anerkannt

Hl. Petrus.

Mittelschiff der Peterskirche in Rom.

Altar der Peterskirche in Rom.

Bronze-Medaillen von Peter und Paul.

wurde. Seinen Charakter bezeichnet die Schrift als impulsiv und diensteifrig, doch verschweigt sie nicht seine Unbesonnenheit und Labilität. Jesus gab ihm den Namen Petrus = Fels, auf den er seine Kirche bauen wollte. Darin sieht die katholische Kirche die Institution des → Primates, wie sie im Papsttum zum Ausdruck kommt. Nach dem Tod und der Auferstehung Jesu stand Petrus

Martyrium des hl. Petrus.

der christlichen Urgemeinde vor und leitete im Jahre 49/50 das → Apostel-→ konzil. Nach seinem Aufenthalt in Antiochia stand er der Christengemeinde von Rom vor. Nach Quellen, die neben dem Neuen Testament Bedeutung besitzen, erlitt Petrus während der neronischen Christenverfolgungen zwischen den Jahren 64 und 67 den → Märtyrertod. Der → Legende nach wurde er mit dem Kopf nach unten gekreuzigt. Seit konstantinischer Zeit (nach 300) wird das Grab des hl. Petrus, das unterhalb der Confessio der Peterskirche liegen soll, verehrt.

Petrus Chrysologus hl., → Kirchenlehrer mit dem Beinamen Chrysologus (»der mit den goldenen Worten«), um 380 in Imola in Mittelitalien geboren. Von 424 bis 429 hatte er den → Bischofsstuhl von Ravenna inne, in der Stadt, die damals Residenzstadt des Weströmischen Reiches war. Papst → Leo dem Großen und der Kaiserin Placidia stand er nahe und trat entschieden der Irrlehre des Eutyches entgegen, indem er den → Primat des Papstes unterstrich. Am 3. Dezember 450 starb Petrus in Imola. Seine 176 Briefe, die uns erhalten sind, spiegeln die theologischen Auffassungen seiner Zeit wider und sind ein wertvolles Zeugnis der Kirchengeschichte. Das Fest des heiligen Kirchenlehrers wird am 30. Juli gefeiert.

Petrus Damiani hl., → Kirchenlehrer, 1007 in Ravenna geboren. Er war der Sohn einer armen Tagelöhnerfamilie, doch verstarben seine Eltern früh, und er wuchs bei einem verheirateten Bruder auf. Dieser schickte den begabten Jungen auf die Schule, was ihm Petrus nie vergessen konnte und deshalb den Namen seines Bruders Damiani seinem eigenen Namen beifügte. Schon bald unterrichtete er eigene Schüler, doch fand er darin allein nicht seine Befriedigung. 1035 ging er zu den Mönchen in Fonte Avellana bei Gubbio. Acht Jahre später wurde er bereits Prior und trat durch seine Predigten vor allem gegen die Zügellosigkeit der → Priester auf. Papst → Stephan IX., der frühere Abt von Montecassino, erhob den bescheidenen Mönch zum → Kardinal von Ostia und übergab ihm die Leitung der Reformbewegung. An der Seite Hildebrands, des späteren Papstes → Gregor VII., kämpfte er gegen die → Laien-→ investitur (= Einsetzung der Bischöfe durch Laien) und Lauheit des → Klerus. Auf einer seiner vielen Reisen, die er als päpstlicher → Legat unternehmen mußte, starb Petrus am 22. Februar 1072 in einem Kloster zu Faenza, wo er in der Marienkirche begraben wurde. Auf sein Grab ließ er die Inschrift setzen: »Was du bist, das war ich; was ich bin, das wirst du sein: bitte, denke an mich.« Papst → Leo XII. erhob ihn wegen seiner gelehrten Schriften, deren er zahlreiche hinterließ, 1828 zum Kirchenlehrer. Der Hymnendichter Petrus Damiani wird meist mit Büchern, Kreuz und Totenkopf dargestellt. Er gilt als Helfer gegen Kopfschmerzen. Sein Fest feiert die Kirche am 21. Februar.

Petrus Kanisius hl., Sohn des Bürgermeisters von Nijmegen, am 8. Mai 1521 geboren, wuchs zu einer Zeit auf, da Norddeutschland vom Protestantismus erobert wurde. Nach seinen Studien in Köln trat er 1543 bei den Jesuiten ein und gründete als Novize gemeinsam mit Pater Faber die erste Niederlassung der → Jesuiten in Deutschland (Köln). Als achter Jesuit wurde Petrus von → Ignatius 1549 zur feierlichen Profeß zugelassen. Petrus Kanisius war der erste Deut-

Petrus Kanisius.

sche des Ordens. Der 1546 zum → Priester geweihte Petrus nahm den Kampf gegen die Lehren → Luthers entschieden auf und wurde so zum Führer der Gegenreformation. Petrus' Wirkungskreis erstreckte sich von Ingolstadt, München, Augsburg, Innsbruck bis nach Prag und Wien. Von 1556 bis 1569 stand er der oberdeutschen Jesuitenprovinz als Oberer vor. Seine Katechismen fanden weitere Verbreitung und hatten großen Einfluß auf die Katholiken der beiden darauffolgenden Jahrhunderte. Während der Bekämpfung des Kalvinismus (→ Calvin) starb Petrus in Freiburg in der Schweiz am 21. Dezember 1597, wo er noch siebzehn Jahre gewirkt hatte. Der »zweite → Apostel Deutschlands« wurde 1925 heiliggesprochen und von → Pius XI. zum → Kirchenlehrer ernannt. Der Patron der katholischen Schulen Deutschlands wird mit Kruzifix, Buch, Totenkopf und mit dem Christusmonogramm IHS dargestellt. Sein Fest fällt auf den 27. April.

Pfründe, Einkünfte, die mit einem kirchlichen Amt verbunden sind; auch das kirchliche Amt selbst.

Philipp Neri hl., 1515 in Florenz geboren, im gleichen Jahr wie die hl. → Theresa von Ávila. Der talentierte Notarssohn wurde bei den → Dominikanern von San Marco in die Wissenschaft und Religion eingeführt. Nur kurze Zeit verbrachte er bei einem Onkel, der ihn zum Kaufmann ausbilden wollte, da er keine Neigung für diesen Beruf verspürte. Mittellos wanderte Philipp nach Rom, wo ihm ein florentinischer Adeliger eine Kammer zur Verfügung stellte. Bis zu seinem Tode lebte Philipp in Rom in äußerster Anspruchslosigkeit. Mit Humor versuchte er, neue Methoden in der Seelsorge anzuwenden, und suchte die römische Kirche zu reformieren. Mit 36 Jahren zum → Priester geweiht, verbrachte er viele Stunden im Beichtstuhl, denn der Zustrom von Ratsuchenden nahm immer mehr zu. Der »lachende Heilige«, wie Philipp auch genannt wird, zählte Päpste, → Kardinäle und andere Heilige zu seinen Verehrern. Er gründete eine Vereinigung von Weltpriestern, die nach dem Versammlungsort Oratorianer genannt wurde. Mit 80 Jahren starb der Heilige am 26. Mai 1595 in Rom. Dargestellt wird er als Oratorianer mit Rosenkranz, Stock und einem feurigen Herzen. Das Fest des Heiligen feiert die Kirche am 26. Mai.

Philippus hl., → Apostel, aus Bethsaida in Galiläa. Er wird an fünfter Stelle im Apostelverzeichnis erwähnt. Er dürfte dem Jüngerkreis → Johannes' des Täufers angehört haben, bevor er von Jesus selbst berufen wurde. Nach der Auf-

Apostel Philippus von Hans Sebald Beham.

erstehung Jesu dürfte er laut Überlieferung in Vorderasien und Pryghien gewirkt haben, wo er zwischen 54 und 90 in Hierapolis den → Märtyrertod erlitten haben soll. Philippus wird oft mit dem lateinischen Kreuz in T-Form dargestellt. Sein Fest wird gemeinsam mit dem des Apostels → Jakobus am 3. Mai gefeiert.

Philippus (→ Gegenpapst), Mönch aus dem S.-Vitus-Kloster in Rom. Herzog Toto von Nepi stellte nach dem Tode → Paul I. (757 – 767) einen Gegenpapst → Constantinus II. auf, der jedoch nach dreizehn Monaten gestürzt wurde. Das gleiche tat die Partei des Langobardenkönigs Desiderius unter Führung des Presbyters Waldipert. Am 31. Juli 768 erhoben sie Philippus und inthronisierten ihn ohne vorhergehende → Bischofsweihe im → Lateran. Philippus wurde jedoch noch am selben Tag vertrieben und mußte in sein Kloster zurückkehren.

Photius, auch Photeinos, war → Bischof von Sirmium und vertrat die Lehre, daß Christus nur ein Mensch gewesen sei. Er erklärte den → Logos für eine in Gott verborgene Kraft, die im Menschen Jesus mehr als in allen früheren Propheten gewirkt habe, aber nach der Christianisierung der ganzen Welt von ihm wieder weichen würde. Diese Lehre wurde zu Antiochien 345 sowie zu Mailand 346 verdammt und Photius 351 seines Amtes enthoben. Er starb 376 in der Verbannung. Seine Anhänger wurden Photinianer genannt.

Pirmin hl., Gründer des berühmten → Benediktinerklosters auf der Insel Reichenau im Bodensee. Über ihn ist nur wenig bekannt. Er dürfte aus dem keltisch-fränkischen Raume stammen. 724 gründete er Klöster auf der Insel Reichenau, 728 in Murbach und auch die Klöster Gengenbach und zuletzt das Kloster Hornbach, wo er am 3. November 763 starb. Dargestellt wird der Heilige als → Bischof, von Schlangen und anderen Reptilien umgeben, mit Quelle und Dornenstrauch, auch mit → Kirchenmodell. Das Fest des → Patrons von der Pfalz, Elsaß, Reichenau und der Stadt Innsbruck wird am 3. November gefeiert.

Pius I. hl., 10. Papst, → Märtyrer, war in der Zeit zwischen 142 bis 155 während der hadrianischen Christenverfolgung → Bischof von Rom. Er soll ein Bruder des → Hermas gewesen sein und die Kirche Santa Pudenziana, die älteste Kirche Roms, erbaut haben. Er war ein Zeitgenosse des → Märtyrers und Philosophen → Justinos und der Gnostiker (→ Gnosis) → Valentinos und Markion. In der Bischofsliste des → Irenäus (Eirenaios) wird er als 9. Nachfolger des hl. → Petrus zwischen → Hyginus (136 bis 140) und → Anicetus (155 – 166) angeführt. Sein Fest feiert die Kirche am 11. Juli.

Pius II., 211. Papst, eigentlich Enea Silvio de Piccolomini, wegen seiner Dichtkunst berühmt, gelangte nach hartem Wahlkampf auf den Stuhl Petri. Der 1405 in dem nach ihm benannten Pienza (früher Corsignano) bei Siena geborene Humanist aus verarmtem Adelsgeschlecht verfocht den → Konziliarismus und wurde von der Baseler → Synode 1442 zum Frankfurter Reichstag entsandt. Kaiser Friedrich III. krönte ihn zum Dichter und ernannte ihn zum Sekretär der kaiserlichen Kanzlei. Als er 1445 die → Priesterweihe empfing, gab er sein weltliches Leben auf und wechselte vom → Gegenpapst → Felix zu → Eugen IV. (1431 – 1447) über. An der

Ankunft Pius' II. in Ancona. Fresko von Pinturicchio.

Papstwappen Pius' II.

Universität Wien hielt er Vorträge über die antiken Dichter und nahm damit starken Einfluß auf den deutschen Humanismus. 1444 hatte er selbst eine lateinische Novelle »Euryalus und Lucretia«, in der Art der Liebesgeschichten des Boccaccio, geschrieben. Seine Verdienste um das Wiener Konkordat und den Fürstentag zu Aschaffenburg brachten ihm 1447 das Bistum von Triest ein. Zwei Jahre später kam das Bistum Siena dazu. 1456 erlangte er die → Kardinalswürde von S. Sabina. Vor und nach seiner Wahl sah er seine Hauptaufgabe in der Bekämpfung der Türken. 1459 beschloß ein Fürstenkongreß zu Mantua einen → Kreuzzug, zu dem es jedoch nicht mehr kam. Da alle Bemühungen, die Fürsten zu einem gemeinsamen Vorgehen zu bewegen, erfolglos waren, gedachte Pius II. sich selbst an die Spitze eines Kreuzfahrerheeres zu stellen. Von einem starken Gichtleiden geplagt, reiste der Papst selbst nach Ancona, wo seine und eine kleine venetianische Flotte abfahren sollte. Am 15. August 1464 verstarb er jedoch, als sich die Flotten gerade zu sammeln begannen. Seit 1623 ruht sein Leichnam in S. Andrea della Valle in Rom. Pius war ein Freund des großen Kardinals → Nikolaus von Cusa gewesen und gilt als einer der bedeutendsten Päpste der Renaissance.

Pius III., 216. Papst, eigentlich → Kardinal Francesco de'Piccolomini Todeschini, war nur sechsundzwanzig Tage im Amt (vom 22. September bis 18. Oktober 1503). In Siena 1439 geboren, studierte er die Rechte in Perugia und wurde durch seinen Onkel → Pius II. (1458–1464) 1460 zum Erz→bischof von Siena und zum Kardinal erhoben.

Papst Pius III.

Als Kardinalprotektor Deutschlands war er ein Freund dieser Nation und sprach ausgezeichnet Deutsch. Nach dem Tode → Alexander VI. (1492 bis 1503) wurde der unbestechliche Greis, der die → Simonie ablehnte, zum Papst gewählt. Pius, der offen gegen Alexander VI. aufgetreten war, verbot sogar seinem Neffen, nach Rom zu kommen, da er ein erklärter Feind jeglichen → Nepotismus war. Er ruht in S. Andrea della Valle in Rom neben seinem Onkel Pius II.

Pius IV., 225. Papst, eigentlich Giovanni Angelo de'Medici (nicht verwandt mit den Florentiner Medicis), wurde nach dem Ableben des grausamen Carafa-Papstes → Paul IV. (1555 bis 1559) nach langem, schwierigem → Konklave am 25. Dezember 1559 zum

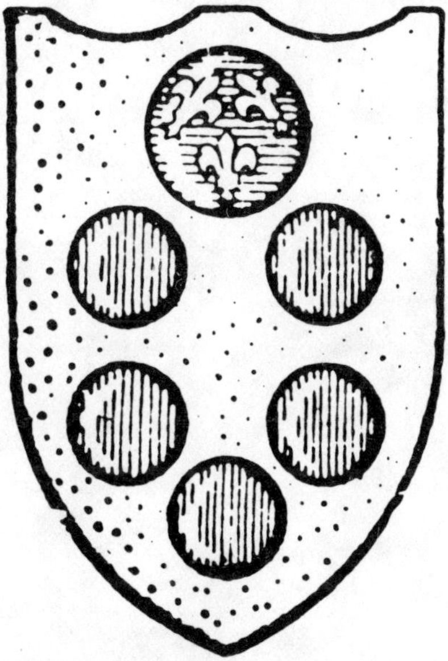

Papstwappen Pius' IV.

Papst gewählt. Pius, 1499 in Mailand geboren, 1545 zum Erz→ bischof von Ragusa und 1549 zum → Kardinal-→ priester von Santa Pudenziana erhoben, war gemäßigter als sein Vorgänger, revidierte den Index und schränkte die → Inquisition ein. Ganz Renaissancemensch, liebte er das weltliche Leben und hatte mindestens drei uneheliche Kinder. Behauptungen, die ihm Unenthaltsamkeit noch als Papst nachsagen, können nicht bewiesen werden, auch die üble Nachrede bei seinem Tode nicht, daß er »seine Seele durch jenen Teil des Leibes von sich gab, durch welchen er sie erhalten habe«. Gleich am Beginn seines → Pontifikates ließ er die Nepoten (→ Nepotismus) Papst → Pauls IV. verurteilen und hinrichten. Pius verfiel jedoch selbst dem Nepotismus und setzte seinen jungen Neffen Carlo Borromeo zum Staatssekretär ein, welcher jedoch einen guten Einfluß auf den Papst ausübte. Das größte Verdienst Pius' IV. ist die von ihm 1562 eingeleitete Fortsetzung des → Konzils von Trient, das 1563 glücklich zu Ende geführt werden konnte. Pius bestätigte gegen alle Widerstände die Konzilsbeschlüsse und trachtete, sie baldmöglichst durchführen zu lassen. Für große Gebiete des Hl. Römischen Reiches und Ungarns gestattete er die Wiedereinführung des → Laienkelches (= → Kommunion unter beiderlei Gestalt). 1562 brachen unter seinem → Pontifikat mit dem Gemetzel von Vassy die Religionskriege in Frankreich aus, die vielfach auf die unkluge Politik der Caterina de' Medici zurückzuführen sind. Ein Anschlag auf das Leben des Papstes im Jänner 1565 endete mit der Hinrichtung der Verschwörer. Die Unruhen im Kirchenstaat wurden durch die harte Steuerpolitik und die Mängel in der Verwaltung hervorgerufen. Als bedeutender Kunstmäzen ließ Pius IV. den Belvederehof im Vatikan durch Pirro Ligorio gestalten. Die Casina Pio IV. in den vatikanischen Gärten, heute Sitz der päpstlichen Akademie der Wissenschaften, verdankt ihm seine Entstehung. Durch Michelangelo wurden unter seinem Pontifikat die Porta Pia und die Kirche Santa Maria degli Angeli auf dem Gelände der diokletianischen Thermen erbaut. Am 9. Dezember 1565 starb Pius im → Vatikan und wurde in der von ihm erbauten Kir-

Pius IV. Fresko von Pasquale Cati.

che S. Maria degli Angeli begraben. Von allen Päpsten ist wohl keiner ein so eifriger und fleißiger Fußgänger wie er gewesen, schreibt der Historiker Pastor.

Pius V. hl., 226. Papst, eigentlich Michele Ghislieri, 1504 in Bosco bei Alessandria geboren, verdankt seine Wahl zum Papst am 7. Jänner 1566 vor allem der Fürsprache des hl. → Kardinals → Carlo Borromeo. Der → Dominikaner und Großinquisitor (→ Inquisition) gewann unter Papst → Paul IV. (1555 – 1559) Ansehen und führte, nachdem er selbst Papst geworden war,

Konzil von Trient. Fresko von Giovanni da Udine.

das mitleidlose Vorgehen seines Vorgängers fort. Auch auf dem päpstlichen Stuhle blieb er stets Mönch und Ketzerverfolger, und Ketzerverbrennungen spielten unter ihm eine bedeutende Rolle. Unter seinen zahlreichen Opfern war Pater Carnesechi aus Florenz, den er wegen »lutherischer (→ Luther) Ketzerei« von der Tafel Cosimo Medicis wegholen, enthaupten und verbrennen ließ. Auch der Humanist Aonio Paleario, ein reformatorisch gesinnter Humanist, der viele Meinungen der Protestanten als echt christlich lobte, endete auf

Papstwappen Pius' V.

Pius V. Ölgemälde von Federico Zuccaro.

dem Scheiterhaufen. Der Satiriker Franco wurde wegen eines Verses, den er auf den im → Lateran neu erbauten Abort gemacht hatte, gehängt. Mit rigoroser Strenge widmete sich Pius der Reform der Kirche und Durchführung der Tridentiner Beschlüsse. Er gab 1566 den Catechismus Romanus und 1568 das Breviarium Romanum heraus, zwei Jahre später führte er eine große Reform der hl. → Messe durch. Er achtete streng auf Einhaltung des → Zölibats, der Residenzpflicht und der → Klausur. Die unter seinem Vorgänger in Ungnade gefallenen Carafanepoten restituierte er, Cosimo Medici erklärte er trotz kaiserlichen Einspruches zum Großherzog. Elisabeth I. von England erklärte er 1570 für abgesetzt und bannte sie, was politisch unwirksam war und zu verstärkter Katholikenverfolgung in England führte. Mit Kaiser Maximilian II. wäre es bald zum Bruch gekommen, als dieser sich gegen den Wunsch des Papstes zum Augsburger Religionsfrieden bekannte. Mit der Heiligen Liga von 1571 zwischen Spanien, Venedig und dem Kirchenstaat gelang es in der Seeschlacht von Lepanto, einen entscheidenden Sieg über die Türken zu erringen. In Frankreich unterstützte Pius die katholische Seite finanziell und militärisch gegen die → Hugenotten. Seine Abendmahl→ bulle »In coena Domini« mit ihren schrecklichen Bannflüchen verärgerte die katholischen Mächte wegen des immer stärker werdenden römischen Zentralismus und des kompromißlosen Kampfes gegen das Staatskirchentum. Pius erließ auch eine → Bulle, worin er den Ärzten befahl, ihre Kranken zu verlassen, wenn diese nicht binnen drei Tagen beichten würden. Vernünftiger ist die Bulle, worin er den

Petersplatz zur Zeit Pius' V.

Stierkampf verbietet. Unter seinem → Pontifikat begann man 1568 mit dem Bau der römischen Jesuitenkirche Il Gesù, der ersten Barockkirche. Pius führte ein strenges Leben, er war hart gegen sich, noch härter gegen die Mitmenschen. Als er erkrankte, besuchte er nochmals die sieben Hauptkirchen Roms. Nach vierzigtägigem, heftigem Steinleiden starb er am 1. Mai 1572 und wurde in der Kirche Santa Maria Maggiore beigesetzt. Seine → Heiligsprechung am 22. Mai 1712 spricht jeder christlichen Nächstenliebe Hohn. Bis heute steht sein Fest am 5. Mai im Heiligenkalender.

Pius VI., 251. Papst, eigentlich Graf Giovanni Angelo Braschi, geboren am 25. Dezember 1717 in Cesena. Vor seiner Wahl dauerte das → Konklave schon mehr als vier Monate, weil eine Partei einen Jesuitenfreund, die ande-

Papstwappen Pius' VI.

Pius VI. Ölgemälde von Pompeo Batoni.

re einen Jesuitenfeind zum Papst wählen wollte, da → Clemens XIV. (1769 bis 1774) 1773 den → Jesuitenorden aufgehoben hatte. Die Jesuitenfreunde hatten schließlich die Übermacht, und so kam am 15. Februar 1775 Pius VI. an die Regierung. Der vornehme und gebildete Papst war 1773 → Kardinal→ priester von S. Onofrio geworden. Seit 1766 stand er der Apostolischen Kammer als Schatzmeister zur Seite. Pius, der Pracht und Pomp liebte, ließ den → Orden der Jesuiten in Preußen und Weißrußland bestehen, und die Wiederherstellung desselben lag ihm sehr am Herzen. Sein Kampf galt vor allem der kirchenfeindlichen Aufklärung, den Freimaurern, dem → Jansenismus und den Auswirkungen der Französischen Revolution, doch konnte er nur wenige Erfolge verzeichnen. Um den Reformeifer Josefs II. zu bremsen, reiste der Papst 1782 nach Wien, doch ohne sichtbaren Erfolg zu erzielen. Dafür wurde er in München und Augsburg durch die Kurfürsten Karl Theodor und Clemens Wenzeslaus reichlich entschädigt, die dem Papst ihre Verbundenheit zum Ausdruck brachten. Mit der Verurteilung der Prinzipien und der kirchenpolitischen Einstellung der Französischen Revolution hielt sich der Papst wegen seiner Interessen in → Avignon und Venaissin zurück, bis 1790 die Verfolgungsgesetze in Kraft traten. Die Ideologien der Revolution drangen auch bis in den Kirchenstaat vor, und der Papst stand alldem machtlos gegenüber. Die → Inquisition verurteilte Cagliostro, der den Sturz des Papstes prophezeite, zum

Papst Pius VI. auf dem Sterbelager. Zeitgenössischer Stich.

Tode, doch wandelte Pius die Strafe in lebenslänglichen Kerker um. Nachdem Napoleon Bonaparte in Norditalien die Österreicher besiegt hatte, wandte er sich auch gegen den Kirchenstaat. 1796 kam es zum Waffenstillstand von Bologna, der den Papst 21 Millionen Lire und die Auslieferung kostbarer Kunstschätze kosten sollte. Der Papst suchte mit Österreich und Neapel ein Bündnis zu schließen, aber Napoleon kam dem zuvor und marschierte in Rom ein. Im erzwungenen Frieden von Tolentino mußte Pius auf Avignon und Venaissin verzichten und Bologna, Ferrara und die Romagna abtreten, dazu die Forderungen des Waffenstillstandes von Bologna erfüllen. Nach einem Aufruhr in Rom kam es am 15. Februar 1798 zur Absetzung des Papstes und zur Proklamation der römischen Republik. Der achtzigjährige, kranke Papst wurde nach Valence in Frankreich gebracht, wo er am 29. August 1799 starb. Pius VII. ließ ihn 1802 nach Rom überführen. Vor der Confessio in St. Peter steht das von Canova geschaffene Denkmal. Pius ließ, um für seinen Neffen billiges Land zu bekommen, die Pontinischen Sümpfe trockenlegen und trotz der schlechten Finanzen des Kirchenstaates den Palazzo Braschi an der Piazza Navona erbauen. Unter ihm lebte der → Nepotismus noch einmal in voller Blüte auf.

Pius VII., 252. Papst, eigentlich Graf Luigi Barnaba Chiaramonti, am 14. August 1742 in Cesena in der Romagna geboren, wurde am 14. März 1800 im Inselkloster San Giorgio Maggiore in Venedig als Pius VII. zum Papst gewählt. Der Theologieprofessor und → Benediktinermönch war 1782 von → Pius VI. (1775 – 1799) zum → Bischof von Tivoli und drei Jahre später zum → Kardinal ernannt worden. Das → Konklave, das vier Monate dauerte, fand unter der Schutzherrschaft Österreichs statt, welches auch die Wahl zu seinen Gunsten beeinflussen wollte.

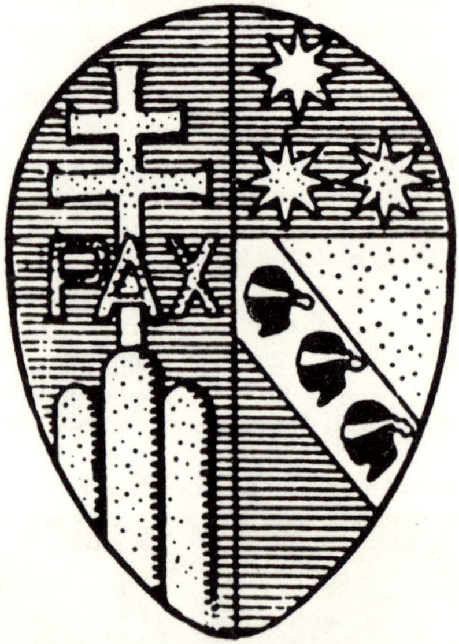

Papstwappen Pius' VII.

Pius VII., reformfreudig und der neuen Zeit gegenüber aufgeschlossen, war Realist genug, um sich den Ergebnissen der Revolution anzupassen. Am 3. Juli 1800 zog er in Rom ein. Schon ein Jahr später schloß er mit Napoleon I. ein → Konkordat und krönte ihn 1804 in Paris zum Kaiser, wobei Bonaparte den Papst arg demütigte. Nachdem Pius nach fünf Monaten endlich die Rückreise gestattet wurde, kam es immer öfter zum Konflikt mit Napoleon. Am 2. Februar 1808 besetzte Napoleon Rom, da Pius sich weigerte, an der Kontinentalsperre gegen England teilzunehmen. Der Kaiser von Frankreich verleibte

Papst Pius VII. Nach Peyre, Napoléon I. et son temps.

1809 die Reste des Kirchenstaates Frankreich ein, worauf der Papst ihn exkommunizierte. Am frühen Morgen des 6. Juli wurde der Papst gefangengenommen und nach Grenoble, später nach Savona gebracht. Napoleon erzwang 1813 von dem kränklichen Pius das Konkordat von Fontainebleau, worin der Papst auf den → Kirchenstaat verzichten sollte. Der Papst widerrief den Verzicht und zog nach dem unmittelbar darauf folgenden Sturz Napoleons am 25. Mai 1814 in Rom ein. Der Kirchenstaat wurde durch die Beschlüsse des Wiener Kongresses wiederhergestellt und von Staatssekretär Consalvi reorganisiert. Wegen mangelnder Modernisierung gab es jedoch bald Unruhen im Land. Am 7. August 1814 stellt Pius den → Jesuitenorden wieder her. Der kunstbegeisterte Papst ließ die vatikanischen Museen erweitern und neu ordnen. Am 20. August 1823 starb der leidgeprüfte Papst. Vier Tage vor seinem Tod brannte die → Basilika San Paolo fuori le mura ab, was man dem Papst aber verschwieg. Pius erwies sich als Hüter der Lehre, verurteilte die Freimaurer und den Indifferentismus und stellte das Ansehen des Papsttums wieder her.

Pius VIII., 254. Papst, eigentlich Fransco Saverio Castiglioni, am 20. November 1761 in Cingoli in Ancona geboren, studierte Theologie und besonders Kirchenrecht an der Universität in Bologna. 1785 wurde er zum → Priester geweiht. → Pius VII. (1800 – 1823) ließ ihn 1800 zum → Bischof erheben. Da er den Treueeid verweigerte, hielt ihn Napoleon I. in Pavia und Mantua gefangen.

Papst Pius VIII.

1816 wurde Castiglioni Kardinal und Bischof von Frascati und Großpönitentiär. Am 31. März 1829 wählte ihn die gemäßigte Partei zum Nachfolger → Leo XII. (1823 – 1829). Das kurze → Pontifikat des schon schwer leidenden Papstes verlief ruhig. Pius milderte das von seinem Vorgänger eingeführte Polizeiregime und ließ den Staatshaushalt ordnen. Gegenüber Preußen verteidigte er in der Mischehenfrage den katholischen Standpunkt. Gegen die Freimaurer erließ er eine → Enzyklika. Pius galt als Parteigänger Österreichs und der Heiligen Allianz. Am 30. November 1830 verschied er und liegt in den Vatikanischen Grotten begraben.

Pius IX., 256. Papst, eigentlich Graf Giovanni Maria Mastai-Ferretti, am 13. Mai 1792 in Sinigaglia geboren, studierte erst bei den Piaristen in Volterra und später in Rom. 1819 wurde Giovanni, der an Epilepsie litt, zum → Priester geweiht. Die Würde eines Erzbischofs von Spoleto wurde ihm im Jahre 1827 und die des → Bischofs von Imola

Papstwappen Pius' IX.

im Jahre 1832 zuteil. Er galt als Liberaler, da er Sympathie für die italienische Nationalbewegung zeigte. Als wahrer Hirte seiner Gemeinde sorgte er für die Notleidenden und erlangte große Beliebtheit beim Volke. → Gregor XVI. (1831–1846) ernannte ihn zum → Kardinal, und am 16. Juni 1846 wurde er nach kurzem → Konklave als Pius IX. zum Papst gewählt. Sein Amnestiedekret für politische Vergehen verschaffte ihm ungeheure Popularität, doch schwand diese, als das Volk merkte, daß der Papst sich weigerte, den Kirchenstaat in einen modernen, konstitutionellen Staat umzuwandeln und den Unabhängigkeitskrieg gegen Österreich aktiv zu unterstützen. Am 24. November 1848 mußte Pius IX. nach Gaeta fliehen, und in Rom wurde die Republik ausgerufen. Mit Hilfe französischer Truppen zog der Papst jedoch am 12. April 1850 wieder in Rom ein, und unter dem Staatssekretär Antonelli erfolgte eine reaktionäre Restauration, die vor allem bei den gebildeten Schichten Erbitterung hervorrief, da den Bürgern keinerlei politische Freiheit gewährt wurde. Am 20. September 1870 besetzten italienische Truppen Rom und befreiten das Volk von der drückenden Papstherrschaft. Pius IX., der sich nicht scheute, gegen seine politischen

Papst Pius IX.

Gegner vorzugehen und sie gnadenlos hinrichten ließ, versuchte bei dem noch im Dezember 1869 einberufenen 1. Vatikanischen → Konzil auf innerkirchlichem Gebiet zu retten, was es noch zu retten gab. Da er wußte, daß er bald der weltlichen Macht verlustig werden sollte, wollte er sich durch das am 18. Juli 1870 verkündete Unfehlbarkeitsdogma die geistige Vorherrschaft retten. Trotz des Protestes vieler Bischöfe, die zum Teil feige die Versammlung vorzeitig verließen oder sich der reaktionär konservativen Partei unterwarfen, kam es schließlich doch zum Beschluß des → Dogmas. Triumphierend drückte Pius einem unierten griechisch-orthodoxen → Patriarchen, der erklärter Gegner des Dogmas war, als dieser zögerte, bei der Huldigung des Papstes dessen Pantoffel zu küssen, gewaltsam das Haupt mit seinem Fuß nieder. Durch die → Enzyklika »Quanta cura« und den »Syllabus« hatte Pius schon vorher die demokratisch gesinnte Welt vor den Kopf gestoßen, da er darin die modernen Freiheiten verurteilte. Von der Außenwelt isoliert, betrachtete sich Pius IX. nach der Befreiung Roms als Gefangener des → Vatikans. Er starb am 7. Februar 1878. Unter ihm erblühte die Volksfrömmigkeit. 1854 wurde das → Dogma der Unbefleckten Empfängnis Mariens verkündet. Pius XII. (1939–1958) nahm den Seligsprechungsprozeß wieder auf.

Pius X. hl., 258. Papst, eigentlich Giuseppe Sarto, als zweites von zehn Kindern am 2. Juni 1835 als Sohn einer Schneiderin und eines Briefträgers in Riese bei Treviso geboren. Sarto empfing 1858 die → Priesterweihe und erlangte 1884 den → Bischofsstuhl von Mantua. 1893 ernannte ihn → Leo XIII.

Papstwappen Pius' X.

(1878–1903) zum → Kardinal und → Patriarchen von Venedig. Schon hier zeigte er großes Organisationstalent und bemühte sich um die innere Erneuerung seiner → Diözese. Im → Konklave legte der Kardinal von Krakau im Namen des Hauses Habsburg gegen den aussichtsreichsten Kandidaten, Kardinal Rampolla, den Staatssekretär Leos XIII., ein Veto ein. Es war dies das letzte Mal in der Kirchengeschichte. Am 4. August 1903 wählten die Kardinäle darauf nach zähem Ringen den Patriarchen von Venedig als Pius X. zum Papst. Als Devise wählte sich der neue Papst »Instaurare omnia in Christo« – Alles in Christus erneuern. Diese Erneuerung trachtete er vor allem auf innerkirchlichem Gebiet zu erreichen. Er forderte die Vertiefung des religiösen Lebens bei → Klerus und Volk, trug Sorge für genügenden katechetischen Unterricht und profunde Predigten. Er förderte die tägliche

Papst Pius X.

Kommunion und die Kinderkommunion, indem er das Alter für die Erstkommunion herabsetzte. In seinen Bemühungen um die Reinerhaltung der katholischen Lehre war er starr, pessimistisch und verurteilte alles, was ihm als modernistisch erschien. Auf politischem Gebiet nahm er die starre Haltung → Pius' IX. (1846–1878) ein, so daß er Deutschland, Rußland und die USA vor den Kopf stieß. Pius weigerte sich, den amerikanischen Präsidenten Roosevelt zu empfangen, brach 1910 die diplomatischen Beziehungen mit Spanien und Portugal und 1911 mit Frankreich ab, wo er die neuen Gesetze über Kultusgemeinden verurteilte. Der mildtätige Papst, der als Freund der Armen galt, wollte soziale Tätigkeiten der Katholiken nur innerhalb der katholischen Organisationen dulden. Er war demokratischen Ideen im → Vatikan feindlich gesinnt und bevorzugte paternalistische Lösungen. Er ließ Theologie und katholische Philosophieprofessoren überwachen und hemmte dadurch die Entwicklungen der katholischen Theologie, vor allem der → Exegese, der Kirchengeschichte und der Patrologie. Unterstützt von den konservativen Kräften in seiner Umgebung erließ er 1907 die sehr umstrittene → Enzyklika »Pascendi« gegen den → Modernismus, indem er den modernen → Agnostizismus, den → Pantheismus und den → Atheismus verurteilte. Am Beginn des Ersten Weltkrieges, den Pius X. geahnt hatte, starb er am 20. August 1914. Im Jahre 1923 forderten die römischen Kardinäle seine → Heiligsprechung, was auch durch → Pius XII. (1939–1958) am 29. Mai 1954 erfolgte. Die Kirche feiert sein Fest am 3. September. Sein Leichnam ruht heute unter dem ihm geweihten Altar in der → Peterskirche.

Pius XI., 260. Papst, eigentlich Achille Ratti, am 31. Mai 1857 in Desio bei Monza geboren, empfing 1879 die → Priesterweihe und wurde nach seinem Studium an der Gregoriana Professor am Priesterseminar in Mailand. Der begeisterte Wissenschaftler kam 1912 als Propräfekt an die Vatikanische Bibliothek. 1919 schickte ihn → Benedikt XV. (1914–1922) als → Nuntius nach Polen. Seine Ernennung zum → Kardinal und Erz→ bischof von Mailand erfolgte zwei Jahre später. Am 6. Februar 1922 wählten ihn die Kardinäle zum neuen Papst. Die Lösung der »Römischen Frage« bildete das wohl wichtigste Ereignis während seines → Pontifikates. Unter der Leitung Benito Mussolinis kam es zur Aussöhnung mit dem Königreich Italien und zum Abschluß der → Lateranver-

Papstwappen Pius' XI.

träge am 11. Februar 1929. Nach dem Konkordat mit der faschistischen Regierung wurde 1931 Mussolini offiziell im Vatikan empfangen. Mit Zustimmung des deutschen → Episkopates schloß Pius am 20. Juli 1933 das Reichskonkordat mit der nationalsozialistischen Regierung Adolf Hitlers ab, was für diesen ein gewaltiger Prestigegewinn in den Augen des Auslandes war. → Pius XII. rechtfertigte diesen Schritt nach dem Kriege (1947) als »den Versuch einer Rettung der Länderkonkordate, mit räumlichen und inhaltlichen Erweiterungen in eine ganz unsichere Zukunft hinein«. Als Hitler 1938 Rom besuchte, lehnte Pius XI. es ab, ihn zu empfangen, und verließ die Stadt. Er richtete wiederholt Proteste gegen die deutsche Reichsregierung und ließ 1937 sein Rundschreiben »Mit brennender Sorge« in Deutschland von den Kanzeln verle-

Mussolini bei Papst Pius XI.

Papst Pius XI.

sen, worin er die ständigen Verletzungen des Konkordats verurteilte. Im selben Jahr verurteilte er in seiner → Enzyklika »Divini Redemptoris« den atheistischen (→ Atheismus) Kommunismus. In der Epoche, da die Königreiche versanken, betonte er das Königtum Christi und führte das Christkönigsfest ein. Außerdem förderte er die Verehrung des Herzens Jesu. Außer seiner Sozialenzyklika »Quadrogesimo anno« gab er eine Enzyklika über die christliche Ehe und Familie, eine über das Priestertum und eine weitere über die christliche Erziehung heraus. Pius nahm zahlreiche Selig- und → Heiligsprechungen vor und förderte die Missionen. Gegen die ökumenische Bewegung der nichtkatholischen Christen verhielt er sich ablehnend. Schon am Beginn seines → Pontifikates rief er die Actio Catholica ins Leben, die die Gesellschaft aus dem christlichen Geist heraus wiederherstellen sollte. Im → Vatikan ließ Pius einen Bahnhof, eine Radiostation und die Neue Pinakothek errichten. Die Propaganda Fidei bekam ein neues Gebäude und Castel Gandolfo, das vom italienischen Staat zum exterritorialen Gebiet erklärt wurde, erhielt eine Sternwarte. Kurz vor Ausbruch des Zweiten Weltkrieges starb Pius XI. am 10. Februar 1939. Er war begeisterter Alpinist und schrieb etliche wissenschaftliche Arbeiten.

Pius XII., 261. Papst, Kardinalstaatssekretär, eigentlich Eugenio Maria Giuseppe Giovanni Pacelli, wurde am 2. März 1939, knapp vor Ausbruch des Zweiten Weltkrieges, als Nachfolger Papst → Pius XI. (1922 – 1939) auf den Stuhl Petri gewählt. Er wurde am 2. März 1876 in Rom geboren und empfing 1899 die → Priesterweihe. Seit 1901 arbeitete er im Staatssekretariat und war engster Mitarbeiter des Kardinalstaatssekretärs Gasparri. Er promovierte zum Doktor des Kirchenrechtes und unterrichtete an der päpstlichen Diplomatenakademie. Seit 1917 Apostolischer → Nuntius am bayrischen Hof, wurde Pacelli 1920 auch beim Deutschen Reich beglaubigt. Bis 1929 war er Doyen des diplomatischen Corps und sprach fließend die deutsche Sprache. 1929 erfolgte seine Ernennung zum → Kardinal, ein Jahr später machte ihn Pius XI. zu seinem Staatssekretär. In dieser Eigenschaft schloß er die Konkordate mit Österreich und das Reichskonkordat mit Hitlerdeutschland (1933). In seiner übertriebenen Abneigung gegen den Kommunismus bevorzugte Pius XII. die Rechtsdiktaturen in Deutschland, in

Papst Pius XII.

Spanien, Österreich und Italien. Nach Kriegsende hätte er in Italien die Beibehaltung der Monarchie gewünscht. Hervorzuheben sind jedoch seine zahlreichen Bemühungen für den Frieden und seine Hilfsmaßnahmen für Juden, Flüchtlinge und Kriegsgefangene. 1949 exkommunizierte Pius XII. jeden, der der kommunistischen Partei beitrat, sie förderte, kommunistische Bücher und Schriften herausgab, las oder solche schrieb. In der »sozialen Frage« sah er das Hauptproblem in der Wahrung der Freiheit und Würde der menschlichen Person. Pius XII., eine majestätische und autoritäre Persönlichkeit, leitete die Kirche zentralistisch und ernannte 1944 keinen neuen Staatssekretär. Er gilt als Förderer des Marienkultes (→ Maria) und verkündete 1950 das → Dogma von der leiblichen Aufnahme Mariens in den Himmel. Er ordnete die Oster→ liturgie neu (1955) und reformierte das → Brevier und das Missale Romanum. Während seines → Pontifikates fanden dreiunddreißig → Heiligsprechungen statt. Der arbeitsame, konservativ-reaktionäre Papst starb am 9. Oktober 1958 und liegt in den Vatikanischen Grotten begraben.

Polykarp von Smyrna hl., wahrscheinlich noch Schüler des → Apostels → Johannes, der ihn um 80 getauft und später zum → Bischof von Smyrna bestellt haben soll. 155 verhandelte er als Sprecher der Kirche von Kleinasien mit Papst → Anicet betreffs des Termines für das Osterfest. Voll Eifer widmete er sich der Verbreitung des → Evangeliums in Kleinasien, was ihm die Beinamen »Zerstörer der Götter« und »Lehrer Asiens« einbrachte. Von seinem Martyrium (→ Märtyrer) erfahren wir durch eine alte Niederschrift aus dem Jahre 156. Während einer Christenverfolgung in Smyrna verlangte die Bevölkerung der Stadt die Hinrichtung des Oberhauptes der dort ansässigen Christen. Der Statthalter befahl Polykarp, Christus zu verfluchen, was jener mit den Worten verweigerte: »Über achtzig Jahre diene ich ihm, und er hat mir nie ein Leid getan: wie könnte ich meinen König lästern, der mich erlöst hat?« Nach dem legendären (→ Legende) Bericht sollen ihn die Flammen des Scheiterhaufens nicht haben töten können, worauf er mit einem Dolch durchbohrt wurde. Sein Martyrium fand am 23. Februar 156 statt. Auf dem Berg Mustasia bei Smyrna wurde er begraben. Polykarp zählt zu den → Apostolischen Vätern. Seine → Reliquien befinden sich in der Kirche Sant'Ambrogio della Massima in

Rom. Polykarp wird bei Ohrenleiden angerufen und meist mit einer Krone und einem Palmzweig auf dem Scheiterhaufen, den Dolch im Leibe, dargestellt. Am 23. Februar wird sein Fest seit dem Jahre 450 gefeiert.

Pontianus hl., 18. Papst, seit 21. Juli 230 römischer → Bischof, wurde zusammen mit seinem Gegenbischof → Hippolytos von Kaiser Maximilian Thrax nach Sizilien verbannt, nachdem Pontianus am 28. September 235 auf sein Amt verzichtet hatte. Dort starben beide an den Folgen der Entbehrungen. Pontianus wird am 19. November als → Märtyrer gefeiert.

Pontifex Maximus (lat. »Oberster Brückenbauer«), Ehrentitel des Papstes. Im antiken Rom kam dieser Titel dem höchsten → Priester zu. Ab 445 wurde dieser Titel auf den Papst übertragen.

Pontifikat (lat.), Amtszeit des Papstes und Amtswürde des Papstes.

Prämonstratenser → Norbert von Xanten hl.

Presbyter (griech., »Der Ältere«), in der Urkirche die ins Ältestenamt einer Gemeinde eingesetzte Person. Das Ältestenamt war eine Funktion, die die Urchristen von den Juden übernahmen. Im 2. Jahrhundert entwickelte sich daraus das → Priesteramt. In der evangelischen Kirche ist der Presbyter ein Mitglied der Kirchengemeindevertretung, des Presbyteriums, die gemeinsam mit dem Pfarrer die Gemeinde verwaltet.

Priester → Presbyter.

Primas, Bezeichnung für den ranghöchsten → Bischof eines Landes oder eines Gebietes. So ist der Erzbischof von Salzburg Primas für das gesamte deutsche Sprachgebiet.

Primat (lat.), Vorrangstellung des Papstes gegenüber anderen → Bischöfen.

Prior (lat.), Ordensoberer bzw. Stellvertreter eines Abtes.

Profeß (lat.), die Ablegung der → Ordensgelübde in der Öffentlichkeit. Die einfache Profeß gilt für einen bestimmten Zeitraum, meist drei Jahre. Die »Ewige Profeß« wird für das ganze Leben abgelegt.

Provinzial (lat.), Leiter einer Ordensprovinz in einem → Orden. Sein Amtssitz wird Provinzialat genannt.

Puritaner, ursprünglich Anhänger einer in England aufgekommenen Bewegung, die unter Heinrich VIII. und Elisabeth I. das englische Kirchenwesen von katholischer Überfremdung gereinigt wissen wollte. Der Puritanismus wurde später vom Calvinismus (→ Calvin) durch Glaubens- und Sittenstrenge stark geprägt.

Ptolemäus → Valentin(os).

Q

Quatember-Fasten, in der katholischen Kirche das »Vier-Jahreszeiten-Fasten«. Dieser Zeitraum erstreckt sich über die Wochen nach dem 3. Adventsonntag, nach dem 1. Fastensonntag, nach Pfingsten und über die Wochen nach dem Fest der Kreuzerhöhung (am 14. September).

R

Rabanus Maurus hl., Praeceptor Germaniae, »Lehrer Germaniens«, um 780 in Mainz geboren, folgte schon früh dem Ruf Christi und legte mit fünfzehn Jahren die → Gelübde im Kloster Fulda ab. Man schickte ihn nach Tours in Frankreich, wo ihn Abt Alkuin unterrichtete. Von diesem stammt auch der Beiname Maurus, den Rabanus auch später beibehielt. Nach seiner Ausbildung in Frankreich kehrte Rabanus nach Fulda zurück und lehrte an der Klosterschule, deren Leitung er bald übernahm. 822 wählten ihn die Mitbrüder zum Abt des Klosters. Der gelehrte und fromme Theologe förderte zur Zeit Karls des Großen das Bildungswesen in Deutschland, was ihm auch seinen Ehrentitel einbrachte. 847 erlangte er die → Bischofswürde von Mainz. Dem großen Gelehrten wird auch der großartige Pfingsthymnus »Veni, Creator Spiritus« – »Komm, Schöpfer Geist« – zugeschrieben. In der Hungersnot des Jahres 850 speiste er auf seinem Hof zu Winkel im Rheingau, dem »grauen Haus«, täglich an die dreihundert hungernde Menschen. Tiefbetrauert starb Rabanus am 4. Februar 856. Sein Fest wird am selben Tag gefeiert. Von ihm stammen die Worte: »Wer den Gipfel der Weisheit erreichen will, muß zum Gipfel der Liebe gelangen. Denn niemand ist vollkommen im Wissen, der nicht vollkommen ist in der Liebe.«

Raimund von Peñafort hl., auf Schloß Penafort bei Barcelona 1175 geboren, studierte in Barcelona. Schon mit zwanzig Jahren war er ein berühmter Lehrer in Barcelona, doch ging er nach zehn Jahren nach Bologna, wo er Jura studierte und die Doktorwürde erlangte. 1210 rief ihn sein → Bischof in seine Heimat zurück. In Barcelona wurde er zum → Priester geweiht und galt bald als Vorbild für die Geistlichkeit. Gemeinsam mit Petrus Nolaskus gründete Raimund 1222 den Merzedarierorden, dessen Aufgabe es sein sollte, christliche Sklaven aus den Händen der Muslims zu befreien. Durch das Auftreten des hl. → Dominikus entflammt, schloß sich Raimund dem Dominikanerorden an. Papst → Gregor IX. ließ den vortrefflichen Prediger zu sich kommen und machte ihn zu seinem Beichtvater. Auf Anregung des Papstes verfaßte er hier auch seine berühmten »Dekretalien«. Die Würde eines Erzbischofs von Tarragona, die ihm der Papst 1235 anbot, schlug Raimund aus Bescheidenheit aus. In den Jahren 1238 bis 1240 übte er das Amt des Generaloberen seines → Ordens aus, doch kehrte er wieder in die Stellung eines gewöhnlichen Ordenspriesters zurück. Besonders bemühte er sich um die Armen und die Mission, wobei er auch Schulen für die hebräische und arabische Sprache gründete. Ruhig und gefaßt verschied Raimund, dessen Krankenlager die Könige von Kastilien und Aragon besuchten, in Barcelona am 6. Jänner 1275. Dargestellt wird der Heilige im Dominikaner→ habit, im Meer auf seinem Mantel stehend. Sein Fest fällt auf den 7. Jänner.

Räubersynode → Monophysiten.

Reliquie (lat., »Überreste«), Andenken an einen Heiligen – Gebeine, Bekleidungsstücke oder Gegenstände aus der Umgebung des Heiligen –, die in der katholischen und orthodoxen Kirche religiös verehrt werden. Der Behälter, in dem eine Reliquie aufbewahrt wird, heißt Reliquiar.

Renaissancepäpste, von Nikolaus V. bis Paul III. Mit Nikolaus V. (1447 – 1455) bestieg erstmals ein Humanist den päpstlichen Thron, der Rom zum Mittelpunkt der neuen Kultur machen wollte. Er plante den Neubau der Peterskirche und gründete die Vatikanische Bibliothek. Sein Nachfolger → Calixtus III. (1455 – 1458) trieb einen argen → Nepotismus. Er hatte aber für die Abwehr der Türken Sorge zu tragen, die 1453 Konstantinopel erobert hatten und immer mehr das Abendland bedrängten. Mit → Pius II. (1458 – 1464) bestieg ein hochgebildeter Humanist den Stuhl Petri. Sein Nachfolger → Paul II. (1464 – 1471) vertrieb die vielen, von Pius an den päpstlichen Hof gerufenen Literaten, war dafür aber um so verschwenderischer in seiner Prunksucht. Der → Minoritenpapst → Sixtus IV. (1471 – 1484), der seinen → Orden viele Privilegien zukommen ließ, liebte die Kunst und erbaute die nach ihm benannte Sixtinische Kapelle. Vorwerfen kann man ihm jedoch seinen schamlosen Nepotismus und die Genehmigung der → Inquisition in Spanien gegen getaufte Juden. Der → Simonie und dem Nepotismus war auch → Innozenz VIII. (1484 – 1492) verfallen. Innozenz war der erste Papst, der seinen Sohn öffentlich anerkannte. Er erließ auch die unglückselige Hexen→bulle, die die Hexenverfolgung rechtfertigte und damit das blutige Treiben der Inquisition für gut hieß. Mit → Alexander VI. (1492 – 1503) folgte einer der übelsten Päpste. Vor Nepotismus, Simonie, Ehebruch, Intrige und Gift scheute dieser Papst aus der Familie der Borgias nicht zurück. → Julius II. (1503 – 1513) stellte den unter → Alexander VI. in Unordnung geratenen Kirchenstaat mit Waffengewalt wieder her. Unter ihm wirkten hervorragende Künstler wie Bramante, Michelangelo und Raffael am päpstlichen Hof. Während der Regierung Papst → Leos X. (1513 bis 1521) schlug Martin → Luther 1517 seine 95 Thesen an die Türe der Schloßkirche zu Wittenberg und wurde auf dem Reichstag zu Worms 1521 von Papst und Kaiser gebannt. Papst → Hadrian VI. (1522/1523) ließ auf dem Nürnberger Reichstag ein Bekenntnis der Schuld des Papsttums durch seinen → Nuntius verlesen. Nach dem franzosenfreundlichen Papst → Clemens VII. (1523 bis 1534), der dem Gedanken an ein Reformkonzil skeptisch gegenüberstand, eröffnete 1545 → Paul III. (1534 – 1549) das → Konzil von Trient. Selbst war er jedoch dem Nepotismus verfallen und verhalf seiner Familie zu fürstlichem Glanz. Dies war typisch für die Päpste dieser Epoche. Die Päpste der Renaissancezeit strebten vor allem danach, aus dem Kirchenstaat einen päpstlichen Familienbesitz zu machen. Dabei war ihnen oft kein Mittel zu niedrig oder unsittlich. Viele von ihnen sahen sich als oberste weltliche Herrscher denn als geistliche Leiter der Kirche, womit der Reformation genügend Gründe gegeben waren, sich von Rom zu lösen. Päpstliche Reformen und das Konzil von Trient konnten die Trennung nicht mehr verhindern.

Ritterorden → Kreuzzüge.

Robert Bellarmin hl., in Montepulciano in der Toskana 1542 geboren, stammte aus einem alten Adelsgeschlecht und war ein Neffe Papst → Marcellus' II. Mit achtzehn Jahren trat er bei den

→ Jesuiten ein und wurde nach seiner → Priesterweihe Professor an der Universität Löwen. Sechs Jahre später bekam er eine Berufung an das Römische Kolleg. 1593 brachte er sein Buch »Controversiae« (Streitfragen) heraus, 1597 seinen »Kleinen Katechismus«, ein Jahr später den größeren Katechismus. Papst → Clemens VIII. erhob ihn 1599 zum → Kardinal. Ab dem Jahre 1602 war Robert Bellarmin Erz→bischof von Capua und führte in seiner → Diözese Reformen im Sinne des → Konzils von Trient durch. Von 1605 bis zu seinem Tode stand er der Vatikanischen Bibliothek als Präfekt vor. Robert starb am 17. September 1621. Eines seiner letzten Bücher hieß: »Die Kunst zu sterben.« Seine → Heiligsprechung erfolgte erst 1930, ein Jahr später wurde er zum → Kirchenlehrer ernannt. Die Kirche feiert sein Fest am 17. September.

Romanus, 114. Papst, wahrscheinlich ein Bruder des Papstes → Marinus I. (882 – 884), kam nach dem gewaltsamen Tod Papst → Stephans VI. (896 – 897) im August 897 auf den Papstthron. Seine Regierungszeit währte nur vier Monate. Wahrscheinlich wurde er von den Anhängern des Papstes → Formosus (891 – 896) gewählt. Näheres über sein Leben und seinen Tod ist nicht bekannt. Er dürfte alle Entscheidungen seines Vorgängers widerrufen haben.

Romuald hl., der Stifter des → Kamaldulenserordens, entstammte wahrscheinlich der langobardischen Herzogsfamilie der Onesti und wurde 952 in Ravenna geboren. Sein Vater Sergius tötete im Streit einen Verwandten, wobei Romuald Zeuge war. Voll Entsetzen zog er sich in die Einsamkeit des Klosters S. Apollinare in Classe bei Ravenna zurück, um für seinen Vater Buße zu tun. Das Kloster war ihm aber nicht streng genug. Mit dem → Eremiten Marinus und dem Dogen Pietro I. Orseolo zog er gemeinsam in die französischen Pyrenäen, wo er im Kloster St. Michel nach seinem Ideal leben konnte. Nach Italien zurückgekehrt, gründete Romuald 1012 in Mittelitalien das Kloster Camaldoli, das zum Stammkloster des Kamaldulenserordens wurde. Der → Orden versuchte, Einsiedlerleben mit Gemeinschaftsleben zu verbinden, gemäß der Regel des hl. → Benedikt. Romuald starb am 19. Juni 1027 in der Klause Val di Castro. Dargestellt wird der Heilige als Einsiedlermönch mit Bart und die Hl. Schrift in Händen. Sein Fest feiert die Kirche am 19. Juni.

Rosa von Lima hl., spanischer Abstammung, am 20. April 1586 in Peru geboren. Sie erhielt bei der Taufe den Namen Isabella, doch nannte sie ihre Mutter Rosa. Schon als Kind zeigte Rosa große religiöse Neigungen zu Gebet und Fasten. Mit zwanzig Jahren trat sie nach dem Vorbild der hl. → Katharina von Siena bei den → Dominikaner-Tertiarinnen ein. Durch ihr überaus strenges Bußleben wollte sie Sühne für die Bluttaten der spanischen Konquistadoren (Eroberer) tun. Rosa, die als Patronin Lateinamerikas verehrt wird, starb am 24. August 1617 nach langem Todeskampf, doch ohne Furcht. Dargestellt wird die Heilige als Dominikanerin mit einer Dornenkrone mit Rosenblüten ums Haupt, mit zwei Hasen, einer Rose in Händen, mit dem Jesukind auf einer Rose und mit Anker. Sie gilt als Schutzpatronin der reuigen Sünder, der Blumengärtner und wird um glückliche Geburten, gegen Wunden und Grind angerufen. Ihr Fest feiert die Kirche am 23. August.

Rupert hl. (auch Ruprecht, Robert), der erste → Bischof Salzburgs, zunächst Bischof von Worms, kam von dort nach Bayern zu Herzog Theodo II., der seine Residenz in Regensburg hatte. Als »→ Apostel Bayerns« versuchte er, bis in die abgelegensten Täler hinein das Christentum zu verkünden. In Salzburg errichtete Rupert um 700 das Kloster und die Schule St. Peter und machte die Stadt zu einem bedeutenden kulturellen Zentrum. Seiner Nichte Erentrudis übergab er das Kloster auf dem Nonnberg, die älteste → Benediktinerinnenabtei. Durch den regen Salzabbau suchte er das Los der armen Bevölkerung zu lindern. Die römische Stadt Juvavum bekam durch ihn den Namen Salzburg. Rupert starb am 27. März 718. Der heilige Bischof wird als Patron von Salzburg und Oberbayern verehrt, auch gilt er als Schutzheiliger gegen Rotlauf und Tollwut. Dargestellt wird Rupert meist als Patron des Bergbaus, als Bischof mit einem Salzfaß. Sein Fest feiert die Kirche am 24. September.

S

Sabinianus, 65. Papst, aus Volterra in der Toskana, unter Papst Gregor I. (590–604) Apokrisar des Papstes in Konstantinopel. Am 13. September 604 wurde er zum Papst gewählt. Mit den Langobarden hielt er Frieden. Sabinianus feindete die Schriften seines Vorgängers → Gregor I. an und verkaufte während einer Hungersnot das Getreide, das sein Vorgänger umsonst ans Volk verteilt hatte, zu Wucherpreisen. Er starb am 22. Februar 606 und liegt im Vatikan begraben. Woran er starb, wissen wir nicht. Nach dem legendären Bericht des → Kardinals Baronius erschien dem Sabianus Gregor zweimal und warnte ihn, und zwar jedesmal in Gestalt eines furchtbaren Bären mit einem Eselsschweife. Als aber beide Warnungen fruchtlos blieben, soll er bei der dritten Erscheinung dem Sabianus eine solche Ohrfeige gegeben haben, daß derselbe daran starb.

Sakrament (lat.), bei den Römern der Soldateneid, ferner die beim Beginn eines Prozesses zu stellende Kaution und endlich die den Göttern geweihte Gabe. In der christlichen Kirchensprache erhielt dieses Wort nur darum seine religiöse Bedeutung, weil es in der lateinischen Bibelübersetzung das griechische Wort »mysterion« d. h. Geheimnis ausdrückte. Bei den älteren lateinischen Kirchenschriftstellern bezeichnete das Wort sacramentum daher auch jene geheimnisvolle Lehre oder Sache, ja das Christentum selbst. Erst im 12. Jahrhundert verwendete man dieses Wort vorzugsweise zur Bezeichnung der heiligen Handlungen, die noch heute in der römischen Kirche Sakramente heißen und sieben an der Zahl sind. Die Reformatoren des 16. Jahrhunderts erkannten nur die Taufe und das Abendmahl als Sakrament an; → Luther anfänglich auch noch die Buße. Zu einem Sakrament gehören in der katholischen Kirche drei Bedingungen: 1. muß es von Christus eingesetzt sein, 2. muß ein äußeres Zeichen gesetzt werden, 3. die innere Wirkung eines Sakramentes, die Vermittlung göttlicher Gnade.

Sakramentalien, in der katholischen Kirche gebräuchliche religiöse Zeichen und Handlungen, die den Sakramenten ähnlich sind, aber nicht von Christus eingesetzt wurden (Segnungen, Weihen, Weihwasser etc.).

Sakrileg (lat.), Entweihung eines Heiligtums, Gotteslästerung oder Religionsfrevel; hohe kirchliche Strafen.

Säkularinstitut, in der katholischen Kirche ein weltliches Institut, das die »→ Evangelischen Räte« in der Außenwelt zu verwirklichen sucht, ohne Kloster oder Ordenskleidung.

Salesianerinnen → Johanna Franziska von Chantal hl.

Säulenheiliger → Stylit.

Savonarola, Girolamo, Bußprediger und Ordensreformator. Er wurde am 21. September 1452 in Ferrara geboren und trat in den Orden des hl. → Dominikus ein. Unter Papst → Alexander VI. erlitt er am 23. Mai 1498 den Ketzertod durch den Galgen. Seine Leiche verbrannte man. Bis heute konnte sich die katholische Kirche noch nicht zu seiner Heiligsprechung entschließen.

Schisma (griech., »Kirchenspaltung«), Aufhebung der kirchlichen Gemeinschaft mit der katholischen Kirche. Das Morgenländische Schisma, die Trennung der griechischen Kirche von der römischen Kirche, begann 1054 und dauert heute noch fort. Das große Abendländische Schisma dauerte von 1378 bis 1417 und kam durch die Wahl mehrerer → Gegenpäpste zustande. Der Verursacher einer Kirchenspaltung wird Schismatiker genannt.

Scholastik (griech.-lat.), Bezeichnung für die Theologie des 9. bis 14. Jahrhunderts, welche die antike Philosophie des Aristoteles in die christliche Lehre einbezog und mit Logik den christlichen Glauben zu beweisen suchte. Hauptvertreter waren → Anselm von Canterbury, → Albertus Magnus, → Thomas von Aquin und → Duns Skotus.

Scholastika hl. (griech.-lat., »die Lernende«), die Zwillingsschwester des hl. → Benedikt, ist uns nur durch den legendären (→ Legende) Bericht des Papstes → Gregor des Großen bekannt. Gleich ihrem Bruder wollte die Heilige der Welt entfliehen und lebte zunächst in einem Klösterchen in der Nähe von Subiaco, welches heute noch ihren Namen trägt. Als ihr Bruder sein Kloster auf dem Montecassino gründete, erlaubte er seiner Schwester, ihm zu folgen, und richtete am Fuß des Berges ein armseliges Kloster für sie ein, welchem sie als Äbtissin vorstand. Ihr Leben widmete sie ganz dem Gebet und der Armen- und Krankenpflege. Nur einmal im Jahr durfte sie ihren geliebten Bruder in einem Landhaus treffen, was jedesmal ein Festtag für sie war. Das letzte Treffen ist deshalb bemerkenswert, da Scholastika durch ihr Gebet ein Gewitter bewirkt haben soll, um ihren Bruder zu veranlassen, bei Gespräch und Gebet länger bei ihr zu verweilen. Drei Tage später starb Scholastika 542 im Alter von sechzig Jahren. In einer → Vision soll Benedikt seine Schwester in der Gestalt einer Taube zum Himmel haben fahren sehen. Er ließ seine Schwester in dem für ihn bestimmten Grab beisetzen. 874 wurden ihre → Reliquien nach Le Mans und Juvigny-sur-Loison in Frankreich übergeführt. Dargestellt wird die Heilige in schwarzer → Ordenstracht, in der Hand das Regelbuch und mit einer weißen Taube. Schon seit dem 12. Jahrhundert feiert die Kirche ihr Fest am 10. Februar. Sie gilt als Helferin für Regen und gegen Blitzschlag.

Schweizergarde, 1505 wurde eine Schweizer Söldnertruppe von → Julius II. zur Bewachung der Residenz und der Person des Papstes geschaffen. Die Galauniform der Garde, die noch heute besteht und über 250 Mann zählte, zeigt die Farben der Medicipäpste Rot-Gelb-Blau und stammt aus dem 15. Jh. Bedingung für den Eintritt in die Garde: Dienst für mindestens 2 Jahre, gebürtiger Schweizer, katholisch, ledig, 174 cm groß, zwischen 18 und 25 Jahren und absolvierte Schweizer Rekrutenschule.

Sebastian hl., der wohl berühmteste und am meisten dargestellte → Märtyrer der frühen Christenheit. Sein Name kommt aus dem Griechischen und bedeutet soviel wie »der Erhabene«. Nur wenig ist uns über diesen Heiligen überliefert, denn die Berichte stammen erst aus dem 5. Jahrhundert und sind schon sehr von → Legenden durchzogen. Danach wurde Sebastian in Narbonne in Frankreich geboren und zog schon in jungen Jahren nach Mailand. Seine militärische Tüchtigkeit soll ihm bald die Stellung eines Befehlshabers der prätorianischen Leibwache des Kaisers eingebracht haben. Als Christ benützte er seine Stellung, um den verfolgten Christen zu helfen. Als unter Diokletian eine neue Christenverfolgung stattfand, soll er wegen Aufwiegelung zum Widerstand gegen die Staatsgewalt zum Tode durch Erschießen verurteilt worden sein. Doch die Pfeile der numidischen Bogenschützen trafen ihn nicht tödlich. Der Totgeglaubte erholte sich durch die Pflege der hl. Witwe Irene alsbald wieder und ging mutig zum Kaiser, um ihm Vorwürfe über seine Grausamkeit zu machen. Erneut wurde Sebastian ergriffen und nun zu Tode geprügelt. Anschließend warf man den Leichnam in eine stinkende Kloake. »Ad Catacum bas«, an der Via Appia wurde er von frommen Christen begraben. Papst → Damasus ließ an dieser Stelle im Jahre 367 eine der sieben Hauptkirchen Roms, die heutige Kirche San Sebastiano, errichten. Seit 354 wird das Fest des Heiligen am 20. Dezember gefeiert. Seit dem 7. Jahrhundert verehrte man Sebastian als Patron gegen die Pest, da man der Ansicht war, daß unsichtbare Wesen mit Pfeilen diese furchtbare Krankheit hervorriefen. Obwohl die ältesten Darstellungen den Heiligen im reifen Mannesalter und mit Bart darstellten, setzte sich in der Kunst die Darstellung des hl. Sebastian als schönen Jüngling, der entblößt, von Pfeilen durchbohrt an eine Säule (oder an einen Baum) gebunden ist, durch. Sebastian wurde auch zum → Patron des Soldatenstandes und der Schützenvereine sowie als Schutzheiliger gegen Viehseuchen erwählt.

Sedisvakanz (lat.), die Zeit, in der der päpstliche (auch bischöfliche) Stuhl nicht besetzt ist.

Sekte (lat.), eine von der Großkirche abgetrennte Sondergemeinschaft.

Sergius I. hl., 84. Papst, ein Syrer aus Palermo, bestieg nach dem Tode Papst → Konons (686–687) am 15. Dezember 687 den → Bischofsstuhl von Rom. Als der → Gegenpapst → Paschalis die vom → Exarchen von Ravenna geforderte Geldsumme nicht zahlte, erpreßte der Exarch das Geld vom rechtmäßig gewählten Papst Sergius. Die vom Kaiser Justinian II. 692 abgehaltene »Trullanische → Synode«, die gegen Rom gerichtet war, wurde von Sergius verworfen, worauf ihn der Kaiser deportieren lassen wollte. Die in Rom stationierten Milizen des Exarchen von Ravenna weigerten sich jedoch, dem Befehl des Kaisers

Hl. Sebastian von Martin Schongauer.

nachzukommen. Sergius I. starb am 8. September 701. Er führte das → Agnus Dei in die Messe ein und fügte dem Kirchenjahr einige Marienfeste und das Fest der Kreuzerhöhung hinzu. Den → Apostel der Friesen, Willibrord, weihte er zum → Bischof. Das Fest des hl. Sergius wird am 9. September gefeiert.

Sergius II., 102. Papst, fünfter Papst aus dem Hause Colonna, bestieg Sergius im Jänner 844 den römischen Bischofsstuhl, ohne jedoch dem Kaiser den Treueeid geleistet zu haben. Ludwig II., der Sohn Kaiser Lothars I., kam mit seinen Truppen nach Rom, um die Wahlvorgänge zu untersuchen. Papst Sergius II. schwor Lothar die Treue und krönte seinen Sohn zum König der Langobarden. Unter Sergius' Regierung blühte der Handel mit kirchlichen Ämtern. Ganze Bistümer sollen gehandelt worden sein. Auch verfiel der Papst dem → Nepotismus und erhob seinen eigenen räuberischen Bruder zum → Bischof. Ein halbes Jahr vor Sergius' Tod landeten im August 846 die Sarazenen in Ostia und verwüsteten die Peterskirche und S. Paolo fuori le mura. Am 27. Jänner 847 starb Sergius II. in Rom.

Sergius III., 120. Papst, → Bischof von Caere, gelangte am 29. Jänner 904 auf den päpstlichen Stuhl, nachdem er seine Vorgänger umgebracht hatte. Mit Hilfe seines Protektors, des Markgrafen Adalbert von Tuszien und der Familie des Theophylakt, war es ihm gelungen, sein Ziel zu erreichen. Als gehässiger Gegner des verstorbenen Papstes → Formosus (891 – 896) erklärte er dessen Regierung und alle von ihm erteilten Weihen für ungültig. Unter dem → Pontifikat des Sergius verwandelte sich der Vatikan förmlich zu einem Freudenhaus; ebenso die Engelsburg, von der aus seine Mätresse Theodora Rom beherrschte. Theodora die Ältere war die Frau des Konsuls und Senators von Rom, Theophylakt, und nannte sich, wie auch später ihre Tochter Marozia, Senatrix. Nach der Mutter wurde die Tochter Marozia zur Geliebten des Papstes, mit welcher er in öffentlichem Konkubinat lebte und mit ihr mehrere Kinder zeugte. Hatte Theodora dem Papst ihre Tochter überlassen, so forderte sie dafür eine Entlohnung. Sergius kam ihrem Begehren nach und erhob den Geliebten der Theodora, den → Priester Johann Cenci, zum Bischof von Bologna. Sergius III. starb am 14. April 911. Er ließ die bei einem Erdbeben eingestürzte → Lateran→ basilika wieder aufbauen.

Sergius IV., 144. Papst, eigentlich Petrus, der → Bischof von Albano mit dem Beinamen »Os porci«, wurde am 31. Juli 1009 zum Papst gewählt. Sein → Pontifikat stand ganz unter dem Einfluß der Crescentier, einer Adelsfamilie, die ganz Rom beherrschte. Vergebens rief er nach der Zerstörung der Grabeskirche in Jerusalem zu einem → Kreuzzug auf. Sergius IV. starb am 12. Mai 1012 und ist im → Lateran begraben.

Servus servorum dei (lat., »Diener der Diener Gottes«), in Urkunden und bei besonderen Anlässen verwendete Selbstbezeichnung des Papstes.

Severin hl., → Apostel Österreichs südlich der Donau. Über ihn berichtete uns sein Schüler, der Mönch Eugippius, um 511. Severin wurde vermutlich in Nordafrika um das Jahr 410 geboren. In der Zeit der Völkerwanderung am Beginn der zweiten Hälfte des 5. Jahrhunderts trat er im Donauraum auf und war der christlich-römischen Bevölkerung ein kraftvoller geistlicher Führer. Hochgeachtet bei den Römern und Germanen Norikums gelang es Severin, die arianischen (→ Arianismus) mit den römischen Christen auszusöhnen, so daß sie friedlich miteinander lebten und oft auch dieselben Gotteshäuser benutzten. In der Zeit der Bedrängung trat er als Beschützer der in Not geratenen Bevölkerung auf und bewahrte durch sein machtvolles Auftreten viele Ortschaften vor Vernichtung und Plünderung durch die Feinde. Als Mönch nach dem Vorbild orientalischer Einsiedler lebend, hatte er immer ein offenes Herz für die Armen. Die reichen Gutsbesitzer konnte er zur Zahlung eines jährlichen Zehents für wohltätige Zwecke sowie für den Loskauf von Sklaven bewegen. Die letzten Jahre seines Lebens verbrachte er in seiner Klosterstiftung Göttweig, wo er auch am 8. Jänner 482 starb. Als die Christen aus dem Donauraum 488 flüchteten, nahmen sie die Gebeine des Heiligen mit sich nach Italien, wo sie heute in der Pfarrkirche Fratta Maggiore in Aversa bei Neapel ruhen. Als Patron der Winzer, Weber und Gefangenen wird Severin als Pilger mit Stab oder Buch und einem Kruzifix in den Händen dargestellt. Sein Fest feiert die Kirche am 8. Jänner.

Severinus, 71. Papst, am 12. Oktober 638 zum Papst gewählt, konnte erst am 28. Mai 640 geweiht werden, nachdem seine Wahl durch Kaiser Herakleios bestätigt worden war. Kurz nach seiner Wahl erhoben sich die in Rom stationierten Truppen, da sie ohne Bezahlung geblieben waren, und beschlagnahmten den Kirchenschatz. Der baldige Tod des Papstes am 2. August 640 verhinderte eine öffentliche Auflehnung gegen den Kaiser.

Silverius hl., 58. Papst, in Frosinone in Kampanien geboren, Sohn des Papstes → Hormisdas (514 – 523), bestieg im Juni 536 den römischen → Bischofsstuhl. Dies geschah unter dem Zwang des Ostgotenkönigs Theodahad, gegen den Willen des römischen → Klerus, der Silverius erst nachträglich anerkannte. Als im Dezember 536 Belisar Rom besetzte, sorgte Silverius für eine kampflose Übergabe der Stadt. Am 11. März 537 wurde der Papst wegen angeblichen Hochverrates und Beziehungen zu den Ostgoten abgesetzt und nach Patara in Lykien verbannt. Sein Nachfolger, der Schützling der Kaiserin Theodora, → Vigilius (537 – 555), ließ ihn auf die Insel Ponza verbannen, wo Silverius am 11. November 537 seinen Verzicht auf den Bischofsstuhl von Rom erklärte. Einen Monat später, am 2. Dezember, starb er. Sein Fest feiert die Kirche am 20. Juni.

Silvester I. hl., 33. Papst, Nachfolger des Bischofs → Miltiades (311 – 314), regierte von 314 bis 335 als → Bischof von Rom. Der Zeitgenosse Kaiser Konstantins I. des Großen stand völlig im Schatten dieses großen Mannes, und sein Name scheint bei den Entscheidungen, die durch den Kaiser ausgelöst wurden, nicht auf. Von der → Synode in Arles (314) wurde er nur durch ein Schreiben unterrichtet, auf der von Nicaea (325) ließ sich Silvester durch zwei → Presbyter vertreten. Historisch unhaltbar ist die seit dem 5. Jahrhundert bestehende → Legende, daß Silvester auf die Bekehrung und Taufe Konstantins einen Einfluß genommen hätte. Dieser Legende bedienten sich die Fälscher der »Konstantinischen Schenkung«. Silvester, der die Peters- und die → Lateran → basilika erbauen ließ, nahm auf die Ent-

Papst Silvester I.

wicklung des → Primates keinen wesentlichen Einfluß. Sein Fest wird am 31. Dezember gefeiert.

Silvester II., 141. Papst, eigentlich Gerbert von Aurillac, zwischen 940 und 950 in der Auvergne geboren, ist der erste Franzose, der den päpstlichen Stuhl bestieg. Der Erzbischof von Ravenna war ein Freund und Lehrer Ottos III., der ihn durch Papst → Gregor V. (996 – 999) auf den → Bischofsstuhl von Ravenna erheben ließ. Auch seine Wahl am 2. April 999 zum neuen Papst verdankt er dieser Freundschaft. Durch den Grafen von Tusculum wurden Papst und Kaiser aus Rom vertrieben, doch konnte Silvester unter Heinrich II., dem Nachfolger Ottos, wieder nach Rom zurückkehren. Sein bei den arabischen Lehrmeistern in Sevilla und Cordoba erlerntes, enormes Wissen auf dem Gebiet der Mathematik, Astronomie, Philosophie und der Naturwissenschaften brachten ihm den legendären Ruf eines Hexenmeisters ein. Der → Legende nach soll Knochengerassel hinter seiner Grabplatte im → Lateran den baldigen Tod eines Papstes ankünden. Papst Silvester II. starb am 12. Mai 1003.

Silvester III. (→ Gegenpapst), eigentlich → Bischof Johannes von Sabina, regierte vom 20. Jänner 1045 bis zum 10. Dezember 1046. Die Crescentier ließen ihn gegen Papst → Benedikt IX. (1033 bis 1045) als Gegenpapst erheben, doch vertrieb ihn dieser schon nach wenigen Wochen. Heinrich III. setzte ihn auf der → Synode von Sutry formell ab, doch durfte Silvester sein Bistum behalten.

Silvester IV. (→ Gegenpapst), eigentlich Erz→ priester Maginulf, wurde während des → Pontifikats → Paschalis' II. (1099 – 1118) vom römischen Adel und mit Befürwortung des Markgrafen Werner von Ancona am 18. November 1105 zum Gegenpapst ernannt. Doch seine Herrschaft in Rom dauerte nur wenige Tage, und er floh zum Markgrafen Werner nach Osimo. 1111 wagte Silvester IV. sich in das Lager Heinrichs V. vor Rom, mußte aber abdanken, da dieser sich von Papst Paschalis II. am 13. April 1111 krönen ließ.

Simon hl., → Apostel, dürfte mit Simeon, dem → Bischof von Jerusalem, identisch sein. Simon, mit dem Beinamen »Der Eiferer«, zählte zum Kreis der 12 von Jesus berufenen Jünger und gehörte vermutlich zur nationalistischen Gruppe der Zeloten. Er soll in Ägypten und Persien missioniert haben. Der Überlieferung nach erlitt er zusammen mit → Judas Thaddäus in Persien das Martyrium (→ Märtyrer). Dargestellt wird Simon am Kreuze oder mit einer Säge. Er ist → Patron der Gerber, Färber, Lederarbeiter und Holzfäller. Die Kirche feiert sein Fest zusammen mit dem des heiligen Judas Thaddäus am 28. Oktober.

Simonie, Vergabe kirchlicher Ämter für Geld, Kauf und Verkauf geistlicher Ämter. Der Name rührt von Simon dem Magier her, der, wie die → Apostelgeschichte erzählt, den Aposteln Geld anbot, damit sie ihm durch das Auflegen ihrer Hände den Heiligen Geist vermitteln würden.

Simplicius hl., 47. Papst, in Tivoli geboren, bestieg nach dem Tode des Papstes Hilarius (461 – 468) den → Bischofsstuhl von Rom. Mit der Erhebung Odoakers zum Germanenkönig in Italien am 23. August 476 und der Absetzung des Romulus Augustus, des letzten römischen Kaisers, ging das weströmische Kaisertum unter dem → Pontifikat des Simplicius unter. Mit dem Osten kam es durch das von Kaiser Zeno I. erlassene »Henolikon«, das die Dekrete des → Konzils von Chalcedon verdammte, zum Bruch mit Rom (482). Nach dem Patriarchen von Konstantinopel wird dieses erste → Schisma auch Akakios-Schisma genannt. Simplicius, der das kirchliche Leben in Rom durch den Bau von Kirchen förderte, starb am 10. März 483. Sein Fest wird am 2. März gefeiert.

Siricius hl., 38. Papst, Römer, Nachfolger → Damasus' I. (366 – 384). Sein → Pontifikat dauerte vom Dezember 384 bis zum 26. November 399. Er schrieb die ersten päpstlichen Dekretalen, Verordnungen zur Kirchendisziplin. Er verbot die Wiedertaufe und erließ Bestimmungen über das Weihealter und über den → Zölibat und milderte die Bußdisziplin. Papst Siricius war ein Zeitgenosse des hl. → Augustinus, der während seines Pontifikates → Bischof von Hippo wurde und seine »Bekenntnisse« niederschrieb. Im Jahre 390 weihte Siricius die Erz→ basilika San Paolo fuori le mura ein. Er starb am 26. November 399. Sein Fest fällt auf den 26. November.

Sisinnius, 87. Papst, aus Syrien, regierte nur zwanzig Tage, vom 15. Jänner bis zum 4. Februar 708, als schwerkranker und greiser Mann. Sein → Pontifikat war ohne alle Bedeutung.

Sixtus I. hl., 7. Papst, ursprünglich Xystus, auf der Bischofsliste des → Eirenaios (Irenäus) nach → Alexander I. (105 – 115?) als sechster Nachfolger des hl. → Petrus angeführt. Er dürfte zwischen 115 bis 125 regiert haben. Das Fest des als → Märtyrer verehrten Papstes wird am 6. April gefeiert.

Sixtus II. hl., 24. Papst, ursprünglich Xystus, vom 30. August 257 bis zum 6. August 258 Papst. Sixtus legte den zwischen → Stephan I. (254 – 257) und den nordafrikanischen → Bischöfen entstandenen Streit über die Gültigkeit der von Häretikern (→ Häresie) gespendeten Taufe bei. Unter der Christenverfolgung des Kaisers Valerianus, der jeden kirchlichen Amtsträger mit dem Tode bedrohte, wurde Sixtus am 6. August zusammen mit vier → Diakonen beim Gottesdienst in den Calixtuskatakomben enthauptet. Der → Märtyrerpapst genoß neben dem hl. → Laurentius hohe Verehrung und ruht in der Papstgruft der Calixtuskatakomben. Raffael verewigte den Papst auf dem berühmten Gemälde der »Sixtinischen Madonna«. Das Fest des Papstes, dessen Name im Kanon der hl. → Messe eingefügt ist, wird am 6. August gefeiert.

Sixtus III. hl., 44. Papst, ursprünglich Xystus, Nachfolger → Coelestins I.

Begegnung Sixtus' II. mit dem hl. Laurentius.

(422–432), ein Römer aus dem Hause Colonna, bestieg am 31. Juli 432 den → Bischofsstuhl von Rom. Seine Bemühungen galten der Erhaltung des Friedens, und so unterstützte er den Kaiser Theodosios II., der die beiden streitenden Parteien des Johannes von Antiochien und Cyrill von Alexandrien einigen konnte. In Rom entwickelte Sixtus eine rege Bautätigkeit. Die → Basilika San Lorenzo fuori le mura und die Taufkapelle im → Lateran gehen unter anderem auf ihn zurück. Die Basilika Santa Maria Maggiore ließ er mit Marienmosaiken schmücken. Sein Todestag fällt auf den 19. August 440. Die Kirche feiert sein Fest am 28. März.

Sixtus IV., 213. Papst, eigentlich Francesco della Rovere, 1414 in Celle bei Savona als Kind verarmter Adeliger geboren, wurde schon früh in ein → Minoritenkloster gesteckt. Nach seinen Studien wurde er Professor an den Universitäten Padua, Bologna, Siena und Perugia. Der angesehene Theologe wurde 1464 zum Ordensgeneral und drei Jahre später zum → Kardinal von San Pietro in Vincoli ernannt. Als Rovere am 9. August 1471 durch Versprechungen seine Wahl zum Papst erkauft hat-

Sixtus IV. Fresko von Melozzo da Forli.

te, begann eine der finstersten Epochen des Renaissancepapsttums. Sixtus IV. pflegte einen übertriebenen → Nepotismus. Er ließ Geld und Pfründe den Familien seiner zwei Brüder und vier Schwestern zukommen und ernannte seine Neffen Giuliano della Rovere, den späteren Papst → Julius II. (1503 bis 1513), und den lasterhaften Pietro Riario zu Kardinälen. Unter Sixtus IV. entstanden in Rom die ersten Bordelle, die an die päpstliche Kanzlei jährlich 20.000

Papstwappen Sixtus' IV.

Dukaten als »Milchzins« zahlen mußten. Auch an blutigen Schauspielen hatte Sixtus Vergnügen, und Duellanten aus seiner Leibgarde mußten sich unter seinem Fenster schlagen, wozu er ihnen seinen Segen spendete. Durch häufige Ablässe, übermäßige Besteuerung der Pfründe und Vermehrung der käuflichen Ämter suchte er die in Unordnung geratenen Finanzen des päpstlichen Hofes zu verbessern. 1478 stimmte er der Forderung Ferdinands V. von Aragón zur Wiedereinführung der → Inquisition zu. Unter ihm und zum Teil auch durch ihn brach die Feindschaft zwischen den Familien der Medici und der Pazzi aus, die ein blutiges Ende nahm, wobei ein Papst, ein Kardinal, ein Erz→ bischof und zwei Geistliche an einem Meuchelmord beteiligt waren. Sixtus IV. war ein Freund der Wissenschaften und Künste. Er ließ die Kirchen S. Maria del Popolo, S. Maria della Pace, das Spital S. Spirito und die »Sixtinische Kapelle« erbauen. Sixtus, der den → Minoritenorden und andere → Bettel→ orden förderte, war ein großer Marienverehrer. Er starb am 12. August 1484, gerade als Neapel, Florenz und Sforza gegen den Willen des Papstes Frieden schlossen. Sixtus IV. führte das Fest der Empfängnis Mariens (→ Maria) ein.

Sixtus V., 228. Papst, eigentlich Felice Peretti, am 13. Dezember 1521 in Grottamare bei Montalto geboren, stammte aus ärmsten Verhältnissen und wurde schon früh von → Minoriten erzogen. 1566 bekam er das Amt des → Ordensgenerals und wurde zum → Bischof von S. Agata de' Goti ernannt. 1570 erhob ihn → Pius V. (1566–1572) zum Kardinal und erwählte ihn zu seinem persönlichen Beichtvater. Am 24. April 1585 erwählte ihn das → Kardinalskollegium zum Nachfolger → Gregors XIII. (1572–1585), bei dem er in Ungnaden stand. Sixtus V. brachte durch sein

Papstwappen Sixtus' V.

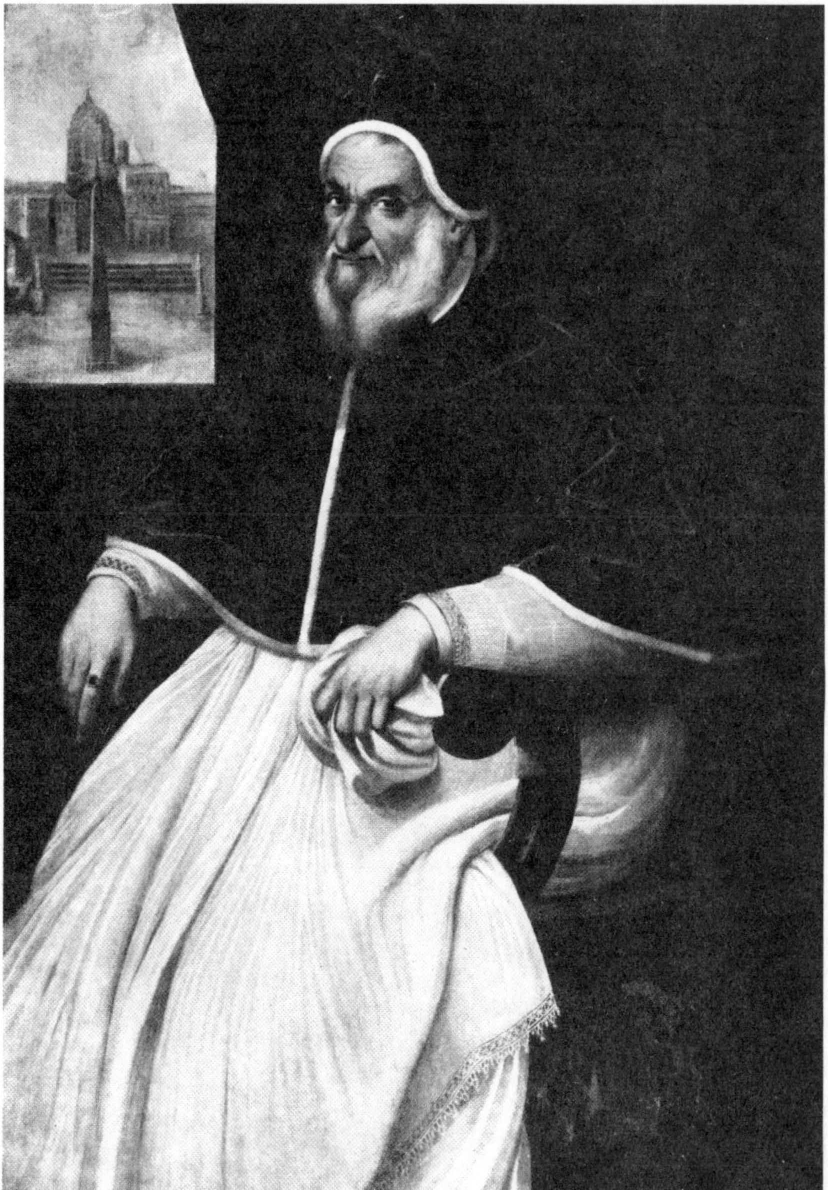

Sixtus V. Gemälde der Venezianischen Schule zugeschrieben.

staatsmännisches Geschick die Staatsfinanzen in Ordnung und beseitigte das üble Banditenunwesen, das in Rom überhandgenommen hatte, mit drakonischen Maßnahmen. Er organisierte die Römische Kurie neu und suchte die Ziele des → Konzils von Trient zu verwirklichen. Ferner setzte er die Höchstzahl der Kardinäle mit 70 fest, die erst unter → Johannes XXIII. (1958 – 1963) überschritten wurde. Sixtus hatte das Ziel, Rom zur schönsten Stadt des Kontinents zu machen, und entwickelte eine gewaltige Bautätigkeit. Durch neue Plätze und Straßen wurde das Stadtbild verschönert und mit einer Wasserleitung die sieben Hügel der Stadt Rom wieder erschlossen. Auf dem Petersplatz errichtete er den riesigen Obelisken des Caligula aus Heliopolis und versah ihn mit der berühmten Inschrift: Christus vincit, Christus regnat, Christus imperat. Gegen Banditen und Verbrecher ging Sixtus hart vor, ließ sie aufhängen, auspeitschen oder auf die Galeeren schicken. Das brachte ihm den Namen »eiserner Papst« ein. In seiner Strenge ging der Papst oft zu weit, und sein Name wurde zum Kinderschreck. Als er am 27. August 1590 starb, riß das Volk seine Bildsäule nieder. Sein Starrsinn und seine Strenge charakterisieren den Mönch, seine Festigkeit und Staatsklugheit hätten eher zu einem Monarchen gepaßt.

Skapulier (lat.), Überwurf über Brust und Rücken bei der Ordenstracht einiger → Orden, z. B. der → Benediktiner.

Skotisten (Scotisten) → Duns Skotus.

Soter hl., 12. Papst, Nachfolger des → Anicetus (155 – 166?), regierte wahrscheinlich von 166 bis 174 während der Christenverfolgung des Kaisers Marc Aurel. Das Fest des als → Märtyrer verehrten Papstes der Frühzeit der römischen Kirche fällt auf den 22. April.

Die Errichtung des Obelisken. Fresko in der Bibliothek Sixtus' V.

Stanislaus hl., als Kind adeliger Eltern um 1030 zu Scepanow bei Krakau geboren. Zunächst studierte er in Gnesen, danach sieben Jahre in Paris die Rechtswissenschaft und Theologie. In seine Heimat zurückgekehrt, wirkte Stanislaus zunächst als Dorfpfarrer. → Bischof Lambert von Krakau ernannte den begabten Mann bald zu seinem Generalvikar. 1072 wurde Stanislaus als dessen Nachfolger zum Bischof geweiht. Gegen sich sehr streng, lebte er in Armut und verschenkte nach dem Tod seiner Eltern sein Erbe an die Notleidenden. Er scheute sich nicht, gegen die Zuchtlosigkeit des Königs Boleslaw II. vorzugehen, der im öffentlichen Ehebruch lebte. Als Stanislaus den unverbesserlichen König mit der Exkommunikation belegte, ließ ihn dieser am 8. Mai 1079 während der Messe in der vor Krakau gelegenen Michaelskirche erschlagen. Stanislaus, der im Dom zu Krakau begraben liegt, wurde 1253 heiliggesprochen. Dargestellt wird der → Märtyrerbischof mit Schwert oder mit einem vom Tode Erstandenen. Sein Fest fällt auf den 11. April.

Stephan I. hl., 23. Papst, aus Rom, amtierte in der ruhigen Zeit zwischen der Christenverfolgung des Decius und der des Valerianus. Während der Zeit seines → Pontifikates, welches vom 12. Mai 254 bis zum 2. August 257 währte, mußte sich Stephan jedoch innerkirchlichen Auseinandersetzungen stellen. Gegenüber dem → Bischof Caprian von Karthago hielt Stephan im Ketzertaufstreit am römischen Brauch fest und verbot die Wiedertaufe derjenigen, die zur römischen Kirche übertreten oder zurückkehren wollten. Damit bestätigte er die Gültigkeit der durch »Häretiker« (→ Häresie) vorgenommenen Taufe, was zum Bruch mit der Kirche Afrikas und Kleinasiens führte. Auch gegenüber den gallischen und spanischen Bischöfen betonte Stephan die Sonderstellung des römischen Bischofs durch disziplinäre Maßnahmen. Am Beginn der Christenverfolgung durch Valerian starb Stephan eines natürlichen Todes, doch finden wir ihn im Heiligenkalender am 2. August als → Märtyrer.

Stephan (II.), (Papst), römischer → Presbyter, nach dem Tode des Zacharias (741 – 752) am 22. März 752 zum Papst gewählt. Doch schon nach vier Tagen starb er, bevor er noch zum → Bischof geweiht werden konnte. Seinen Zeitgenossen und im Mittelalter galt er nicht als Papst.

Stephan II., 92. Papst, römischer → Diakon, aus dem Hause Orsini, bestieg am 26. März 752 den päpstlichen Stuhl. Da der Langobardenkönig Aistulf die Feindseligkeiten gegen Rom fortsetzte, ließ ihm Stephan reiche Geschenke überbringen, um von ihm einen Waffenstillstand auf vierzig Jahre zu erkaufen. Die Geschenke wurden zwar angenommen, der Frieden aber schon nach vier Monaten gebrochen. Stephan suchte nun Hilfe in Konstantinopel, dort jedoch hatte man Sorge vor einem Einfall der Sarazenen und wies die Bitte des Papstes, nicht zuletzt auch wegen des Bilderstreites, ab. Als erster Papst reiste Stephan über die Alpen, um bei Pippin dem Jüngeren Schutz zu erbitten. In Ponthion wurde er von ihm am 6. Jänner 754 mit großen Ehren empfangen. Pippin leistete dem Papst einen Treueeid. Stephan taufte Pippins Söhne Karl und Karlmann, salbte und krönte den König zu St. Denis und legte so den Grundstein zu den späteren Krönungen der Kaiser und Könige durch die Kirche.

Pippin zog zweimal nach Italien und zwang Aistulf die langobardischen Eroberungen ab. Die Gebiete, die von Rechts wegen dem griechischen Kaiser gehörten, schenkte Pippin nun 756 dem hl. → Petrus und begründete damit den Kirchenstaat. Trotz des Protestes des griechischen Gesandten nahm der Papst im Namen des hl. Petrus die Schenkung an. Am 26. April 756 starb Stephan II. und wurde im → Vatikan bestattet.

Stephan III., 94. Papst, Nachfolger → Pauls I. (757 – 767), nach dessen Tod ein → Gegenpapst, nämlich → Constantinus II., der Bruder des Herzogs von Nepi, auf dessen Veranlassung aufstand. Der Langobardenkönig Desiderius erhob → Philippus, den Abt des Klosters von St. Vitus, zum Gegenpapst. Schließlich wurde auf Betreiben des Primicerius Christophorus am 7. August 768 der Sizilianer Stephan, der schon unter vier Päpsten gedient hatte, zum Papst gewählt und empfing zwei Tage später die Weihe. Christophorus nahm an den Gegnern grausame Rache und ließ den Gegenpapst → Constantinus des Augenlichtes berauben. Auf einer → Synode im → Lateran im Frühjahr 769 sollte die Ordnung wiederhergestellt werden. Constantinus wurde erneut verurteilt und seine Weihhandlungen für ungültig erklärt. Nach abermaliger Mißhandlung verbannte man ihn in ein Kloster. Die Synode beschloß, in Zukunft nur noch → Kardinal→ priester und Kardinal→ diakone zu Päpsten zu wählen. Die → Laien wurden von der Wahl ausgeschlossen und ihre Wahl mit dem Bann belegt. Doch blieb diese Wahlordnung für die nächste Zeit ohne praktische Bedeutung. Stephan versuchte, die Heirat des Frankenkönigs Karl des Großen mit der Tochter des

Papst Stephan III.

Langobardenkönigs Desiderius durch Intrigen zu verhindern. Als dies mißlang, verbündete er sich mit Desiderius. Als Karl der Große seine Ehe mit der langobardischen Gemahlin auflöste und eine schwäbische Prinzessin namens Hildegard heiratete, konnte der Papst nicht aufbegehren, da seine Politik gescheitert war. Stephan starb am 24. Jänner 722 und ruht im → Vatikan.

Stephan IV., 97. Papst, Römer, bestieg am 22. Juni 816 als vierter Papst aus dem Hause Colonna den päpstlichen Stuhl, ohne jedoch vom Kaiser bestätigt worden zu sein. Er beeilte sich jedoch, die Gunst des Kaisers Ludwig I. des Frommen zu erlangen, indem er sofort nach Reims zum Kaiser reiste. Zuvor ließ er die Römer den Treueeid für Ludwig schwören. Obwohl Ludwig schon seit 813 Kaiser war, salbte ihn Stephan in Reims zum Kaiser und krönte ihn mit einer in Rom angefertigten, kostbaren Krone (Krone Konstantins). Mit diesem zum ersten Male vorgenommenen Ritus beanspruchte das Papsttum das Recht zur Kaiserweihe. Nach einer Amtsführung von nur sieben Monaten starb Stephan IV. am 24. Jänner 817.

Stephan V., 110. Papst, Römer, wurde im September 885 zum Papst erhoben, ohne daß eine vorherige Absprache mit Kaiser Karl dem Dicken, dem letzten Karolinger, stattfand. Stephan suchte bei ihm und bei seinem Nachfolger Arnulf von Kärnten und in Byzanz vergeblich Schutz gegen die Sarazenen, und so wandte er sich dem Herzog Guido III. von Spoleto zu, dem mächtigsten Fürsten Italiens und Gegner früherer Päpste. Nach Absetzung und Tod Karls III. des Dicken krönte Stephan Guido 891 sogar zum Kaiser, doch fand dies außerhalb seines Landes keine Anerkennung. Der Papst verbot den Weitergebrauch der slawischen Sprache in der → Liturgie und erreichte damit, daß der größte Teil des mährischen Raumes Rom verbunden blieb. Stephan V. starb am 14. September 891.

Stephan VI., 113. Papst, aus Rom, → Bischof von Anagni, gelangte durch die Partei des Lambert von Spoleto auf den päpstlichen Thron. Er hatte so wenig Ansehen, daß sich die Geistlichkeit gänzlich der Wahl enthielt. Wie nichtswürdig und verrucht dieser Mann gewesen war, bewies er bald nach seinem Amtsantritt durch ein grauenvolles Possenspiel, das er mit der Leiche des Papstes → Formosus (891–896) aufführte. Auf Stephans Befehl wurde das Grab des Formosus im Vatikan erbrochen, die Leiche in den Saal geschleppt, mit den päpstlichen Gewändern bekleidet und über den Toten ein Gericht gehalten. »Du warst → Bischof von Porto, wie konntest Du, Ehrsüchtiger, Dich erfrechen, Dir den Stuhl der römischen Kirche anzumaßen? Du hast also Deine erste Braut wegen der anderen verlassen, und bist so als Meineidiger zu verdammen, der seine Kirche verlassen hat!« So soll Stephan an den Toten die Anklage gerichtet haben. Dabei schien er vergessen zu haben, daß gerade er selbst seinen Bischofssitz von Anagni des päpstlichen Stuhles wegen verlassen hatte. Da der Tote natürlich schwieg, fällte der Gerichtshof das Urteil, es sollten die päpstlichen und priesterlichen Gewänder dem Toten vom Leib gerissen, ihm die drei Finger, die beim Schwören und Segnen gebraucht werden, abgeschnitten und der Leichnam in den Tiber geworfen werden. Alle → Priester, die Formosus geweiht hatte, entsetzte Stephan als nichtgeweiht ihres Amtes. Dabei vergaß er, daß er selbst von Formosus zum Bischof geweiht wurde. Als Leichen→synode ist diese makabre Sitzung des Jahres 897 in die Kirchengeschichte eingegangen. Das empörte Volk und die Anhänger des Formosus schleppten Stephan einige Monate später gefesselt ins Gefängnis, wo er im August 897 erwürgt wurde.

Stephan VII., 125. Papst, → Kardinal→priester von S. Anastasia, regierte ohne Macht und Bedeutung vom Dezember 928 bis Februar 931 als Stephan VII. Als willenloses Werkzeug Marozias, der Alleinherrscherin Roms, blieb er nur so lange im Amt, wie sie es wollte, und wurde wahrscheinlich, wie sein Vorgänger → Leo VI. (928–929), ermordet.

Stephan VIII., 128. Papst, regierte in völliger Abhängigkeit von Alberich II., dem Stadtherrn Roms, vom 14. Juli 939 bis Oktober 942. Alberich mischte sich auch in innerkirchliche Angelegenheiten und förderte in Rom und Mittelitalien die Cluniazensische (→ Cluniazenser) Reform. Bei einer Verschwörung soll dem Papst, der ein Verwandter Otto I. war, die Nase verstümmelt worden sein.

Stephan IX., 154. Papst, eigentlich Friedrich, ein Sohn Gozelos I., des Herzogs von Lothringen, Kardinal und Abt von Montecassino, wurde vier Tage nach dem Tode Papst → Viktors II. (1055 – 1057), am 2. August 1057, unter dem Namen Stephan IX. zum Papst gewählt. Unter → Leo IX. (1049 – 1054) war er Gesandter in Konstantinopel, als das Morgenländische → Schisma zum Ausbruch kam. Da während der Minderjährigkeit des deutschen Königs Heinrich IV. viele Kirchenstellen an Unwürdige verliehen und verkauft wurden, sandte der Papst den → Kardinal Hildebrand zur Witwe des Kaisers, Agnes, um diesem Übelstand abzuhelfen. Stephan IX. arbeitete eifrig an der Verbesserung der Kirchenzucht und sagte vor

Papst Stephan IX.

allem der → Priesterehe und der Verwandtenheirat den Kampf an. Mit Hilfe des → Petrus Damiani suchte er die Reform vorwärts zu treiben. Die in Oberitalien aufkommende Volksbewegung der Pataria (von pattari = Altwarenhändler – vom Adel gebrauchter Spottname), die sich gegen den simonistischen (→ Simonie) Klerus erhob, ließ Stephan durch Petrus Damiani unterdrücken. Selbst zum → Nepotismus neigend, übertrug der Papst seinem Bruder Gottfried die Verwaltung des Herzogtums Spoleto und der Mark Ancona. Mit Hilfe seines Bruders wollte Stephan gegen die Normannen ins Feld ziehen. Der Papst starb am 29. März 1058 auf einer Reise in Florenz und wurde in der Kirche S. Reparata beigesetzt.

Stephan von Ungarn hl., → Apostel Ungarns, um 970 als Sohn des Geisa, des Arpadenfürsten, geboren, welcher noch sehr dem Heidentum verwurzelt war. Dennoch ließ er seinen Sohn vom hl. → Adalbert von Prag taufen und christlich erziehen. Stephan heiratete 995 Gisela, die Schwester Kaiser Heinrichs II., welche ihn bei der Christianisierung Ungarns beriet, das er von 997 an regierte.

Die Krone des hl. Stephan.

Papst → Silvester II. sandte zur Krönung im Jahre 1000 eine Krone, die heute noch erhalten ist, die Stephanskrone, die als Zeichen für die Anerkennung Ungarns als christliches Land gilt. Stephan befreite in Ungarn die Sklaven,

Die Marter des hl. Stephanus.

baute Kirchen und Schulen und gab seinem Reich eine christliche Verfassung. Am 15. August 1038 starb der heilige König und wurde in Stuhlweißenburg beigesetzt. 1083 sprach Papst → Gregor VII. den ersten König Ungarns und dessen Sohn, Emerich, heilig. Dargestellt wird Stephan mit Krone und Szepter, Doppelkreuz und Marienfahne. Das Fest des Landespatrons von Ungarn feiert die Kirche am 16. August.

Stephanus hl., der erste → Märtyrer, war einer der sieben Diakone der jungen Christengemeinde in Jerusalem. In der → Apostelgeschichte wird er als ein Mann »voll Kraft und Heiligen Geistes« geschildert, der die Armen betreute und viel Gutes tat. Da sich durch seine Predigten viele Juden bekehrten, wurde Stephanus vor den Hohen Rat geschleppt und zum Tode verurteilt. Bei der Steinigung sieht Stephanus den »Himmel offen und den Menschensohn an der rechten Seite Gottes«. Noch im Sterben vergab er seinen Peinigern wie Jesus: »Herr, rechne ihnen dies nicht zur Sünde an.« Bei der Steinigung wurden die Kleider zu Füßen eines Mannes niedergelegt, der Saulus hieß – des späteren Völker→ apostels → Paulus. Stephanus, der erste → Märtyrer, wird als → Diakon mit Palme oder Stein in Händen dargestellt. Er ist Patron vieler Länder, Städte und Gewerbe (Kutscher, Steinmetze, Weber, Zimmerleute, Schneider u. v. a.). Er gilt auch als ältester Pferdepatron. Sein Fest wird am 26. Dezember gefeiert.

Stier, Zeichen der Stärke und Macht. Attribut des → Evangelisten → Lukas.

Stigma (griech.), die bei einigen Gläubigen auftretenden Wundmale Christi. Manche Heilige trugen Stigmata, so zum Beispiel der hl. → Franz von Assisi.

Stola (lat.), ein von katholischen → Priestern getragener Gewandstreifen, der von der Schulter nach vorn fällt und bei priesterlichen Handlungen getragen wird.

Stylit (griech.), Säulenheiliger der Kirche des Altertums. Asketen (→ Askese), die auf einer Säule lebten und dem Volk von dort oben predigten. Der syrische Mönch Simeon, der anfangs des 5. Jahrhunderts lebte, zählt zu den bekanntesten Styliten und wurde von der Kirche heiliggesprochen.

Subdiakon, in der katholischen Kirche höhere Weihestufe. Die Weihe zum Subdiakon gehörte bereits zu den höheren Weihen wie Diakonats-, → Priester- und → Bischofsweihe. Mit der Subdiakonatsweihe war bereits die Verpflichtung zur Ehelosigkeit verbunden. Heute ist die Subdiakonatsweihe nur mehr Durchgangsstufe zum Priestertum.

Symbol (griech.), Sinnbild, Kennzeichen, ein Gebilde, dem von einer bestimmten Gruppe von Menschen ein besonderer Sinn verliehen worden ist, z. B. ein Lamm für Christus (Lamm Gottes).

Symmachus hl., 51. Papst, → Diakon, in Sardinien geboren. Symmachus wurde am 22. November 498 von der byzantinerfeindlichen Mehrheit zum Nachfolger → Anastasius' II. (496 bis 498) gewählt, während die Anhänger des verstorbenen Papstes den → Gegenpapst → Laurentius aufstellten. Symmachus erhielt seine Weihe im → Lateran, Laurentius in S. Maria Maggiore. Der Ostgotenkönig Theoderich der Große entschied sich für Symmachus, doch konnte sich der → Gegenpapst → Laurentius noch bis 506 halten. Eine römische → Synode im Jahre 499 erließ das erste → Papstwahldekret, das künftighin ein → Schisma vermeiden sollte. Wegen der heftigen Parteistreitigkeiten berief Theoderich 501 eine → Synode in Rom ein, zu der auch Symmachus geladen wurde. Als Symmachus nicht erschien und der Ostgotenkönig auf eine Entscheidung drängte, beschlossen die italienischen Bischöfe, daß sich der Papst vor den Menschen nicht zu verantworten hätte und nur dem göttlichen Gericht unterworfen sei. Rühmlich vermerken einige Kirchengeschichtsschreiber, daß Symmachus einmal alle Sklaven loskaufte, die sich in Mailand, Ligurien und anderen Provinzen befanden. Seit seinem → Pontifikat wird in den Messen der → Märtyrerfeste und der Sonntage das Gloria gesungen. Symmachus starb am 19. Juli 514 und wurde in der Vorhalle der Peterskirche beigesetzt. Sein Fest feiert die katholische Kirche am 19. Juli.

Synode (griech.), die Zusammenkunft (Versammlung) von Geistlichen (manchmal auch → Laien) zur Beratung und Entscheidung über anstehende theologische und kirchenpraktische Fragen.

T

Talar (lat.), Amtskleid der Geistlichen, der Hochschullehrer und Richter.

Te Deum (lat.), Anfangsworte des sogenannten Ambrosianischen Lobgesanges, der mit den Worten: Te Deum laudamus (Dich, Gott, loben wir) beginnt. Statt dem lateinischen Te Deum wird im Deutschen meist das Lied: »Großer Gott, wir loben Dich« gesungen.

Telesphorus hl., 8. Papst, Grieche, war etwa zehn Jahre römischer → Bischof, wahrscheinlich zwischen 125 und 136. Während der Christenverfolgung unter Kaiser Hadrian dürfte er den → Märtyrertod gefunden haben. Sein Fest feiert die Kirche am 5. Jänner.

Templerorden → Kreuzzüge.

Tertiaren (lat.), die Angehörigen eines »Dritten Ordens« (Tertiaren). Sie verbleiben in ihrem weltlichen Beruf oder schließen sich als klösterliche Gemeinschaft einem Mönchsorden an, ohne jedoch die feierlichen → Gelübde abzulegen. Besondere Geltung bekam der Dritte → Orden des hl. Franz von Assisi, dem König und große Künstler wie Michelangelo, Raffael, Oscar Wilde u. v. a. angehörten.

Theodor I., 73. Papst, Grieche, Sohn eines → Bischofs in Jerusalem. Nach seiner Thronbesteigung am 24. November 642 führte er den Kampf gegen den → Monotheletismus fort. Auf einer → Synode verurteilte er den → Patriarchen Pyrrhis I. von Konstantinopel, der wieder in die Irrlehre der Monotheleten zurückgefallen war. Um der ganzen Sache mehr Nachdruck und Feierlichkeit zu verleihen, goß er zur Unterschrift aus einem Kelch geweihten Abendmahlswein in die Tinte. Auch Paulos II., den Nachfolger des Pyrrhos, verurteilte der Papst, da auch dieser sich monotheletisch geäußert hatte. Kaiser Konstans II. bedrohte die Streitenden mit Absetzung, Gütereinziehung und sogar mit körperlicher Züchtigung, wenn sie den Streit über die zwei Willen nicht beendeten. Der Papst wagte trotz seiner Widerspenstigkeit wenig, denn seine Stellung war dem Kaiser gegenüber politisch gesichert, da die Langobarden mit Rom bessere Beziehungen unterhielten als mit Ravenna, wo sich die kaiserlichen Statthalter, die → Exarchen, Schwelgereien und Gewalttätigkeiten hingaben. Während der Vorbereitung zur → Lateran→ synode (Oktober 649) starb Theodor I. am 14. Mai 649, ohne zum Typos – dem Verbot Konstans' II., über die zwei Willen in Christus zu streiten – Stellung genommen zu haben.

Theodor (→ Gegenpapst), römischer → Presbyter, wurde während des → Pontifikates → Sergius' I. (687 – 701) Ende 687 zum Gegenpapst gewählt. Er hielt sich jedoch nur kurze Zeit und unterwarf sich schließlich Sergius I.

Theodor II., 115. Papst, Römer, bestieg im Dezember 897 den päpstlichen Thron, den er nur drei Wochen innehatte. Die von Papst → Stephan V. (896 – 897) geschändete Leiche des Papstes → Formosus (891 – 896) ließ er ehrenvoll im alten Grab beisetzen. Die Beschlüsse der Leichen→ synode erklärte Theodor für ungültig und setzte die → Priester, die unter Stephan abgesetzt worden waren, wieder in ihr Amt ein.

Theodor von Mopsuestia → Antiochenische Schule.

Theoderich (→ Gegenpapst), Nachfolger von Gegenpapst → Clemens III., während des → Pontifikates Paschalis' II. (1099 – 1118) im Jahre 1100. Von den Kaiserlichen im → Investiturstreit aufgestellt, konnte sich Theodorich zwei Jahre halten, bis er in Gefangenschaft geriet. Seine Nachfolger als Gegenpäpste waren → Albert und → Silvester IV.

Theresia von Ávila hl., eigentlich Teresa de Cepeda y Ahumada, → Mystikerin, → Kirchenlehrerin, 1515 in Ávila geboren, altadeliger Herkunft. Ihr Vater, der das putzsüchtige Mädchen auf andere Gedanken bringen wollte, übergab den → Augustinerinnen Teresa zur Erziehung. Mit neunzehn Jahren trat Teresa gegen den Willen ihres Vaters und heimlich in ein → Karmeliterinnenkloster in Ávila ein. Die lebenslustige Nonne verbrachte mehr Zeit bei belanglosem Geschwätz im Sprechzimmer des Klosters, das damals mehr einem gesellschaftlichen Salon glich, als bei Gebet und Betrachtung. 1555 erschütterte eine → Vision des leidenden Christus die Nonne so sehr, daß sie ihren Lebenswandel zu ändern wünschte. Fünf Jahre später legte sie nach einer schrecklichen Vision das → Gelübde ab, die Ordensregeln mit größter Treue zu beachten und die Vollkommenheit anzustreben. Gemeinsam mit dem hl. → Johannes vom Kreuz beschloß sie, ihren → Orden zu alter Strenge und Zucht zurückzuführen. Die resolute, leidenschaftliche Ordensfrau reiste durch Spanien und gründete über dreißig neue Klöster. In ihren Schriften, die im klassischen Spanisch verfaßt sind, berichtet die Heilige oft in humorvoller Weise über ihr Leben, die Klostergründungen und über »den Weg der Vollkommenheit«, ihr 1573 erschienenes, wichtigstes Buch. Am 4. Oktober 1582 starb Teresa in Alba. 1622 wurde sie heiliggesprochen, 1970 erhob sie Papst → Paul VI. zur → Kirchenlehrerin. Dargestellt wird die »Doctora mystica« (auch »Seraphische Mutter« genannt) als Karmeliterin im braunen Ordenskleid, weißen Mantel und schwarzen Schleier, mit einem flammenden Herzen mit dem Zeichen IHS, mit Buch und Pfeilen oder einem Engel, der mit einem Pfeil ihr Herz berührt, wie sie auch Lorenzo Bernini in seiner berühmten Skulptur in der Kirche S. Maria della Vittoria darstellte. Teresa von Ávila ist Schutzpatronin der Karmeliterinnen und der Bortenmacher, hilft in geistlichen und seelischen Nöten, bei Herzleiden und Kopfweh. Ihr Fest feiert die Kirche am 15. Oktober.

Theresia vom Kinde Jesus hl., eigentlich Marie Francoise Thérèse Martin, am 2. Jänner 1873 in Alencon in der Norman-

Hl. Theresia vom Kinde Jesu.

Hl. Theresia von Avila von Lorenzo Bernini.

die geboren. Schon mit fünfzehn Jahren trat sie in den Karmel von Lisieux ein. Der zuständige → Bischof und Papst → Leo XIII. hatten ihr ein Jahr zuvor die Erlaubnis dazu verweigert. Ihre Liebe zu Christus zeigte die Heilige, indem sie ergeben alle Kümmernisse ertrug, die ihr das Leben auferlegte. Nur neun Jahre lebte Theresia im Kloster, geprüft durch Krankheit und innere Zweifel. Bar jeden Hochmuts, da sie sich ihrer eigenen Unzulänglichkeiten bewußt war, versuchte sie Jesus und alle Menschen zu lieben, wie sie nie zuvor geliebt worden waren. Am 30. September 1897 starb Theresia nach einem schmerzensreichen Krankenlager. Ihre letzten Worte: »Mein Gott, ich liebe dich!« waren auch das Motto ihres Lebens. Über ihr Seelenleben geben ihre Schrift »Geschichte einer Seele« und die Notizen ihrer Priorin Auskunft. Diese liebenswerte Heilige wurde 1925 von Papst → Pius XI. heiliggesprochen und zur Schutzheiligen der Missionen erhoben. Dargestellt wird Theresia als unbeschuhte → Karmeliterin mit einer Lilie in Händen. Ihr Fest feiert die Kirche am 1. Oktober.

Thomas hl., → Apostel, dessen Namen »der Zwilling« bedeutet, gehörte zu den zwölf Jüngern Jesu. Als er die Nachricht über die Auferstehung nicht glauben wollte, gebot ihm Jesu, die Finger in seine Wunden zu legen, worauf Thomas das Bekenntnis ablegte: »Mein Herr und mein Gott.« Der → Legende nach soll Thomas in Indien das → Evangelium verkündet haben und auch dort den → Märtyrertod gestorben sein. In Madras, in Südindien, zeigt man einen Felsen, wo Thomas durch ein

Der ungläubige Thomas. Kupferstich.

Schwert umgekommen sein soll. Mitte des 3. Jahrhunderts sollen seine Gebeine von Indien nach Edessa übergeführt worden sein. Die Christengemeinde von Malabar führt heute noch den Namen »Thomas-Kirche«. Dargestellt wird der Apostel mit Lanze oder Winkelmaß, die Wundmale Jesu berührend. Er gilt als Patron Indiens, als Schutzheiliger der Architekten, Geometer, Maurer und Zimmerleute und soll im Glaubenszweifel helfen. Das Fest des hl. Apostels feiert die Kirche am 3. Juli.

Thomas Becket hl., am 21. Dezember 1118 in London geboren, trat um 1141 in den Dienst des Erz→bischofs Theobald von Canterbury. In Paris, Bologna und Auxerre studierte er Kirchenrecht, wurde Sekretär des Erzbischofs von Canterbury und dessen Legat in Rom. 1154 bekam Thomas das Amt des Archidiakons von Canterbury und war dadurch Verwalter der →Diözese und Repräsentant des obersten kirchlichen Gerichtes. König Heinrich II. ernannte Becket 1155 zu seinem Kanzler und 1162 zum Erzbischof von Canterbury. Die tiefe Freundschaft des Königs mit Thomas ging jedoch in Brüche, als Thomas der Freiheit der Kirche den Vorzug gab. 1164 kam es zu einer heftigen Auseinandersetzung, bei der Thomas nach Frankreich auswich. Sechs Jahre später kehrte er, nach Klärung der strittigen Fragen, nach England zurück, doch kam es erneut zu Streitigkeiten mit dem König. Am 29. Dezember 1170 wurde Thomas von vier Edelleuten in seiner Kathedrale beim Vespergottesdienst ermordet. Wieweit es auf Wunsch des Königs geschah, ist nicht nachweisbar. Schon drei Jahre nach dem Tode Beckets fand seine →Heiligsprechung statt. Dargestellt wird er als Bischof mit Buch, Schwert und →Märtyrerpalme. Jean Anouilh hat dem Heiligen in seinem Schauspiel »Becket oder die Ehre Gottes« und T. S. Eliot in seinem Mysterienspiel (→Mystik), »Mord im Dom« ein ergreifendes Denkmal gesetzt. Sein Fest feiert die Kirche am 29. Dezember.

Thomas von Aquin hl., großer →Kirchenlehrer, auf der Burg Roccasecca bei Aquino um 1225 geboren. Schon als Fünfjähriger kam Thomas, der Großneffe Kaiser Friedrichs I. und Patenkind Papst →Honorius' III., zur Erziehung zu den →Benediktinern nach Montecassino. Da Thomas dem nicht standesgemäßen Orden der →Dominikaner beitreten wollte, ließen ihn seine Eltern durch seinen Bruder entführen, als er sich auf der Reise zum Seminar der Dominikaner in Paris befand. Nach einem Jahr Hausarrest erlangte Thomas 1245 seine Freiheit wieder und zog nach Paris, wo er den berühmten Theologen →Albertus Magnus kennenlernte. Diesem folgte er auch nach Köln, wo er von 1248 bis 1252 sein Schüler sein durfte. Bei den Mitstudenten galt Thomas als »stummer Ochse«, doch ahnte Albertus Magnus das verborgene Genie und sagte: »Dieser stumme Ochse wird einst brüllen, daß die ganze Welt davon widerhallt.« 1248 erhielt Thomas die →Priesterweihe und begann auch sogleich mit seiner Lehrtätigkeit. Ab 1265 leitete er die →Ordensschule in Rom, ging wiederum als Lehrer nach Paris und schließlich nach Neapel. Thomas verwirklichte das dominikanische Ideal: An andere weitergeben, was man durch Betrachtung und Studium gelernt hat. Der bedeutendste Vertreter der scholastischen (→Scholastik) Theologie und Philosophie schuf in seinen beiden

Hauptwerken, der Summa theologica und der Summa contra Gentiles, die Grundlage der Theologie bis in unsere Tage. Doch wußte Thomas, daß sein gigantisches Lehrgebäude gegenüber der Wirklichkeit und dem Mysterium Gottes unbedeutend erscheinen mußte, weshalb er am Ende seines Lebens nicht mehr zur Feder griff. Auf der Reise zum → Konzil zu Lyon starb der schwerkranke Thomas am 7. März 1274. Sein Schädel wurde 1369 im Dom von Toulouse beigesetzt, sein Leib ruht in Rom in der Kirche S. Maria sopra Minerva. 1323 wurde der »doctor angelicus« heiliggesprochen, 1567 zum Kirchenlehrer erhoben. Der Patron der Studierenden, dessen Fest am 28. Jänner gefeiert wird, trägt auf Darstellung den schwarzweißen Dominikaner→ habit mit strahlender Sonne auf der Brust. Buch, Feder, Kelch oder → Monstranz und die Taube als → Symbol für den Hl. Geist sind oft beigegeben.

Thomas Morus hl., Lordkanzler Heinrichs VIII., 1478 in London geboren, studierte Rechtswissenschaft in Oxford.

Hl. Thomas Morus.

Hervorragende Geistesschärfe, Humor und gesunde Frömmigkeit zeichneten den Vater von vier Kindern aus. 1532 legte er aus Gewissensgründen sein Amt als Lordkanzler nieder. Zwei Wochen nach dem Tode → John Fischers wurde er 1535 wegen angeblichen Hochverrats enthauptet. Die Kirche feiert ihn zusammen mit John Fischer am 22. Juni als → Märtyrer.

Tiara (pers.), beim griechischen Geschichtsschreiber Herodot die Kopfbedeckung der persischen Könige. Die Tiara des Papstes hat die Form einer hohen Mütze und ist mit drei übereinanderstehenden goldenen Kronen umgeben. Diese Kronen sind mit Edelsteinen besetzt und mit einer Kugel geziert, über welcher ein Kreuz steht. Anfangs trugen die Päpste eine gewöhnliche → Mitra. Bereits im 9. Jahrhundert sollen die Päpste eine einfache Krone getragen haben, manche Historiker schreiben dies erst → Alexander III. zu, der die Mitra zum Zeichen der Souveränität mit einer Krone umgeben hatte. → Bonifaz VIII. soll die zweite Krone, zum Zeichen der Macht über geistliche und weltliche Dinge, und → Clemens V. soll die dritte hinzugefügt haben, um damit die Macht des Papstes in der leidenden, streitenden und triumphierenden Kirche (oder über Himmel, auf Erden und in der Hölle) anzudeuten. Seit der Zeit, als Papst → Paul VI. seine Krone an die Armen verschenkt hatte, fällt die Krönung der Päpste mit der Tiara bei der feierlichen Amtseinführung weg.

Timotheus hl., zusammen mit Titus einer der bekanntesten Schüler des → Apostels → Paulus. Timotheus stammte aus Lystra (Kleinasien) und hatte einen heidnischen Vater und eine jüdische Mutter als Eltern. Paulus hatte

Hl. Thomas von Aquin. Stahlstich.

Papst Paul VI. bringt seine Tiara als Geschenk für die Armen zum Altar.

ihn auf seiner ersten Missionsreise zum christlichen Glauben bekehrt, und Timotheus wurde einer seiner engsten Mitarbeiter, der ihn auch während seiner römischen Gefangenschaft nicht verließ. Zwei Briefe des Völkerapostels sind an Timotheus gerichtet. Timotheus wird als erster → Bischof von Ephesus angesehen. Sein Fest wird zusammen mit dem des hl. → Titus am 26. Jänner gefeiert.

Titularbischof, ein katholischer → Bischof, der auf den Namen einer nicht mehr bestehenden → Diözese geweiht wurde.

Titus hl., zusammen mit Timotheus der bekannteste Schüler des hl. → Paulus. Von diesem zum Christentum gewonnen, begleitete Titus den → Apostel zum sogenannten Apostel→ konzil nach Jerusalem. In der Apostelgeschichte wird sein Name nicht erwähnt, doch findet er sich öfters in den Paulusbriefen. Einer der Briefe ist sogar an ihn gerichtet. Nach alter Überlieferung setzte ihn Paulus als ersten → Bischof von Kreta ein. Sein Fest wird zusammen mit dem des hl. → Timotheus am 26. Jänner gefeiert.

Tradition (lat.), die von der katholischen Kirche als verbindlich anerkannte außerbiblische Überlieferung. Als Traditionalismus wird die Betonung der kirchlichen Tradition als Glaubensquelle neben der Bibel bezeichnet.

Transsubstantiation (lat.), die von der katholischen Kirche vertretene Lehre von der in der → Eucharistie sich vollziehenden Wandlung der Substanzen Brot und Wein in den Leib und das Blut Christi, unter Beibehaltung der äußeren

Form, also des Aussehens, des Geschmacks und Geruchs. Die bereits im 12. Jahrhundert entwickelte Lehre wurde auf dem → Konzil von Trient (1545 – 1563) als → Dogma verkündet.

Trappistenorden, katholischer Orden, Reformzweig des → Zisterzienserordens, benannt nach dem Kloster La Trappe, wo 1664 Abt A. J. de Rancé die Reform durchführte. Hauptaufgabe der Mönche ist das gemeinsame liturgische (→ Liturgie) Gebet, verbunden mit Arbeit. Die Mönche sind zu strengem Stillschweigen verpflichtet und leben vegetarisch. Der Trappistenorden zählt wie der → Kartäuserorden zu den strengsten → Orden der katholischen Kirche. Im Unterschied zu den Kartäusern, die als Einsiedler jeder für sich in einer kleinen Behausung leben, führen die Trappisten ständig ein gemeinsames Leben.

Trinitarier (lat.), ein 1198 in Spanien gestifteter katholischer → Orden von der hl. Dreieinigkeit, der neben den gewöhnlichen Mönchs→ gelübden nach der Regel des hl. → Augustinus auch die Verpflichtung übernahm, Almosen zu sammeln, um Christensklaven loszukaufen. Die Kleidung ist weiß mit einem rot-blauen Kreuz auf dem → Skapulier.

Trinität (lat., Dreifaltigkeit oder Dreieinigkeit). Der Glaube an einen Gott in drei Personen. Gott Vater, der sich in Jesus Christus der Welt offenbart hat und sich durch den Hl. Geist vergegenwärtigt.

Trullanische Synode, nach der Bezeichnung für den gewölbten Sitzungssaal des byzantinischen Kaiserpalastes (griech. Troullos). Daher werden Synoden, die in diesem Palast abgehalten werden, auch als Trullanische Synoden bezeichnet. Die erste Trullanische Synode wird auch Sechstes Allgemeines → Konzil von Konstantinopel (680/681) genannt. Das Trullanum II. wurde von Kaiser Justinianos II. als Reichssynode 691 einberufen. Unter anderem enthielten sie antirömische Artikel, so daß sie Papst Sergius trotz Gewaltandrohung nicht anerkannte. Alexander VII. sandte die Beschlüsse jedoch unverändert zurück, was von Byzanz als Anerkennung gewertet wurde. Die orthodoxe Kirche zählt die Zweite Trullanische → Synode heute als VII. Allgemeines Konzil.

Turibio von Mongrovejo hl., am 18. November 1538 als Sohn adeliger Eltern in der spanischen Provinz León geboren, studierte in Valladolid, Salamanca und Coimbra. 1575 wurde er Großinquisitor in Granada, obwohl er noch → Laie war. Vier Jahre später ernannte ihn Philipp II. zum Erz→ bischof von Lima in Perú und ließ ihm alle Weihen erteilen. 1581 machte sich Turibio auf die Schiffsreise in die Neue Welt. Unermüdlich bemühte sich der Heilige um die Erneuerung der Kirche von Perú und nahm sich vor allem der Indios an, deren Sprache er erlernte. Gleiches verlangte er auch von seinen → Priestern. Als er am 25. März 1606 starb, ließ er vorher sein Hab und Gut an die Armen verteilen. 1679 wurde Erzbischof Turibio selig-, 1726 heiliggesprochen. Sein Fest fällt auf den 23. März.

U

Ulrich hl., → Bischof, um 890 als Sohn des Gaugrafen Hubald von Dillingen in Augsburg geboren, besuchte die Klosterschule von St. Gallen. Bei seinem Onkel Adalbero, dem Bischof von Augsburg, übte er das Amt eines Kämmerers aus und reiste 909 zu den → Apostelgräbern nach Rom. 923 wurde Ulrich Bischof von Augsburg und war Berater von Kaisern und Königen. Er liebte das Repräsentieren, doch hatte er immer ein Herz für Arme und Kranke. Seinem Gebet wird der Sieg über die Ungarn auf dem Lechfeld im Jahre 955 zugeschrieben. Ulrich starb 973 und wurde in der Kirche der hl. Afra begraben. Papst → Johannes XV. sprach ihn 995 als ersten Heiligen in der Geschichte, in feierlicher und offizieller Form, heilig. Dargestellt wird Ulrich als Bischof hoch zu Roß in der Schlacht, mit Kelch, Fisch oder Kreuz. Er gilt als Schutzpatron gegen Unheil, Krankheit, Körperschwäche und gegen die Ratten- und Mäuseplage. Das Fest des Patrons von Augsburg feiert die Kirche am 4. Juli.

Unfehlbarkeit → Infallibilität.

Urban I. hl., 17. Papst, aus Rom, regierte von 222 bis 230. Über sein → Pontifikat ist nichts Sicheres bekannt. Er hatte sich wie sein Vorgänger → Calixtus I. (217–222) mit dem → Schisma des Hippolytos von Rom auseinanderzusetzen. In Deutschland und Österreich gilt Urban als Patron der Winzer, da der Urbanstag, der 25. Mai, in die Zeit der Rebenblüte fällt. Dargestellt wird der Heilige, der wahrscheinlich in den Calixtuskatakomben begraben wurde, als Papst mit Weintraube, manchmal auch mit Schwert. Sein Martyrium (→ Märtyrer) ist ungewiß. Im Mittelalter galt er als Schutzpatron der Felder und wurde bei Gewittern, aber auch gegen Gicht und Trunkenheit angerufen.

Urban II. sel., 160. Papst, eigentlich Odo von Châtillon-sur-Marne, um 1035 geboren, studierte bei Bruno dem → Kartäuser in Reims und wurde Mönch in → Cluny, wo er später auch das Amt des Priors inne hatte. → Gregor VII. (1073–1085) erhob ihn zum → Kardinal→ bischof von Ostia und sandte ihn als päpstlichen → Legaten nach Deutschland. Als er am 12. März 1088 zum Papst gewählt wurde, regierte noch der → Gegenpapst → Clemens III.

Papst Urban II.

Urban fühlte sich als rechtmäßiger Nachfolger des Papstes Gregor VII. und versuchte mit allen Kräften das durch den → Investiturstreit hervorgerufene kaiserliche → Schisma zu beseitigen. Dies gelang ihm zwar noch nicht vollständig, doch ging 1092 der Sohn Heinrichs IV., Konrad, zum Papst über. Urban gilt als Urheber der → Kreuzzüge, wobei er den ersten Kreuzzug 1095 anordnete. Zwei Wochen nach der Eroberung Jerusalems starb Urban II. am 29. Juli 1099. Im innerkirchlichen Bereich reformierte Urban im Geiste des päpstli-

Papst Urban I.

chen Zentralismus und im Sinne Gregors des Großen. Selbst aus dem Mönchsstand kommend, förderte Urban die Klöster, vor allem → Cluny, und erlebte 1098 die Gründung des → Zisterzienserordens durch Robert von Molesme. In England setzte er Anselm von Canterbury, den Vater der → Scholastik, als Erzbischof ein. Urban II. war der erste Papst, der die sogenannte goldene Rose am vierten Fastentage weihte. Er schenkte sie an den Grafen Fulko von Anjou. Das Fest des Seligen wird am 29. Juli gefeiert.

Urban III., 173. Papst, eigentlich Umberto Crivelli, Erz→bischof von Mailand, wurde am 25. November 1185 in Verona zum Papst gewählt und behielt auch noch als Nachfolger Petri das Erzbistum Mailand bei. Während seiner zweijährigen Regierungszeit als Papst hatte Urban Rom wegen der dort herrschenden Unruhen nie betreten. Er ver-

Papst Urban III.

legte seinen Sitz nach Verona. Urban III. setzte alles daran, die Hohenstaufen aus Italien zu verdrängen, und weigerte sich deshalb, den Sohn des Kaisers Friedrich Barbarossa, Heinrich, zum Nachfolger zu krönen. Doch Kaiser Friedrich vermählte seinen Sohn Heinrich VI. 1186 in Mailand mit der Prinzessin Konstanze von Sizilien. Als Urban sich mit Heinrich bezüglich der Besetzung des Bischofsstuhls von Trier nicht einigen konnte und seinen Kandidaten gegen den Willen Heinrichs konsekrierte (→Konsekration), rückte dieser gegen den Kirchenstaat vor und schloß den Papst in Verona ein. Urban starb am 20. Oktober 1187 in Ferrara, während er mit Heinrich in neuen Verhandlungen stand. Er ruht in der Hauptkirche der Stadt.

Urban IV., 183. Papst, eigentlich Jacques Pantaléon, Sohn eines Schuhmachers aus Troyes und seit 1255 →Patriarch von Jerusalem, wurde nach dreimonatigem →Konklave in Viterbo, bei dem nur noch acht →Kardinäle anwesend waren, am 29. August 1261 zum Nachfolger →Alexanders IV. (1254 bis 1261) gewählt. Urban IV. hat Rom nie

Papst Urban IV.

betreten und regierte zuerst in Viterbo, darauf in Orvieto. Einen verhängnisvollen Fehler beging er, als er das Königreich Sizilien und Neapel dem König Ludwig von Frankreich antrug. Ludwig der Heilige zog sein Gewissen zu Rate und glaubte nicht, fremdes Eigentum annehmen zu dürfen. Aber sein Bruder Karl, Graf von Anjou, war nicht so gewissenhaft und nahm am 15. August 1264 das Anerbieten an. Auf Urban geht die Einführung des Fronleichnamfestes zurück, das er 1264 für die ganze Kirche verbindlich vorschrieb. Sein theologischer Berater, der heilige →Thomas von Aquin, verfaßte dafür die liturgischen (→Liturgie) Texte. Urban starb am 2. Oktober 1264 zu Perugia.

Urban V. sel., 201. Papst, eigentlich Guillaume de Grimoard, 1309 in Grisac in der Languedoc geboren, ein sittenstrenger und kluger Mann, stand seit 1361 dem →Benediktinerkloster St. Victor in Marseille als Abt vor. Als er am 28. September 1362 zum Papst ge-

Papst Urban V.

wählt wurde, begrüßte man allgemein die Wahl dieses von hohem Ernst erfüllten Mannes. Auf Drängen der hl. Brigitta von Schweden, Petrarcas und Kaiser Karls IV. entschloß sich Urban, Avignon zu verlassen und 1367 nach Rom zurückzukehren. Zunächst regierte Urban in Viterbo und zog schließlich am 16. Oktober feierlich in Rom ein. Der Papst versuchte, die Stadt wieder zum Zentrum des Christentums zu machen, und ging scharf gegen jegliche Mißstände vor. 1368 krönte er die Gemahlin Kaiser Karls IV., Elisabeth, zur Kaiserin, ein Jahr darauf nahm er den oströmischen Kaiser Johannes V., Palaiologos, in die katholische Kirche auf, ohne jedoch die Union mit der Ostkirche zu erreichen. Als Kaiser Karl Rom wieder verlassen hatte, wucherte in Italien das alte Unwesen wieder fort und Urban mußte die Hilfe der Florentiner in Anspruch nehmen, um den Viscontis begegnen zu können. Da alles nichts half, brach Urban 1370 trotz aller Erscheinungen und Weissagungen der hl. Brigitta wieder nach Frankreich auf, um sich nach Avignon zu begeben. Nach kurzer Krankheit starb Urban V. am 19. Dezember 1370 in → Avignon, wie die Heilige prophezeit hatte. → Pius IX. (1846 – 1878) sprach Urban 1870 selig. Sein Fest wird am 19. Dezember gefeiert.

Urban VI., 203. Papst, eigentlich Bartolomeo Prignano, Erz→ bischof von Bari, am 8. April 1378 von den Kardinälen, weil das römische Volk einen Römer oder wenigstens einen Italiener forderte, zum Papst gewählt. Als Gegner jeglicher → Simonie und Verweltlichung des → Klerus ging er mit Rücksichtslosigkeit und tyrannischer Gesinnung auch gegen die Kardinäle vor. Dies führte schon im August 1378 zum offenen Aufruhr und dem Abfall von 13 französischen Kardinälen. Sie erklärten die Wahl Urbans, welche durch Aufruhr der Römer erzwungen wurde, für ungültig. Auch waren sie, nicht unbegründet, der Ansicht, daß Urban wegen Geisteskrankheit unfähig wäre, das

Papst Urban VI.

Amt eines Papstes zu bekleiden. Sie wählten deshalb den → Kardinal Robert von Genf als → Clemens VII. zum → Gegenpapst. Auch die italienischen Kardinäle anerkannten Clemens, womit das große Abendländische → Schisma begann, das zweiundfünfzig Jahre lang dauerte. Clemens VII. bezog seine Residenz in → Avignon. Der starrsinnige Urban führte nun gegen Johanna von Neapel, einer Anhängerin des Gegenpapstes, Krieg und verlor die wichtigen Angelegenheiten aus dem Auge. 1385 kam es zu einer Verschwörung von mehreren Kardinälen gegen den tyrannischen Papst, welche jedoch von Urban rechtzeitig entdeckt wurde. Grausam ließ er fünf der Kardinäle foltern und hinrichten. Mutig trat die hl. → Katharina von Siena gegen ihn auf, indem sie ihm schrieb, daß »Gerechtigkeit ohne Barmherzigkeit mehr Ungerechtigkeit sei als Gerechtigkeit«. Wiederholt soll Urban bei Hinrichtungen dem Henker zugerufen haben: »Martere so, daß ich das Geschrei des Gemarterten höre!« Dabei spazierte er in seinem Garten herum und betete das → Brevier. Bei einem Zug gegen Neapel stürzte der Papst vom Pferd und erlitt schwere Verwundungen. Krank wurde er nach Rom gebracht, wo er, zweiundsiebzigjährig, nach zwei Monaten am 15. Oktober 1389 starb.

Urban VII., 229. Papst, eigentlich Giambattista Castagna, aus einer genuesischen Adelsfamilie, herrschte nur zwölf Tage, vom 15. bis zum 27. September 1590. Der am 4. August 1521 in Rom geborene → Kardinal von San Marcello hatte ein gütiges und frommes

Papst Urban VII.

Wesen und erwarb sich als → Nuntius von Madrid große Verdienste. Schon zwei Tage nach seiner Wahl zum Papst erkrankte er an Malaria und begrub somit viele Hoffnungen seiner Zeitgenossen.

Urban VIII., 236. Papst, eigentlich Maffeo aus dem Hause Barbarini, 1568 in Florenz geboren, ein Freund der Wissenschaften und Künste, gelangte am 6. August 1623 auf den Stuhl Petri. Während seines → Pontifikates erreichte der Dreißigjährige Krieg seinen Höhepunkt, doch unterstützte der Papst die kaiserliche Partei nur mäßig. Als der katholische → Kardinal von Frankreich, Richelieu, sich mit dem protestantischen Gustav Adolf von Schweden gegen den Kaiser verband, unterstützte er die Habsburger nur mäßig, und so kam es, daß weite Teile des Reiches den protestantischen Glauben annahmen. Mehr als nach Deutschland lenkte der Papst

Papst Urban VIII.

seine Aufmerksamkeit nach Italien, wo er sich von familienpolitischen Interessen leiten ließ. Unter Urban VIII. erreichte der → Nepotismus seinen Höhepunkt. 1633 verurteilte die → Inquisition mit Billigung Urbans die Lehre Galileo Galileis. Urban liebte es, seine eigenen Dichtungen mit Musikbegleitung vortragen zu lassen, und beschäftigte die Musiker Gregorio Allegri und Girolamo Frescobaldi an seinem Hof. Nach Madernas Entwürfen ließ er sich die Sommerresidenz Castel Gandolfo erbauen und beschäftigte vor allem Lorenzo Bernini, der unter anderem die Confessio über dem Papstaltar und den Tritonbrunnen auf der Piazza Barberini schuf. 1626 fand die Einweihung der Peterskirche statt, die Urban reich ausstatten ließ. Wenig betrauert starb Urban VIII. am 29. Juli 1644 im 76. Lebensjahr. Sein prachtvolles Grabmal in St. Peter ist ein Meisterwerk Berninis.

Urbi et orbi (lat.), Segen des Papstes über die Stadt (Rom) und die ganze Welt (den ganzen Erdkreis).

Castel Gandolfo. Stich nach einem Gemälde von Joachim Sandrart.

Ursinus (→ Gegenpapst), von den Arianern (→ Arianismus) 366 gegen den spanischen Papst → Damasus I. (366 bis 384) aufgestellt. Er konnte sich jedoch nur kurze Zeit, bis ins Jahr 367, halten.

Ursula hl., soll der → Legende nach mit 11.000 Gefährtinnen das Martyrium erlitten haben. Historisches ist über sie nur wenig bekannt. Eine Inschrift in der Ursulakirche in Köln aus dem 5. Jahrhundert besagt, daß an dieser Stelle mehrere Jungfrauen den Märtyrertod erlitten hätten. Dargestellt wird die Heilige mit einem Pfeil in der Hand, mit Märtyrerpalme, Krone, Kreuzesfahne, den Mantel über ihre Gefährtinnen breitend und mit Schiff. Sie gilt als → Patronin weiblicher Erziehungsinstitute, so besonders der von Angela Merici 1537 gegründeten Ursulinerinnen. Ihr Fest wird von der Kirche am 21. Oktober gefeiert.

Hl. Ursula. Kupferstich, Meister v. Olmütz.

V

Valentianismus → Valentin(os).

Valentin(os), einer der einflußreichsten Gnostiker, stammte aus Ägypten. Er ging um 140 von Alexandrien nach Rom, wo er sich von der Kirche trennte und dort oder in Zypern um 160 gestorben sein soll. Er verfaßte ein »→ Evangelium der Wahrheit« und verschiedene Traktate, Briefe und Homilien. Das Charakteristische seines Systems liegt einmal in der Anerkennung des Heidentums als einer Vorstufe der christlichen Offenbarung, dann aber darin, daß er die höhere Geisterwelt in 15 Äonenpaare teilte, von denen jedes aus einem männlichen oder lebengebenden Äon und aus einem weiblichen oder lebenempfangenden Äon bestand. Das erste Äonenpaar bildet nach ihm »Gott in sich« und »Gott als sich selbst denkend« usw. Durch den Fall der Sophia, des letzten Äons, entsteht der Demiurg, der Gott des Alten Testaments, der Erschaffer der sichtbaren Welt. Das in die Materie eingeschlossene göttliche Teilchen wird durch Jesus befreit, einem Menschen, auf den der Christus-Äon bei der Taufe am Jordan herabgestiegen ist. Dadurch sei es dem Menschen möglich, durch die → Gnosis sich zu befreien und zu Gott zurückzukehren. Der Valentianismus hatte großen Erfolg. Seine bedeutendsten Schüler waren Markos, Ptolemäus und Herakleon, die jedoch in manchen Punkten von ihm abwichen.

Valentin, 100. Papst, römischer → Archidiakon, regierte nur kurze Zeit, von August bis September 827. Sein → Pontifikat, das etwa einen Monat dauerte, verlief ereignislos.

Valentin hl., → Apostel Rätiens, einer der ersten → Bischöfe Passaus, lebte zur Zeit der Völkerwanderung im 5. Jahrhundert und stammte aus den Niederlanden. Als er um 435 an die Donau kam, fand er dort zum Teil arianische (→ Arianismus) Christen und noch viele heidnische Bräuche vor. Nur wenig ist uns von ihm überliefert, denn außer einer Bleitafel aus seinem Sarg und kurzen Berichten aus jener Zeit stehen keine Quellen mehr zur Verfügung. Doch soviel wissen wir, daß seine Missionstätigkeit wenig Erfolg brachte. Papst → Leo der Große weihte Valentin zum → Bischof von Passau, doch wurde er, dessenungeachtet, aus der Stadt verjagt. Er wanderte nach Süden und begann mit der Missionierung Südtirols. Um 475 starb er auf der Zenoburg in der Nähe Merans in einer kleinen Klause. Im Dom zu Passau ruhen seit 764 seine Gebeine, wo er auch als Diözesanpatron (→ Diözese) verehrt wird. Das Fest des Heiligen, nicht zu verwechseln mit dem heiligen → Märtyrer → Valentin (14. Februar), wird am 7. Jänner gefeiert. Er gilt als Helfer gegen Fallsucht und Gicht.

Vatikan. *Palast:* Die an die Peterskirche in Rom anschließende Residenz der Päpste. Am Vatikanischen Hügel, am Westufer des Tibers ließ Papst → Nikolaus III. (1277–1280) um 1278 einen zweistöckigen Palast errichten. Viele Künstler wirkten an dem Bau, der wertvolle Kunstschätze, wie die Sixtinische Kapelle mit den Fresken von Michelangelo, die Gemäldegalerie und Antikensammlung der Museen und die berühmte Vatikanische Bibliothek birgt.

Die Erbsünde. Fresko von Michelangelo in der Sixtinischen Kapelle.

Vatikanstaat: »Lo Stato della Città del Vaticano« umfaßt eine Fläche von 0,440 qkm und wird durch mittelalterliche Festungsmauern und der → Peterskirche umgrenzt. Seit den Lateranverträgen vom 11. Februar 1929 zwischen dem Hl. Stuhl und Italien ist der Vatikan ein unabhängiger Staat. Seine Bürger (~ 1000) genießen Steuerfreiheit. Der Vatikanstaat wird durch einen vom Papst erwählten Gouverneur verwaltet. Die Schweizergarde dient zu seinem Schutz. Einige Kirchen in Rom, verschiedene andere Gebäude und Zonen sowie der päpstliche Sommerpalast Castel Gandolfo gelten als exterritoriale Besitzungen, die wie Botschaften Immunität und Steuerfreiheit genießen. → Kirchenstaat.

Veronika hl., diese beliebte und populäre Heilige des Spätmittelalters und Barocks ist legendären Ursprungs und unhistorisch. In der älteren Legendenfassung aus dem 4. Jh. wird sie auch Beronike genannt. Sie berichtete einem Boten des schwer erkrankten römischen Kaisers Tiberius, daß Christus ihr sein Antlitz auf einem Tuch eingedrückt habe, als sie sich auf dem Weg zu einem Maler befand, den sie bitten wollte, ihr das Abbild des Herrn auf das Linnen zu malen. Beronike fuhr mit dem Boten zum Kaiser, der durch die Heilkraft des Tuches geheilt wurde.

Der Name Veronika (griech. = »vera ikon«; »das wahre Bild«) wurde ursprünglich dem Bild, später aber der Überbringerin zugeordnet. Beeinflußt durch die Passionsspiele entstand im 13. Jh. die erweiterte Veronikalegende, die die Heilige dem Kreuzweg zuordnet: Veronika reicht dem unter der Last des

Peterskirche mit dem Vatikanpalast. Kupferstich von 1725. ▷

A. Dome de 55. Toises d'elevation.
B. Boule de Bronze dorée de 7. Pieds 6. pouces de Diametre.
C. Sous ce Porche est la Porte Sainte.
D. Palais du Pape ou Vatican.
✝. Eglise de Ste. Marthe

E. Coridor du Vatican au Chău S. Ange
F. la plus belle Aiguille ou Piramide de Rome
G. Colonnade de 324. Colonnes qui forme une Place Ovale de 120. Toises de longeur et de largeur 88.

L
DE S
AR

SE
RRE
E

H. Vieille Sacristie, ou êtoit l'eguille. quón a posée au milieu de la Place.
I. Maison du S. Office ou Palais de l'Inquisition.
L. Fontaine qui dans les Chaleurs couvre la Place d'eau.

A Paris
Chez le Sr. de Fer dans l'Isle du Palais Sur le quay de l'Orloge a la Sphere Royale

Avec Privilege du Roy. 1705.

Hl. Veronika mit dem Schweißtuch. Stich aus der Albrecht-Dürer-Schule.

Kreuzes zusammenbrechenden Jesus ihr Schweißtuch, auf dem sich das Antlitz des Herrn abdrückt. Noch heute wird bei der 6. Station der Kreuzwegandacht diese Legende erwähnt. Ab dem 14. Jh. wird Veronika auch allein dargestellt, mit dem Schweißtuch in Händen. Ein Jahrhundert später finden wir oft auch das Schweißtuch allein, nur von einem Engel getragen. Das »echte« Schweißtuch (Mandylion) der Veronika wird in verschiedenen Kirchen gezeigt, so in St. Peter und S. Maria Maggiore in Rom und in der Sainte-Chapelle in Paris. Das Fest der legendären Heiligen feiert die katholische Kirche am 4. Februar.

Vicarius Petri (lat.), die seit dem 5. Jahrhundert gebräuchliche Selbstbezeichnung der Päpste als »Stellvertreter des hl. → Petrus«.

Victor I. hl., 14. Papst, Nachfolger des → Eleutherus (175 – 189?), ein Afrikaner (Hieronymus bezeichnet ihn als Lateiner), versuchte während seiner Regierungszeit (189 – 199?) die Vorrangstellung Roms zu untermauern, indem er im Osterfeststreit den römischen Standpunkt durchzusetzen versuchte. Als sich Kleinasien seinen Bestimmungen widersetzte, exkommunizierte sie Victor, der damit die erste autoritäre Handlung des Papsttums setzte. Ob Victor das Martyrium (→ Märtyrer) erlitt, ist nicht gesichert. Sein Fest wird am 28. Juli gefeiert.

Victor II., 153. Papst, eigentlich Gebhard, aus der Familie der Grafen von Hirschberg, ein Verwandter des Kaisers und ein Mann von strenger Tugend und Redlichkeit, wurde auf Betreiben → Hildebrands nach einer → Sedisvakanz von einem Jahr am 13. April 1055 als Victor II. zum Papst erhoben. Seit 1042 hatte

Papst Victor II.

er das Amt des → Bischofs von Eichstätt inne und war Ratgeber Heinrichs III. Victors Bestreben war es, die Kirchenreform vorwärtszutreiben und scharf gegen Priesterehe, → Simonie und Kirchengutsentfremdung vorzugehen, wobei er sich der Unterstützung Heinrichs erfreuen durfte. Hildebrand stand ebenfalls dem Papst als einflußreicher Berater zur Seite. Im Oktober 1056 finden wir Victor II. am Sterbelager des Kaisers in Bodfeld, den er am 28. Oktober in

Speyer beisetzte. Im November des gleichen Jahres krönte der Papst den ihm anvertrauten Kaisersohn Heinrich IV. im Dom zu Aachen. Auf der Rückkehr nach Italien starb Victor am 28. Juli 1057 in Arezzo und wurde in S. Maria Rotonda in Ravenna beigesetzt.

Victor III. sel., 159. Papst, eigentlich Daufari, Fürst von Benevent, um 1027 geboren, nahm als → Benediktiner den Namen Desiderius an und wurde 1058 Abt im Kloster Montecassino. Am 24. Mai 1086 wählte ihn die Mehrzahl der

Papst Victor III.

→ Kardinäle zum Papst. Als sich → Klemens III. als → Gegenpapst weiterhin in Rom behauptete, kehrte Victor zunächst in sein Kloster zurück und nahm die Wahl erst am 7. März 1087 endgültig an. Nachdem er am 9. Mai feierlich inthronisiert wurde, kehrte er abermals in sein Kloster Montecassino zurück und berief eine → Synode nach Benevent, auf der er die → Laieninvestitur und die → Simonie verurteilte. Victor starb am 16. September 1087 während einer Kirchenversammlung und wurde in Montecassino beigesetzt. 1887 sprach ihn → Leo XIII. (1878–1903) selig. Sein Fest feiert die Kirche am 16. September.

Victor IV. (→ Gegenpapst), → Kardinal Gregor, Nachfolger des Gegenpapstes → Anaklet II. Am 29. Mai 1138 unterwarf er sich jedoch auf Anraten des hl. → Bernhard von Clairvaux dem rechtmäßigen Papst → Innozenz II. (1130 bis 1143).

Victor IV. (V.) (Gegenpapst), eigentlich Ottaviano de Montecello, ging als Gegenpapst Victor IV. in die Kirchengeschichte ein, obwohl es bereits 1138 einen Papst Victor IV. gab. Er entstammte einer hochadeligen Familie. Victor, der gegen Papst → Alexander III. (1159–1181) aufgestellt wurde, konnte sich vom 7. September 1159 bis zum 20. April 1164 halten und erlangte die Anerkennung nicht nur des Senates und des Volkes von Rom, sondern auch die von Friedrich I. Barbarossa. Alexander bannte deshalb Victor und den Kaiser und mußte selbst, nachdem er vom Gegenpapst gebannt wurde, nach Frankreich fliehen, das Victor IV., ebenso wie England, nicht anerkannte. Victor starb in Lucca und hatte in → Paschalis III. einen Nachfolger.

Vierzehn Nothelfer, in der katholischen Kirche jene Heiligen, die, in besonderen Nöten angerufen, sofortige Hilfe leisten sollen. Gewöhnlich werden vierzehn Nothelfer angeführt: Hl. → Achatius, dargestellt mit Dornenzweig, wird gegen Todesangst und Zweifel angerufen. Hl. → Ägidius, dargestellt als Abt aus der Wildnis kommend, wird zur Ablegung einer guten → Beichte angerufen. Hl. → Barbara, dargestellt mit Kelch und → Hostie, gilt als → Patronin der Sterbenden. Hl. → Blasius, dargestellt, wie er ein Kind, das eine Gräte verschluckte, heilt, wird bei Halsleiden angerufen. Hl. → Christophorus, dargestellt, wie er das Jesukind trägt, wird gegen einen unvorbereiteten Tod angerufen. Hl. → Cyriakus, dargestellt mit dem Teufel und der geheilten Tochter Kaiser Diokletians, wird gegen Anfechtungen in der Todesstunde angerufen. Hl. → Dionysius, dargestellt mit seinem Haupt in Händen, wird gegen Kopfschmerzen angerufen. Hl. → Erasmus, dargestellt mit einer Winde, seinem Marterwerkzeug, wird gegen Leibschmerzen angerufen. Hl. → Eustachius, dargestellt mit Kreuz und Hirschgeweih, wird in allen schwierigen Lebenslagen angerufen. Hl. → Georg, dargestellt als Ritter mit Drachen, wird gegen Seuchen bei Haustieren angerufen. Hl. → Katharina, dargestellt mit den überwundenen Philosophen, wird gegen Sprachstörungen und Leiden der Zunge angerufen. Hl. → Margareta, dargestellt mit dem Drachen, gilt als Patronin der Gebärenden. Hl. → Pantaleon, dargestellt mit Uringlas und Salbtiegel, gilt als Patron der Ärzte. Hl. → Veit (Vitus), dargestellt, wie er den Sohn Diokletians heilte, wird gegen Epilepsie angerufen. Manchmal tritt an die Stelle eines der oben genannten Heiligen durch Lokalkult ein anderer Heiliger oder wird diesen als fünfzehnter Nothelfer hinzugezählt. Im 15. Jahrhundert wurde in der Wallfahrtskirche »Vierzehnheiligen« eine der bedeutendsten Kultstätten der vierzehn Nothelfer geschaffen.

Vigilie (lat., »Nachtwache«), Gottesdienst am Vorabend hoher kirchlicher Feste, z. B. Mette in der Christnacht.

Vigilius, 59. Papst, aus einer Senatorenfamilie, im März 537 auf Betreiben der Kaiserin Theodora zum Papst erhoben, obwohl sein Vorgänger → Silverius irregulär abgesetzt wurde. Er hatte Theodora I. insgeheim versprochen, den → Monophysitismus anzuerkennen, wenngleich er sich zunächst zum Glaubensbekenntnis von Chalcedon bekannte. 547 ließ Kaiser Justinianos I. den Papst nach Konstantinopel rufen, um ihn zu zwingen, ein Edikt, in dem der Kaiser die »Drei Kapitel« des Theodorus von Mopsuestia, des Theodoretos von Kyros und des Ibas von Edessa für ketzerisch erklärte, anzuerkennen. Als der schwankende Vigilius schließlich 548 die »Drei Kapitel« verwarf, verlor er jede Glaubwürdigkeit im Westen, so daß ihn ein Großteil der lateinischen → Bischöfe nicht mehr anerkannte. Der charakterschwache Papst, der abermals seine Meinung änderte, floh schließlich 551 nach Chalcedon und wurde auf Drängen des Kaisers auf dem → Konzil von Konstantinopel 553 exkommuniziert. Um dem Martyrium (→ Märtyrer) zu entgehen, verurteilte Vigilius abermals die »Drei Kapitel« und durfte ehrlos nach Rom zurückkehren. Am 7. Juni 555 starb er auf der Reise dorthin in Syrakus. Der wankelmütige Papst war der erste seit Petrus, der nicht heiliggesprochen wurde.

Vinzenz hl., mit → Stephanus und → Laurentius einer der drei berühmtesten → Diakone der frühchristlichen Kirche. Mit Recht trifft der Ausspruch des hl. → Augustinus zu, der sagte: »Wo gibt es eine Gegend, eine Provinz des Römischen Reiches oder der Kirche, wo nicht der Jahrestag des Vinzenz freudig gefeiert wird?« Zu Saragossa in Spanien geboren, wurde der junge Vinzenz bald vom → Bischof seiner Heimatstadt zum → Diakon geweiht. Unter der diokletianischen Christenverfolgung erlitt er um 304 den → Märtyrertod in Valencia. Über das Martyrium des hl. Vinzenz sagte der hl. → Ambrosius: »Er wurde gefoltert, gestoßen, gegeißelt und gebrannt, aber er blieb unbesiegt.« Die legendenhafte (→ Legende) Ausschmückung seiner Leiden trug sicherlich zu der enormen Verehrung bei, die der Heilige in Spanien, Gallien, Afrika und Rom genoß. Den Erzmärtyrer finden wir auf Darstellungen mit Levitenkleidung, einem Raben und einen Rost neben sich. Er ist nicht nur Schutzpatron Portugals, sondern auch der Seeleute, Dachdecker, Winzer, Töpfer und Ziegelmacher und soll verlorene Sachen, ähnlich dem hl. → Antonius von Padua, wiederbringen. Die römische, wie auch die Ostkirche, feiert sein Fest am 22. Jänner.

Vinzenz Ferrer hl., um 1350 als Sohn eines Notars in Valencia geboren, trat mit siebzehn Jahren in den → Dominikanerorden ein. Nach philosophischen und theologischen Studien und Erlangung der Doktorwürde dozierte er an der Domschule von Valencia. Als Bußprediger reiste er zehn Jahre durch Spanien, Südfrankreich, Oberitalien und die Schweiz. Scharf tadelte er den Adel und das Volk und drohte mit dem baldigen schrecklichen Weltgericht. Durch strenges → Fasten tat er für seine sündigen Mitmenschen → Buße. Ferdinand I. erwählte Vinzenz zu seinem Hofprediger und Beichtvater. Im abendländischen → Schisma stand Vinzenz zunächst auf der Seite der Päpste von → Avignon, bezeichnete sich aber dann »→ Legat des Papstes Jesu«. Am 5. April 1419 starb Vinzenz auf einer Predigtreise durch Frankreich in Vannes in der Bretagne, wo er im Dom seine letzte Ruhestätte fand. 1455 sprach ihn Papst → Calixtus III. heilig. Das Fest des Heiligen, der als Ordensmann mit Kreuz, Buch und dem Monogramm Christi, IHS, auf der Brust dargestellt wird, fällt auf den 5. April. Vinzenz Ferrer wird als → Patron der Dachdecker, Bleigießer, Holz- und Ziegelarbeiter verehrt. Er wird bei Kopfweh, Epilepsie und um ein friedvolles Sterben angerufen.

Vinzenz von Paul.

Vinzenz von Paul hl., Ordensgründer, im Jahr 1581 in Pouy in Südfrankreich geboren. Mit neunzehn Jahren empfing er die Priesterweihe. Auf einer Schiffsreise geriet er in die Hände von Seeräubern, die ihn als Sklaven in Tunis verkauften. Nach zwei Jahren konnte er nach Avignon fliehen, von wo aus er sich nach Rom begab. Nach Paris 1609 zurückgekehrt, entfaltete er sich in der Nächstenliebe und sorgte für Arme und Kranke. 1625 gründete Vinzenz die → Kongregation der Lazaristen, benannt nach dem Mutterhaus St. Lazare in Paris. Sie sollten den → Klerus unterrichten und Volksmissionen zur Bildung des verwahrlosten Landvolkes durchführen. Für Frauen gründete Vinzenz von Paul den → Orden der »Töchter der christlichen Liebe« (auch Vinzentinerinnen oder Barmherzige Schwestern genannt), wobei Luise von Marillac ihm half. Die Vinzentinerinnen kannten weder eine eigene Ordenstracht noch die Klausur, damit sie sich ungehindert der Nächstenliebe widmen konnten. Neben Armen- und Krankenpflege bemühte sich Vinzenz auch um die Findelkinder, denen er eigene Häuser errichten ließ. Auch der Alten, Irren und Strafgefangenen nahm er sich an. Der hl. → Johanna Franziska von Chantal war er lange Jahre hindurch geistlicher Berater. Vinzenz starb am 27. September 1660 in Paris. In der Kirche St. Lazare fand er die letzte Ruhestätte. Papst → Clemens XII. sprach diesen schlichten → Priester 1737 heilig. Dargestellt wird er als Weltpriester, mit einem Kind auf dem Arm, mit Gefangenen neben sich. Er gilt als → Patron der Krankenhäuser, Gefangenen, der Waisen und des Klerus. Sein Fest wird am 27. September gefeiert.

Virgil hl., um 700 geboren, war Ire und führte wegen seiner überragenden mathematischen Kenntnisse den Beinamen »der Geometer«. Um 745 kam er nach Bayern und wurde Abt von St. Peter in Salzburg und → Bischof der → Diözese Salzburg. Erst zweiundzwanzig Jahre später, im Jahre 767, ließ sich Virgil zum Bischof weihen, da er sich immer wieder sträubte, das hohe Amt anzunehmen. Zu Ehren des hl. Ruprecht (→ Rupert) erbaute Virgil den Dom zu Salzburg, den er am 24. September 774 einweihte. Seine Missionsarbeit galt vor allem den Slawen Kärntens, die er christianisierte und seiner Diözese einverleibte. Die Erschließung der Heilquellen von Badgastein wird dem rührigen Bischof ebenso zugeschrieben wie die Belebung des Erzbergbaues in seiner Diözese. Virgil starb 784 und wurde 1232 von Papst → Gregor IX. heiliggesprochen. Der »→ Apostel Kärntens« wird meist als Bischof mit einem → Kirchenmodell dargestellt. Das Fest des Heiligen feiert die Kirche am 24. September.

Vision (lat.), das Sehen von Bildern und Vorgängen, die nicht auf natürliche Weise vor das Auge des Menschen treten. Diese Schau von inneren Geschichten wird von vielen Heiligen, vor allem den Mystikern (→ Mystik) berichtet.

Vitalianus hl., 76. Papst, in Segni geboren, bestieg am 30. Juli 657 den Stuhl Petri. Sogleich schickte er an den Kaiser Konstans II. Boten ab, die Mitteilung von seiner Wahl machen sollten, um die gestörte Beziehung mit Byzanz wieder in Ordnung zu bringen. 663 zog der Kaiser feierlich in Rom ein und beraubte die Stadt ihrer Kunstschätze. Er trennte 666 Ravenna von der römischen Kirche, indem er die Kirche von Ravenna für autokephal erklärte. Vitalian anerkannte dennoch nach der Ermordung des Kaisers dessen Sohn Konstantinos IV. als Nachfolger. Am 27. Jänner 672 starb Vitalianus. Sein Fest feiert die Kirche am 27. Jänner.

Vitus (Veit), hl., aus Sizilien, dürfte um 304 unter der Christenverfolgung des Diokletian den → Märtyrertod erlitten haben. Die → Legende erzählt, daß er das Kind heidnischer Eltern war, die seine Erziehung der Amme Crescentia und ihrem Mann Modestus, die beide Christen waren, anvertrauten. Vitus bekannte sich alsbald zum christlichen Glauben. Alle Bemühungen und Bestrafungen durch seinen Vater, der ihn von seinem neuen Glauben abbringen wollte, blieben erfolglos. Vitus mußte fliehen und gelangte nach Rom, wo er den besessenen Sohn des Kaisers heilte, aber

Hl. Vitus.

nur Undank erntete, da er von seinem christlichen Glauben nicht ablassen wollte. Die → Legende berichtet weiter, daß der Kaiser ihn in einen Kessel mit siedendem Öl werfen ließ, ohne daß der Knabe Schade erlitt. Auch wilde Löwen taten dem frommen Knaben kein Leid an. Schließlich soll ihn ein Engel an die Ufer eines lieblichen Flusses entführt haben, wo Gott seine Seele zu sich heimholte. Ende des 5. Jahrhunderts wird bereits die Verehrung des hl. Vitus bezeugt. 1355 ließ Kaiser Karl IV. seine Gebeine nach Prag bringen, wo bereits im 10. Jahrhundert ihm zu Ehren der berühmte Veitsdom errichtet worden war. Vitus wird meist in einem Kessel siedenden Öls (Pechs) dargestellt, auch mit Löwen, Hund, einem Buch, auf dem ein Hahn sitzt, und mit Palmzweig. Er gilt als → Patron Böhmens, Prags, Siziliens und Sachsens, soll gegen Tollwut und Epilepsie (Veitstanz), Schlangenbisse, Bettnässen und gegen Unwetter schützen. Das Fest des Heiligen der Tänzer, Schauspieler, Apotheker und Kupferschmiede wird von der Kirche am 15. Juni (→ Vierzehn Nothelfer) gefeiert.

W

Walburga hl., die Schwester des hl. → Willibald und des hl. Wunibald, um 710 als Tochter des angelsächsischen Königs Richard geboren. Im englischen Kloster Wimborne bei Bornemouth erhielt sie zusammen mit der hl. → Lioba ihre Erziehung und entschied sich, ihr Leben ganz Christus zu weihen. Ihr Onkel, der große → Apostel Deutschlands, der hl. → Bonifaz, rief, nachdem die Situation einigermaßen gesichert war, auch Frauen in die Missionsgebiete. Zusammen mit Lioba und Thekla folgte Walburga dem Ruf Bonifaz' und fuhr über den Kanal aufs Festland. Zuerst wirkten die Frauen in Tauberbischofsheim, dann übertrug ihr ihr Bruder Wunibald die Leitung eines Klosters in Heidenheim. Nach dem Tode ihres Bruders im Jahre 761 führte sie als Äbtissin das von ihm gestiftete Doppelkloster. Durch ihr hervorragendes Organisationstalent gelang es ihr, sowohl Mönche als auch Nonnen in rechter Weise zu führen. Dieses Kloster wurde bald zum Zentrum der christlichen Mission in Germanien, und bald schickten die Edelleute ihre Töchter in die Ordensschule der Engländerinnen. Walburga starb am 25. Februar 779 und wurde zunächst in Heidenheim begraben. 870 kamen ihre → Reliquien nach Eichstätt. Das Fest der Übertragung ihrer Gebeine wird am 1. Mai gefeiert, die Nacht davor heißt »Walburgisnacht« und galt im Mittelalter als Freinacht für Liebeszauber und Hexenspuk. Dargestellt wird die Heilige meist im schwarzen → Habit als Äbtissin mit Regelbuch, Stab und Ölfläschchen. Das »Walburgisöl«, eine Flüssigkeit, die der Steinumfassung ihrer Reliquien entfließt, soll besonders an kranken Kindern Heilung bewirken. Das Fest der Heiligen wird am 25. Februar gefeiert.

Waldenser, eine auf Petrus Waldus von Lyon (gest. 1217) zurückgehende Reformbewegung. Die Waldenser, die 1184 aus der Kirche ausgestoßen wurden, mußten im geheimen leben und wirken. An der Entstehung der hussitischen Bewegung (→ Johann Hus) hatten die Waldenser großen Anteil. Sie schlossen sich dann der Kirche → Calvins an und bilden heute den Kern der Protestanten in Piemont. Die Heilige Schrift galt ihnen als einzige Norm, sie traten für die Lehrbefugnis der Laien ein, verwarfen das → Zölibat und den weltlichen Besitz des → Klerus. Wie Christus wollten sie in Armut leben und verschenkten ihre Güter. Sie wurden deshalb auch die »Armen von Lyon«, wegen ihrer hölzernen Schuhe »Sabatati« und wegen ihrer Demut »Humiliaten« genannt.

Wallfahrt → Betfahrt.

Wendelin hl., der → Legende nach ein iro-schottischer Königssohn, der Hirte, Einsiedler und schließlich Abt von Tholey wurde. Zur Zeit des → Bischofs Magnerich von Trier soll er im Waldgebiet der Vogesen um 620 gestorben sein. Dargestellt wird der Heilige als Hirte, vor seiner Einsiedelei sitzend, wie er Schafe, Rinder und Schweine hütet. Er gilt als → Patron des Viehs und der Flur. Seit dem Jahr 1000 ist sein Grab in St. Wendelin/Saar bekannt und eine große Wallfahrtsstätte. Das Fest des hl. Wendelin feiert die Kirche am 20. Oktober.

Wenzel hl., auch Wenceslaus, der Sohn des böhmischen Herzogs Wratislaw, wurde um 903 geboren und von seiner Großmutter, der hl. Ludmilla, christlich erzogen. Nach dem Tod seines Vaters übernahm er 922 die Herrschaft in Böhmen, obwohl ein großer Teil des noch heidnischen Adels gegen ihn war. Herzog Wenzel bemühte sich, sein Land sittlich, religiös und kulturell zu heben, und genoß bei seinem Volke große Beliebtheit. Am 28. September 929 (935?) wurde er von seinem eigenen Bruder Boleslaw durch einen Lanzenstich in Altbunzlau bei Prag ermordet. Schon bald nach seinem Tod verehrte ihn das Volk als → Märtyrer. Der Nationalheilige der Tschechen wird als Herzog mit Rüstung und Schild, mit grüner Fahne und Lanze dargestellt. Sein Fest feiert die Kirche am 28. September.

Wiclif John, englischer Vorreformator, lebte 1324 bis 1384. Er lehnte den weltlichen Besitz der Kirche, die Transsubstantiationslehre, die Heiligenverehrung u. a. ab. Die Gegner der Wiklifiten nannten diese »Unkrautsäer« (Lollarden).

Willibald hl., → Bischof, aus einer adeligen angelsächsischen Familie, der Bruder der hl. → Walburga und des hl. Wunibald. Er wurde um 700 geboren und im Kloster Waltharn erzogen. Mit zwanzig Jahren pilgerte er nach Rom, nach Jerusalem und über Konstantinopel zurück nach Italien, wo er von 730 bis 739 im → Benediktinerkloster Montecassino lebte. Auf Wunsch des hl. → Bonifatius sandte ihn Papst → Gregor III. nach Deutschland, wo er zum → Priester und 741 zum ersten Bischof von Eichstätt geweiht wurde. Willibald widmete sich vor allem der Missionierung der Bayern, Franken und Alemannen. 752 gründete er das Kloster Heidenheim. Im siebenundachtzigsten Lebensjahr starb er am 7. Juli 787 in Eichstätt. Dargestellt wird der Heilige als Bischof mit Buch, zwei Pfeilen in der Hand und einem Brustschild (auch Schultertuch) mit den Worten »Glaube, Hoffnung und Liebe«. Das Fest des Patrons von Eichstätt feiert die Kirche am 7. Juli.

Willibrord hl., → Bischof, ein Angelsachse, 658 in Northumbrien geboren. 690 überquerte er mit elf Gefährten den Kanal und begann zunächst ohne Erfolg seine Mission bei den Friesen. Papst → Sergius I. weihte ihn 695 in Rom zum → Bischof, Pippin II. übergab ihm die Stadt Utrecht zum Bischofssitz. Von hier aus gründete Willibrord 698 das Kloster Echternach (im heutigen Luxemburg), welches ihm Stützpunkt seiner Mission war. Am 7. September 739 starb der »→ Apostel der Friesen« in Echternach. Dargestellt wird er als Bischof mit einem → Kirchenmodell oder Götzenbilder zerschlagend, manchmal mit einem Kind im Arm, einer Wasserquelle unter seinem Stab oder einem Fäßchen mit Wein. Das Fest des heiligen Glaubenboten, der gegen Epilepsie und Pest helfen soll, feiert die Kirche am 7. November.

Winfried hl. → Bonifatius hl.

Wolfgang hl., Regensburger → Bischof, um 930 in Pfullingen geboren, entstammte einer alten schwäbischen Adelsfamilie. Im Kloster Reichenau erhielt er seine Erziehung und ging dann zum Studium nach Würzburg. 956 bewog ihn Erzbischof Heinrich von Trier, zu ihm nach Trier zu ziehen und an der Domschule zu unterrichten. Wolfgang entschloß sich 965 Mönch zu werden und trat in das Kloster Einsiedeln ein, wo er vom hl. Bischof → Ulrich von Augsburg 968 zum → Priester geweiht wurde. Als Glaubensbote zog er nach Ungarn, wurde aber schon 972 zum Bischof von Regensburg ernannt. Wolfgang bemühte sich, das geistige Niveau seines → Klerus zu heben und war ein eifriger Förderer der Schulen und Klöster. Unter seiner Amtszeit fand die Abtrennung Böhmens von der → Diözese Regensburg statt, so daß sich ein eigenes Bistum Prag bilden konnte. Wolfgang

Hl. Wolfgang.

starb am 31. Oktober 994 in Pupping, einem kleinen Ort zwischen Linz und Passau. In St. Emmeram in Regensburg werden die Gebeine des Heiligen verehrt. Papst → Leo IX. sprach 1052 Wolfgang heilig. Dargestellt wird er als Bischof mit Stab, → Kirchenmodell und Zimmermannsbeil. Der in Österreich und Bayern sehr verehrte Heilige gilt als → Patron der Hirten, Holzschnitzer und Zimmerleute und wird bei Gicht, Augenleiden und anderen Krankheiten angerufen. Sein Fest feiert die Kirche am 31. Oktober.

X

Xystus → Sixtus.

Z

Zacharias hl., 91. Papst, letzter Grieche auf dem Papstthron, am 3. Dezember 741 zum Papst erhoben. Zacharias, der feingebildet und gütig war und sich großer Beliebtheit bei den Römern erfreute, förderte die Beziehung zum Frankenreich. Als letzter Papst zeigte er seine Wahl dem oströmischen Kaiser an, wie auch seine ganze Zuneigung dem griechischen Osten gehörte. In Rom restaurierte er orientalische Kirchen und Klöster. Mit den Langobarden schloß Zacharias Frieden, indem er selbst mit König Liutprand über die Rückgabe von Gebieten und den Austausch von Gefangenen verhandelte. In der Begegnung mit dem germanischen Norden stand Bonifatius hilfreich dem Papst zur Seite. 751 salbte Bonifatius Pippin mit päpstlicher Vollmacht zum König. Zacharias starb am 15. März 752. Sein Fest fällt auf den 22. März.

Zephyrinos hl., 15. Papst, Nachfolger → Victors I. (189–199), regierte von 199 bis 217 als → Bischof von Rom. In sein → Pontifikat fällt die Christenverfolgung unter Alexander Severus. Hippolytos warf dem Papst mangelhafte Bildung vor, doch bezichtigte er ihn nicht der Ketzerei. Sein Fest feiert die Kirche am 26. August.

Zisterzienserorden, Reformorden der → Benediktiner, der seinen Namen vom Stammkloster Citeaux unweit von Dijon erhielt, das durch den Benediktinerabt Robert 1098 gestiftet wurde. Als eigentlicher Gründer des → Ordens wird der hl. → Bernhard von Clairvaux angesehen, durch dessen Tätigkeit der Orden hundert Jahre nach seiner Entstehung schon 800 Klöster in verschiedenen Ländern Europas zählte. Die Zisterziensermönche tragen einen weißen → Habit und ein schwarzes → Skapulier mit Kapuze und ein schwarzes Zingulum (Bauchbinde). Aus dem Orden gingen zwei Päpste hervor, nämlich → Eugen III. und → Benedikt XII.

Zölibat, die in der römisch-katholischen Kirche vorgeschriebene Ehelosigkeit der → Priester. In der griechischen Kirche gilt der Zölibat nur für die höheren

Geistlichen. Waren die → Apostel zum Teil noch verheiratet und gibt die Hl. Schrift noch den Rat, daß »ein → Bischof eines Weibes Mann sein soll« (1 Tim 3,2 und Tit 1,6), und wurde von den Kirchenfürsten nur die zweite Ehe verurteilt, so kam doch bald durch den dualistischen (→ Dualismus) Einfluß der griechischen Philosophie die Ehelosigkeit zu höherem Ansehen. Papst → Gregor VII. verbot schließlich 1074 den Priestern, bei Androhung der Exkommunikation, zu heiraten.

Zosimus, 41. Papst, Grieche, kam am 18. März 417 auf den Stuhl Petri und bewies wenig Menschenkenntnis und mangelndes Einfühlungsvermögen in die Lebensführung. Gegen den Willen des heimischen → Klerus setzte er den ehrgeizigen → Bischof Patroclus von Arles zum → Metropoliten von Narbonne und Vienne ein, was sein Nachfolger revidieren mußte. Auch in den afrikanischen Kirchenprovinzen provozierte er Unruhen, als er deren geltende Rechte mißachtete. Zosimus, der den → Primat des römischen Bischofs gegenüber der Gesamtkirche allzusehr betonte, starb am 26. Dezember 418. Seine Nachfolger hatten etliches wieder gutzumachen.

Zwingli Ulrich, Schweizer Reformator (1484 – 1531), Theologe und Politiker.

Ulrich Zwingli.

In seinen Reformen übertraf er sogar → Luther, indem er die Messe, die Bilder und die Orgelmusik in der Kirche abschaffte. Zwingli wirkte hauptsächlich in Zürich und wurde im Kampf der Protestanten gegen die Katholiken bei Kappel getötet.